当代
英美哲学
十五讲

赵敦华 著

江苏人民出版社

图书在版编目(CIP)数据

当代英美哲学十五讲 / 赵敦华著. -- 南京：江苏
人民出版社，2023.9
ISBN 978-7-214-28195-1

Ⅰ.①当… Ⅱ.①赵… Ⅲ.①哲学思想－英国－现代
②哲学思想－美国－现代 Ⅳ.①B561②B712

中国国家版本馆 CIP 数据核字(2023)第 122786 号

| | | |
|---|---|---|
| 书　　　　名 | 当代英美哲学十五讲 |
| 著　　　　者 | 赵敦华 |
| 责 任 编 辑 | 汪意云　薛耀华 |
| 装 帧 设 计 | 刘莩莩 |
| 责 任 监 制 | 王　娟 |
| 出 版 发 行 | 江苏人民出版社 |
| 地　　　　址 | 南京市湖南路 1 号 A 楼,邮编:210009 |
| 照　　　　排 | 江苏凤凰制版有限公司 |
| 印　　　　刷 | 苏州市越洋印刷有限公司 |
| 开　　　　本 | 718 毫米×1 000 毫米　1/16 |
| 印　　　　张 | 20.25　插页 4 |
| 字　　　　数 | 350 千字 |
| 版　　　　次 | 2023 年 9 月第 1 版 |
| 印　　　　次 | 2023 年 9 月第 1 次印刷 |
| 标 准 书 号 | ISBN 978-7-214-28195-1 |
| 定　　　　价 | 78.00 元(精装) |

(江苏人民出版社图书凡印装错误可向承印厂调换)

# 总　序

　　我是学哲学的,只能写一点哲学方面的东西。在人们眼里,我属于西方哲学专业,如果写西方哲学方面的书,可能有一些阅读的价值。但我也写其他方面的书,谈马克思,谈中国哲学,谈宗教学、谈进化论,等等,那些都不是我专攻的领域。我为什么要冒着"外行"评说"内行"的风险,涉足西方哲学以外的那些领域呢? 我曾经沿着自己所从事的专业方向,鸟瞰二千多年的西方哲学的历史,并对其中的几个胜境做了透视。但是,写得越多,我越感到自己的无知。庄子说:"吾生也有涯,而知也无涯。以有涯随无涯,殆已!"孔子也说:"学而不思则罔,思而不学则殆。"我今年已有七十四岁,却既不殆也不罔,因为我相信,人的有限生命是融入无限的过程,人类知识由世世代代的人的思想积累而成。每个人在有限生命中能吸吮到思想海洋中的一滴,那是何等甘美! 人们所写的文字能为知识的"通天塔"增添一砖一瓦,那是何等幸福!

　　这套文集的每一本书,即使有些篇章涉及哲学以外领域,都缘于我对哲学的研究。一种哲学言谈不管多么纯粹,不管看起来与现实多么遥远,都有它的"文化母体"(cultural matrix)。在广阔的历史视野里,不同历史时期的哲学有不同的文化母体。比如,古希腊哲学所依附的文化母体是希腊人的世界观,它最早表现于希腊神话和宗教,但那仅仅是一幅拟人化的世界图画,当人们进一步用思想去理解它,找出构成它的要素,分析这些要素的关系,又从这些要素构造世界的等级结构和统摄它的最高原则,这时哲学就诞生了。希腊哲学的文化母体不但是神话世界观,还包括与它同时生成的戏剧、艺术、几何学、经验性的科学、医学和历史学体现出来的观察世界的"视域"（horizon）和"焦点"（focus）。这样的文化母体中孕育出来的哲学是理性化的世界观，它当然也关心人。至少从苏格拉底开始，"人"成为哲学的中心，但希腊哲学家并不认为人是世界的中心，他们把"人"定位在世界的一个合适位置，人的本质（不管是灵魂还是理智）和目的（不管是德性还是幸福）都是由人在世界中的地位所规定的。世界观对于希腊哲学的重要性一直保留在以后的哲学里，以至于现在人们常把"哲学"定义为世界观（Weltanschauung）。当我们听到这样的定义时，要注意它的定义域。希腊哲学以后的哲学虽然与世界观有密切关系，但不能像希腊哲学那样被简单地等同为理性化的世界观，因为它们的文化母体不是世界观。比如，继希腊哲学之后出现的中世纪的各种哲学就不是世界观。在中世纪，哲学的文化母体是基督教，中世纪哲学是基督教哲学。基督教义的中心是人和上帝的关系，世界观出现在人神关系的视域，而不是相反。据基督教义，上帝是世界的创造者，他超越世界；上帝把世界交托给人管理，人因对上帝负有义务而与世界打交道。基督教这一文化母体孕育出的哲学、神学、文学和科学有很大程度的相似性，中世纪文化是神学的一统天下。基督教哲学是神学的婢女，作为自然哲学的科学也属于神学，文学艺术则是神学观念的感性形式。

现代哲学摆脱了基督教和神学，但没有因此回归希腊的世界观哲学，因为它的文化母体不是希腊人的世界观，而是近代自然科学。但是从自然科学这一文化母体中产生出来的近代哲学并不囿于对自然界的研究，从培根、霍布斯、洛克到休谟，从笛卡尔、斯宾诺莎到莱布尼茨，从卢梭到康德等德国唯心论者，人的内心世界比外部世界更加重要，内在的自我意识和天上的星辰同样奥秘和神圣。但是从他们的著作中我们可以理解，他们对人的意识和社会行为的观点离不开自然科学设定的"参照系"，这就是自然科学的理性标准和方法论。

哲学家也做实验，他们的大脑是实验室，思想实验是哲学的重要方法。所谓思想实验，就是利用自然科学技术提供的材料，想象出另一个自然。比如，对于人的理解，向来有"天性还是教养"（nature or nurture）的争论。早期基督教教父阿诺毕乌斯设计了一个"隔离的人"的实验，设想把一个刚出生的婴儿放在与世隔绝的房间里，由一个沉默的、无感情的人抚养成人，那么这个人将没有思维和语言，以及作为一个人所具备的一切；结论：人是后天教养的结果。中世纪阿拉伯哲学家伊本·西纳设计了一个"空中人"的实验，设想一个突然被创造出来的人悬浮在空中，眼睛被蒙蔽，身体被分离，此时他将没有任何知识，甚至连感觉也没有，但他不可能对他的存在没有意识；

结论：人的存在是先天的自然本性。科幻小说和后现代的艺术也是这类思想实验或自由的游戏。

我的梦想是把哲学和现代知识、道德和艺术尽可能广泛与完满地结合在一起，不管这个学术梦会产生什么影响，对于我来说，它是在一个思想世界的漂泊。法国知名科学家联合写作的《最动人的人类史》一书中有一段令人印象深刻的描写：

> 我们直立的祖先带上他的小行囊，出发去征服世界了……
>
> 他们开始了征服地球的漫长历程，最早的移民为数不多，但却大无畏，踏上了冒险的旅程……
>
> 虽然有地理上的障碍，但他们毫不犹豫，越过沙漠，通过地峡，渡过海峡……
>
> 大约公元前五十万年前，在非洲、中国、印度尼西亚、欧洲，都有了直立人，旧大陆被征服了。[1]

最后，请允许我借用"小行囊"这个比喻：我所具有的知识储备与人类知识发展水平相比，好像是直立人的"小行囊"之于现代知识；即便如此，我仍愿意带上我的小行囊，出发到思想世界去漂泊。这本书记载的是我的漂泊经历。

赵敦华 Zhao Dunhua

2003 年 8 月 18 日 于北京大学外国哲学研究所

---

1 安德烈·朗加内等：《最动人的人类史》，蒋梓骅、王岩译，太白文艺出版社 1998 年版，第 27—29 页。

# 目 录

第三篇

# 政治哲学 ｜ 197

# 前　言

　　本书所谓的英美哲学，其确切含义并不是英国的和美国的哲学（British and American Philosophy），而是盎格鲁-萨克逊哲学（Anglo-Saxon Philosophy）。后一个名称的好处在于突出了这种哲学的民族性。我们知道，民族性表现为语言，表现为历史传统。盎格鲁-萨克逊哲学首先是用英文著述、在英语世界流行的哲学。这种哲学的代表人物并不都是英国人和美国人。事实上，本书重点讲述的三位哲学家中的两位——维特根斯坦和波普尔，原本是出生于维也纳的同乡，但后来都加入英国籍。更重要的是，他们的著作或用英文写成，或由德文译为英文，在英语世界产生的影响比在德语世界大得多。因此，人们有理由把他们认作英美哲学家，而不是德国哲学家。再比如，本书用较大篇幅讲述的维也纳学派（逻辑经验主义）的著作由德文译为英文，在英语世界产生的影响比在德语世界大得多，也应归属于英美哲学（盎格鲁-萨克逊哲学）的范畴。

　　就历史传统而言，盎格鲁-萨克逊民族重视经验，擅长科学，首倡民主。这种民族传统充分体现于近代以来的英国经验论的知识论、情感主义的伦理学和自由主义的政治哲学之中。这种民族传统以及反映这种民族精神的哲学对世界文明贡献之大无需赘言。值得一提的是，我们中国"五四"时代科学与民主风气的开启，得益于这种哲学甚多。这种哲学在 20 世纪有哪些新发展，自然也成为中国人关心的一个问题，这也是我们讲述当代英美哲学的一个重点。

谈到当代英美哲学,现在似乎有这样一种成见:当代英美哲学等于分析哲学,分析哲学等于科学主义。这两个等式起码是不全面的。分析哲学确实是当代英美哲学的主流,科学主义在早期分析哲学,尤其在逻辑经验主义中,一时占过上风。但是"二战"之后,英美哲学界除了主流的分析哲学之外,还出现了名目繁多的哲学分支,它们的一般名称为 Philosophy of X,这里的 X 可用各种学科或领域的名称来代替。举凡政治、经济、法律、社会学、心理学、科学、物理、数学、生物,乃至医学、教育、体育、军事等,都可以代替 X,出现了像政治哲学、经济哲学、法哲学、社会哲学、心理哲学、科学哲学、物理哲学、数学哲学、生物哲学、医学哲学、教育哲学、体育哲学、军事哲学诸如此类跨学科的哲学分支;此外,还有像环境哲学、妇女哲学这样的专题哲学。这些哲学分支开始时一般采用语言分析方法,作为分析哲学的应用而存在。但随着自身发展,它们逐渐脱离了分析哲学的范围,对自身的特殊对象进行独立研究;也就是说,不再纠缠于学科的语言形式,而注重其实质性内容。政治哲学和科学哲学最先开始了这样的转变,所取得的成就也非常显著。可以说,这些哲学分支已与分析哲学具有同等重要的地位。从发展趋势来看,英美哲学正向着分支化、具体化和应用性的方向发展,分析哲学因为难以适应这样的转变,其主导地位正在丧失。

英美哲学在"二战"后的另一转变是,科学主义受到阻碍和批判。且不说科学主义在分析哲学内部已被摒弃,即使在专以科学为研究对象的科学哲学领域,科学主义也遭到抵制,甚至出现了反科学主义的科学哲学学说。

为了比较全面地展示当代英美哲学的特点,我们不但讲述占主导地位的分析哲学,而且在方兴未艾的各门分支哲学中选择科学哲学和政治哲学两门学科加以讲述。分析哲学表现出英美哲学"语言学转向"的特点和在纯哲学领域的进展;科学哲学和政治哲学则代表了对科学与民主精神的一些新的理解。

不论对分析哲学还是对科学哲学和政治哲学的讲述,本书都采用点面结合的方式,即每篇重点讲述一个哲学家,同时对这三个领域的全景加以概述。我们选择分析哲学家维特根斯坦、科学哲学家波普尔和政治哲学家罗尔斯作为重点讲述对象,是不是因为他们在各自领域是最重要的人物呢?哲学家不是体育运动员,在哲学家队伍中遴选不出"第一号种子选手"。我们选择这三位哲学家的理由,基于他们在各自领域的广泛代表性和承上启下的历史地位。对他们的思想作重点讲述,便于对他们之前和之后的思想作比较全面的概括和总结。维特根斯坦作为分析哲学两大流派——逻辑分析派和日常语言分析派的创始人,在很大程度上代表了分析哲学的发展过程。

他的早期思想继承和总结了弗雷格、罗素的学说,并影响到逻辑经验主义的发展;他的后期思想启迪了剑桥和牛津学派,并影响了"二战"后直至今日的分析哲学。在科学哲学领域,波普尔上承逻辑经验主义的科学逻辑方法思想的余韵,下开社会历史学派的科学世界观分析之先河,他的思想贯穿20世纪科学哲学发展的始终。在政治哲学领域,罗尔斯的学说代表了自由主义理论的第三座里程碑,他比较全面地继承和批判了自由主义的其他理论形态,在英美政治哲学界引起强烈反响,引发了热烈的讨论和争议。我们在各篇里,一方面以一半以上的篇幅,分别对这三位哲学家的思想深入地进行讲述;另一方面,抓住他们与其他哲学家思想的交叉点和结合部,对他们所在领域的历史和现状作广泛的概述,尽量把当代英美哲学的主要成果系统地展现出来。

本书的一个目标是要把择要讲述和评点要害两者结合在一起。如何处理评和述、批判与介绍的关系,这也是当前哲学史研究者面临的一个难题。在过去相当长的一段时间里,我们在尚未充分理解当代西方哲学的情况下就对它痛加鞭挞,在很多场合把学术批判当作宣传工具来使用。后来,这种不良学风理所当然地受到学术界的抵制,但是哲学的批判精神却受到不应有的阻碍。我们的哲学史研究成果往往是复述介绍有余,而评论批判不足;即便有一点批评,也是"穿靴戴帽"式的点缀和"画蛇添足"式的附庸。如何在准确地理解和表述西方哲学家思想的同时,实事求是地、恰如其分地评价他们的贡献,指出他们的缺陷和迷误之处?为了解决这个问题,本书尝试采用"内部批判"的方法来研究问题、选择素材。所谓内部批判,就是在一个理论的内部,从它可以接受的原则出发,并使用与它共同的语言与之讨论,最后引申出和这一理论相违背或者它所不能解释的结论,以此揭露该理论所包含的矛盾和错误。

按照内部批判的方法,我们把当代英美哲学的理论和观点排列成这样一个序列:其中后来的观点是对先前观点的批判和否定,但所有的观点又相互补充;它们的全体包含着真理的因素,但每一单独观点又都暴露出各自的不足。历史资料经过"哲学工程的建筑师"(黑格尔语)的构造,便获得了批判的生命,成为"活生生的精神";哲学史不再是多歧的意见的堆砌,不再是堆满了被推翻的理论体系骸骨的"死人的王国",这里展现的将是高尚心灵的更迭,思想英雄的较量。

交代了我们选择和安排素材的意图,读者或许可以看出本书结构所要体现的批判精神。第一篇语言哲学首先在西方哲学危机的背景里考察分析哲学的兴起,以及分析哲学在诞生期所面临的问题;然后谈及维特根斯坦为解决这些问题所作的努力,以及逻辑经验主义的新贡献;接着又说明维特根斯坦对其早期思想和逻辑经验主义的批判；最后评述维特根斯坦之后分析哲学的各种争论，并以超越分析哲学的"后分析哲学"结尾。

第二篇科学哲学首先介绍科学哲学诞生期的各种观点，然后重点阐述波普尔对早期科学哲学主要派别——逻辑经验主义的批判，以及他的批判理性主义；最后分析波普尔批判的偏颇之处，并以最近科学哲学的学说纠正和补充波普尔的理论。

第三篇政治哲学首先勾勒自由主义政治哲学的发展历程，接着重点解说罗尔斯的《正义论》对这些学说的批判和继承；最后分析对罗尔斯的各种批评意见，以及罗尔斯的回应，在批评和回应的对话中展现自由主义所面临的挑战。

需要强调的是，哲学的生命力在于批判精神，我们不但要如实地表现西方哲学家的批判力，而且要以批判的精神来研究他们的学说，尤其欢迎对我们的研究的任何批判。

# 第一篇

## 语言分析哲学

早在柏拉图、亚里士多德的著作中，人们已经可以看到哲学家对语言问题的关注，西方哲学传统充满着对概念意义的辨析，对命题真伪的推理、论证以及对一般语言现象的概括。如果有人准备写（实际上有人已经做过）一部西方语言哲学史，那么他一定会在几乎每个重要哲学家的思想中找到丰富的素材。但是，严格地说，语言哲学是专门以语言为研究对象的哲学。哲学家自觉地以语言为主要的甚至唯一的研究对象，开始于现代。现代语言哲学有很多派别，其中历史最悠久、形态最丰富、代表人物最多者，无疑当推分析哲学。分析哲学不是一个单一的流派，在约一个世纪的时间里，在"分析哲学"的名号下衍生出众多的派别以及众多不属于任何派别的理论。虽然如此，那些以"分析哲学"为共同旗帜的派别和理论至少有以下两个共同特征：第一，以语言为其专门研究对象。这并不是说，分析哲学家不研究本体论、认识论、伦理学和其他传统学科的问题，而是说，他们倾向于把所有这些问题当作语言问题加以研究，以语言意义的标准评判是非，按语言自身的合理性提出解决问题的方案。第二，推崇分析方法。这并不意味着不讲综合，排斥其他方法。分析方法在这里被发展成非常广泛的方法论，以致有些人觉得有必要对"分析"的概念本身加以分析。总的说来，分析方法还保留着从整体到要素，从复杂到简单，从一般到个别这样一些基本要求。把分析方法应用于语言，旨在揭示出语言的基本要素及其联系方式，当然，不同的分析方法和分析角度会得到不同的分析结果，这也是为什么分析哲学内部纷争不已的一个原因。

分析哲学的兴起标志着西方哲学从传统形态向现代形态的重大转折。过去有人常常把分析哲学等同于现代英美哲学，英美哲学界也自诩为"哲学革命"的发源地，把分析哲学作为盎格鲁-撒克逊哲学的首创和正宗。这是一种偏颇之见。如果我们回顾一下分析哲学诞生的理论形势和背景，不难看出这样一个道理：分析哲学的产生乃是对西方哲学乃至整个文化传统的时代困境的一个回应。尽管各国思想家，包括英国之外的哲学家，哲学之外的思想家，都对此时代困境作出反响，但分析哲学可以说是汇集了这一切反响而形成的巨大回应。研究表明，分析哲学的首创人不仅是剑桥哲学家罗素、摩尔和维特根斯坦，还包括远在德国耶拿的弗雷格。况且，维特根斯坦这个奥地利人，虽然在剑桥从事哲学研究，但德国哲学文化传统的熏陶已不可避免地渗透在其思想观念深处。而且，维也纳学派这个早期分析哲学最重要的派别大多由德语国家思想家组成，他们对当时以及以后的英美分析哲学的发展作出了不可估量的贡献。只有把参与分析哲学的各方面的文化和思想因素加以全面考察，我们才能对其崛起的原因有较深刻的理解，才能进一步对其性质、意义和前途作出较正确的判断。

本篇拟以维特根斯坦为中心，对分析哲学创始人及其影响作一择要评价。择其要者，一方面需要符合"要言不繁"的标准，尽量以精练、简约的方式表达繁难的理论著作的思想；另一方面，也要有代表性，以此概述出分析哲学的全景轮廓。

# 第一讲

# 弗雷格和逻辑分析哲学的诞生

## 第一节

## 西方哲学的危机和"语言学转向"

可以毫不夸张地说,19 和 20 世纪之交是西方理论科学的危机时期。亚里士多德曾把理论科学分为物理学、数学和哲学三门。从那时起,这三门学科一直是西方理论科学的主干和基础,并在近代全都取得长足的进展。然而,这三门学科在世纪之交又都发生了危机。量子力学的产生使经典物理学的一些基本观念失效,由此出现物理学危机。数学的基础在 20 世纪初被成功地归结为逻辑,但随着逻辑悖论的发现,数学的基础也被动摇,由此出现数学危机。我们知道,随着相对论和量子物理学的新发现,物理学危机被克服。我们以后还将谈到,数学危机的根源在于逻辑主义,以后的数学哲学克服了逻辑主义的一些前提,从其他方面巩固了数学的基础。与物理学和数学的危机相比,哲学所面临的危机更加尖锐,历时更长。自黑格尔哲学体系于 19 世纪中叶解体之后,西方哲学家们便有了危机感。时至今日,危机非但没有消失,反而愈演愈烈。在 20 世纪后期,"哲学的危机""哲学的终结"成了西方哲学界的热门话题。究其原因,哲学危机的性质比物理学和数学的危机更为严重,哲学所面临的不只是一些基本观念、原则和方法的失效,而是失去自身研究对象的危险。我们知道,每一门学问都有自己的研究对象,如果失去了研究对象,那么这门学问也就失去了存在的价值和权利。

传统的西方哲学有三大主题:上帝(第一存在)、物质(自然界)和灵魂(精神界)。经过启蒙运动的洗礼,上帝在哲学领域占有的地盘越来越小,上帝非但不是现代哲学的首要对象,也不是哲学的一般对象,只是在宗教哲学以及与之相关的分支领域仍占有一席之地。另外,19 世纪自然科学的革命性进展使得传统哲学关于自然的研究成为多余的累赘。科学家们早就摒弃了黑格尔的《自然哲学》。孔德开创的实证主义思潮,特别是马赫在物理学领域发起的现象主义,把自然哲学的思辨从实证科学中驱逐出去,自然科学对具体物质现象的研究取代了哲学关于物质世界的一般性原理和结论。就是说,物质不再是现代西方哲学的研究对象。

值得提及的是,恩格斯早已看出现代哲学所面临的失去自身研究对象的危机。他指出:"对于已经从自然界和历史中被驱逐出去的哲学来说,要是还留下什么的话,那就只留下一个纯粹思想的领域:关于思维过程本身的规律的学说,即逻辑和辩证法。"[1] 他在《反杜林论》中更清楚地说,除了"形式逻辑和辩证法,其他一切都归到关于自然和历史的实证科学中去了"[2]。恩格斯的先见之明在于看到了"纯粹思想的领域"是哲学所保留的最后地盘,并且进一步预见形式逻辑和辩证法将成为这一领域的主要研究对象。

事实证明了恩格斯的预见。哲学在失去"上帝"和"物质"这两个主要研究对象之后,面临着继续失去"精神"这一研究对象的危险。20世纪初冯特开创实验心理学之后,对人的精神现象的研究逐渐从哲学中分离出来,心理学也成为一门实证科学。更为严重的是,用心理学代替哲学认识论的"心理主义"思潮侵入了传统哲学的最后一块领地。心理主义的首要目标是数学和逻辑。

按照经验论的传统区分,数学和逻辑属于和经验科学不同的纯思维科学,这一看法受到心理主义的挑战。比如,19世纪的英国哲学家约翰·斯图尔特·密尔(John Stuart Mill)决心用"经验和联想"来解释数学的必然真理。[3] 他说,在数学中,"从原初前提演绎出这门科学的其他真理,但这些前提却显然是反向地由观察和经验获得,以感觉证据为基础的"[4]。也就是说,数学公理是从经验事实中归纳出来的,在此归纳过程中,人们可以忽视事物的感性性质,关注其数量和形状之间的关系,归纳出关于数和形的一般命题。他以相似的观点看待逻辑,认为逻辑虽然研究思维形式,却不只是对语词作分析而不涉及经验事实。逻辑是"研究人类心灵探索真理活动的科学",逻辑推理是从已知到未知的过程。他因此特别强调归纳推理的逻辑功能,甚至认为一切推理都是从个别到个别的推理。"一般不过是在种类上确定、在数量上不定的个别的集合。"[5] 密尔《逻辑体系》的一个显著特点是把归纳逻辑置于整个形式逻辑

---

1 《马克思恩格斯选集》第4卷,人民出版社1972年版,第253页。

2 《马克思恩格斯选集》,第3卷,人民出版社1972年版,第65页。

3 参见 J. S. Mill, *Autobiography*, ed. by H. J. Laski, London, 1952, p. 226。

4 J. S. Mill, *A System of Logic*, vol. 2, London, 1949, pp. 148-149.

5 同上书,第1卷,第4、328页。

系统的基础地位,改变了形式逻辑自亚里士多德创立以来重演绎、轻归纳的传统。密尔的归纳逻辑不同于简单枚举法,他依据人类心理活动尤其是联想活动的规律,说明归纳逻辑的可靠性。密尔关于逻辑性质和功能的解释归根到底是心理主义的。

密尔只是当时众多心理主义支持者中的一个代表人物。心理主义思潮迎合声势强劲的实证主义,符合方兴未艾的实验心理学发展方向,因而在思想界产生强烈反响,对哲学家的挑战尤为严重。如果像数学和逻辑那样连传统经验论者也承认是纯思维的科学,归根到底也要依赖人的心理活动(感觉经验是心理活动的基础),那么再也找不到独立于感觉经验的纯思想领域,再也不可能存在与实证科学不同的思辨科学,再也不能有与经验真理相对立的先验真理了。西方哲学始终以具体科学的指导者、监护者为己任,以形而上的精神价值为取向,以先验的真理为目标。如果心理主义得逞,那么哲学将从纯思想或精神这块最后领地被驱逐出去,将失去一切研究对象而不得不自行消亡。一切不情愿看到这一事实的哲学家当然也不能接受心理主义的结论。

在实证主义、心理主义等思潮的挑战威胁着哲学的生存的同时,一些哲学家却从数理逻辑的成功看到了哲学的出路。自1847年布尔提出逻辑代数的构想以后,符号逻辑获得长足的进步。世纪交替之际,弗雷格、皮亚诺、罗素和怀特海等人建立了逻辑演算系统,并把数学的基本概念和规则纳入逻辑演算系统,从而首次把数学的基础归结为逻辑,证明了数学命题的分析性和数学公理系统的逻辑性。

数理逻辑的成功给哲学家以巨大的鼓舞。自休谟提出综合命题和分析命题区分以来,数学和逻辑的性质一直是哲学家探讨的对象。康德断定数学命题为先天综合判断,密尔则说数学公理为后天归纳命题。数理逻辑却以严密的方式证明,数学基础是不依赖于经验的分析命题。这对于当时不少哲学家来说,不啻认可了休谟原初的区分,结束了关于数学性质的旷日长久的哲学争论;肯定数学的纯思想性质,不啻在实证科学扩张之时,捍卫了一块精神领域的"净土",为哲学思辨的驰骋提供了场所。

数理逻辑的进展又向哲学家提出了新的课题。把数学的基础归结为逻辑,并没有最终回答心理主义的诘难。现在的问题是:逻辑的基础是什么? 如果确如心理主义者所说,逻辑的基础不过是心理活动,那么数学归根到底还是建立在经验基础之上,并没有一个包容数学和逻辑在内的纯思想领域。于是,围绕着逻辑性质的问题反驳心理主义,成为摆脱哲学危机的一个关键课题。

哲学家通过对逻辑性质的探究,开拓了一个新的哲学领域,这就是语言的意义。

我们知道,逻辑由语言体现,语言的意义是与逻辑规则相辅相成的对应领域。更重要的是,语言的意义存在于事实、思想和语言之间,既不属于物理世界,也不属于个人的心理世界。通过语言的意义来界定逻辑的基础、性质和作用,必然会通向一个超越物理和心理经验、同时又制约着这些经验的新的领域。传统哲学家一直以超越经验世界而又制约经验世界为其孜孜以求的理想,这个理想现在又重新向现代哲学家发出召唤。

我们已经看到,在哲学危机的形势下,面临着心理主义的挑战,受到数理逻辑进展的鼓舞和启示,有作为的哲学家在 20 世纪初开始对数学的逻辑基础和语言意义进行探讨,开拓出新的哲学领域和哲学对象。20 世纪的西方哲学都可以被视为摆脱哲学危机而作出的努力,而最初的努力即是按照上述思路展开的。20 世纪初肇始的两大哲学运动——分析哲学和现象学虽然分属不同的传统和阵营,在其后的发展中更演化为互不对话甚至相互对立的各种不同派别、学说和倾向,但在 20 世纪初的理论条件下,分析哲学和现象学的创始人不约而同地关注着同样的问题,他们研究的共同课题包括:(1) 数学基础问题;(2) 反心理主义;(3) 逻辑性质问题;(4) 语言意义问题。现象学创始人胡塞尔为数学博士,其处女作是研究数学基础问题的《算术哲学》。在其开创性的现象学著作《逻辑研究》的导论部分,他对心理主义进行了详尽批判,接着阐述了纯粹逻辑的构想,并把语言意义作为纯粹逻辑的重要研究对象和出发点。分析哲学的创始人弗雷格、罗素和维特根斯坦都受过严格的数学和逻辑训练,对上述几个问题都有系统的论述。所不同的是,胡塞尔由语言意义问题进入对意识结构的分析,采用现象学方法建立意向性理论,进而建立先验哲学体系;分析哲学家们却采用逻辑分析方法,通过对语言意义的分析,解决或消解传统哲学的问题,实现了哲学中的"语言学转向"。

所谓语言学转向,指的是哲学接过语言学的对象为自己的对象,但哲学对语言的研究在方法、目的和结果诸方面都有别于语言学。分析哲学通过语言分析进入传统哲学的各个领域:世界、客体、思想、自我、真理、规律、经验、善恶、美丑等。在这些领域里,有的分析哲学家得出了反对传统形而上学的结论,有的却阐发出古老哲学问题的新意义。分析哲学家常常自诩"语言学转向"是一场"哲学革命",其实,那不过是把哲学问题转换为语言问题,通过语言意义的路径来更新哲学对象的一种方式罢了。由于前面所说的历史原因和理论背景,早期分析哲学家普遍采用逻辑分析方式研究数学基础问题、语言意义问题乃至逻辑自身的基础问题和一些传统的哲学问题。弗雷格与罗素是把数理逻辑应用于哲学的首创者。

第二节

# 弗雷格

艾耶尔(A. J. Ayer)说,20世纪初受黑格尔影响的各种唯心主义占主导地位,剑桥的乔治·摩尔(George Moore)和罗素首先起来反驳黑格尔,"因此二十世纪的哲学史最好是以阐释他们的哲学事业作为开端",但他也说人们长期没有认识伟大的德国逻辑学家弗雷格的贡献。[1]

乔治·摩尔于1903年发表的《批驳唯心主义》反对的是主观唯心主义的"存在就是被感知"的立场,而不是黑格尔的客观唯心主义。他的《伦理学原理》开创了分析"善"的概念意义的"元伦理学"。他说:"人们企图去回答问题,却没有首先精确地确定什么是他们所想要回答的问题。哲学家们试图以'是'或者'不是'的方式来回答问题,但这两种答案中没有哪一样是正确的"[2],因此,在回答问题之前首先要分析概念。这对通过语言分析批判形而上学的分析哲学家是一个启发。为了维护"常识世界观"的自明之理(truism),摩尔只是分析一个词语或表达式的日常用法,而没有进行逻辑分析工作。他的常识哲学和方法不代表早期分析哲学的方向。

早期分析哲学是在布尔代数、集合论和数理逻辑兴起的背景中,运用形式逻辑的方法进行语言分析,其目的或者是澄清科学语言,为数学和现代科学奠基,或者是揭示语言和世界的逻辑结构,或者是排拒形而上学。在数理逻辑的背景中,弗雷格、罗素和维特根斯坦共同创造了分析哲学。

哥特洛布·弗雷格(Gottlob Frege),德国耶拿大学数学教授,在耶拿平静地度过一生,但他的革命性思想却与他的平静生活形成强烈反差,在这方面,他可以说是逻辑学界的康德。他的主要著作有:《概念文字》(1879)、《算术基础》(1884)、《算术基本法则》(第一卷,1893;第二卷,1903),以及《论概念对象》《论意义和指称》《思想》《否定》和《思想的结构》等重要论文。

---

1　参见艾耶尔《二十世纪哲学》,李步楼等译,上海译文出版社1987年版,第26、25页。
2　G. Moore, *Principia Ethica*, Cambridge, 1981, p. vii.

大多数人在当时或不理解或忽视了他的著作,只有罗素、维特根斯坦等少数思想敏锐的哲学家注意到他的开创性成果,从中获得很多启发。长期以来,人们只把他当作数理逻辑的开创者,对他的哲学贡献知之甚少。直到 20 世纪 70 年代以来,主要是通过达米特(Michael Dummett)的解释,人们才把他看作分析哲学的主要创始人。达米特在《弗雷格的语言哲学》(1973)一书中,把他评价为"分析哲学之父"。达米特把弗雷格对分析哲学的贡献概括为"他所遵循的三条基本原则:永远要把心理的东西与逻辑的东西、主观的东西与客观的东西严格区分开来;要在句子形成的语境而不是孤立地探求词的意义;记住概念与客体之间的区别"[1]。我们按照这三条原则揭示弗雷格工作的哲学意义。

一、 命题函项

《概念文字》的副标题是"一种摹仿算术语言构造的纯思维的形式语言"。弗雷格为什么要构造一种"纯思维的形式语言"? 他又是如何"摹仿算术语言构造"的呢? 关于第一个问题,他后来写道:"在科学的较抽象部分,人们一再感到缺少一种既可以避免别人的曲解,又可以避免自己思想中错误的工具,这两个问题的原因都在于语言的不完善性。"日常语言的不完善性在于语法关系复杂,不服从逻辑规则,不能表达精确的意义,也不能进行严格的推理。亚里士多德以来的传统逻辑虽然企图规范语言形式,却未获成功。原因在于传统的形式逻辑从根本上说是主谓逻辑。他批评说:"用主词和谓词构造判断……对我独特的目的是有妨碍的,并且只会导致毫无用处的详述。"[2]为了精确性的目的,弗雷格设计了一种形式语言,用它来代替主谓逻辑句。关于第二个问题,弗雷格设计的纯粹的形式语言与算术语言相似,两者都使用符号,避免了自然语言的繁琐语法和歧义,可以用演算的方式进行严格的推理。并且,这种形式语言采用的最重要的数学符号是函数符号。

我们知道,在数学中,$y=f(x)$ 表示 $y$ 是 $x$ 的函数,$x$ 和 $y$ 都是变量,在 $x$ 一个值域中取一个定值,$y$ 的值随之确定。弗雷格把数学函数的概念应用于句子:正如"$y=x+7$"数学函数一样,"$y=$ 是人"是一个命题函项;正如当 $x$ 是 5 时,$y=x+7$ 的值为 12,当 $x$ 是"苏格拉底"时,"$y=x$ 是人"的函项便成为"苏格拉底是人"。按这种想法,每一句子都可以看作是一个命题函项的值,它取决于命题函项的变元在定义域里所取的值。数学函数符号,如 $F(x)$,$R(x,y)$ 等,都可以用来表示命题函项。

1 《弗雷格哲学论著选辑》,王路编译,商务印书馆 1994 年版,第 270 页。

2 同上书,第 37 页。

弗雷格的"语境原则"的核心是把句子作为意义的基本的、可运算的单元。命题函项是实现语境原则的工具。传统逻辑的基本单元是词，命题"苏格拉底是人"被分析为主词"苏格拉底"和谓词"人"，由系动词"是"联结而成。按弗雷格的分析，该命题应被分析为命题函项"x是人"和x的值"苏格拉底"这样两部分。这种分析的优越之处在于：第一，用命题函项代替了传统逻辑的谓词地位，命题函项作为句子的逻辑结构不再与"主词＋谓词"的语法结构相混淆；第二，用名称（如"苏格拉底"）与变元x之间的替代关系代替了主谓逻辑中系动词"是"的联结作用，这不但避免了"是"的歧义，而且避免了把词当作各类实体名称而产生的形而上学；第三，用命题函项表示句子的形式，可以用变元代替构成句子的一切词项，使词项与词项乃至句子与句子之间的关系被形式化为如同数学函数那样可以进行精确演算的关系，因而可以排除词语的歧义、语法的混乱，进行严格的命题推理。所有这些都为把自然语言改造为形式语言创造了条件。

逻辑函项的形式语言还需要其他一些算术语言所不具备的要素。弗雷格看到，算术的形式语言缺少逻辑联结词，因而不能说它是完全意义上的概念文字。为了克服这一缺陷，弗雷格把自然语言的联词形式化为逻辑联结符号，引入形式语言。用现在通行的方式表示，这些符号是：(1) 用合取关系符号∧或＆代替"和")，(2) 用析取关系符号∨代替"或者"，(3) 用蕴含关系符号⊃或→代替"如果……那么……"，(4) 用等同关系符号＝或≡代替"等同"。用联词符号联结的命题函项有确定的真值：或者正确（用英文缩写字母T或德文缩写字母W表示），或者错误（用F表示），它们因而又被称作真值函项，如$F(x)\rightarrow G(y)$，$F(x)\&G(y)\vee \sim H(z)$，等等，都是真值函项。此外，弗雷格还提出用逻辑量词符号代替"所有""有些""单个"等词的意义，把传统逻辑中的单称、特称和全称判断变为两类命题：普遍命题用普遍量词$\forall(x)$表示，存在命题用存在量词$\exists(x)$表示。

现在通行的逻辑符号不是弗雷格著作中所用的符号。虽然现在每个学生都可以在逻辑教科书上读到逻辑运算、命题函项、真值、逻辑联词和量词的基本知识，但用这些符号对改造传统形式逻辑的革命性意义要追溯到弗雷格的思想，用这些符号表示语言的逻辑结构是对语言进行逻辑分析的前提条件。

二、 逻辑实在论

弗雷格坚定地反对心理主义思潮，他一再强调，逻辑对象以及一切可被归结为逻辑的对象（如数学对象）不依赖于人的心理活动而独立存在，这是逻辑符号和规则普遍性及必然性的客观依据。他在反驳密尔认为自然数是从可感事物中抽象出来的心理主义解释时说："1 双鞋和 2 只鞋可以是相同的可视可触现象,在这里,我们没有发现与物理差异相对应的数学差异,因为 2 和 1 双并不是同样的东西,如密尔奇怪地相信的那样。"[1]为把数学的基础归结为逻辑,他首先证明可以用集合论规则定义自然数,而无须借助对可感事物的抽象。弗雷格在《算术基础》序言中指出:"心理学的思考方式在哲学中占据主导地位,它甚至侵入了逻辑领域。数学与这种方向没有共同点……把数的表象称为运动机能的、依赖肌肉感觉时,没有数学家用这种无用方式来认识数字。……不,算术与感觉根本没有关系……考察数学思维中出现的表象及其变化,可能确实有些用处;但是不要以为心理学能对算术的基础有任何帮助……我们不要把如何形成一个表象的描述看作一条定义,不把对我们认识到一个句子的心灵和肉体条件的陈述当作一个证明,也不要把一个句子的思考与这个句子的真混淆起来!看来,人们必须记住,正像当我闭上眼睛太阳不会消失一样,当我不再思考一个句子时,它不会不再是真的。"[2]

　　这一段话充分表达出弗雷格的逻辑实在论思想。一切存在的东西被分成三个领域:物理领域、心理领域和思想领域。物理对象不像心理主义者所相信的那样,能被归结为心理联想产生的影像;如同物理事物不是影像一样,思想概念也不是影像。心理领域和思想领域的区别是主观和客观的区别。思想不是心理过程和现象,而是心理过程的客观内容,与影像的主观内容截然有别。正因为如此,思想可以成为众人的共同目标和对象,一个不变的概念可以与不同人的不同心理状态和观念相对应。思想领域的规律也不同于心理领域的规律,心理规律即使普遍适用于全人类,也不能与思想规律相混淆,因为思想领域的规律不依赖于人类。弗雷格举例说,"那棵树绿叶茂盛"和"毕达哥拉斯定理"这两个句子,前一句没有给出说话的时间,不是完整的思想;而毕达哥拉斯定理既不谈及人类,又不谈及时间,是关于真理的规则。"必须区别两类不同的形式:一是对思想的表达,二是断定。句子中包含的时间规定只属于对思想的表达,而在直陈句形式中得到承认的真却是永恒的。"[3]

　　弗雷格认为,思想领域的规律就是逻辑规律,它是不依赖于人类和人的思维的客

---

1　Gottlob Frege, *The Foundation of Arithmetic*, trans. by J. L. Austin, Northwestern University Press, 1968, p. 33.

2　弗雷格:《算术基础》,王路译,商务印书馆 1998 年版,第 5—6 页。

3　《弗雷格哲学论著选辑》,王路编译,商务印书馆 1994 年版,第 136 页。

观存在。思想领域及其规律是逻辑学的研究对象,另外两个领域则分别是物理学和心理学的研究对象。弗雷格的逻辑实在论带有柏拉图主义的色彩。但是他的立论依据是逻辑的性质、逻辑学的发展需要以及与心理学的区别,他的逻辑主义不能简单地等同于柏拉图的理念论。

三、含义与指称

弗雷格不但用命题函项等逻辑工具概括自然语言的形式,而且对自然语言的意义进行逻辑分析。这就是关于含义(meaning)和指称(reference)的著名区分。我们知道,自然语言有两个层次的要素:词和句。弗雷格关心的词只是名称,他关心的句子只是断定句,因为名称和断定句都是具有含义和指称的语言单位。

名称不等于名词,一切表示客体的语言表达都算名称,比如“该撒”“太阳”“离地球最远的天体”“2＋1”“发明炸药的人”“‘不同于自身’概念的外延”等。可以看出,一切表示客体(包括实在和非实在的客体)的指示性名词和描述性词组都是名称。

名称的指称是与之相对应的客体,名称的含义是其表述的内容。弗雷格断定,一个名称具有并且只有一个含义,但最多只有一个指称。因此,名称的含义不同于指称,两个名称可以用同一指称,却没有相同含义,比如,“晨星”和“暮星”指称同一颗星,但两者含义不同,它们是两个名称;“2＋1”和“5－2”指称同一数字,但含义不同。名称的指称和含义的区别还在于,有的名称有含义却无指称,但反之却不然,有指称的名称必有含义。比如,像“离地球最远的天体”“最大的素数”等即是这样的名称,都没有指称。弗雷格还提出了这样一个标准:如果一个名称是另一名称的部分,这个名称只有当它所属的名称有指称时才有指称。比如,“上帝的儿子”,只有在“上帝”有指称的条件下才有指称。

弗雷格认为,一个独立的判断句也是一个名称,因此,关于名称的含义和指称的区分也适用于判断句。由此还可以引申出这样一个结论:一个句子的含义是它的思想内容,其指称则是它的真值。我们或许可以这样来理解名称与句子的含义和指称之间的关系。名称的含义可引申为关于客体的判断,因此可以看作是判断句的简缩形式。比如,“太阳”可引申为“太阳存在”,“2＋2”可引申为“2＋2＝4”,“炸药发明者”可引申为“炸药发明者是诺贝尔”。这种引申是由名称到判断,由概念到思想的引申。如果说名称的含义是概念的内容,那么句子的含义就是思想的内容。句子的指称也与名称的指称有关,正如有些名称有含义而无指称,有些句子也有含义而无指称。例如,神话和幻想小说中的句子有思想,却无指称,因为这些句子包含的名称没有指称,只有那些包含着有指称的名称的句子才有指称。但是，并不是一切有指称的判断句都是真判断。如果判断符合客体的实际状态，则为真；如果不符合客体的实际状态，则为假。这就是说，判断句的指称为真值；它的意思是，一切真句子的真值相同，一切假句子的真值也相同；无指称的句子则既不真，也不假。

弗雷格关于指称和含义的思想对于分析哲学意义理论的形成和发展具有深远的意义。他揭示出客体、语言、思想和真值之间的关系，建构了讨论意义问题的基本框架。特别是他提出的有些名称和句子有含义而无指称的观点，为以后关于意义标准和界限的讨论开辟出路径。纵观弗雷格的思想，我们可以看到，用新兴的数理逻辑来分析、处理语言，已经获得一些有发展前景的新成果。

# 罗　素

　　伯特兰·罗素(Bertrand Russell)，出身于贵族家庭，其祖父曾任英国首相，从小受自由主义的教育。16 岁时开始思考宗教问题，认定灵魂不朽、上帝存在的信条都不可信。罗素一生追求确定的知识，他先在数学、后在逻辑、最后在经验知识中追求自己的目标。罗素同时还是一个社会活动家和政治家，从事过反战运动、女权运动、性解放运动和教育改革等各项活动，写过很多政论文章。他著作甚丰，哲学著作只是其中一部分。1950 年罗素获诺贝尔文学奖。罗素的主要哲学著作有：《数学原理》(1903)、《莱布尼茨哲学导论》(1908)、《数学原理》(3 卷，与怀特海合著，1910—1913)、《哲学论文集》(1910)、《哲学问题》(1912)、《关于我们外部世界的知识》、《数理逻辑导论》(1918)、《关于逻辑原子主义的讲演》(1918)、《心的分析》(1921)、《物的分析》(1927)、《对意义和真理的探讨》(1940)、《西方哲学史》(1946)、《人类知识》(1948)等。1920 至 1921 年间，罗素来中国，在北京大学等处作了哲学问题、心的分析、物的分析、社会结构研究和数理逻辑等五个系列演讲，当时北京大学西知书店把这些演讲辑集出版。

　　罗素的哲学著作大致可分为两个时期：1914—1919 年，他潜心研究数理逻辑，并把研究成果运用于语言分析，解决悖论问题，提出逻辑原子主义，对分析哲学的发生和发展作出贡献；第二时期为 20 世纪 20 年代之后，他研究认识论基础问题，50 年代后主要从事社会政治活动和时政文章写作。罗素认为他的早期著作最有价值，事实上，奠定了他在哲学史上地位的主要也是这些著作。

第一节————————————————————————————————

## 外在关系说

1899 年,由于主讲教师休假,年轻的罗素偶然地接替了讲授莱布尼茨(G. W. Leibniz)哲学的任务。他对莱布尼茨哲学研究的成果后来发表在《莱布尼茨哲学导论》等著作里。据罗素的研究,莱布尼茨的哲学以逻辑为中心,但由于他有新旧两种逻辑思想,在他的哲学中也有不相协调的两种倾向。一方面,莱布尼茨仍然恪守传统逻辑,以矛盾律和充足理由律为基本的思想规律。传统逻辑是主谓逻辑,与之相配合的哲学是关于实体和属性关系的形而上学。罗素说,认为一切命题都可还原为主谓形式的命题,这是"莱布尼茨哲学几乎完全遵守的基本前提"[1]。按照这一前提,一切事物和现象都可还原为实体的属性。莱布尼茨相信只有单子才是实体,单子是封闭的实体,包含着一切事物的属性(他称之为"知觉")。另一方面,莱布尼茨又是符号逻辑的创始人,设想建构一个由最简单符号为单元的符号系统。联结单元的关系不属于单元,而是逻辑研究的独立对象。把这种逻辑关系应用于单子论,他把单子说成众多的独立实体,每一个单子没有与其他单子相联系的"窗户";也就是说,不包含着与其他单子的关系。但是,没有"窗户"的单子如何联系成宇宙本体呢?莱布尼茨理应想到存在着与符号之间的逻辑关系相对应的、存在于单子之间的外在关系。但他囿于传统主谓逻辑的模式,把关系看作内在于实体的属性,因此无法逻辑地说明单子之间的关系,只能诉诸上帝创造"先定和谐"的神学来建立这种关系,罗素认为这是莱布尼茨的败笔,是新旧两种逻辑无法调和而导致的结果。

罗素从莱布尼茨哲学看到的一个教训是:传统逻辑的哲学基础是"内在关系"说,即认为关系是内在于、附属于事物的性质;而新兴的逻辑则需要"外在关系"说,即把关系看作外在于事物的独立存在,像纽带一样在事物之间起联结作用。罗素所反对的"内在关系"说,不但是源于亚里士多德的传统观点,而且在当时的英国哲学界有强大的支持者,他们以新黑格尔主义者布拉德雷(Herbert Bradley)为代表。布拉德雷认为,一切事物和现象都因"绝对本体"而联系为整体,没有外在于"绝对本体"的任何关联。他提出了反驳"外在关系"说的一个论证:假如 a,R,b 是三个独立的东西,R 是联系 a 和 b 之间的关系,那么在 a 和 R 之间又需要一个新的关系 $R_1$,在 a 和 $R_1$ 以

——————————————

1　B. Russell, *A Critical Exposition of the Philosophy of Leibniz*, Cambridge, 1900, p. 3.

及 $R_1$ 和 R 之间又需要一个新的关系 $R_2$，以至无穷。在 b 和 R 之间也含有无穷倒退的情况，永远也得不到 aRb 这样一个整体。可见 R 不是外在于 a 和 b，而是内在于 a 和 b 的关系。

针对这种"内在关系"说，罗素提出反驳。首先，如果 R 内在于 a 或 b，那么 R(ab) 和 R(ba) 便没有区别了，比如说，"伦敦在巴黎的西边"和"巴黎在伦敦的西边"，"张三比李四年纪大"和"李四比张三年纪大"等，都将没有区别。这显然是荒谬的。其次，如果关系只是内在于实体的性质，那么，这种性质仍然要借助于其他相关的实体的关系才能得到说明。比如 a 大于 b，如果"大于 b"是 a 的性质，同时，"小于 a"也是 b 的性质。a 或 b 的内在性质需要借助于对方的关系才能说明，这恰恰表明，"关系"的范畴比"性质"更基本，不能被局限在一个实体内部。最后，关系具有不依赖于心理经验的必然性，比如，由"a 大于 b"和"b 大于 c"出发，必然推出"a 大于 c"。属性并不完全具有必然性，很多属性依赖人的主观经验，这已是经验论者反复证明过的道理。如果关系等同于属性，那么，"3 大于 2"和"苹果比梨子甜"将具有相同的有效性，"大于"将和"甜于"一样依赖于感觉。

罗素坚持认为，关系是外在于实体的独立存在，关系和实体具有相同的本体论地位。把关系当作实体的属性是传统形而上学的偏见，导致主谓逻辑对人类思想的长期统治。罗素提倡"外在关系"说的主要目的，并不是为了建立一种新的实体理论，而是为了替关系逻辑奠定哲学基础。他所说的关系，主要表现于命题的词项之间，以及命题与命题之间，主要指逻辑关系。"外在关系"说属于当时反对心理主义、提倡逻辑本体论的倾向。

## 第二节

# 罗素悖论

罗素在提倡"外在关系"说时，并不十分了解数理逻辑的进展，也不清楚如何建立与"外在关系"说相适应的逻辑。据罗素的思想自传，1900 年 3 月，他去巴黎参加国际哲学家大会，在会上接触到皮亚诺（Giuseppe Peano）的思想，这成为他的精神生活的转折点。皮亚诺的符号逻辑提供了罗素寻找多年的逻辑分析的工具。罗素应用符号逻辑分析数学的基本概念，独立地走上了把数学基础归结为逻辑的探索之途。他当时还不了解弗雷格正在进行的工作。1901 年 6 月,在运用康托尔(Georg Cantor)的集合论解决自然数数列问题时,罗素发现了悖论。1902 年 6 月 16 日,他写信给弗雷格,告之这一发现。弗雷格读后大为震惊,他在即将出版的《算术基本法则》第二卷的结尾处写了这样一段话:"一个科学家的工作完成之日,也是这一建筑物的基础倒塌之时,没有什么比这更糟糕了。当本书即将付梓之时,罗素先生的一封信把我置于这样的境地。"[1]

罗素发现的集合论悖论为什么具有这样大的破坏力呢?弗雷格在用集合定义自然数时,首先把所有集合分为两类:一类是与自身相等同的集合的集合,另一类是与自身不相等同的集合的集合。然后,弗雷格把数目 0 定义为"一切与自身不相等同的集合的集合",数目 1 被定义为"一切与 0 相等同的集合所组成的集合",数目 2 被定义为"一切与 0 相等同的集合和一切与 1 相等同的集合所组成的集合",依此类推,可定义 0+1+1+1…的一切自然数。弗雷格的方案看似完满,罗素却看出一个漏洞,问题出在"与自身不相等同的集合的集合",试问:这一集合与自身相等同,还是不与自身相等同呢?如果它是与自身相等同的集合的集合,那么它就是"与自身不相等同的集合"(因为集合不能与子集合相等同);如果它是与自身不相等同的集合的集合,那么它就是"与自身相等同的集合"(因为集合与子集合的总和相等同)。这一矛盾具有"如果 A 是 A,则 A 是非 A;如果 A 是非 A,则 A 是 A"的形式,因而是一悖论。

罗素在 1903 年的《数学原理》中提出以适当的逻辑类型来解决集合论悖论的设想,直到 1906 年之后,他才在和怀特海合作的《数学原理》里提出解决方案。当时世界上能看完 3 卷本《数学原理》的人极少,为了普及集合论悖论,罗素使用了自然语言的事例。其中之一是"说谎者悖论"。相传古希腊的克里特岛的哲学家爱比米尼说:"所有克里特人都是说谎者。"那么,他这位克里特人说的是真话还是谎言?很明显,如果他说的是真话,那么他就是在说谎;如果他在说谎,那么他说的就是真话。还有一个"理发师悖论"。相传有一个乡村理发师,声称他给且只给所有自己不刮胡子的人刮胡子。有一天他突生疑问:他是否应该给自己刮胡子?如果他给自己刮胡子,那么他不能给自己刮胡子;但如果他自己不刮胡子,那么他必须给自己刮胡子。

罗素用类型理论解决集合论悖论。罗素设定集合可用逻辑函项表示,并设定一

---

1　*Translations from the Philosophical Writings of Gottlob Frege*, ed. by P. Geach and M. Black, New York, 1952, p. 25.

切逻辑函项或都可还原为直谓式，即由一个谓词和变元所组成的逻辑函项。设 f, F, Φ…为由低到高的谓词，那么，一个谓词只有用来表述较低级谓词和个体变元才是有效的；如果用来表述自身或较高级谓词，则是无效的，就会产生悖论和无意义的表述。比如，"一切与自身不相等同的集合的集合"的逻辑形式是 f(∼fx)，这是违反类型的表达。"真理是真的"的形式是 f(f)，"红色是自然数"的形式是 f(F)，"白色是苏格拉底"的形式是 a(f)，都是违反类型的表述，或产生悖论，或产生同义反复，或是没有意义的词语组合。

类型理论虽然对帮助解决自然数定义所遇到的集合论悖论有所帮助，但它所依赖的一些设定，比如类型与逻辑函项式等值、一切函项式都可以划归为直谓式、类（或集合）与个体都是实体、两者共同构成实在的序列，都是未经证明的设定，在逻辑学和哲学领域都引起了争议。在分析哲学家中，除奎因（Willard Orman Quine）等少数人外，没有人把它作为哲学的工具来使用。

<br>

第三节————————

## 摹状词理论

类型理论对于消除"理发师悖论"和"说谎者悖论"也无实际价值，因为这类悖论涉及的是说话主体"自我指涉"的语义问题，而说话主体是否"自我指涉"取决于语词的所指，是一个语义学问题。为了消除语义学悖论，罗素需要把日常语言的表述形式归结为命题函项式，为此，他提出摹状词理论。

罗素把迈农（Alexius Meinong）提出的"金山存在"命题作为语义学悖论的例证。他说，由于"金山"指称的事物不存在，所以"金山存在"为假，但当人们说"金山不存在"时，他们使用"金山"作为命题的主词已经肯定了与之相应的东西的存在，至少是"金山"的观念的存在。如此，无论肯定还是否定"金山存在"都不正确，因此是个悖论。罗素于 1905 年发表了《论指谓》的论文[1]，针对迈农悖论提出解决方案。

按罗素的理论，一切名称都是摹状词，通名是非限定摹状词，在英语中它们是以不定冠词 a 开始的描述性词组，比如"一个苏格拉底的学生"，非限定摹状词适用于众

---

1 参见洪谦主编《现代西方哲学论著选辑》上册，商务印书馆 1993 年版，第 341—357 页。

多对象。专名是限定摹状词,在英语中是以定冠词 the 开始的描述性词组,比如"那个写《形而上学》的人",限定摹状词适用于一个特定对象。罗素主要讨论了限定摹状词的情况。

限定摹状词在句子中充当主词,但在很多情况下并不指称一个存在着的对象,因而使人们对句子的真伪很难作出准确的判别。迈农悖论即其中一例,另一个典型的例子是这样一个句子:"当今的法国国王是秃子。"试问这句话是否正确。如果这句话不正确,那么根据排中律,其否定必定为真。但是,说"当今的法国国王不是秃子"也是不正确的,因为根本就不存在着当今的法国国王,这样便出现一个问题:排中律是否失效了呢? 这样的句子是否有真值呢?

罗素肯定排中律仍然有效,这样的句子有真值。他认为其中的关键是对"当今的法国国王"这一摹状词的意义作出正确的分析。按照他的分析,每个限定摹状词都蕴含着一个存在命题。"当今的法国国王"的蕴义是"存在且仅存在着一个当今的法国国王"。把这一存在命题代入原句,我们便得到这样一个完整命题:"存在且仅存在着一个当今的法国国王,并且他是秃子。"这一命题函项包括三个合取支,根据合取规则,只要有一支为假,则整个合取命题为假。"当今的法国国王是秃子"是假命题,其所以为假,并不是因为当今的法国国王不是秃子,而是因为没有一个人是当今的法国国王。根据排中律,假命题"当今的法国国王是秃子"的否定式应该是"不存在当今的法国国王"这样一个真命题。

罗素的摹状词理论为日常语言的逻辑分析提供了一个样板。这一理论成功地说明了这样一个道理:一个命题的逻辑结构不同于它的语法结构,它蕴涵的意义也不同于表达出的意思。语法结构和表面上的意思往往会造成思想上的矛盾和困惑。命题的真正意义是由逻辑结构决定的,需要经过逻辑分析才能揭示其结构和意义,这是避免日常语言的表达所引起的矛盾和混乱的有效途径。

罗素的摹状词理论的成功流行却使迈农的思想成为一个语义学悖论,这对迈农并不公平。按照迈农的存在论和对象理论,"金山"是被给予的"自有"(es gibt),肯定"金山存在"是想象它是什么,这是否定"金山存在"的前提条件。再说,"金山"是否存在根本不是一个判断真假的问题,因为它不是思想所意向的客观对象,而是情感所意向的自尊对象,想象金山给予人美感或善良的感情,不能因为金山不是时空中的"实存"(Existenz)或"实在"(Wirklichkeit)就断定"金山存在"是假命题。

日常语言分析哲学兴起之后,牛津哲学家斯特劳森(Frederick Strawson)在 1950

年发表的《论指称》[1]一文中批评说,罗素混淆了句子和句子的使用。句子的意义取决于一般的句法规则,不符合句法规则的句子无意义;句子只有在使用时才有真假的问题。罗素把有无意义的句法问题混同于判别真假的语义问题。在日常语言的使用中,"当今的法国国王是秃子"预设"法国国王存在"。如果预设为真,就是说,在法国国王存在的历史时期,这句话在说话时候的国王是秃子时为真,在他不是秃子时为假。如果"法国国王存在"的预设为假,则句子没有使用条件,句子在不被使用的情况下没有真假问题。我们只能说"当今的法国国王是秃子"这句话有意义(因为符合句法),但既不真也不假(因为没有被使用)。

第四节

## 逻辑原子主义

罗素于 1914 年在《论亲知的性质》一文中提出了"世界感觉材料的逻辑构造"的思想。感觉材料(sense-data)是客观的,而不是主观的感觉(sensation)。感觉材料是个人感官所能经验到的最小、最基本单位,如一小块色斑。感觉材料的逻辑构造就是世界的逻辑结构。在 1918 年的《逻辑原子主义哲学》和 1924 年的《逻辑原子主义》中,罗素使用"逻辑原子"概念指称感觉材料,对逻辑原子的陈述是原子命题,原子命题分两部分:一是"逻辑专名",指"这""那"等指示代词,它代表感觉材料;二是感应材料的性质或关系,它们是一些不可再被分析的简单性质和关系。原子命题是"这是红的""这先于那"这样一些命题。原子命题是语言的最基本单位,不陈述日常事物,所以不能包含专名或普通名词。凡是包括专名和普通名词的日常命题都是分子命题,它们由两个以上的原子命题通过逻辑连词的联结而组成。[2]

日常命题如何由原子命题组成?在这一问题上,罗素遇到一些困难。其中一个棘手的困难是如何分析意向句。意向句指由"我想"或"我知道""我相信""我认为""我怀疑"等包含心理动词的句子为主句,以心理活动的内容为从句的复合句。比如,"托勒密相信太阳围绕地球转"是一意向句。按照罗素的分析,这个复合句是分子命

---

1 参见洪谦主编《现代西方哲学论著选辑》上册,商务印书馆 1993 年版,第 829—856 页。
2 参见罗素《逻辑与知识》,苑莉均译,商务印书馆 1998 年版,第 151—418 页。

题,由两个原子命题 P(托勒密相信)和 Q(太阳围绕地球转)组成,两者之间的逻辑关系是蕴涵。这个句子的逻辑形式是 P→Q。根据逻辑运算法则,蕴涵的前件为真,后件为假,则整个命题为假。但这一分析的结果显然不符合原句的意义。因为不管托勒密的信念如何,他具有这样的信念是真的,并不因为"太阳围绕地球转"为假而为假。罗素承认,这类命题是"我们的动物园里的一种新动物,不是我们以前那些种类的新成员,而是一个新的种类。这一事实的发现应归功于维特根斯坦先生"。他倾向于把种类命题排除在逻辑分析之外,因为"感知的逻辑形式和相信的逻辑形式完全不同"[1]。这样,他把心理事实与物理事实完全分开,他的逻辑原子主义只适用于物理事实。

后期的罗素放弃了逻辑原子主义。他于 1920 年在北京大学发表《心的分析》的演讲,后来又发表《物的分析》一书。这标志着他的思想由逻辑分析转入心理分析,用心理构造代替逻辑构造。此时的罗素认为感觉经验的基本单位不限于感觉材料,还包括感觉的产物——影像;无论心理还是物理现象,都是感觉和影像的构造,两者区别在于构造方式不同,而不在于基本材料的差别。他企图通过这样的分析消除心物对立,达到"经验一元论"。他还发展了以心理分析为特征的意义理论,认为词是影像物,影像是词的意义。这些思想缺乏独创性,不为人所重视。

---

1 罗素:《逻辑与知识》,苑莉均译,商务印书馆 1998 年版,第 272、275 页。

第三讲

# 维特根斯坦早期思想

## 《逻辑哲学论》的创作

路德维希·维特根斯坦(Ludwig Wittgenstein)于 1889 年 4 月 26 日生于维也纳的一个富商家庭。其父是当时奥匈帝国的钢铁大王。为了把自己最小的儿子培养成为工程师,他把 19 岁的维特根斯坦送到英国曼彻斯特大学专攻航空学。在那里,维特根斯坦参与了世界上最早的喷气发动机的设计工作,做了一些风筝的试验。碰到一些计算问题,他不得不钻研数学。一个偶然机会使他参加了一个讨论数学基础问题的学术团体,读到罗素 1903 年写的《数学原理》,很快就被吸引住了。接着又读了弗雷格的著作。1911 年秋天,他去耶拿向弗雷格求学。弗雷格建议他去跟罗素学习。维特根斯坦于是来到剑桥大学三一学院,选修罗素讲授的课程。当时,分析哲学的三位创始人——摩尔、罗素和维特根斯坦都在剑桥。罗素和摩尔分别比维特根斯坦大 17 岁和 16 岁,但他俩与维特根斯坦的关系已远远超出师生关系,他们像朋友和同事一样相处。维特根斯坦经常与罗素在课堂上辩论,课后到罗素住所讨论,有时竟至深夜。罗素把维特根斯坦当作理想的学生和接班人,认为他具有历史上天才人物的美德:热烈、深刻、认真和才华,并预料哲学下一步的重大发展要由维特根斯坦来完成。

维特根斯坦学习进展确实很快,他不但掌握了课程内容,而且领悟到数理逻辑存在的关键问题和新兴分析哲学面临的重大问题。1913 年,维特根斯坦在挪威山林里建了一座小屋,在那里潜心研究逻辑哲学。次年三四月间,当时担任剑桥大学哲学系主任的摩尔专程来访问他,把他口述的研究成果记录下来,后来以《挪威笔记》的形式发表。

1914 年,第一次世界大战爆发,维特根斯坦参加奥匈军队,任中尉炮兵军官。在戎马倥偬岁月，他也未放弃哲学思考，不时把思想的火花记录下来。这些笔记于1961年以《1914—1916年笔记》为名发表。1918年8月，维特根斯坦回家休假，把长期研究成果整理成一本书。回到部队不久，奥匈军队战败，他成为战俘被关在意大利卡西诺战俘营。他利用战俘营闲暇时间，对书作进一步修改，定名为《逻辑哲学论》。通过红十字会，他把手稿分别寄给弗雷格和罗素，因为他在书的前言中承认，这本书的写作受到弗雷格和罗素著作的鼓舞。

1919年3月，维特根斯坦被遣送回家。他首先做的一件事是把自己所继承的巨额财产捐献给艺术家。后来他发现，自己已无力出资出版那本著作。出版商不知道这本书的价值，好不容易找到一家愿意出版的公司，但附加一个条件，要求罗素写一篇推荐性的前言。本来，这一条件很容易实现。1919年底，罗素和维特根斯坦在荷兰海牙会晤，在一个星期时间里逐字逐句讨论了这本书。但当维特根斯坦收到罗素为之写的前言之后，深感失望，认为罗素误解了他的思想，拒绝发表前言，出版商也因此拒绝出版他的书。心灰意冷的维特根斯坦将书稿寄给罗素，任其处理，自己于1920年在奥地利偏僻山区当了六年的小学教师。

在维特根斯坦远离哲学界的时候，他的思想却出乎意外地在哲学界流行开来。罗素很快将维特根斯坦的手稿发表于著名化学家奥斯瓦尔德主编的《自然哲学年鉴》1921年卷。次年，该书被译为英文。这本书在英国哲学界和维也纳学派中间引起强烈反响，成为分析哲学的经典。我们以该书为材料，来评价维特根斯坦的早期思想。

《逻辑哲学论》只有两万余字，却是哲学史上最精炼、最难懂的经典著作之一。这本书由一段段短小精辟的段落组成，最短的段落只有一句话，最长的段落也不过百余字。很多段落好似箴言警句，因此有人把此书比作老子的《道德径》或佛家的禅语。然而，维特根斯坦本人却要把这些段落联结成一个严密的系统。这一系统的结构由数字显示，每一段前面都有一个编号，这个数字表示该段落内容与上下文的关系。编号的原则是，分数号码的段落是对整数号码段落的解释，而n+1位分数号码的段落又是对n位分数号码段落的解释。比如，2.01号段落是对2号段落之解释，2.011和2.012号段落又是对2.01号段落之解释，2.0121、2.0122和2.0123号段落则对2.012号段落进行解释，2.01231号段落再对2.0123号段落加以解释。按此原则，该书理应结构严谨、层次分明，但事实却不那么简单。研究者们发现，很多段落和分段落并没有被解释和解释的关系，同位分数号码的段落之间也不是平行关系，人们苦于找不出段落之间的逻辑关系，通常认为这些段落只是相对独立的松散组合。

然而,有一点是清楚的:整数号码的段落表明一个单元的中心思想,书中共有七个这样的段落,将全书分为七个单元。它们是:

世界是一切发生的事情。(T1)[1]

所发生的事情——事实——是事态的存在。(T2)

事实的逻辑图式即是思想。(T3)

思想是有意义的命题。(T4)

基本命题是命题的真值函项。(T5)

真值函项的普遍形式……就是命题的普遍形式。(T6)

对于不可说的东西,必须保持沉默。(T7)

这七个单元可以被合并为四个部分:第一部分说明世界的逻辑结构,第二部分说明语言与世界之间的对应关系,第三部分决定语言和世界的界限,第四部分讨论在此界限之外的神秘领域。我们将看到,这四部分内容既有对事实、思维、语言、知识和科学的明晰的逻辑分析,又有关于世界、自我、宗教、人生和哲学奥妙的神秘箴言。在西方文化传统中,理性主义是科学的基础,神秘主义被当作宗教和伦理的真谛。《逻辑哲学论》将两者奇妙地结合在一起;并且,这种结合是对语言进行逻辑分析必然导致的结果。从逻辑分析到神秘洞见是全书一以贯之的线索。以下各节且对这一思想脉络作一梳理。

## 第二节

## 世界的逻辑结构

维特根斯坦说:"逻辑是世界的一面镜子。"(T6.13)世界虽由千差万别、千变万化的事物组成,但这些事物都是按照符合它们内在属性的方式结合在一起的。逻辑所反映的不是事物的具体形态、特殊性质和变化状态,而是事物之间的必然联系。所有事物必然联系的总和,就是世界的逻辑结构。正是在此意义上,可以说逻辑是世界的一面镜子。

逻辑所揭示的世界结构,不同于自然科学所描述的自然规律。每一门科学所研

---

1 T 为《逻辑哲学论》拉丁文名称缩语,后面数字表示节数。

究的规律只适用于一定范围内的事物,事物之间的逻辑结构却是普遍适用、整齐划一的。再者,自然规律揭示的是事物之间的因果关系,因果关系不管在经验中出现的概率何等之高,仍然是偶然关系,总会有例外事件发生。逻辑关系却是必然关系,所谓逻辑必然性指一切可能性或不可能性之总和,不容许可能或不可能的例外。因此可以看出逻辑和自然科学的另一区别:自然科学的命题和规律依赖经验的发现和证实,但我们却无须依靠经验来发现和证实逻辑命题和规律。这是因为,我们的经验总是符合一定的逻辑规律,违背逻辑的东西不可能成为经验对象。维特根斯坦甚至说,即使上帝也不能违反逻辑规律来创造世界(T3.031)。在我们的思想中,一事物总是和其他事物联系在一起的,孤立存在的事物是不可想象的。只要我们具有正常的思维能力,我们就必定会把握事物之间的逻辑联系。在此意义上,事物之间的逻辑联系是先天的。所谓先天,即先于经验之意。总之,世界的逻辑结构具有普遍性、必然性和先天性。

虽然逻辑研究对象与自然科学研究对象有上述种种不同,但是对世界的逻辑分析却与科学的分析方法有类似之处。比如,物理学家把物质世界分析为一个个可见的物体,再把物体分析为原子,最后把原子分析为基本粒子。同样,对世界的逻辑分析也可分成三个步骤:首先把世界分析为事件的总和,再把一个事件分析为原子事件的组合,最后把原子事件分析为简单客体的系列。当然,逻辑分析和物理分析的相似之处只是一种类比,两者的差别是十分显著的。物理分析是一种实验方法,需要借助实验仪器,以观察数据为依据,并用数学公式描述物质模型。逻辑分析则不然,它按逻辑推理的必然性推演,并不借助经验观察,但需要陈述实在的命题作为分析对象和依据,因为逻辑毕竟由语言体现,但逻辑分析结果由逻辑符号和逻辑命题表示。我们在这里已对逻辑分析的层次和特征作了一些原则上的说明。下面让我们看一看维特根斯坦如何逐层分析世界的逻辑结构。

1. "世界是事实的总和,而不是事物的总和。"(T 1.1)

理解这句话的关键是了解事实(fact)和事物(thing)的区别。把世界看作事物的总和,是一种常识的观点;把世界看作事实的总和,则是一种逻辑的观点。

为了理解这两种观点的不同,有必要回顾一下罗素的摹状词理论。按照常识观点,世界由各种事物组成,每一事物都有对应的名称。罗素对日常语言的名称进行逻辑分析,指出每一名称都是摹状词,限定摹状词还蕴含着一个存在命题;因此,日常意义上的名称从逻辑观点看表示着命题所表达的意义。维特根斯坦接受这一理论的影响,并进一步从本体论的高度认识摹状词的意义,这大概正是他区别"事实"和"事物"

的依据。

维特根斯坦虽然没有进一步解释区分两者的理由，但我们可以设想他是这样推论的：既然每一名称的意义在于对事物性质、存在或状态进行描述，那么一事物的名称实际上并不代表该事物，而只是对该事物具有如此这般性质、处于如此这般状态这一事实加以描述。也就是说，把日常名称归结为摹状词的本体论意义就是把日常事物归结为事实。从逻辑的观点看，我们平常所说的"桌子"这类事物不过是这种东西具有如此这般形状、性质或用途这一事实，我们平常所说的"张三""李四"等每一个人不过是这一位个人如此这般存在着这一事实。这就是为什么可以说世界不是事物的总和，而是事实的总和的理由所在。

**2. "所发生的事情——事实——是事态的存在。"(T2)**

在逻辑分析的第二层次，一个事实进一步被分析为一些事态。"事态"的德文原文为 Sachverhalt，指构成事实之要素。英译者最初征得维特根斯坦同意，将其译为 atomic fact（原子事实）。后来的英译者发现，"原子事实"是罗素常用的概念，常指经验要素，这未必是维特根斯坦的原意，因此将其改译为 state of affairs，现已成为通行译法。我们将其译作"事态"，意在说明，构成一个事实的要素为该事实所处的众多状态。比如，"桌子存在"这一事实可被进一步分析为桌子在某一空间位置的存在状态，在不同时间的存在状态，其颜色、硬度等性质的存在状态，等等。这些状态的集合便构成"桌子存在"的事实。总之，构成一事实之状态即我们所说的"事态"。

将事实分析为事态（或原子事实），与将事物分析为原子的物理分析，是两种性质根本不同的分析方法。如前所述，逻辑分析的理由是语言意义分析。维特根斯坦本人虽然没有给出这方面的理由，但我们可以根据当时分析哲学家视为理所当然的一些流行观念，将这种理由补足如下：

首先，按罗素的摹状词理论，每一摹状词都蕴含着几个命题。他曾以"当今的法国国王是秃子"为例，将其分析为三个命题的组合："当今存在着法国国王这样一个人"，并且，"这样一个人是唯一的"，并且，"这一个人是秃子"。罗素的分析导致这样一个结果，即：把摹状词意义当作几个更基本的命题的集合，或者说，把日常名称（它可被归结为摹状词）的意义当作命题的浓缩。我们已经知道，日常名称的意义实际上表示一件事实，那么日常名称意义所蕴含的几个命题当然也应表示这一事实的几个构成要素。我们于是顺理成章地引申出这样的结论：一件通常看作是简单的事实实际上包含着一些复合要素，这些要素即我们所说的事态。

其次，从逻辑的观点看，日常语言中一些特殊命题实际上是可被继续分析的一般命题。如前所述，"这是一张桌子"实际上可被分析为陈述桌子存在状态（如形状、颜色、硬度、持久性等）的诸多命题。再如，设想一位老师有十位学生，他在上课前说："今天有一位学生缺席。"这一命题可被分析为："或者赵大缺席，或者钱二缺席……或者张十缺席。"我们知道，日常的特殊命题陈述的是一件事实，既然这个特殊命题可被继续分析为一些更基本的命题，那么相应的事实同样可被继续分析为一些更基本的要素，即事态。

以上所说的这些，即是将事实分析为事态的一些主要理由。

**3. "一个事态（事物之状态）乃是一些客体（事物）之组合"（T 2.01）**

这里需要注意的是，引文所说的"客体"（object）和"事物"（thing）并非日常意义上的客体和事物，日常客体和事物都是可以继续分析的，而这里所说的客体和事物，特指在逻辑上不能再继续分析的对象，其确切含义是"简单客体"（simple object）或"简单事物"。

我们于是达到逻辑分析的第三层次，这是最后的层次。在此层次，一个事态被分析为逻辑分析的终极单元——简单客体。

毋庸赘言，简单客体不可与物理学研究的基本粒子相混淆。不管物理分析中达到多么基本的粒子，它们在逻辑上仍然是继续可分的，虽然在实验中已不再可分，但我们仍可设想它们继续可分的逻辑可能性。中国古语说："一尺之棰，日取其半，万世不竭。"虽然我们在现实中不能照这句话去行事，但我们却不能不承认，这句话并不包含逻辑矛盾，它在逻辑上是可能的。简单客体却不然，它在逻辑上是不可分的，或者说，简单客体的可分性将引起逻辑上的矛盾。这是什么样的逻辑矛盾呢？

对此，维特根斯坦的回答是：

2.021　客体是构成世界的实体。这就是它们不能是复合的原因。

2.0211　如果世界上没有实体，那么，一个命题是否有意义，将取决于另一命题是否为真。

2.0212　在此情况下，我们将不能描述任何关于世界的图式（正确的或错误的）。

维特根斯坦的这几段话，实际上构成以下推理：

大前提：如果客体是复合的，那么我们将不会有关于世界的图式。

小前提:我们确实有关于世界的正确的或错误的图式。

结论:客体不可能是复合的。

这就是说,不管正确与否,我们的语言可以描述世界,这是语言的基本逻辑功能;而简单客体的可分性将与这一基本逻辑功能相矛盾,因而,简单客体在逻辑上是不可分的。

我们还可以看到,维特根斯坦完全基于语言意义分析方面的理由,论证"实体(客体)是简单的"这一古老的本体论命题。我们可以将他的理由复述如下:

语言的意义在于描述世界。如果世界上所有客体或事物都是复合的,那么这些客体或事物的名称都将是摹状词,可被分析为一些命题的集合;而这些命题所包含的名称也将是复合的,又可被分析为另一些命题,如此分析,没有止境。就是说,一个命题的意义将取决于另一命题是否为真,但如果每一命题都可被无止境地分析下去,我们将永远达不到一个真命题。其结果必然是:任何命题的意义都将不能确定,我们没有关于世界的任何图式。这显然是荒谬的。因此,我们必须设定存在着简单客体(实体),关于它们的名称是不可再分的语言单位,以这些简单名称为要素的命题不可再被分析,这些命题直接陈述关于客体的事实,因而是真命题。正是这些真命题赋予其他可被分析的命题以意义,满足了语言描述世界的基本逻辑功能。

### 4. 短评

像维特根斯坦那样把日常事实分析为原子事实(事态),再把原子事实分析为逻辑实体(简单客体)的逻辑分析立场,通常被称作逻辑原子主义。但是维特根斯坦本人从来没有给自己的思想贴上什么"主义"的标签。"逻辑原子主义"是罗素于1918年所作的"关于逻辑原子主义哲学"的讲演中首次提出来的。罗素的这篇讲演开宗明义地说:本次讲演所要解释的观点是"我从我的朋友和以前的学生路德维希·维特根斯坦那里学到的"[1]。虽然罗素讲演早于维特根斯坦的《逻辑哲学论》发表,但由于罗素在此之前已经熟悉了《逻辑哲学论》的观点,因此,我们有理由把维特根斯坦看作逻辑原子主义的开创者之一。《逻辑哲学论》开端对世界的逻辑结构所作的分析,提供了一个完备而又严密的逻辑原子主义的世界观。

逻辑原子主义的世界观既不同于古希腊哲学的原子论,也不同于经验主义的感觉材料学说。它所强调的是逻辑思维的必然性和语言意义分析所提供的理由,把经

---

1　B. Russell, *Logic and Knowledge*, George Allen, 1984, p. 177.

验感觉对象排除在研究范围之外。逻辑原子主义的另一特点是运用数理逻辑手段，把逻辑原子的结构用逻辑函项表示出来。这种表达方式把逻辑原子主义的世界观和语言观联系起来，使两者成为一个问题的两个方面。两者相互对应，相互依存。逻辑原子主义世界观是逻辑语言分析方法的本体论基础，对语言的逻辑分析又反过来为这种世界观提供精确的论证和表达。两者相辅相成，互为表里。《逻辑哲学论》主体即由这两方面构成。维特根斯坦在勾画出世界的逻辑结构之后，立即转入对语言的逻辑分析，用以发展逻辑原子主义世界观和语言观相统一的思想，他的图式论正是一座架在世界与语言之间的桥梁。

## 第三节

## 语言是世界的图式

维特根斯坦认为，语言是关于世界的图式，而每一命题又是描述一个事实的图式。语言是一个由无数小图式按照逻辑结构组合而成的大图式。维特根斯坦曾经告诉别人，他把语言看作是图式的思想是由于一个偶然的机会而萌发的。第一次世界大战期间，他在东方战线的战壕里看到一本杂志，上面说巴黎法院在裁决汽车事故时，常用玩具摆出事故前后可能会发生的一系列事件的模型。维特根斯坦突然想到，这个模型所起到的作用如同命题一样，它描述了可能发生的事件。他进而想到，每个命题的内容都是一个反映现实事件的模型。

后来他把命题比作图式。因为图式可以形象地解释语言与现实的关系。一个图式之所以能够描述一种现象，起码满足了两个条件。

第一，图画的每个组成部分和外界现象的每一组成部分有一一对应的关系。这种部分与部分相对应的关系被维特根斯坦称为图式关系（pictorial relationship）。维特根斯坦说："图式关系即存在于图式的要素与事物的对应之中。"（T 2.1514）"这些对应关系实际上是图式联系现实的触角。"（T 2.1515）

第二，联结图式各个组成部分的结构方式必须和联结被描绘的现象的结构相一致。这种在图式和现实中保持一致的结构被称为图式的形式（pictorial form）。图式和现实的一致是形式上的一致。比如，一张图画中的事物可以在颜色、光线、形状大小、空间比例等方面和现实中的事物相似，但是并不是每一张图画都是对现实惟妙惟肖的摹写。摹写所要求的是图画和被描绘物两者具有相同或相似的可感性质。但是图式描述事物的方式不是摹写，从逻辑的角度来看，运用什么样的可感材料来描绘现实是偶然的，比如，油彩、水墨、铅芯等可以作出反映现实的图画。在排除了所有的偶然因素之后，一张图画只是一张结构图。这个结构图就是维特根斯坦所说的图式的意思。图式就是一些符号按照一定的比例排列起来描述现实事实的同构形式。这些符号本身并不一定要和现实中的事实具有同样的可感性质。

维特根斯坦强调，图式的本质特征是其逻辑特征。事实的空间关系在图式中可以用逻辑符号来表示。他所作出的"所有的图式都是逻辑的图式"的结论是《逻辑哲学论》的中心论点之一。按照这一观点，我们可以把人类多种多样、千差万别的反映形式都归结为逻辑同构图式来研究。

维特根斯坦承认图式的多样性，录音机的声音、音乐、绘画、符号都是图式。在各种形式的图式中他所关心的是语言，认为语言是现实的图式。这对中国人来说并不难以理解，因为汉字具有象形的图画功能。但对于拼音文字来说，这却是一个难题！在用字母拼写出来的词句和它们所表述的事实之间很难发现有什么相似之处。

维特根斯坦用逻辑图式的概念回答了语言如何能够反映现实这一问题。语言是通过命题来描述事实的，每一个命题都是一个事实的图式，这是因为：

第一，构成命题的语言符号和构成事实的要素有着一一对应的关系，或者说，在两者之间存在着图式关系。

第二，语言符号在命题中与构成事实的要素具有同样的逻辑结构，或者说，两者具有相同的图式形式。现在的问题是，我们必须确定：组成事实的要素是什么？和它对应的语言符号又应当是什么？命题和事实相同的逻辑结构是什么？只有弄明白了这些问题，我们才能深入、具体地理解图式论。

在上一节中，我们已经说明了维特根斯坦对于事实的结构所作的逻辑分析。根据图式论的命题必须要和事实有相应的组成部分和相同的逻辑结构的原则，以下两个推论是必然的：

第一，既然每一事实都是由一系列事态所组成的，那么描述一个事实的命题也应该由同样数量的一系列语言单位所组成。每一个这样的语言单位和一个事态相对应，并描述着这一事态。维特根斯坦把这样的语言单位称为基本命题（elementary proposition）。其之所以基本，因为它们是组成一个命题的基本单位，如同事态是组成一个事实的基本单位一样。

第二，基本命题是在一定的逻辑结构中组成命题的，因为和它们相对应的事态是按照特定的逻辑结构组成事实的。维特根斯坦把这种逻辑结构表达为数理逻辑中的真值函项关系，并由此得出了一个重要的结论：任何命题都可以通过逻辑分析归结为基本命题的真值函项。

维特根斯坦通过图式论建立了语言和现实的对应关系。现实世界是由事实、事态和简单物体这样三个层次组成的。语言也相应地包括了命题、基本命题和简单名称这样三个层次。他论证了在每一层次上语言都是现实的图式。维特根斯坦的论述可以用下面的表格来总结：

| 层次＼对应项 | 现实世界 | 语言 | 两者关系 |
|---|---|---|---|
| 整体层次 | 世界是事实的总和（T 1.1） | 语言是命题的总和（T 4.001） | 正确的思想的总和是世界间一幅图画（T 3.01） |
| 具体层次 | 一个事实是一些事态的存在状态（T 2） | 一个命题是基本命题的逻辑函项（T 5） | 命题是现实的图画（T 4.01） |
| 微观层次 | 一个事实是简单物体的组合（T 2.01） | 一个基本命题是简单姓名连贯式的排列（T 4.22） | 一个基本命题肯定了一个事态的存在（T 4.21） |

## 第四节

# 语言的逻辑结构

维特根斯坦所说的"命题是基本命题的真值函项"的论点是《逻辑哲学论》中最重要、最富有创造性的观点之一。

我们知道，弗雷格和罗素首先提出"真值函项"概念。维特根斯坦的贡献在于发现了日常语言的命题可以毫无例外地被分析为基本命题，因此可以进一步地被视为基本命题的真值函项。他是如何把命题分析为真值函项的呢？

首先，维特根斯坦把命题的对象（事实）定义为一群事态存在或不存在的状态。它们的存在状态构成了正事实（positive fact）；它们的不存在状态是负事实（negative fact）。每一个命题都是对一个事实（不管它是正事实还是负事实）的肯定或否定。

维特根斯坦发现，一个事实存在和不存在的可能性的总和，只与构成它的事态的数目有关。这是因为,每个事态都有存在或不存在这两种可能性;如果 n 个事态组成一个事实,那么这个事实存在或不存在的可能性的总和等于 $2^n$,也就是说,n 个事态可以组成 $2^n$ 个正事实和负事实。例如,两个事态可以组成 $2^2(=4)$ 个正事实和负事实;三个事态可以组成 $2^3(=8)$ 个正事实和负事实。

至于在这些可能存在或不存在的事实中,有 n 个是正事实,n 个是负事实,这可以由不同的真值函项式来决定。维特根斯坦发明了一个方法,用基本命题的真值函项来表示一个事实存在和不存在的可能性。这就是数理逻辑中著名的真值函项表。

例一,如果三个事态以合取方式组成一个事实,并且这三个事态分别由基本命题 p、q 和 r 来陈述,那么它们组成的八个正、负事实可由左表来表示。

| p | q | r | & |
|---|---|---|---|
| T | T | T | T |
| T | T | F | F |
| T | F | T | F |
| T | F | F | F |
| F | T | T | F |
| F | T | F | F |
| F | F | T | F |
| F | F | F | F |

图中 T 表示正确(True),F 表示错误(False),这个图表列举了三个基本命题以合取关系组合起来的全部可能性,在结果中我们可以看出,其真值函项是由一个正确命题、七个错误命题所组成的(因为在合取关系中,只有所有分命题都正确,其总命题才正确);或者说,三个事态可以合取方式组成一个正事实和七个负事实。

例二,两个事态以析取的方式组成一个事实,该事实存在和不存在的可能性可以用下边的真值函项表来说明:

在表中我们可以看出,在这种情况下,我们可以得到三个正事实和一个负事实(因为在选言关系中,只有所有分命题是错误的,其总命题才是错误的)。

| p | q | ∨ |
|---|---|---|
| T | T | T |
| T | F | T |
| F | T | T |
| F | F | F |

维特根斯坦把所有基本命题以不同逻辑函数关系组成的全部可能性称作逻辑空间(logical space)。从真值函项表中可以看出,每一命题只是陈述多种可能性中的一种可能性。陈述一命题就是在一个基本命题的所有可能的组合中选择一种组合。

如同禅语所说:"一粒米可现大千世界",我们也常说,一滴水可映太阳光辉。一个命题所描述的是一个事实,但是它所显示的是这个事实存在和不存在的全部可能性,并通过这些可能性和整个世界的图式相联结。这就是维特根斯坦所说的"一个命题以其逻辑框架构造一个世界"(T 4.023)的意思。所谓逻辑框架,指的是真值函项表中所显示的可能性,每个命题的真值函项表所包含的可能性的总和便是逻辑空间。命题的逻辑空间同时也是事实的逻辑空间;"逻辑空间中的事实便是世界"。

(T 1.17)逻辑空间包含着正事实和负事实,但现实世界是由所有正事实构成的。因此,"逻辑空间"这一概念的外延大于"世界"这一概念的外延。现实存在的世界是逻辑空间中的一个世界。除了现实世界之外,逻辑空间中还存在许多可能性的世界。这是我们在思维中可以想象出的世界。维特根斯坦并不注重可能世界与现实世界的区别,因为两者具有共同性:它们都可以用命题来陈述。自然科学的命题只描述正事实,因此是真命题。维特根斯坦肯定:"真命题的总和就是自然科学的主体。"(T 4.11)

描述可能世界的命题包括陈述负事实的假命题,但无论真命题还是假命题,都是有意义的命题,因为它们所陈述的都是在逻辑空间中可能存在的事实,维特根斯坦所强调的是有意义和无意义的命题之间的区分。在这里,他得出了具有深远意义的反对传统形而上学的结论。他把传统形而上学的命题当作无意义的命题,因为这些命题没有陈述任何事实。它们所陈述的对象如本体、终极原因、自我、善恶、美丑等既不是正事实,也不是负事实,它们不存在逻辑空间之中,是思维和语言把握不住的。

把形而上学的对象排除在逻辑空间之外,并不意味着维特根斯坦彻底否定了它们的价值。其实他的意图不过是要说明,形而上学的对象虽然不存在逻辑空间之中,不再被命题所陈述,不再被思维所认识,但它们的价值并不在于它们存在或不存在的可能性,我们不能认识它们的存在和属性,但它们却撞击着我们的心灵;使我们在内心中产生出对世界和人生神秘的感情和直观。在传统哲学和宗教学说中,人们往往把超自然、超人间的力量当作神秘之物,但维特根斯坦关于神秘领域的概念却融合在"自我""意志""道德"等意识之中。神秘领域对他来说主要是伦理、审美以及价值的领域,是个人感情和意志的产物。逻辑空间和神秘境界的对立从某种意义上是思想理智与感情意志的对立。维特根斯坦在《逻辑哲学论》中大谈其逻辑,但在私下却对人说,他的书在本质上是一部伦理学著作。我们可以这样来理解他的目的:他不是为逻辑而研究逻辑的,他的思想归宿是要找到一种生活观和伦理观。我们就来看看维特根斯坦通过语言分析所得到的结论。

第五节

## 神秘主义之径

维特根斯坦在青年时期读过 19 世纪德国哲学家叔本华的书,受其影响较深。叔本华的哲学是唯意志论,强调意志高于理智,世界万物都是意志的不同的外在表现形式。《逻辑哲学论》一书也有唯意志论的痕迹。维特根斯坦在书中强调,意志是不受逻辑思维制约、独立于现实之外的。但和叔本华不同的是,维特根斯坦所谈论的意志不是超越个性、充斥于宇宙间的一种客观的精神力量,而是"自我"在语言中的化身。维特根斯坦的意志论是唯我论。他所谈及的自我,也是有特定含义的。他说:"这个世界是我的世界,其显示在这样的事实中:语言的界限,即只有我能理解的语言的界限,意味着我的世界的界限。"(T 5.62)

所谓世界的界限,指的是逻辑空间。维特根斯坦推理过程是这样的:既然逻辑空间是命题的整体所规定的框架结构,既然命题的整体是语言,既然语言的主体是人,那么逻辑空间要由人来应用。逻辑空间也是一切可能发生的事实的区域,既然现实是一切实际发生的事实的总和,人通过规定逻辑空间应用范围限定了世界的界限。当然,这里所谈的界限是逻辑的界限,逻辑并不能规定自然科学发展的极限。维特根斯坦并不反对说人认识世界的能力是无止境的,但认识无限的可能性在逻辑上却是可以限定的。逻辑的研究对象就是无限的可能性。不管人的认识发展到怎样的高度,凡是人所能认识的必然是逻辑的可能性。已被逻辑判断为不可能的命题,从一开始就被排除在人的知识之外。因为人总不能认识自相矛盾的东西吧。

维特根斯坦举了一个例子。他说,一个可见的微粒不可能同时具有两种颜色,这不是物理的必然性,而是逻辑的必然性。判断一个微粒在同一时间内既是红的又是绿的,是自相矛盾的。物理学家是不会为否定这种判断而大伤其神的。

维特根斯坦说:"逻辑弥漫于世界。世界的界限也是逻辑的界限。"(T 5.61)在这里应该说明的是,"逻辑空间"概念所限定的世界是人类所能认识的世界。但是维特根斯坦却把"自我世界"同自然科学和常识所认识的公共世界联系在一起来讨论。在他看来,认识世界总是通过个体的思维活动来实现的,每个人通过与他人的交流,获得对世界的共同认识,这些共同认识的积累便是自然科学和常识。同时,每个人又会对生活、对世界有自己的特殊体验。这些体验通常是隐藏在心灵深处,是外人所观察不到的,却可以在语言中通过"我"这个字表达出来。维特根斯坦据此说:"我就是我的世界(微观世界)"(T 5.63)。这种箴言般的语言是很难理解的。根据我们的解释,维特根斯坦的思想是这样的:语言的界限就是命题意义的界限。但是每一命题都可以和"我觉得""我相信""我想"这样的说法联结在一起。这种联结的可能性,说明了命题所描述的事实是我可以体验、观察的世界中的事实。所有以"我"为主体的命题,描写了我所特有的世界。只有当我们在交流中发现每个自我所体验的世界都是相同的，我们才省略了"我想""我相信"这样的说法。比如，如果我清清楚楚地看到一个红色的东西，我会毫不犹豫地说"这是红的"，而通常不是"我想这是红的"。因为我确信这对每个视觉感官正常的人来说都是红的。相反，如果我感到胃痛，我会说"我觉得胃痛"，而通常不是说"胃痛"。因为我知道别人不能感觉到我的疼痛，我的胃痛是一种他人不可涉足的、我所特有的世界中的一件事实。通过分析"我"这个字在语言中所起的作用，维特根斯坦认为，自我是语言的主体，也是限定这一语言所描述的世界的主体，它自身不可能是这个被限定的世界中的一个客体，也不是由客体所构成的复合体。他用眼睛和视野之间的关系来比喻自我和世界的关系。眼睛所能见到的是视野中的事物，却不能看到它自己；同样，自我可以观察世界、描述世界，却不能观察、描述自身。所以维特根斯坦说："主体不属于世界，反之，它是世界的界限。"(T 5.632)或者更确切地说，主体是他所理解的语言，所观察的世界的界限。

虽然我们的语言只能描述世界中的事实，而不能描述世界的界限，更不能描述世界界限之外的领域，我们的意志和感觉却向我们昭示(show)了这一领域。按照西方哲学的传统说法，理智思维属于寻求知识和真理的能力，而对意志和感情的培养和熏陶却是接近善和美的途径。维特根斯坦也把"真""善""美"看作两个不同领域；前者属于现实世界，后者是神秘境界。这是事实与自我、理智与直觉、语言与显现的对立。支持这种对立的主要理由是：伦理学的原则、审美的感情和宗教的信仰等都不是语言可以描述和表达的。一种神秘的直觉却可以将它们在意志和感情中明白地显现出来。比如，伦理原则告诉人们应该做什么，不该做什么。人们遵守这些规则并不是因为希图奖励或惧怕惩罚，理智可以推断出遵守或不遵守伦理原则的后果，语言可以把这些后果当作客观事实来描述。但是理智推理和语言表达都没有把握住伦理原则的实质。人们的伦理行为只服从意志的支配，意志不能通过理智和语言直接把握伦理的原则。人们可以因为行善而感到欢乐愉快，因为作恶而惶恐不安，感情和意志已经向他们揭示了什么是善和恶的意义，什么是人生的价值。理智和语言在这里不仅苍白无力，而且也是多余的累赘。在此意义上，维特根斯坦说："我们不能谈意志是什么，因为它是伦理属性的宿主。"(T 6.423)

既然具有意志和感情的人总是现实世界的人，感情和意志也不可能和世界绝缘。生活把两者联结在一起。维特根斯坦说"世界和生活是同一的"(T 5.621)，又说"快乐之人的世界不同于不幸之人的世界"(T 6.43)。因为两者对世界有着不同的感受，这种感受决定了他们对世界的不同理解，也决定了他们生活的不同意义。把握世界的意义就是洞察生活的价值。维特根斯坦因而断言："世界的意义存在于世界之外。在世界里的一切都是按照其本来面目而存在、而产生的：没有价值存在于世界之中。"（T 6.41）

世界中的一切事实都排列在因果关系的链条之中，在那里起作用的是铁一般严格的逻辑法则。事实是不依赖人的意志和感情而存在、变化的。人的意志和感情却能赋予事实世界以不同的价值和意义。维特根斯坦说："把世界体会为一个有界的整体，这就是神秘所在。"（T 6.45）

他的神秘主义是对世界的结构进行逻辑考察的结果。对语言的结构进行逻辑分析揭示出世界的逻辑结构；凡有结构的东西，都是可以限定的，逻辑分析最后在我们心中升华为一种把世界看作一个有界的整体的神秘感情。维特根斯坦试图说明，站在世界之外来体会世界，使我们不致局限在经验事实之中，不致沉溺于凡俗生活之中。中国古诗云："不识庐山真面目，只缘身在此山中。"维特根斯坦也表达了同样的意境：要把握住现实的价值，就要与之保持一定的距离。这大概就是他要区别现实世界和神秘领域的根本动机吧。

维特根斯坦自己似乎意识到，在谈及神秘主义的时候，他的观点是难以自圆其说的。他说："在哲学中正确的方法应当是只说可以说出的事物，即只说自然科学的命题——只说和哲学无关的事情，必须向他说明他的命题中的某些符号是没有意义的。这样做不会使他满意，他觉察不到我们是在教他哲学。但严格说来，这是唯一正确的方法。"（T 6.53）

维特根斯坦并没有遵循这样的方法，他并没有只说自然科学的命题，他写下的是一本哲学的书，探索的是几千年来哲学家们津津乐道的形而上学的不朽题材：世界、形式、结构、界限、逻辑、思维、语言、自我、意志、真理、价值、意义等。按照他自己的标准，他表述这些题材的命题也应该是无意义的。维特根斯坦并不否认这一点，他不无自我解嘲地说："任何了解我的人终究要认识到我的命题是无意义的。这些命题只是他用来攀登的阶梯，当他超越了这些阶梯之后，他必须抛弃这个梯子。他必须超越这些命题，然后才能正确地看这个世界。"（T 6.54）

这本书没有给人一个封闭的体系，它摆脱了任何教条式的结论。给人留下的是韵趣未尽而又余味无穷的思考。这也是《逻辑哲学论》具有不衰魅力的秘密所在，维特根斯坦坦率地承认，在他的书中找不出不朽的真理、生命的真谛、世界的奥妙，但他力图找到一种方法，指出一条方向，沿着这一方向，人们可指望在神秘直觉中达到美妙的境界。他要求人们必须抛弃理智和语言的束缚，包括《逻辑哲学论》中所表达的理智、所使用的语言。

在历史上，没有一个哲学家是以如此坦白的自我方式来结束自己的著作的。拉姆塞(F. P. Ramsey)在评论这本书时说："我们必须如同维特根斯坦那样，认真地而不是装模作样地把哲学当作重要的和无意义的。"[1]

无意义的东西并不是无价值的。哲学中无意义的命题，包括维特根斯坦哲学中无意义的命题，是不可少的，它们使人看到了有意义的东西的价值来源和基础。

但是不可否认，《逻辑哲学论》是自相矛盾的，这是因为，任何以哲学方式来表达神秘主义的企图不可能不逾越它自己设立的障碍。维特根斯坦试图把神秘主义当作严密的逻辑分析的归宿，自然也不能摆脱困境。维特根斯坦容忍了这种性质的自相矛盾，后来的评论家们也没有苛求于他。神秘主义毕竟和逻辑—语言分析没有必然的联系，采用这种方法并非只能通向神秘主义。罗素的逻辑原子主义和卡尔纳普(Rudolf Carnap)的逻辑实证主义从维特根斯坦哲学中得到启发，用类似分析的方法来论证一种世界观。但他们所得出的结论却是经验主义的，没有一点神秘色彩。然而，使人意料不到的是，当《逻辑哲学论》以其在逻辑分析方面所作的贡献而流传开来之后，维特根斯坦却对此书作了更为彻底和严厉的自我批判。批判的锋芒恰恰指向了人们以为是该书的精华部分——对语言的逻辑分析。维特根斯坦对他以前思想的批判标志着他的哲学发生了根本的转变。在第五讲里，我们将对他后期的哲学作一介绍。在此之前，我们先来看看受他早期思想影响的分析哲学派别——逻辑经验主义。

---

1　F. P. Ramsey, *Foundation of Mathematics*, Routledge, 1971, p. 283.

第四讲

# 逻辑经验主义

逻辑经验主义是早期分析哲学的重要流派。它于 20 世纪二三十年代流行于德语国家，"二战"之后传到美国。它是 20 世纪影响最广泛、持续最长久的哲学流派之一，代表了自然科学对哲学的挑战。它的唯科学主义观点已成为现代哲学摆脱不掉的"幽灵"。唯科学主义是这样一种思潮：它认为自然科学的方法是一切真理的尺度，自然科学的知识是人类其他知识，包括哲学和人文、社会知识的楷模。这一思潮起源于 19 世纪后期的实证主义，它与早期分析哲学提倡的逻辑分析方法相结合，对意义的标准、科学的基础、统一的科学语言、哲学的性质和任务等问题进行广泛而细致的探讨。本讲对此加以择要述评。

## 第一节
### 维也纳学派

逻辑经验主义又称维也纳学派或逻辑实证主义。因为维也纳是它的发源地，受到 19 世纪后期实证主义的科学家马赫（Ernst Mach）和法国的迪昂（Pierre Duhem）、彭加勒（Jules Henri Poincare）等人的直接影响（马赫、迪昂和彭加勒思想影响，见第七讲第二节）。这是在科学界首先形成的一个哲学团体。1922 年，石里克（Moritz Schlick）接替马赫担任维也纳大学的归纳科学哲学教授，在他的周围聚集了一批科学家，他们是：数学家韩恩（Hans Hahn）、社会学家纽拉特（Otto Neurath）、哲学家克拉夫特（Victor Kraft）、法学家考夫曼（Felix Kaufman）、物理学家弗兰克（Philipp Frank）以及一些经过科学训练的青年哲学家卡尔纳普、魏斯曼（F. Waismann）和费格尔（H. Feigl）等人。一些外国学生也参加他们的定期聚会，比如英国的艾耶尔和中国的洪谦也是维也纳学派的成员。洪谦先生 1909 年生于福建，20 年代末作为公费留学生到耶拿大学和柏林大学学习物理,1928 年到维也纳大学,在石里克指导下完成了博士论文《当代物理学中的因果问题》。1930 年至 1936 年间,他参加维也纳学派活动。石里克被害以后,他于 1937 年初回国讲授逻辑经验主义,著有《维也纳学派哲学》和《逻辑经验主义论文集》,还主持翻译了《逻辑经验主义》一书。洪谦先生于 1992 年逝世,他对我国西方哲学研究的贡献值得我们永远纪念,特别是他多年研究逻辑经验主义的成果值得我们重视和吸收。

维也纳学派建立之后,在周围国家产生强烈反响。一些类似的团体也建立起来,如德国有柏林学派,其成员有莱欣巴赫(Reichenbach),杜比斯拉夫(Dubislav)、戈里宁(Grelling)、亨普尔(Hempel)等;波兰有里沃夫–华沙学派,其成员有卢卡西维茨(Lukasiewicz)、考塔宾斯基(Kotarbinski)、列斯尼维斯基(Lesniewski)、塔尔斯基(Tarski)和契维斯塔克(Chwistek)等人;此外还有捷克的布拉格学派。其他国家的单个哲学家,如芬兰的凯拉(Eino Kaila)、挪威的那艾斯(Arne Naess)、丹麦的尤里根森(Jörgen Jörgensen)、法国的罗吉尔(L. Rougier),美国的那戈尔(Ernst Nagel)等,都受到维也纳学派的重大影响。这些人相互讨论,彼此呼应,形成了逻辑经验主义的强盛思潮。

可惜好景不长。30 年代中期开始,德国法西斯势力猖獗。法西斯主义的反犹政策威胁到逻辑经验主义阵营中很多犹太血统知识分子的安全,而且法西斯主义从根本上与逻辑经验主义提倡的科学民主精神格格不入。在严酷的政治压力下,石里克又意外地遭一患精神病的学生谋杀。维也纳学派在组织上瓦解。一些成员,如卡尔纳普、莱欣巴赫、弗兰克、费格尔、考夫曼和亨普尔,流亡到美国,使逻辑经验主义在美国复兴。

维也纳学派自觉地担负起分析哲学的"哲学革命"的使命,其领袖石里克于 1930 年宣称:"我确信我们正处在哲学上彻底的最后转变之中,我们确实有理由把哲学体系之间的无结果的争论看成结束了。我断言,现代已经掌握了一些方法,使每一个这样的争论在原则上成为不必要的,现在主要的只是坚决地应用这些方法。……这些方法是从逻辑出发的,莱布尼茨曾模糊地看到这些方法的端倪,在最近几十年里,哥特洛布·弗雷格和伯特兰·罗素曾开拓了重要的道路,而维特根斯坦(在 1922 年的《逻辑哲学论》中)则是一直推进到这个决定性转变的第一人。"[1]

---

1 引自《哲学的转变》,见洪谦主编《现代西方哲学论著选辑》上册,第 412 页。

确如石里克所说,虽然分析哲学诸位创始人对维也纳学派都有所影响,但维特根斯坦的影响最大。《逻辑哲学论》一书曾被当作是逻辑实证主义的宣言书和"圣经",这虽然言过其实,但也不是没有道理的。维也纳学派曾定期学习讨论这本书。1928年至1929年期间,石里克还邀请此时闲居在维也纳家中的维特根斯坦参加定期讨论。这些讨论内容被魏斯曼整理为《维特根斯坦和维也纳学派》一书出版。

但是,维特根斯坦与维也纳学派的精神联系并不融洽。卡尔纳普说,维特根斯坦在讨论时的态度"不像科学家,而更像一个创作的艺术家,甚至可以说,像宗教预言家和神谕者"[1]。这显然是对维特根斯坦的神秘主义而言的。维特根斯坦也感到维也纳学派成员把他的思想简单化了。维也纳学派以排拒形而上学为纲领,以证实原则为准绳,这两个基本点都与《逻辑哲学论》有关,但又不符合维特根斯坦的初衷。

维特根斯坦提出通过语言分析消除哲学问题,把哲学命题排除在语言之外,归诸不可言说的神秘领域。但是维特根斯坦这样做的根本目的并不是为了贬低形而上学的地位和重要性,相反,他的真实意图倒是强调,形而上学讨论的问题涉及思维结构和人生价值,它们对于人来说实在太重要、太基本了,以致我们不能用描述客观事实的语言来表达的。他于是说:"世界的意义必位于世界之外""如有一个有价值的价值,则其必位于一切现象与实然之外,因为一切现象与实然都是偶然的"(T 6.41)。在他看来,形而上学的主题虽然是不可言传、只能意会的主观体验对象,但这一对象是绝对真实、必要的,否则世界便失去意义,人生便没有了价值。这也就是他强调《逻辑哲学论》在本质上是一部伦理学著作的原因所在。

然而,维也纳学派是把形而上学作为发展科学的障碍物来清除的。他们对形而上学采取贬损态度,认为这些伪命题不是完全没有意义,就是蹩脚的"诗歌",对于人的精神生活少有贡献,全无认识价值。对形而上学持最激烈批判立场的卡尔纳普后来反省说:"在我对形而上学的认识中,最具有决定性意义的进展发生在维也纳时期,那主要是受了维特根斯坦的影响。那时我开始认识到,许多传统的形而上学命题不仅没有任何用处,甚至毫无认识内容。""遗憾的是,当我们遵循维特根斯坦的观点,在维也纳小组中表述我们的见解时,采用了过于简单的表述方式,把某些形而上学的命题说成是'没有意义的',结果引起了许多不必要的反对意见,甚至受到了某些基本上赞同我们观点的哲学家的责难。"[2]卡尔纳普承认,维也纳学派反形而上学的纲领既

---

1　*The Philosophy of Rudolf Carnap*, ed. by P. Schilpp, La Salle, 1965, p. 28.

2　卡尔纳普:《思想自述》,见洪谦主编《现代西方哲学论著选辑》上册,第506、507页。

受到维特根斯坦具有决定性的影响,同时也过于简单地表述了他的观点。

维也纳学派的证实原则与维特根斯坦的图式论之间也有这种微妙联系。维也纳学派成员经常引用图式论作为证实原则的依据。但是两者其实有很大差别。图式论所说明的命题与事实的对应关系并不限于经验命题与可感事实之间的对应,它是一种逻辑关系,首先是基本命题与事态的对应,一种不可由经验观察来证实,但可因逻辑必然性所设定的对应。再者,基本命题对于维特根斯坦来说也不是观察命题,不需要被经验所证实;相反,一切经验命题和可由经验证实的命题都是基本命题的逻辑函项。他是把逻辑命题而不是把观察命题作为一般命题的基础,把逻辑结构而不是把经验观察作为意义的标准的。

然而,不能因此说,证实原则与维特根斯坦的思想毫无关系。维也纳学派从图式论中读出证实原则,并不是没有道理的。《逻辑哲学论》是一部关于逻辑基础的著作,维也纳学派所关心的却是科学的基础。他们运用逻辑标准分析经验事实,得到经验命题的意义标准,这就是最基本的经验事实。这不再是逻辑上的设定,而是可以观察到的现象。图式论的逻辑标准和证实原则的经验标准并不是相互对立的,而是相互补充的。可以说,前者是后者的前提,后者是前者的应用。事实上,维特根斯坦于1930 年之后在剑桥大学讲课时,也明确赞同证实原则。他说:"一个命题的意义就是证实它所用的模式,两个命题不可能有同样的证明。" [1]

总的来说,维也纳学派对《逻辑哲学论》既引征接受,又按照自己需要加以发挥。如果说,他们的理解是一种"误读"的话,这也不是误解和歪曲,而是具有积极意义的创造性的发展。哲学史上很多事实证明,对于哲学经典的这种"误读",对于哲学的发展是必要的。下面我们来看一看维也纳学派如何发展出他们的理论。

第二节

## 证实原则

维也纳学派接受了休谟的区分:一切命题或者是先天的分析命题,或者是后天的综合命题;数学和逻辑命题属于分析命题,一切经验科学的命题属于综合命题,不存

---

1 *Wittgenstein's Lectures*, *Cambridge*, *1930–1932*, ed. by D. Lee, Blackwell, 1980, p. 66.

在任何非经验的综合命题,康德所谓的先天综合判断完全是一个自相矛盾的概念。分析命题和综合命题有着不同的意义标准。石里克提出:"理解一个陈述和知道它的证实方法是一回事","为了理解它的意义,我们必须看一下它是如何被证实的和如何被否证的"。[1] 证实分析命题的方法是演绎推理,分析命题只要其词字意思不相互矛盾,就是有意义的。证实综合命题的方法是经验检验,也就是说,一个综合命题只有在能够被经验检验其真假的情况下才有意义。

证实原则是一个一般性的原则,维也纳学派成员对之有不同解释,特别是对于综合命题的经验证实标准有较大分歧。这里涉及两个问题:经验证实的程度和经验证实的终极性。第一个问题是这样被提出来的:如果一切科学命题毫无例外都要经过经验证实而有意义,那么很多涉及自然科学基础的命题将被排除在科学之外,比如,那些陈述一般规律的命题,有些尚未被证实并且将来也不太可能被证实的假说,将被作为无意义的命题。显然,并不是所有陈述事实的命题都应该而且能够接受经验的证实。石里克于是对经验证实的范围作了宽泛的解释,他用"可证实性"代替"证实性",就是说,检验综合命题的意义标准不在于是否已被证实,而在于是否有被证实的可能性。经验证实的可能性不是"非此即彼"的逻辑可能性,而是"或多或少"的或然性。这样,经验证实便成为一个归纳的过程,可证实性可被归结为归纳推理的或然性。其他一些成员也得出类似的结论。比如,卡尔纳普在《可检验性和意义》一文中说,石里克所说的可证实性是物理的可能性,是在观察检验过程中实现的确证。因此,他建议用"确证"代替"证实",用"可检验性"代替"可证实性"。他说:"在许多情况下,有了数量不多的肯定例子,我们就达到了实际上足够的确实性了,于是我们便停止实验。但理论上永远存在着把检验性观察的序列继续下去的可能性。所以在这里任何完的证实也不是可能的,却只是一个逐渐增强确证的过程。"[2] 这里所谓"逐渐增强的确证"指的也是或然性越来越大的归纳。再比如,艾耶尔提出强的和弱的可证实性的区别,强的可证实性指检验普遍命题的一切事例,这是在实际中很难实现的证实性;弱的可证实性是对普遍命题某些事例的检验。在科学中,只要对足够多的事例进行检验,便可以得出普遍结论。证实原则所坚持的只是弱的可证实性。莱欣巴赫则提出"真理的意义理论"和"概率的意义理论"的区别,前者指已过时的证实原则,按此原则,意义即真值,非真即假,被证实的便为真,不被证实的便是假,不可能有真假

---

[1] 转引自韩林合《石里克》,台湾东大图书1995年版,第38页。
[2] 洪谦主编:《现代西方哲学论著选辑》上册,第499页。

相掺的中间状态。现代科学却表明,经验命题没有绝对真理,只有一定程度的可靠性,其程度由概率度量,用一系列连续量的精确计量代替二元对立的真值。在科学中行之有效的检验标准只能是这种"概率的意义理论"。

关于经验证实的终极性问题是这样被提出的:经验证实是一个逐步验证的过程,最终必将被还原为一个自身无须再被验证的终极检验尺度。这一尺度何在呢?石里克认为,检验尺度必须是一切知识的确定基础,这就是终极的经验,即个人直接感觉状态,他把个人的直接感觉称作"给与"。他说:"每个命题的意义只是通过给与才能确定下来。"[1]这种把个人的"给与"看作是终极经验的观点被称为"现象主义"。现象主义把基本命题看作对个人直接经验的表述,如"我现在在这里看到了红色"就是这样的命题。纽拉特不同意对经验证实的现象主义解释。他认为,个人经验具有因人而异的主观性、瞬时性甚至相互矛盾,它们不能证实具有普遍性的科学命题。他主张使用物理语言代替现象语言,物理语言以物理事件为描述对象,一部分是科学的专门术语,另一部分与自然语言相重合。用物理语言表述的基本命题被称作记录句。记录句尽量用实验记录式语词代替自然语言。纽拉特举例说,"奥托正在观察"可以用"其精制照片在档案中被列为第 16 号的那个人正在观察"来代替。"档案中被列为第16 号的照片"一词还必须由一系列数学公式来代替。同样,"现在""这里"等词也要由精确的时间和位置代替,事物的性质可用一系列数学公式来描述。同时,纽拉特也承认,记录句所需的术语总有一些是含糊的,不可能或不需要用高度精确的科学术语代替一切自然语词,"因而,在涉及统一科学整个领域的科学论文中,只有一种含有两种语言的语词的'专门术语'才是适用的"[2]。

卡尔纳普是继石里克之后的维也纳学派代表者。他致力于构造人工的形式化语言作为统一的科学语言。早期他基本上倾向于现象主义。在 1928 年出版的《世界逻辑结构》一书中,他把普遍的经验语言符号按照类型学说分为不同层次,并由低到高地建构句子,最基本层次为个别经验。他自称采用"方法论的唯我论"看待个别经验,把它们看作暂时的、流动的个人意识状态,因而是不确定的。但是时空的四维结构可以数学地建构出来,不确定的个别经验在确定的时空结构中被建构为经验的基本单元,这些单元以自然数列的连续方式建构经验句式。卡尔纳普后来接受了物理主义,在 1934 年出版的《语言的逻辑句法》一书中,他设想一种逻辑语言可以成为普遍的物

1 洪谦主编:《现代西方哲学论著选辑》上册,第 423 页。

2 同上书,第 558 页。

理语言。这种语言的命题函项的变元相当于坐标,变元的值相当于坐标参数,可以用包括四个变元的命题函项表示时空坐标,用其他一些命题函项表示物理性质。这样就可以得到用逻辑命题表达的形式化的物理语言。他在20世纪30年代还认为,其他科学的语言都可以被翻译为物理语言,比如,心理学、生理学的语言可以被翻译为描述人的身体行为的语言,而人的行为归根到底是物理事件,可使用物理语言加以描述。但后来他接受哥德尔关于真理的定义,从句法分析转向语义分析。卡尔纳普思想多次转变,都是为了把证实原则的检验标准(他称之为"确证")加以系统化、形式化。

证实原则对于维也纳学派的作用是一把双刃剑:一方面它是论证自然科学的基础,另一方面用它分清科学与非科学,特别是与形而上学的界限。我们在上面关于证实的程度和性质的讨论中看到了第一方面的作用,以下再来看一看第二方面的作用。

## 第三节
## 排拒形而上学

依照证实原则,形而上学的命题既不属于分析命题,也不属于可以用经验证实的综合命题,因而是"伪命题",即表面上好像陈述事实,但实际上并无事实与之对应,因而没有任何意义。卡尔纳普在早年写作的《哲学中的伪问题》和《通过语言的逻辑分析清除形而上学》等文章中,对形而上学持激烈的批判立场。他指出,形而上学的伪命题有两种:一种是所运用的词没有意义,如"神""始基""自在之物""理念""无限""绝对""自我""非我"等哲学术语,完全没有经验对象与之对应,它们所组成的句子也不能经受经验的检验;另一种是把有意义的词用违反逻辑法则的方式组合在一起,看起来像是句子,其实没有逻辑结构。卡尔纳普列举海德格尔在《什么是形而上学》一书中的一些句子,说明对"无"的发问、以"无"为认识对象、对"无"的存在加以肯定或否定,都是对"无"(Nothing)这个词的普通用法的误用,结果出现了"无是何样""我知道无""无不是任何东西""无存在"这样一些违反逻辑因而无意义的命题。纽拉特对海德格尔的语言也有微词,他曾讥讽说:"爱因斯坦的理论或许可用班图语来表达,却不能用海德格尔的语言来表达,除非德语搞的那种语言的滥用也带入了班图语。"[1]

---

1 洪谦主编:《现代西方哲学论著选辑》上册,第558页。

一般说来,分析哲学与现代欧陆哲学很少正面交锋,但卡尔纳普等人在批判传统形而上学时,却不禁将海德格尔(他对传统形而上学也持彻底批判立场)拉出来"陪斩"。表现出对形而上学语言难以忍受的态度。

卡尔纳普尖锐地指出:"形而上学的虚构句子,价值哲学和伦理学的虚构句子,都是一些假的句子,它们并没有逻辑的内容,仅仅能够引起听到这些句子的人们在感情方面和意志方面的激动。"[1]形而上学的虚构产生了语言的混淆。他认为语言有对象句和逻辑句两类,前者陈述对象,后者陈述句法;说话方式相应地有"内容的"和"形式的"两种。形而上学命题实质在于用内容的说话方式表达形式的说话方式所要表达的意思。比如,很多哲学句子用内容的说话方式表达全称的词,致使像"数字""事物""性质""经验""空间""时间"等全称的词当作语言以外的对象,并把它们作为哲学研究的对象。实际上,哲学句子所表达的只是形式的说话方式而已。卡尔纳普此时不再否认哲学命题的逻辑结构和意义,而是把被内容的说话方式所掩盖的形式的说话方式揭示出来,比如,"事物是感觉材料的复合"的哲学命题似乎是关于事物和感觉关系的陈述,实际上只是关于名称的句法的陈述,可被翻译为"每一个具有事物名称的句子,都等于一类并不具有事物名称的句子"。《逻辑哲学论》中说:"世界是事实的总和,不是事物的总和",这也不是关于世界整体,而是关于科学语言形式的陈述,可被翻译为"科学是一个句子系统,不是一个名称系统"。按照这种方式,哲学命题都可以被消解为句法命题,使哲学成为真正的科学逻辑。

学派的另一成员艾耶尔则致力于揭示伦理学命题的无意义。在他看来,伦理价值判断并不是对事实的判断,没有知识内容,"对"或"错"仅仅表达赞赏或厌恶的情感。比如,说"偷东西是错的"并不是对"偷东西"这一事实的判断,而是表达不能容忍偷东西的情感。艾耶尔甚至进一步说,情感本身并无是非高下之分。他说:

> 说"偷钱是错误的",这句话没有事实的意义,就是说,表达出一个既不真也不假的命题。犹如写下"偷钱!"几个字,醒目的惊叹号以合乎常规方式显示,这里表达的情感是一种特殊的道德上的责难。……当有人不同意我们关于某一行为的价值观时,我们当然会使用论证来让我们思维方式占上风。……但是,如果我们的反对者恰好处于不同的道德条件之中,因而,即使他承认所有事实,他仍会对相关的行为价值有不同看法。在此情况下,我们会放弃说服他的努力,说不

---

1　洪谦主编:《现代西方哲学论著选辑》上册,第 460 页。

可能与之论辩，因为他的道德感被扭曲或未开化。这只是说明他具有的价值观不同于我们。我们觉得自己的价值体系优于他们，因而用贬义词谈起他，但我们不能进一步论证我们的体系的优越性。[1]

艾耶尔的情感论是一种道德相对主义，容易导致不分是非的虚无主义的结论。但石里克并不持这一立场，他认为伦理学是一门科学，具有知识价值，伦理学的方法是心理学，是可以被心理经验所证实的。

维也纳学派对形而上学和传统哲学的激烈排拒后来有所缓和。卡尔纳普于1934 年提出"宽容原则"："逻辑中没有道义，每一个人都可以按照自己的意愿自由地建立自己的逻辑，自己的语言形式。"[2]证实原则不再是一道禁令，而是一种建议、一个常规。他虽然允许有多种形式的说话方式，却继续反对形而上学所用的形式的说话方式。理由如前所述，因为它混淆了内容的和形式的说话方式。但是，即使同意他的这一批判，形而上学命题充其量也只是违反了一个常规，而不是无意义的伪命题。卡尔纳普后来也承认自己的立场过于简单化。艾耶尔在 1959 年也反省说：

> 我十分清楚，他们所做的实际上采用证实原则作为一种常规……但为什么要采用这一常规呢？充其量只能证明，形而上学命题不属于逻辑法则、科学假说、历史叙事、知觉判断或关于自然界的常识描述的范畴，但不能由此推出它们既不真也不假，更不能说它们无意义。除非有人硬要如此推理，否则不能得出这种结论。问题在于，形而上学与常识和科学命题的差别是否尖锐到如此地步，非得强调这一差别才有用处。这样做的缺陷在于使人看不到形而上学问题的益处。[3]

艾耶尔此时认识到，形而上学是一个概念体系，它的发展符合科学发展方向，它虽然不是知识，却具有认识价值。逻辑经验主义者虽然没有也不可能完全排拒形而上学，但他们对形而上学问题和命题所作的分析性批判却使人们现在再也不能像过去那样建构形而上学体系了，他们提倡的澄清问题和意义的逻辑分析方法也成为一种普遍的哲学批判方法。这些都是值得肯定的历史贡献。

---

1　A. J. Ayer, *Language, Truth, and Logic*, Dover, New York, pp. 107 - 111.

2　R. Carnap, *The Logical Syntax of Language*, Kegan Paul, 1937, p. 51.

3　A. J. Ayer, *Logical Positivism*, Free Press, 1959, pp. 15 - 16.

## 第五讲

# 维特根斯坦后期思想

第一节

## 思想转变过程

维特根斯坦曾在《逻辑哲学论》前言中踌躇满志地说,他相信这本书已在根本方面解决了哲学问题。大概觉得没有必要再从事哲学,他决定从哲学界隐退。但随着时间的流逝,他愈发感到,他的逻辑分析方法并非像他过去所想象的那样完满,它实际上没有解决传统的哲学问题,还产生了一些无法解决的新问题。这促使他走上了批判《逻辑哲学论》和开创新哲学的道路。

维特根斯坦的思想转变是根本的、彻底的,这一过程又是漫长的、曲折的,大致经历了二三十年代这 20 年的时间。现在的哲学史家和评论家们都在努力追寻维特根斯坦思想的发展轨迹。根据现有的传记材料和对他的早、晚期著作的对比和分析,我们可以确定促使他的思想发生根本转变的必然因素和偶然因素。

1920 至 1926 年期间,维特根斯坦在山村当小学教师,向小学生讲解各种词的不同用法,还编纂了《国民小学生词典》,用范例来解释词的多义性,用词的不同用法来分辨词的多重意义。教学实践和他的哲学信念发生了矛盾。根据《逻辑哲学论》,语言是由命题组成的,而命题的用法只是描述事实,它的意义在于肯定或否定。但事实却是,语言中有大量非描述性的用法。有些句子既不肯定、也不否定事实,它们不能被归结为命题。维特根斯坦逐步认识到,语言符号并非都是组合在命题中的,它们可以组合为有意义的语言单位,却不描述事实,描述只是语言的一种功能,只是词句多种用法中的一种。逻辑分析的对象局限于命题,只涉及了语言的一部分功能。既然如此,哲学家不能以偏概全,以为对命题所作的逻辑分析可以显示语言乃至世界的整体结构。维特根斯坦认为他过去囿于纯粹形式和抽象思维,专注于命题的逻辑结构,而对丰富的日常语言现象熟视无睹,现在,实际工作经验告诉他,对语言的分析应以日常语言为对象,不能以逻辑学家或哲学家的癖好来画地为牢,规定分析的目的、对象和方法。维特根斯坦在其后期著作中推崇日常语言用法,强调学习和训练过程对理解一种语言的决定作用;他还经常援引如何教育学生阅读、写作和计算的实例来说明"词的意义在于它的用法"的观点。他曾经反问自己:"我是在研究儿童心理学吗?我把意义这一概念同教育的观念联系起来了。"(Z. 412)[1] 显然,这些新认识和新方法与他当教师的经历有着密切的关系。

教学经验使得维特根斯坦朦胧地意识到逻辑分析方法和日常语言用法的矛盾。但只是在受到别人的批评之后,他才猛醒过来,找到了矛盾的症结所在。当时,对《逻辑哲学论》直接的、书面的批评并不多,人们对它倍加赞扬。维特根斯坦却能敏锐地在少数不同意见中总结出对自己哲学的批判。有两件事给他的印象尤为深刻。

第一件事是荷兰数学家布罗维尔(J. Brouwer)1928 年在维也纳所作的讲演对他思想的冲击。这次讲演的题目是"数学、科学和语言"。布罗维尔在讲演中没有提及《逻辑哲学论》,却尖锐地批评了当时思想界崇拜逻辑语言和逻辑形式的倾向。他坚持说,日常语言并不比逻辑语言低级,也并不绝对服从逻辑形式所表达的规则,因为日常语言是表达意愿的一种方式,而意愿的传达、表示不是以精确和固定的方式来进行的。即使我们构造一个纯粹的数学系统,也无助于改变日常语言的状况,因为任何一种数学或逻辑系统的基础——公理和定义在本系统内是不可能被证明的。我们设立这些不证自明的公理,是出自实践的需要,并且要用日常语言来对他们进行解释和说明。日常生活的需要和日常语言的运用,又是由人的意愿所触发的。因此,归根到底,数学和逻辑体系也是受日常语言限制的。我们可以运用日常语言自由地表达意愿而不受逻辑的约束。在布罗维尔的讲演中,维特根斯坦找到了发展自己哲学的新方向。在他早期哲学中,他以逻辑形式和符号来规定日常语言的结构、意义和运用范围,却没有探索逻辑的产生根源和运用范围。他曾经不言而喻地认为逻辑形式反映了渗透于语言、思维和世界之中的无所不在的结构形式,却没有追根求源:为什么语言、思想和世界必须具有先天的逻辑结构? 为什么逻辑符号能够展示逻辑结构? 布罗维尔给他的启示是:逻辑形式和结构不是脱离日常生活和语言的先天存在;相反,它扎根在日常语言之中。可以说,没有语言的运用,就不会有逻辑的产生。我们应该由语言的特征出发来说明逻辑的起源与性质,而不是首先凭思维构造出一个逻辑体

---

1　Z是《片语》德文名称的缩语,后面数字表示节数。

系,然后用逻辑来规定、限制语言的用法。

另一次给了维特根斯坦以深刻启发的批评来自他的朋友斯拉法(P. Sraffa)。有一次,他俩结伴出游,在火车上辩论起来。维特根斯坦说:"命题和它所描述的事物必须具有相同的逻辑形式。"斯拉法对此付诸一笑,他用手指在下巴上刮了一下。这是意大利那不勒斯人用来表示厌恶和轻蔑的手势,他问维特根斯坦,这个东西的逻辑形式是什么?维特根斯坦无言以答。他后来告诉别人,在斯拉法的批评面前,他好像是一株枝叶都被砍光了的光杆树。[1] 斯拉法并没有正面反驳维特根斯坦关于命题的观点,他只是说明,并非所有具有意义的符号(包括手势)都是描述事实的图式,它们可以不受逻辑形式统摄,却同样可以充分表达意见和感情。这就说明了,逻辑分析的作用是有限的,它所揭示的逻辑结构并不适用于所有的语言现象。

维特根斯坦此时认识到,对日常语言的性质、作用和意义的狭隘见解是他早期哲学的根本缺陷。这种哲学的核心思想是对现实世界的本质的认识来源于对语言的本质和结构的认识,对语言作用和意义的误解是传统形而上学的错误的根源。当维特根斯坦认识到,他自己也未能摆脱对语言的误解之后,他也不得不承认他的原子逻辑主义也没有逃脱传统形而上学的困境。《逻辑哲学论》的初衷是要取消哲学问题所产生的根源,但它本身却成了产生新的哲学问题的一个源泉。当维特根斯坦看到这一点之后,他毫不犹豫地抛弃了逻辑原子主义和逻辑分析的方法。

1929 年,维特根斯坦重返剑桥,一面教学,一面从事研究。他在这一期间的笔记和课堂讲稿被学生们整理为《蓝皮书和褐皮书》《哲学评论》《哲学语法》和一些记录讲稿,于他死后发表。这些著作反映出维特根斯坦过渡时期的特点。

1936 年之后,维特根斯坦一直酝酿他的代表著作《哲学研究》。第二次世界大战期间,他接替摩尔任哲学系教授职务,同时在医院实验室做辅助工作,以尽战时服务的义务。在准备《哲学研究》的过程中,他做了大量的笔记。这本书的条目实际上是从这些笔记中筛选出来的。这些笔记中的其余条目后来也被整理、编辑成书,如《关于数学基础的评论》《关于心理哲学的评论》《片语》等。1947 年,维特根斯坦辞去教授职务,在外地休养。他在最后岁月的手稿后来被收辑在《论确定性》和《关于颜色问题的评论》两书中。1951 年 4 月 29 日,维特根斯坦因患癌症去世。他遗留的大量手稿,现存放在剑桥三一学院图书馆中。

---

1 参见 G. Hallet, *A Companion to Wittgenstein's Philosophical Investigations*, Cornell University Press, p. 9。

正像我们看到的那样,《哲学研究》是维特根斯坦后期哲学的核心著作。他在后期所写的其他笔记性的著作都是围绕这本书展开的。我们将通过这本书的解释,揭示维特根斯坦后期思想的特征。

正如他在前言中所说,这本书是他在哲学领域长期漫游的途中所作的一组风景画,或者说,这本书实际上只是一本相册(PI. vii)[1]。维特根斯坦有意识地采用了这种独特的写作方法,他说:"我所说的一切都是琐碎的、容易理解的。但要理解我为什么要这样说,却是很困难的。"[2] 事实也是如此,他的著作和其他哲学经典著作不同,它的难度不在于语言晦涩,推理繁琐,含义深奥;相反,他的书全部是用通俗的日常语言写成的,没有用多少哲学概念和严格的推理证明。每个条目的意义平易近人。但读者往往不能抓住这些条目的要领、它们在上下文中的关系,乃至全书的结构。

维特根斯坦在前言中开宗明义地宣称,该书所涉及的主题是意义、理解力、命题、逻辑、数学的基础、意识的状态(PI. vii)。这些都是哲学家们经常谈论的题目,但维特根斯坦用了特有的方式来说明这些问题,这使得人们很难看出他的条目是如何围绕这些主题来提出和解决问题的。维特根斯坦提示说,这本书只有和他以前的思维方式相对照,才能被正确地理解(PI. viii)。这不仅仅是两者之间在内容上的对照,也是表达方式上的对照。

《逻辑哲学论》的主要任务是揭示语言和世界所共有的逻辑结构,因此,它需要用明晰的语言和逻辑概念来阐述这种逻辑结构。《哲学研究》所分析的是常规语言的意义,他所借用的表达方式也不应异于日常语言。维特根斯坦深信:深刻的道理不需要用逻辑推理的方式来揭示,它就寓于日常语言的实际运用过程中。因此,他利用描述日常语言一个个用法来说明词语的意义、感觉、感情和思维的性质,现实事物的本质以及语言现实和思想之间的关系。

这种通过分析语言用法来说明哲学概念和原理的方法,好似通过案例分析来讲解法律学,通过病例分析来教授医学一样,表面上看起来琐碎、无系统,实际上是深入浅出,寓深刻于平凡之中的一种表达方式。读者在阅读此书时就好像在和作者本人直接对话。作者不时站在读者的立场上提出疑问和反诘,然后以解答问题的方式来表达自己的观点。

---

1　PI 是《哲学研究》英文名称的缩语。

2　G. Hallet, *A Companion to Wittgenstein's Philosophical Investigations*, Cornell University Press, p. 9.

在历史上,柏拉图曾用这种一问一答的方法写作了优美的对话篇,他把这种通过双方对话、反复诘难、不断揭露对方观点中的矛盾的方法,归于他的老师,称之为"苏格拉底方法"。维特根斯坦的目的和柏拉图不同,他不是想通过对话来建立一般概念和理论,而是通过揭示传统哲学问题的错误和混乱来清除哲学问题,破除哲学家对日常语言的偏见和歪曲,恢复语言的本来面目。下面我们围绕维特根斯坦清除哲学问题的几个专题,介绍《哲学研究》的主要思想。

第二节————————————————————————————
# "语言—游戏"说

我们已经知道,维特根斯坦的主要目的是要清除传统哲学对语言的误解。他在哲学家们对语言本质的众说纷纭的观点中,选择了一种他认为最有代表性的观点。这就是公元前4世纪的基督教神学家和哲学家圣奥古斯丁(A. Augustinus)关于语言的论述。

《哲学研究》一开始就引用了奥古斯丁在《忏悔录》中的一段话:

> 当长辈们说出一个事物的名称来做一件事情的时候,我因此悟解到:当人们指示这件事的时候,他们用某种声音来称呼它。人们的意图由他们身体的动作显示出来。所有人的自然语言,是他们的面部表情,眼睛神态,身体各部位的动作,以及表达他们的期待、满意、反对或回避的心情和态度的声调。因此,当我知道某些词语被反复地运用在不同句子中时,我逐渐理解了这些词语所代表的事物,并且,当我学会说出这些符号之后,我也用它们来表达自己的意见。(PI. 1)

维特根斯坦对这段话的评论是画龙点睛之笔。他说:

> 以上这些话给了我们一幅关于语言的本质的特别的图画。根据这幅图画,话言中的每个词都是事物的名称,句子是这些名称的组合。在这一关于语言的图画中,我们找到了下列思想的根源:每个词都具有意义,这个意义和这个词具有对应关系,一个事物就是这个词所表示的意义。(PI. 1)

维特根斯坦并非说这幅图画是完全错误的,它确实适用于语言的部分状况,对于一部分词语来说,它们确实是通过对应事物而获得意义的;维特根斯坦所反对的是把这种部分词语意义的解释当作对语言本质的理解。

显而易见，语言中有相当大的一部分词汇，它们既不是事物的名称，也不与事物具有一一对应的关系。奥古斯丁图画是对语言的一种狭隘见解，很多错误的哲学观点都是由于狭隘地理解语言而出现的。维特根斯坦把狭隘的图画当作禁锢思想的枷锁。

现在我们可以知道，为什么维特根斯坦要选择奥古斯丁图画作为自己首要的攻击目标，奥古斯丁所表达的关于语言本质的观点正是产生逻辑原子论的前提。

维特根斯坦早期认为，语言和世界的对应关系只有在逻辑分析的最后层次才能被证实，它归根到底是简单名称和简单物体的一一对应关系。这种把语言本质归结为事物和词汇的对应关系的狭隘观点，虽然借奥古斯丁之口说出，但它实际上代表了哲学家思维方式的一种普遍倾向，只不过有些哲学家明白地表达了这种观点，有些哲学家只在其理论中暗示这一倾向罢了。

因此，对奥古斯丁图画的批判，是维特根斯坦消除哲学问题，特别是消除他早期所持的逻辑原子论所造成的问题的一个重要步骤。他用来反对奥古斯丁图画的武器是他的"语言—游戏"说。

"语言—游戏"是一种把语言比作游戏的譬喻。维特根斯坦说，这一想法是偶然萌发的。他有在散步中思索问题的习惯，有一次，当他正在思考关于语言本质的时候，他经过一个足球场，看到人们正在兴高采烈地踢足球，他猛然想到：人们运用语言的活动不也是一类游戏吗？但是，"语言—游戏"说在维特根斯坦哲学中的重要性已大大超过了它的譬喻意义，它是被当作一种对比的方法来运用的。

维特根斯坦不时通过语言和游戏的对比，揭示语言用法的多样性、伸缩性、变动性和实践性。运用这种方法，维特根斯坦把奥古斯丁图画中所描绘的语言用法当作另一些语言游戏。通过对比各种不同游戏的特征，我们就可以掌握各种语言用法以及它们之间的关系。为了达到这种目的，维特根斯坦设计了三种语言游戏。

第一种语言游戏可以称作"五个红苹果"。维特根斯坦设想，有一个人拿着一张写有"五个红苹果"的纸条到商店去买东西，售货员接过条子后，首先拉开标有"苹果"字样的抽屉，然后再拿出一本指示各种颜色的样本，翻到标有"红色"那一页，来对照抽屉中苹果的颜色，最后再从1数到5，捡出五个红苹果。

在这个语言游戏中，"五个""红""苹果"这三个词有不同的用法，其中，"苹果"是和名叫"苹果"的事物相对应的，是该事物的名称。

但是，"红"这个词所对应的却不是一个具体事物，而是一种颜色的样品，如果在一个样本上，有深浅不同的红色样品，如"粉红""赤红""紫红"等，那么和"红"这个词所对应的是一系列按照不同等级排列的一种颜色，和这个系列中样品相似的颜色都符合所要求的苹果的颜色。

"五个"所说明的是事物的数量，它是在计数的活动中，而不是在对应事物的活动中获得其意义的。

这个语言游戏说明，对不同词的意义的理解是和不同的行为方式联系在一起的。为了理解"苹果"这个词，我们必须能够指示出它所代表的事物；为了理解"红"这个词，我们必须具有比较不同颜色的能力；为了理解数量词，我们得学会计数。

这三个词分别体现了语言的"指称""比较""计数"这三种功能。用词来代表事物的名称只是语言的指示功能。奥古斯丁图画把所有词的意义都归结为事物的名称，这显然是片面的。

但是，维特根斯坦也承认，奥古斯丁是符合某些语言游戏的。他于是设计了第二个语言游戏来说明在什么条件和情况下奥古斯丁图画是可行的。这个语言游戏可以称作"建筑者"。

这是一个建筑工人和他助手之间的语言交流，工人叫出一样东西的名称，助手就从建筑材料中找出相应的东西递给他。在这个语言游戏中，建筑者用名称，如"砖""石板""支柱""衍条"，把各种事物区别开来。正因为每个词都是一件事物的名称，他们才能用它来指示、分辨不同的事物。所以，维特根斯坦承认："我们可以说，奥古斯丁确实指出了一种主流的体系，只是这种体系并不能包括语言中的一切。"(PI. 3)

维特根斯坦还进一步指出，在第二种语言游戏的基础上，我们可以构造出更加复杂一些的语言游戏。在他设计的第三种语言游戏中，事物的名称被当作其他词汇意义的基础。奥古斯丁图画在这种语言游戏中也是适用的。他设想，那个助手除了理解几件建筑材料的名称之外，不知道其他词汇的意义，现在建筑工人来教他助手理解他的指令。

建筑工人指着一块红色的砖说："d—砖"，又指着一条红色的支柱说："d—支柱"，如此反复多次，助手明白符号 d 代表红色。同样，建筑工人指着三块砖说："c—砖"，指着三块石板说："c—石板"，等等，助手也可明白，符号 c 的意义是数字了。

用同样的方法，建筑工人手指着旁处，并说："砖—那里"，同时把砖搬到手指处；再说："砖—这里"，又把砖搬回原处。经过训练，助手即可知道词"这里"和"那里"所指示的地方。

在训练的最后阶段,建筑工人发出"c—d—砖—那里"的指令,助手就会挑出三块红色的砖头,把它们搬到手指的方向。

在这个语言游戏中,表示颜色、数字和地点的词是和事物的名称联系在一起使用的。维特根斯坦说,正是由于各个词的意义之间存在的密切联系,人们往往倾向于忽视了它们之间的差别。在学习语言的最初阶段,人们往往是在掌握了一定数量的事物的名称之后,才进一步以这些名称为基础来学习其他词的意义的。

这种训练培养了人们的一种思维习惯:一提到词的意义,人们首先想到事物的名称。哲学家们经过进一步的总结和概括,得出了所有词的意义毫无例外地存在于它们所指示的事物之中的普遍结论。这就是奥古斯丁图画的由来。把第三个语言游戏同第一个语言游戏相比较,我们就会发觉,词的意义并非只存在于指示事物这一活动中,它也可能表现为比较、计数等活动,当然,这些活动不是截然分开的。

人们可以从一种活动出发来从事另一种活动。语言之所以有意义,首先是因为它是人们的一项行动。维特根斯坦说:"我把语言和行动交织在一起的整体,称之为语言—游戏。"(PI. 7)在这里,重要的是要认识到和语言交织在一起的行动是多种多样的,通过名称来指示事物只是其中的一种。

维特根斯坦通过第三个语言—游戏揭示了指示事物在学习语言过程中的重要性,但同时也揭示出夸大语言指示功能的错误根源。这就是把人们学习语言的一个重要途径夸大为语言的基础的错误。

按照这种错误的看法,直接指证定义(ostensive definition)是决定语言意义的基础。所谓直接指证定义,就是用直接指示事物的方式来定义一个名称的方法。《圣经·创世记》中描写了一个故事:上帝创造亚当、夏娃之后,又创造了各种动物。上帝把每个动物领到亚当面前,给它起名字,使亚当知道各个名称代表一个怎样的动物。上帝给动物命名的方式就是直接指证定义。

按照这个标准,一个名称有没有意义取决于它是否指示一个实际存在的事物。把这个名称所命名的事物指示出来,是对这个名称的定义的真实性的最可靠的证明。奥古斯丁已经描绘了直接指证定义的基本特征:它是一个人用手指着一个事物,同时发出一种声音,另一个人理解这种声音或符号代表着这个事物的名称的双向交流过程。

维特根斯坦反对把语言的全部意义归结为指称事物,也反对把语言的基础归结为直接指证定义的经验过程。他说，直接指证定义并不是脱离或超越语言的纯粹经验、观察过程，它本身就是一种语言游戏，只有已经掌握了这种语言游戏规则的人才能运用和理解直接指证定义。

在奥古斯丁图画中，人们身体的动作（包括面部表情及声调）被当作全人类都能理解的自然语言，也就是说，对于一个完全不懂一种语言的人，我们可以用直接指证定义的方法来教他这种语言。比如，对于一个不懂中文的英国人，我用手指着一张桌子，同时发出"桌子"这个词的声音，或者写下"桌子"这些字，这个英国人即会明白这个声音和字符与"table"具有同样的意义。

维特根斯坦反驳说，手势、声音和符号的结合，并不能使一个完全不懂一种语言的人了解到这种语言的意义。如果我指着一张白纸，告诉他人："这是纸。"对于一个不懂中文的人来说，他会误认我是在教他颜色的名称，以为我所指的是："这是白色"，或者在教他数字，拿一张纸当着数字"1"的一个例子。

事实上，我们可以用同样的手势来说明颜色、数字、形状、重量，而不是说明一个事物，手势可以用来强调我所讲、所写和所指的东西有关联，但它本身并不能表达我的意图。因此，要理解一个直接指证定义，双方都要进入一种类似游戏的状态，在这个语言游戏中，双方都要就定义的对象达成默契。如果定义对象限定在事物名称的范围之内，那么我所指的是该事物的全部；如果双方把定义的对象限定为颜色。那么我的手所指的就是事物的颜色，而与其形状、大小、硬度、重量等其他性质无关。

毋庸讳言，这种默契在一定程度上取决于人类的自然倾向。人在用手势交流的时候，可以很自然地猜测到对方的意图。这在运用直接指证定义时也是如此。当一个外族人指着一样东西，发出一种我所不理解的声音，我会很自然地首先想到他所说的是该东西的名称。同样，我也倾向于选择这样的方法来教别人理解事物的名称。

当维特根斯坦在指出直接指证定义的多样性和不确定性的时候，他并没有因此否定人们会自然地倾向于把定义的对象限定在事物名称的范围之内。他承认，直接指证定义是一种常用的给事物的名称下定义的方法。但是，他又接着追问：为什么我们有把事物，而不是它的性质、数量与属性放在第一位来考虑的自然倾向呢？他的回答是：这是因为在所有的语言游戏中，我们最熟悉的是指示事物名称的语言游戏。每个儿童是由长辈这样教会日常事物的名称的，不同语言的人们初次接触时，也是用这种手段来学会理解对方语言中关于名称的词汇的。

维特根斯坦反对把一种我们熟悉的语言现象夸大为语言的本质的倾向。认为直接指证定义只是形形色色语言游戏中的一种,与其他语言游戏相比,它的优越性只是在于我们对它更熟悉一些罢了。而我们熟悉的东西并不一定就是最重要的或本质的东西。事实上,"语言—游戏"这个概念本身就排斥了把一种游戏看作是比其他游戏更为重要的观念。

如同所有游戏在人们生活中都具有同等重要的地位,我们也必须把各种语言游戏都看作是同等重要的。在日常生活中,一种语言游戏不可替代另一个语言游戏,也不能被归结为另一种语言游戏,它们都是日常语言中必不可少的组成部分。

在这里,我们接触到了维特根斯坦关于"语言—游戏"概念的实质。这一概念所强调的是语言和日常生活的联系以及在生活中运用语言的多样性。他告诉我们:

> 语言游戏这个概念突出了这一事实的重要性,即:运用语言是一种活动,是一种生活方式。让我们想一想在下列例子中语言游戏的多样性吧!
>
> 下命令和执行命令
>
> 描述一事物的形状或测定其大小
>
> 根据图形的描绘来构造事物
>
> 报告一桩事件
>
> 思考一桩事件
>
> 构造并检验一个假说
>
> 用图表来表示一项试验的结果
>
> 构思一个故事,并把它说出来
>
> 游戏行为
>
> 唱流行歌曲
>
> 猜谜语
>
> 开玩笑,讲笑话
>
> 在代数练习中解一道题
>
> 把一种语言翻译成另一种语言
>
> 提问、感谢、诅咒、问候、祈祷。(PI. 23)

从维特根斯坦所举以上15种例子中可以看出语言游戏这个概念延伸到了人类生活的每一个角落,包括了人们日常生活中的各项活动。

人们常把语言比作工具,但维特根斯坦却将语言行为的多样性比作一个工具箱,它包括锤子、钳子、锯子、螺丝起子、胶锅、胶水、钉子、螺丝。他说:"词的功能的差异性好像是这些工具的功能的差异性。"(PI. 11)

如同所有工具都可以被容纳在一个箱子里,词语的外表特征也是相似的,它们都由少数字母和音素连贯而成的。维特根斯坦又用了一个比喻来说明,这种外表上的相似性掩盖了功能的差异性。他说,当我们走进一个火车头的时候,我们看到很多或多或少相似的手柄。但是这些手柄的功能却大相径庭。引擎的曲柄可以不停地转动,开关的手柄却静止在"开"或"关"的位置上,刹闸的手柄可以推前移后,而泵的手柄却上下跳动。因此我们不能根据手柄的形状来判断它们的功能,同样,也不能根据语言在表面特征上的相似性,就否认它们在功能上的差异性。(PI. 12)

根据"语言—游戏"的实践性和多样性,维特根斯坦要求人们从动态的观点来观察语言的意义,他得出了一个具有深远影响的结论:"在多数情况下,虽然不是一切情况下,我们可以给'意义'这个词下这样一个定义:一个词的意义就是它在语言中的用法。"(PI. 43)后来的日常语言哲学家把这段话简化为"意义就是用法"这一口号。

这一口号虽然没有精确地反映维特根斯坦的思想,却抓住了他的意义观的重点。它说明了一个词语没有一个固定不变的意义,它在语言中有多少用法,它就有多少种意义。这个道理看起来平常、浅显,它却突破了各种精巧、繁琐的哲学理论。

《哲学研究》的基本方法就是用日常语言中的简单事实来否证哲学中的问题和结论。维特根斯坦用"语言—游戏"的意义观推翻了把语言的意义归结为事物名称的奥古斯丁图画,这已不只是在语言学领域中的一场争论,维特根斯坦所批判的实际上是西方哲学中一个渊源久远的传统。

自从亚里士多德开始,"实体"便是形而上学中的一个中心概念;根据形而上学的实体论,世界中只有实体存在,其他一切都是附属于实体的属性,而不是独立的存在。不难看出,这种哲学理论和奥古斯丁图画有异曲同工之妙。根据后者,语言的意义来自词语所代表的事物,词语只有归结为事物的名称才有意义。一旦奥古斯丁图画被抛弃,形而上学关于实体的概念和理论也就不攻自破了。

就维特根斯坦自身而言,他在早期所持的逻辑原子论也是一种新的实体论,也是以每一个简单符号指示一个简单物体这样的信念为前提的,他的关于"意义就是用法"的论点也击中了逻辑原子主义的要害。《哲学研究》包含着对逻辑原子主义的意义理论,尤其是对"简单物体"理论的深刻批判。在前一节中我们已作论述,在此不再重复。下面我们来看看一个和"语言—游戏"具有同等重要意义的譬喻:"家族相似"。

第三节

## "家族相似"说

哲学家们虽然也承认语言现象的多样性、复杂性和差异性,但他们总是企图给"语言"下一个完整的定义,企图在定义中把握住所有语言现象所共有的本质特征。

维特根斯坦先从工具谈起,看看我们是否能够给"工具"这个词下一个普遍的定义。"设想有人说:'所有的工具都是用来修改东西的,比如,锤子改动了钉子的位置,锯子改动了木板的形状,等等'——但是,尺规、胶水和钉子又修改了什么呢?"(PI. 14)

语言可以比作工具,它的功能与作用是不能用一个定义来概括的。维特根斯坦用"语言—游戏"概念来说明语言现象的形形色色、不可限定的特征。别人也许会埋怨他一再运用"语言—游戏"这一概念,却没有给这个概念下一个明确定义。

维特根斯坦却强调说,下定义的方法不适用"语言—游戏"。他说:"我不是在所有可能被称之语言的现象中制造出一个共同的东西,而是说,在这些现象中没有一个能使我们用相同的词语来概括的共同特征。这些现象是以不同的方式联系在一起的。正是由于这种或这些联系,我们把所有这些现象称为'语言'。"(PI. 65)

他接着从游戏的特点谈起,我们把球类、田径类、棋类,乃至游泳、划艇、攀登、舞蹈、捉迷藏等活动,都笼而统之地称为"游戏"。

也许有人会从这一事实中得出一个结论:所有被称为"游戏"的活动一定有一个共同的特征,否则的话,我们不会给它们以一个名称。根据这个先入为主的见解,我们人为地想出一个关于游戏的定义,并把这个定义说成是对所有游戏活动的本质的概括。

维特根斯坦建议我们用观察的方法来检验一下,看看是不是所有的游戏活动都确实具有这个设想的本质。观察的结果将会突破定义的内涵所规定的范围。

> 你将看到,对所有游戏来说,没有什么共同的东西,有的只是类似联系以及它们系列的排列。我们再三要求:不要想,但要看!(PI. 66)

"不要想,但要看!"已经成了常规语言哲学家们爱用的一句话。当然,这并不是要求只看不想,而是要求人们的思想内容必须符合语言的实际用法,如果我们观察一下各种游戏的特点,我们将发现它们之间存在着错综复杂、重叠交错的类似性,但没有一个所有游戏都必须具备的共同特征。现在我们假设游戏可以分为六类,每类都具有四个特点,那么我们不妨用下列图表来表示游戏之间可能出现的类似关系。

| 游戏 | 1 | 2 | 3 | 4 | 5 | 6 |
|------|---|---|---|---|---|---|
| 性质一 | A | B | C | D | E | F |
| 性质二 | B | C | D | E | F | A |
| 性质三 | C | D | E | F | A | B |
| 性质四 | D | E | F | A | B | C |

从表中我们可以看出,每个游戏和其相邻的另一游戏都具有三个相同的特征,却没有一个特征是这六类游戏所共有的。维特根斯坦因此总结出一个论点:

> 游戏是一个复杂的重叠交错的相似性的网络:有时是整体的相似,有时是细节的相似。(PI.66)

他把这种相似性称为"家族相似"。在一个家族中,每个成员都和另外的某些成员有相似的特征,比如,在身高、相貌、肤色、身段、发型、性格、气质以及其他各种遗传特征方面,同一家族的成员不是在这一点就在是那一点上彼此相似。但是,是不是家族的所有成员都具有某一种共同的特征呢? 如果我们用实际观察的方法来对比,我们将不大可能在几代人中间找到一个人人都具有的特点。但是这个家族所有成员又都冠以同样的姓(family name)。受到这种语言现象的迷惑,人们可能会宣称,这个家族一定有一个区别于其他家族的本质特征,否则的话,为什么我们要用不同的名称来称呼这两个家族呢? 这种理由显然是站不住脚的。

但是,在日常语言中,当我们用一个相同的概念来称呼众多的个体的时候,我们却毫不怀疑,这些个体必须有一个本质特征,而概念的定义就是对这一本质特征的描述。维特根斯坦提出"家族相似"这一概念,就是为了反对这种思维方式。

"家庭相似"的概念和传统逻辑中"种"和"属"的概念是大相径庭的。在传统的形式逻辑中,如果一些个体具有一个相同的特征,我们就可以根据这一特征把这些个体事物归于一个"属"。如果一些属具有一个相同特征,我们又可以把这些归属于一个"种"。给一个事物下定义就是明确它的属性。而属性可以用"种+属差"的方法来确定。例如,人的种的特征是"动物",他区别于其他动物的属性是理性,因此,亚里士多德对"人"的标准定义是"人是有理性的动物"。

维特根斯坦所反对的是这种形式逻辑的认识方法。他要求在观察的基础上,通过对比来把握事物之间的类似关系。这就是"不要想,但要看"的真实含义。可以说,"家族相似"的观念改变了人们对概念性质和用途的理解,它要求人们不要用传统形式逻辑中"种＋属差"的方法来定义概念的内涵。它强调的是比较概念的外延的重要性。

观察和对比的方法在个体事物之间虽然找不出一个共同的特征,我们仍可以用一个概念来涵盖它们,这是因为在它们之间存在着"家族相似"的关系。比如,在事物甲、乙、丙、丁之间,甲与乙相似,乙与丙相似,丙与丁相似;但甲不一定与丙、丁相似,乙不一定与丁相似;即使如此,由于它们之间存在的类似性具有重叠、传递关系,我们仍然能够把它们当作一类事物,同属一个概念的外延,也可以用同一名称来称呼它们。

根据同样道理,一个种概念也不是对一组属概念的一个共同特征的概括,而是反映各类事物之间存在的"家族相似"的特征。

"家族相似"和"语言—游戏"是两个相辅相成的概念。维特根斯坦提出"语言—游戏"说是为了反对把语言的多种功能和用途归结为指示事物的单一化倾向,"家族相似"说的矛头则指向对语言进行逻辑分析的形式化倾向。逻辑分析要求对概念作精确的表述和对其结构形式有整体把握。但"家族相似"却允许概念的模糊性,强调的是概念外延的个别性和多样性。这两者是一元化思维和多元化思维方式的对立。

维特根斯坦主张按照日常语言的用法来思维,不要把和语言用法一样繁多的思维形式融合在思辨的或逻辑的抽象模式之中。他说:"我们看到,所谓的'句子'和'语言'并不组成一个想象中的形式上的整体,而是一个或松或紧地联结在一起的结构上的家族。"(PI. 108)这是他反对以纯粹逻辑结构为目标来分析语言所得出的结论。

"家族相似"不仅是一个批判性的概念,它也是分析日常概念的一种方法。维特根斯坦用了几个范例来显示应当如何来理解概念的"家族相似"的特征。

其一,关于数字的概念。维特根斯坦问道:

> 各类数字组成了一个家族……为什么我们把某样东西称作'数字'呢?也许是因为它和几样迄今为止被称为'数字'的东西有着直接的关系的缘故吧。但我们也可以说,它和另外一些也被叫做'数字'的东西有着间接的关系。(PI. 67)

很显然,正数和日常事物的数目有着直接关系,也许有理数也有这种直接关系。但是无理数和虚数与日常的计数活动只有间接关系,它们只能在数轴上而不是通过事物的数目表示出来的。

"数字"这个概念的外延包括整数与分数、正数与负数、有理数与无理数、实数与虚数。在这些类别的数字中没有一个共同的特征，却与其对立面有相似性。有理数和无理数都可以用分数来表示，但和虚数符号 $\sqrt{-1}$ 却没有什么共同性，在它们中间只有家族相似的特点。并且，"数字"这个概念的外延没有严格的界限，它是在人类思想发展史中不断伸展的，从正整数的概念发展到了虚数的概念。

谁也不能否认，在将来的岁月里，人们会把一些现在还没有认识的现象也归到"数字"概念中，创造出一种新的数字来。由此可以看出，我们不能给出一个关于数字的一般性的定义，来对所有的数字作出本质性的描述。我们的概念只是对现有的数字类型之间"家族相似"关系的认识。

其二，人名。"人名"也是一种特殊的概念。这一概念所表达的不是一个人的特殊的本质，甚至也不是一个人的存在。维特根斯坦以《圣经》中摩西这一历史人物为例。"摩西"这个名字可以被各种描述句子所定义。比如，"一个带领以色列人越过荒野的人""一个生活在彼时彼地，并被叫作'摩西'的人""那个在儿童时期就被法老的女儿带出尼罗河畔的人"等(PI. 79)。但是维特根斯坦说，没有一个定义描述了摩西的本质。这些描述甚至不能保证摩西这个人在历史上确实存在。因为即使历史学家考证出所有这些被描述的事实都不存在，人们仍然可以沿用"摩西"这个名称概念来表达他们的信仰。

于是，维特根斯坦说，我们把人名当作概念来使用，却不赋予它固定的意义。也就是说，我们不给"人名"下一个确切的定义，而是用众多的描述性句子来表示它的意义。毫无疑问，这些被描述的对象也只有"家族相似"的特征，而无共同本质。

其三，关于事物名称的概念。事物名称所表示的是某一类事物的概念，通常被称为"共同概念"或"类概念"，语法学家则称之为"集合名词"。维特根斯坦却说，事物的名称并不表示这类事物的共同特征。他似乎想要验证莱布尼兹的名言"天下没有两片完全相同的树叶"。他以"树叶"这个概念为例说，有些树叶在形状上相似，有些在颜色上相似，有些在机能上相似。我们在谈到"树叶"这个词时，头脑中也许会浮现出一片特殊的树叶的形象，把这一概念具体化。但这一形象是模糊的，并不是对所有树叶所具有的特征的摹写。

再者，事物的概念也不一定总是反映事物的存在状态。我们在日常生活中经常借助概念来表达想象中的事物。即使是对常见的事物，我们也可以运用它们的名称来表示自己的想象或幻觉。在这种情况下,事物的存在不是运用事物名称的前提。

因此,关于事物名称的概念的意义,是由它在具体的语言环境中的用法规定的。我们不能制订出一条规则,限定只有在指示事物存在,或者描述事物本质特征的时候,这些名称才赋有意义。维特根斯坦指出,在我们日常语言中,一个明明白白的事实是:概念的运用不是被规则严格地规定了的。这一事实并不是什么缺陷,而恰恰是日常概念的长处。有时候,在有些环境中,模糊的概念,或者概念的模糊用法正是我们所需要的。在某些领域、某些场合,我们则需要不同程度的精确概念来表达思想。

具体的生活和语言环境,而不是精确的规则,决定了我们应该如何运用概念。从这一观点出发,维特根斯坦更加深入地讨论了遵守语言规则的问题。

## 第四节

## "遵守规则"说

维特根斯坦所说的"语言规则",指的是语言的各种用法所遵循的规则,它的含义比人们平常所说的"语言规则"要广泛。有些语句不一定符合语法,但它们在具体环境中可以表达一定的意义,也是符合语言规则的。

尽管语言的用法繁多,维特根斯坦不能不承认,使用语言是一种遵守规则的活动。如果每个人都可以随意使用语言,语言将会变成一种不可理解的现象,利用语言来进行交流也将不可能实现。因此,仅仅指出语言用法的多样性和流动性并不能说服那些崇拜逻辑结构和单一本质的人。他们会反驳说,既然语言的多种用法必须服从一定的规则,要服从规则首先要理解规则。那么人们是如何理解规则的呢? 通常有两种意见。

第一种意见倾向于把理解意义当作心理过程,它是人们能够运用语言的原因。

第二种意见倾向于把理解看作是逻辑思维的过程,它是对语言规则及其规定的意义的直接把握。

或者说,第一种倾向是从因果关系的角度来探讨语言规则问题的,而后一种倾向把语言规则归结为逻辑规则。

在维特根斯坦的早期哲学中,这两种倾向都存在,尤以第二种倾向最明显。现在,他否定了自己以前的观点。他的自我批判构成了他讨论遵守语言规则问题的两个步骤。

首先,维特根斯坦指出,理解不是脱离语言用法的心理过程。他联系计数和阅读这两种现象,说明了理解能力和语言运用的不可分割性。他首先列举了一个小学生学计数的例子。教师要求学生写出 0 到 9 的数字。如果学生在练习中偶然出了一些差错,教师还可以纠正。但如果他完全不按照规则来计数,比如说,他一会儿从 1 开始,一会儿从 9 开始,一会儿又从 2 开始,教师就会认为这个学生没有理解能力,不堪受教。由此可见,能不能在训练和教育的过程中学会按规则行事,是有没有理解能力的标准。我们不能说,理解能力是一种心理过程,是原因;而按规则行事是外在表现,是结果。如果一个学生说,他觉得他已经理解了如何从 0 数到 9,但他却不能背出他所理解的内容,教师将不能肯定他是否真正掌握了计数规则。

维特根斯坦强调,计数过程是理解的标准,它并不是先于或独立于这个过程的内在的心理过程。再者,在训练过程中,教师必须区别学生理解之后偶然犯的差错和学生由于不懂规则而犯的错误。他必须规定一个界限,比如说,规定能够从 1 数到 257 的学生是可以被信任的。在 257 之后,即使学生偶尔数错了几次,教师也不把他们当作没有理解计数规则的学生。

理解能力是根据人们在学习、训练过程中所订立的常规标准培养起来的。没有人为的共同标准,也就是没有正常意义上所说的理解能力。这就说明了,理解力不是一种隐藏在每个人内心的、不受社会与公共活动影响的能力,它是一种可以按照规则行事的实践能力,首先是一种能够运用语言的能力。

阅读的过程也是这样。每个稍有文化的人都可阅读,因为我们知道如何按照在学习过程中已经掌握的发音、书写的规则把文字读出来。

在维特根斯坦看来,宣称"我理解这件事"和说"我知道怎样做这件事"具有同样的意义。作为阅读的原因的理解能力是通过语言表达,并且在语言行为中被检验和衡量的社会现象,不是先于语言用法的、制造语言规则的源泉。维特根斯坦的结论是,我们应当在具体的语言用法和环境中来理解语法规则,而不是假设独立于语言现象的心理过程来臆造遵守语言规则的原因。

其次,维特根斯坦指出,语言规则不是逻辑规则。他还用一个小学生学计算为例子,设想教师要求学生从 2 开始,每次加 2,依次递增地计数,即按 2,4,6,8…的序列来计数。计算的结果是一个算术数列,其公式可用(n+2)来表示。学生按照这个公式数到 1000 之后,突然按每次加 4 的规则来计数,即 1004,1008,1012…老师连忙告诉学生说,他应该每次加 2,而不是加 4。但学生却争辩说,(n＋2)这个公式只适用于 1000 之内的数字;对于大于 1000 的数字,必须对这个公式加以修改才能应用。我们能不能说,这个学生犯了不遵守规则的错误呢?

首先,必须肯定,这个学生和前面所提到的那个根本不理解计数规则、不能从 0 数到 9 的学生不同,他确实懂得什么是规则,知道怎样计数才算是遵守规则;即使他在 1000 之后的计数活动,也是按照一定的规则来行事的。

其次,他和教师的分歧在于他们对于规则有不同的解释。教师坚持说,规则应该毫无例外地执行,1000 并不是一个标志着规则应该修正的一个特殊数字。学生却说,没有一成不变的规则,计数突破一定的界限之后,规则也要作相应的修正。

再次,我们还必须承认,在这场争论中教师当然是赢家,因为他所说的是平常意义上所说的计数规则;而学生所作出的解释适用于某些特定条件下对规则所作的特殊限制,却不适用计数的常规。

我们可以得出这样的结论:学生并没有犯不遵守规则的错误,他的错误充其量是对规则作了与众不同的解释。但是,学生会反问道:难道教师所说的不也同样是对规则的一种解释吗?为什么要把教师的解释判断为正确而把他的解释判断为错误呢?对于学生的问题,我们可以回答,因为社会大多数人都是这样来理解计数规则的。但学生会再次追问:难道大多数人赞成的解释就是真理吗?在科学史上事实不是一再证实了真理一开始只是被少数人所发明、所采用的吗?

在这场争论中,我们只能承认,理论本身不能决定哪种解释是正确的还是错误的。生活条件和方式的改变,社会文化、风俗习惯等方面的因素决定了为什么人们会采用现在通行的解释。随着社会和生活的变化,也许学生的解释会被人们所接受而成为正确的计数规则。

把规则当作不可变更的金科玉律,忘记了一个简单的事实:对规则的理解是建立在对规则的一种解释的基础之上的。对同样的规则可以有不同的解释,解释本身不能决定哪种解释是正确的还是错误的。但是承认对规则的解释不能决定语言的意义,这又会导致相对主义和怀疑主义,其结果是一个悖论,用维特根斯坦的话来说:"这就是我们的悖论:一个规则不能决定行动路线,因为任何行动路线都可以被说成是符合规则的。问题的答案是:如果任何行动都可以被说成是符合规则的,那么任何行动也可以被说成是违反规则的。因此,在这里也就没有符合不符合、违反不违反的问题了。"(PI. 201)

维特根斯坦的意思是说,如果任何规则都可以有多种多样的解释,如果没有一种解释是绝对正确的,那么任何人都有权利把自己的行动解释为符合规则的,这样就没有规则可言了。

在计数活动中,如果一个人数出的结果是1,9,2,5,8,6,3…他会说n+2这个公式在每一步骤都应修改,他也可以用上面那个学生所说的理由来为自己的解释辩护。这样就出现了一个悖论:一方面,根据各人不同的解释,每个人都可以说自己是遵守规则的;另一方面,由于各种解释相互冲突,每个人又都可以说是没有遵守规则。

如何解决这一悖论呢? 维特根斯坦发现,这一悖论产生的根源是用解释代替了规则。"规则"是一个具有强烈社会性、实践性的概念,"解释"则是一种个人的、理论的行为。人们尽可以对规则作出自己的解释,但解释规则不是遵守规则,人们不是根据一个人的解释正确与否来判断他是否遵守规则的。维特根斯坦说:

> 遵守规则是一种实践行为。一个人认为他是遵守规则的并不等于他是在遵守规则。因此,人们不可能"私自"地遵守规则。不然的话,对遵守规则的思考就和遵守规则的行动混为一谈了。(PI. 203)

事实上,当我们遵守规则的时候,我们并没有想到对规则进行不同解释的可能性,虽然这些可能性在理论上是存在的,也是不容易否定的。但是实践本身却只允许我们按一种方式来行事。维特根斯坦说:"当我遵守一条规则的时候,我别无选择,我盲目地遵守规则。"(PI. 219)

盲目性是对于人们不可能任意理解规则的决定性的一种形象的说明。我们的理解是在我们咿呀学语的时候就开始灌输给我们的,我们训练和学习的过程又是受社会文化诸因素影响、决定的,是生活方式的一部分。维特根斯坦却没有像人类学家和社会学家那样,找出决定人们遵守规则行动的种种客观因素。

他从来不是一个客观主义的决定论者,他宁可用带有主观色彩的"协定"(agreement)这个词来代替"决定"的概念。他说:"'协定'这个词和'规则'彼此相连。它们是孪生兄弟。如果我教人们使用其中一个词,他们也学会了另一个的用法。"(PI. 224)

社会协定是判断一种行为是否遵守规则的最终标准,也是证明一种理论是否正确的最终标准。证明不是一个理论问题,而是一个实践问题。任何理论都是一种解释,而一种解释性的理论在原则上又是可以再被另外的理论加以解释的。人类的理论证明活动就是这样一连串解释和被解释的系列。

维特根斯坦把这一系列想象为流动的泥沙,追根求源的证明好比是深掘泥沙。他说:"如果我穷尽了证明,我达到了坚硬的河床。我的掘铲必须转向,我要说的是:'这只是我所做的事'。"(PI. 217)做社会成员协力所做的事就是遵守规则,因为规则本身就是社会成员之间约定俗成的产物。

在维特根斯坦之前,人们已经普遍认为,语言是约定俗成的。哲学家们不满足这样的说明,他们试图从人的思维特性中找到人们所同意的协定的基础。维特根斯坦取消了这种对语言规则的理论基础的研究,他因此常被评论家们称为"约定主义者"。

但是维特根斯坦并不是一个约定主义者,他的结论是对约定主义的否定。他问自己:"难道你是说:'人类约定什么是真理,什么是错误吗?'正是人类所说的才是正确的和错误的。大家都赞同使用语言,这不是在观念上的协定,而是生活方式上的协定。"(PI. 241)在生活方式上的协定实际上并不是真正的协定。因为协定是可以推翻、否定或不遵守的,却没有人能够不按照他所在的社会的生活方式来生活。生活方式是强加在人们身上的,人们不得不同意现有的生活方式,不得不采用现有的语言,因此,也就不得不遵守现有的语言规则。

从某种意义上,维特根斯坦对日常语言的推崇,实际上就是对约定俗成的常规和生活方式的肯定。他很少考虑到语言的变革的问题,毫不奇怪,他的哲学是在有着长久保守主义传统的英国社会这一温床中孕育出来的。

第五节

# 反"私人语言"论证

什么叫"私人语言"(private language)呢? 维特根斯坦的定义是:

> 我们能否设想这样一种语言呢? 能否想象,一个人以他自己隐私的用法记下或者表达出他的内在经验——如他的感情、心情呢? 难道我们不能用我们的日常语言做到这些吗? 但这不是我的意思。在那种语言中,每个词都指示出只有那个人可以知道的东西,指示出他的直接的隐私的感觉:它是其他人都不可能理解的语言。(PI. 243)

私人语言不是用公共语言来描绘或表达个人心理状态或活动,它指的是一种只有这种语言使用者才能了解的语言。这个人创造出一些特殊的符号来指示别人所感觉不到的东西,如他自己内在的感情和心情。这种语言的隐私性在于:

第一,别人不能用日常语言来解释这种符号的意义,因为它们不能被转译成日常语言中的概念。如果一个人用符号"P"来代替"痛"这个词,每当他疼痛时,他就发出"P"的声音,别人会理解他所说的"P"就是平常所说的"痛",但是这种和日常语言概念有对应关系、可以转译为公共语言的符号不属于私人语言的范畴。

第二,别人也不能用经验、观察的方式来理解这些符号的意义,因为它们指示着别人不可观察的内在感觉,对于大家可以共同感觉到的事物,每个人可以在称呼它的同时,把它指示给另外一些人。但是一个人的内心世界是不能指示给他人的。当一个人用只有他才能理解的符号来代表他的感觉时,别人不会体会到同样的感觉,因此也不了解这些符号的意义。

私人语言是一种想象的语言。维特根斯坦的问题是,这种语言有没有可能在现实中存在? 他的回答是否定的。他否定私人语言的可能性的论证被称为"反私人语言论证"。反私人语言论证是《哲学研究》中最引人注目的篇章,评论家们在这一部分内容上倾注了大量精力,就这个论证的对象、性质、意义、步骤和可靠性进行了广泛而持久的讨论和辩论。这个论证的内容确实值得我们认真研究。

私人语言不是维特根斯坦想象臆造的产物,它实际上是哲学中的"自我"观念的化身。自笛卡尔提出"我思故我在"的证明以来,"自我"这个概念成了哲学理论发展的轴心。笛卡尔也因此被称为"近代哲学之父"。从维特根斯坦的立场看问题,"自我"观念的根源存在于对语言性质的错误认识。哲学家们把思维看作语言的内核,语言是思维的外衣。既然思维的主体是他人不可观察、接近的"自我",语言的本质应该是自我思维的隐私性。

按照这种观点,以理论上说,人人都有表达自己思想的私人语言,只是为了交流的目的,人们才在日常生活中采用了公共语言作为思维的外在形式。维特根斯坦所论证的私人语言的不可能性就是"自我思维"的不可能性。

反私人语言论证的要旨是:没有只有一个人可以理解的精神状态和过程,因此,一个人也不可能用只有他所能理解的方式来描述和表达他的内心活动。在哲学史上,有一些哲学家也曾从不同的角度批判过"自我"观念,但维特根斯坦以其批判的独特性、新颖性和深刻性赢得了普遍的认可。他的批判是标志着西方哲学家从崇尚"自我"的唯心论向注重语言现象的分析哲学转化的重要标志。

反私人语言论证的另一重要意义在于它是《哲学研究》中的精华部分。维特根斯坦挖掘了种种可能为私人语言的可能性辩解的理由。这些理由和他以前所批判的"奥古斯丁图画""直接指证定义""私人规则""内在理解过程"等观念是联系在一起的。反私人语言论证是对他以前的批判的一个总结,集中体现了维特根斯坦关于语言性质、作用和意义的思想。

必须指出的是,反私人语言并不是一个逻辑证明,也没有明显的哲学推理的过程,它的风格和《哲学研究》其他部分一样,是一些例证和评论的松散的集合。但大体说来,它围绕着一个主题,是有一定的思想结构可循的。下面我们参考评论家们的意见,根据自己对原文的理解,把该论证分为三个步骤来说明。

第一个步骤是对人类心理现象的性质所作的探讨。心理现象是主观的,但主观并不意味着隐私。比如,人对外部世界的感觉是主观的,但同时也是共同的。人们可以确定他个人所感觉到的现象是和他人的观察相一致的。这些共同感觉是人们使用公共语言的基础之一,不存在因人而异的隐私性。

毋庸讳言,每个人都有自己特殊的内心世界,这个内心世界有着广阔的领域,但维特根斯坦把"疼痛"当作一个典型的隐私的心理现象来分析,看看像"疼痛"这类心理现象是否足以成为私人语言所要表达的内容。

肯定私人语言的可能性的一个重要证据就是"疼痛"这些心理感觉的隐私性。按照这种观点,语言的性质是由它所表达的内容所规定的。有些心理想象是隐私的,比如,一个人不能感觉到他人的疼痛;当我在喊叫疼痛的时候,别人所能观察到的只是我的表情和行为,而不是疼痛状态本身。只有我自己能够知道我确实是处于疼痛状态之中,抑或是在假装疼痛。

既然公共语言不能分辨出这两者的区别,我们也就有理由设定一种私人语言,一种可以准确无误地表达出疼痛等隐私状态的语言,这是一种只有"我"才能理解的语言。针对这一理由,维特根斯坦反驳说:"在什么意义上,我们的感觉是隐私的呢?可以说,只有我知道我是否真正疼痛,其他人只能猜测而已。这种说法一方面是错误的,另一方面是无意义的。"(PI. 246)

为什么说它是错误的呢?因为人们运用"疼痛"这一词的前提是承认"疼痛"是每个正常的人都可感觉的现象。我们不能说,每个人只能感觉到自己的疼痛。在日常语言中有这样的表达方式:"我和你感到同样痛苦。""同样痛苦"意味着由于同样的原因,在同样的身体部位,感到同等程度的痛苦。我们也经常听到关于一对孪生子可以同时感觉到同样疼痛的故事,我们已经接受了这些说法,为什么还要说:"一个人不可能感觉到别人的疼痛呢?"有人会说:"'同样'指的是绝对等同。两个人的疼痛只能在程度上相似,不可能完全等同。"

维特根斯坦反驳说,如果是这样的话,我们也将不能说:"这张桌子和昨天一样。"因为从微观的角度来观察,桌子的现时状态无疑和它在昨天的状态并不完全等同。他说,从心理学的角度,用科学实验的方法来论证两个人不可能有着共同的疼痛是一回事,日常语言中"同样疼痛"的意义又是一码事。两者都是"同样"这种说法的不同用法。哲学家的错误在于用心理科学的严格、精确用法代替日常语言的用法,从而得出了"一个人不能感觉到别人疼痛"的一般性结论,并由此来论证疼痛的隐私性。(PI. 253 – 254)

如果"疼痛"的隐私性意味着"只有我知道我是否疼痛",则这个命题是无意义的。因为"知道"(know)这个概念蕴含着它的对立面"不知道"。我们常常声称自己知道某件事,但实际上并不知道它。任何知识的对象都是可以怀疑的;对我所知道的命题所进行的怀疑和否定都是有意义的。但是我的疼痛却不是知识的对象,因此也不是怀疑的对象。我们只说"我疼痛"或者"我不疼痛",而不说"我知道我疼痛"或者"我知道我不疼痛"。为什么呢? 就是因为我们确信无疑的事情不是我们所知道的事情。

这里的关键要分清"知道"和"确信"两个概念的用法。"知道"这个词只是用在不能确信、可以怀疑的情况之下。既然每个人都可以确信他是否在疼痛,"知道"不能和"我疼痛"或"我不疼痛"这样的命题联用,因此,把疼痛的隐私性解释为"只有我知道我是否疼痛"是无意义的。

维特根斯坦并没有笼统地肯定或否定感觉的隐私性,他只是追问:在什么意义上可以把感觉说成是隐私呢? 他没有否认每个人都是通过自己亲身经历、体验来学会应用"疼痛"这个词的,一个从来没有感觉过疼痛的人是没有"疼痛"这个概念的。当小孩感到疼痛而哭闹时,大人就会问他:"你觉得哪里疼痛吗?"小孩就学会把"疼痛"这个词同身体内的一种特殊感觉联系起来,并学会了运用这个词来代替哭闹。以后,当他有着同样的感觉时,他就会说"我觉得疼痛"这句话了。

在这种意义上,维特根斯坦承认"疼痛"的隐私性。但是这种意义上的隐私性是和日常语言中词语和概念的用法不可分离的,是学习公共语言时所必需的亲身体验过程,它并不能证明语言的隐私性。

维特根斯坦所坚决否定的是一种特殊意义上的隐私性,即可以导致"私人语言"的感觉的隐私性。他争辩说,既然内在感觉必须用公共语言中的共同概念来表达,从人都具有自己的内在经验这个前提出发,并不能得出每个人都需要自己的私人语言来表达这种经验的结论。

在反私人语言论证的第二个步骤中,维特根斯坦变换了论证的角度,他不是从语言所要表达的内容,而是从语言本身所必须具备的性质来否认私人语言的可能性。

如前所述,语言是一种遵守规则的游戏似的活动。在日常语言中,遵守规则的标准是由社会实践、生活方式或者社会成员之间的"协定"所规定的。私人语言既然是一种语言,也必须有自己的规则,但它的规则不可能具备公共标准。私人语言这一概念所依据的是"自己制订规则,自己遵守规则"这样一种行为。

维特根斯坦把这种行为形象化,他假设了这样一个人,他每天都在日记中记下自己的一种特殊的内心感受。每当这种感觉发生在心中的时候,他就写下"S"这一符号。在这种情况下,只有他本人才理解"S"所代表的是一种怎样的感受,别人却无法联系那种感受来理解"S"的意义。也就是说,"S"是私人语言的一个例证。

维特根斯坦对此提出了一个问题:如果这个人能够用同样的符号来给发生在不同时间的感觉命名,他必须首先能够确定现在的感觉和以前的感觉是一样的。否则,他就不能把这两桩事件都称作"S"。为了确定这一点,他必须用一个标准来衡量感觉。没有这个标准,"S"可以用来给不同的感觉命名。维特根斯坦说,他是找不到这个标准的:"时下他没有正确的标准,他想要说的是:'只要对我来说好像是正确的就是正确的'。但这只意味着,我们不能再谈论'正确'这个词了。"(PI. 258)

如果一个人的主观感觉就是遵守规则的标准的话,他永远也不会犯错误。每当他写下"S"的时候,他总是可以感觉到一种特殊的体验,并且感觉到这种体验和他以前所命名为"S"的体验有相同之处。但是他却没有一个客观的、公共的标准来衡量他的感觉。以他自己的感觉为标准,他对于"S"的用法总是正确的。但是"正确"这个概念只有在有可能会犯错误的前提下才能被有意义地使用。永远不会犯错误的活动不是遵守规则的活动。

私人语言以主观感觉为遵守规则的标准,实际上是取消了规则。取消了正确和错误的标准,也就没有任何意义上的语言可以存在了。

有人说,私人语言的规则不是由随意的主观感觉,而是由一些具有识别性的心理能力来确定的。维特根斯坦于是进一步考察了人的各种心理活动,如印象、注意力、记忆力、理解力,最后得出结论说,这些活动都不能成为衡量现在的感觉是否和过去的感觉相一致的标准。他的主要理由是,它们是和感觉混为一体的主观范畴,因而不能成为衡量自身的标准。因此,说一个人能够用他所能理解的符号来指示同一内心感觉是不可信的。

反私人语言论证的第三个步骤针对"私人语言"这个概念的根源。维特根斯坦把这一根源归结为"奥古斯丁图画"。按照"奥古斯丁图画",语言中的每个词都是一个事物的名称,并且这个词的意义可以用指示这一事物的方法来定义。把这幅图画推而广之,人们会认为,关于心理现象的词如"疼痛"也指示了内心的一个事物,它的意义也可以用直接指证的方法来定义。但是这种指证的对象不是别人也能观察到的事物,而是只有感觉者本人所能知道的内心活动。因此,给表示心理活动的词下定义的方法可以叫做"内在直接指证"。

在扩大了的"奥古斯丁图画"中,用内在直接指证的方法来定义的符号只和一个人内心的事物相对应,因此属于私人语言。维特根斯坦针锋相对地指出:第一,"疼痛"这些关于心理现象的概念或词并不是一个事物的名称;第二,这些概念或词也不是通过"内在直接指证"的方法来获得意义的。他用他所特有的风格,采取比喻来说明这两个论点。

第一个比喻是这样的,维特根斯坦设想在某地人人都有一个匣子,匣子里装着一种他们都把它叫做"甲虫"的东西。维特根斯坦说,各人匣子里的甲虫可能不完全一样,有些人的匣子里可能根本没有甲虫,但这并不妨碍他们谈论自己匣子里的甲虫。虽然每人都看不到别人匣子里的甲虫,他们可以根据自己匣子里的东西知道别人匣子里装的也是甲虫。(PI. 293)

在这个比喻中,匣子好比是人的身体,甲虫好比是发生在身体之内的"疼痛"。虽然各人都从自己的感觉中理解了"疼痛"这个概念的意义,虽然他观察不到别人身体内的"疼痛",虽然各人所感觉到的"疼痛"不尽相同(好比每个匣中的甲虫不完全相同一样),虽然有人在假装疼痛(好比有个匣子根本没有甲虫),但这一切并不妨碍我们使用"疼痛"这个共同概念来谈论每个人对于"疼痛"不同的感受。为什么呢?因为"疼痛"不是一件事物,"疼痛"这个词也不是指示事物的名称。这个词所对应的是疼痛的自然表达方式(如哭喊、脸部抽搐的表情等),而不是疼痛这一心理状态本身。只要我们具有共同的表达疼痛的自然方式,我们就不可能用一个只有自己才能理解的符号来表示疼痛。

把"疼痛"当作代替人的自然表情的符号,否认了"奥古斯丁图画",否认了"疼痛"这个词代表着存在于各人内心中的一个事物,也否认了用隐私符号来代替"疼痛"这一日常概念的可能性。

维特根斯坦用第二个比喻否定了人们可以用直接指证定义来解释"疼痛"的意义。

他说,当我们用图画来表示一壶水处在沸腾状态的时候,我们只画一个喷着水蒸气的水壶,而不需要把水壶中的沸水也画出来(PI. 297)。同样,当我们用"疼痛"这个词来表示一个人疼痛状态的时候,我们只描述他的可观察的表示"疼痛"的行为,如他的痛苦表情和呻吟,而不是对一个人的心理状态进行摹写。人的疼痛状态是使用"疼痛"这个词的前提,而不是这个词所表达的内容,正如沸水是产生水蒸气的来源,却不包含在图画之中一样。"疼痛"的意义并不是指示一个内在事物或内在状态,被指示的东西都是在经验中被大家所观察到的,只被感觉者自己反省到的,或"内在指证"的事物是不存在的。

总之,"疼痛"这个词的意义在于表达、显示,这是与指示或直接指证完全不同的用法。

综上所述,私人语言的基础有两个:第一,是假设每个人都可以私自地显现个人感觉的可能性;第二,是假定每个人都有各不相同的、只为自己所知的感觉。这两个基础都被摧毁之后,私人语言的可能性也就不复存在了。至此,维特根斯坦完成了他的反私人语言论证。

第六节

# "治疗型"哲学

维特根斯坦的哲学是以解决和消除哲学问题为己任的。他所说的哲学问题是有特定含义的。在 20 世纪初,分析哲学的创始人摩尔就发现,哲学家们在许多问题上争论不休,并不是因为有人提供了正确的、全面的答案或有人提供了错误的、片面的答案,而是因为这些问题本身是不可能有正确答案的。在《伦理学原理》一书的前言中,摩尔写道:"对于我来说,在伦理学以及其他哲学研究的学科中,它的历史上充满着困难和争论的主要原因是非常简单的。人们企图去回答问题,却没有首先精确地发现什么是他们所想要回答的问题……在所有这些场合,哲学家们不断地试图以证明'是'或者'不是'的方式来回答问题,但这两种答案中没有哪一种是正确的。"[1] 维特根斯坦进一步探讨了摩尔的思想。他认为,哲学的首要任务不是回答前人提出的问题,而是要消除这些问题。这一观点并不是前无古人的,至少康德已经在这方面为哲学家们作出了一个榜样。康德把传统的形而上学的问题总结为四个:世界是有限的还是无限的? 物质的可分性是有限的还是无限的? 世界的一切都是严格地被自然规律决定的,抑或世界中存在着"自由意志"? 世界存在是必然的还是偶然的? 康德发现,对这些问题做肯定的和否定的回答都言之成理,他把这种现象叫做"二律背反"。为了解决"二律背反",我们就要改变看问题的方向,在解决问题之前首先要考察这些问题是不是人的理性能够解决的,这样才不致使理性堕入"超验的幻觉"之中。

不难看出,摩尔和维特根斯坦排除哲学的努力和康德对传统形而上学批判的理由是一致的。不同的是,康德所反对的"超验的幻觉"在分析哲学家那里被当作对语言的误解。康德要把认识世界的理性限制在经验范围之内,维特根斯坦则以廓清语言的意义为方针:凡是超越意义范围的问题,都应该清除出哲学领域。

我们知道,哲学思维的一个显著特点在于它的争辩性,哲学家们不是简单地下结论,而是充分地陈述自己结论的理由。辩论和推理的过程就是不断地提出和解决问题的过程。不言而喻,哲学的历史就是围绕着哲学问题的轴心而转动的。

维特根斯坦认为,过去的哲学家们实际上没有解决什么问题,有些时候他们似乎对某个问题提出了满意的答案,但是这些答案在别人的反诘之下立即又成了产生新的问题的源泉。因此,哲学在历史中并没有取得实质性的进步,哲学家们仍然围绕着几千年来一直困扰他们的老问题而喋喋不休地争论着。维特根斯坦把解决不了的问题,或者在解决问题过程中又产生新问题的状况,叫做"理智的蛊惑",他把哲学家比作困在瓶子里的苍蝇。他说:"哲学问题的形态是:我不知道出路在哪里。"(PI. 123) 他又说,从事哲学的目的是为了给捕蝇瓶里的苍蝇指一条出路。当然,他自己也曾是这样一只"苍蝇"。

维特根斯坦从自己的思想矛盾和斗争中体会到,哲学中的困惑是一种痼疾。他曾经试图以严密的明晰的逻辑方法来解除困境,但是他所建立的逻辑原子论却使他陷入了更深的困境。他有一次和他的学生谈道:"陷入哲学困境中的人好似是一个被

---

[1] G. Moore, *Principia Ethica*, Cambridge, 1981, p. vii.

关在房间里的人。他想要出去,却不知道怎么办。他想从窗子里爬出去,但窗口太高了。他想从烟囱里钻出去,但烟道太窄了。"[1]

哲学的困境不是由于知识贫乏而产生理智的饥渴,不是由于无知而产生的迷惘。在其他学科中,人们也常常为解决难题而绞尽脑汁,但这种困惑是可以通过知识的积累来消除的。但是新知识却不能帮助哲学家。哲学家们之所以被困惑,不是因为他们不了解有关事实,而是由于他们采取了与众不同的认识和思维方式。他们从事实中用自己看待问题的方式得出了奇怪的结论,要使他们不相信自己的结论,向他们摆事实是无济于事的。

维特根斯坦把哲学家比作精神病患者。如果一个精神分裂症患者总是以为别人企图谋杀他,医生不能只是对他陈述事实,而是要改变他意识深处的混乱状态。维特根斯坦根据这个比喻,认为哲学的任务是治疗一种疾病,他说:"哲学家处理问题犹如治病一样。"(PI. 255)"哲学家是这样的人,他们通过治疗自己理解上的毛病,以达到对健全的人类理解力的认识。"这种治疗型的哲学是以廓清语言意义为主要任务的,因为哲学问题是由于误解了语言意义而产生的。因此,维特根斯坦给自己规定了这样的任务:"哲学是一场反对用语言对理智进行蛊惑的战斗。"(PI. 109)

哲学消除了理智上的蛊惑之后,摆脱了思想上的困境,便可以清晰地认识语言、思想和世界的性质。维特根斯坦把认识的清晰性作为哲学所能达到的最佳境界。他说:"我们所要达到的清晰性是完全的清晰性,但这不过意味着哲学问题的完全消失。"(PI. 133)

综上所述,维特根斯坦关于哲学的新概念赋予哲学以批判或治疗的功能。人们往往把这种哲学称作"治疗型的哲学",它的主要任务是要通过纠正对语言的误解来消除哲学问题,而消除哲学问题的目的是为了匡正人们的思维方式,以求达到清晰的、健全的认识。为了更好地理解这一种哲学的特点,我们还需了解:维特根斯坦所说的哲学困惑的确切含义是什么? 他用来消除困惑的根源的方法又是什么?

在《蓝皮书和褐皮书》中,维特根斯坦联系日常语言现象,从两方面揭示了产生哲学困惑的主要根源。第一个根源存在于语言里的"特殊词汇"之中,第二个根源可以归结为追求一般而忽略特殊的思维倾向。

关于第一个根源,维特根斯坦说:"最能在哲学中制造麻烦的,是这样一种倾向:

---

1 N. Malcolm, *Ludwig Wittgenstein*, *A Memoir*, 2nd. ed, Oxford, 1981, p. 55.

它把我们诱入歧途,使我们把一些做重要的'特殊工作'的词汇的用法与词汇的常规用法等量齐观。"(BB.44)[1]

我们可以把这些具有特殊用法的词汇叫做"特殊词汇"。在维特根斯坦看来,"时间""度量""知识"等就是这样一些特殊词汇。从语法学的角度来划分,它们属于名词,但和名词的常规用法不同,它们不是指一个或一类事物,而是提供了关于某种现象的标准。按照这个标准,我们可以判定哪些词汇可以用来描述这种现象。例如,"时间"这个词是运用所有与时间有关的词汇的标准。这些词汇,如"早晨""昨天""1988年""一秒钟"等都符合"时间"这个词所规定的概念的标准,因此都可以用来描述时间现象。

把"特殊词汇"的用法混同于一般词汇的常规用法,就会混淆概念与事实。当我们不了解一个词的常规用法的时候,我们可以提出"什么是……?"这样的问题,要求对这一名词作进一步的解释。比如,刚懂事的孩子会经常问大人所没有见过的事物:"什么是斑马?""什么是恐龙?""什么是强盗?""什么是轮船?"等等。大人可用实物、图形或模型来显示这些事物,或者用语言来解释这些事物。

哲学家们把特殊词汇当作常规词汇,也提出了"什么是时间?"这样的问题,他们认为这个问题也可以用指示、描述或解释事物的方式来回答。但是令他们沮丧的是,人们不能像指示事物那样来指示时间,因此,他们就把"时间"解释成一个抽象名词,这个词所指示或描述的是抽象事物。

接着,围绕着"什么是抽象事物?"这样的问题,他们又展开了无休止的论战。哲学史上的唯实论者说,抽象事物是共相,是客观存在的观念;唯名论者却说,它只是一个代表具体事物的符号。在争论中,又产生了或涉及关于具体和抽象、现实世界和"理念世界"、实体和属性、现实和语言的关系的问题。即使物理学家们已经精确地规定了时间的概念,即使人们在日常生活中可以毫无困难地理解和运用"时间"这个词,哲学家们还是在争论"什么是时间?"这样的问题。维特根斯坦说:"当我们为时间的性质而困扰的时候,当时间对我们来说似乎是一件奇怪的事物的时候,这样的错误一再在哲学中发生。在一种最强烈的诱惑之下,我们设想有隐蔽的事物在这种场合中存在,有一些肉眼看不出但思想却可以洞察的事物。但实际上,这样的东西并不存在。"(BB.6)

---

1 BB 是《蓝皮书和褐皮书》英文名称的缩语。

　　通过这样的分析,维特根斯坦把"什么是时间?"这样一个哲学问题归结为对"时间"这个概念的误解。如果我们理解到这个概念的特殊意义在于提供一种说明时间现象的标准,而不是指示任何一类事物,那么针对事物而提出的"什么……?"之类的问题就不会被运用到"时间"这一概念之上了。围绕这一问题而产生的种种哲学观点和理论也随着这个问题的消除而终结了。

　　混淆特殊词汇和常规词汇的错误,在维特根斯坦的分析之中是被当作人类思维中的一种通病来治疗的。这一通病就是他所说的追求一般而轻视个别的倾向。我们总是倾向于在异中求同。在差别中寻统一,在多中找一,在变化中看稳定。

　　在很多场合,这种思维方式也许会带来有利的结果。特别是在自然科学领域,以个别的、偶然的、特殊的事实中总结出一般规律,从变化多端的现象中找出相对稳定的本质,从众多的结果中追溯出一个长期起作用的原因,是科学家们得心应手的方法,这种方法的普遍运用是科学自近代以来取得进步的一个重要原因。随着科学技术在生活的每个领域中的运用,科学的方法渗透到了日常语言之中,人们要求用科学的态度来理解语言。

　　在这种情况下,对语言的逻辑分析也应运而生了。维特根斯坦并不笼统地反对追求一般思维方式,他所反对的是把这种思维方式由科学领域扩散到日常语言的领域。他承认,从复杂的语言现象中找出一般规则和结构是人类思维的自然倾向。

　　有人会问:既然语言学家在文字、语音、语法等各方面都总结出了详尽的规则,为什么哲学家没有权利总结出更普遍、更一般的规则来概括语言的意义和性质呢?维特根斯坦说:"当我们听、说、看、写词句的时候,我们被它们的整齐外表所迷惑了,但是,它们的用法并没有那么清楚,尤其是当人们在从事哲学的时候。"(PI. 11)

　　表面上看,语言现象是极有规律的,少数字母按照一定规则组成词,词又按照一定规则组成句子,句子和句子之间也按一定可循的规则联结起来,但当我们接触到语言的意义和用法的时候,我们碰到的是不可预测、无穷无尽的变化。因此,即使语言的表面特征从语言学的角度可以当作一般现象来处理,从哲学的角度来看,语言的意义是不能用一般规则来概括的。因为语言的意义和用法是人类思维方式的表现,语义的多样性和变化性反映了人类思维方式的多样性和变化性。把语言的意义归结为一种固定的模式也就是把人的思维凝固化了。维特根斯坦正是从这一方面来揭示他早期所持的"图式论"的错误根源的。

　　"图式论"的错误并不在于把命题看作是事实的图式(因为命题确有描述功能),

而在于把图式的多种模式归结为一种模式——逻辑图式。在逻辑图式的固定模式下，一件事实可以用并且只可以用一个命题来陈述；并且语言的多种用法都被归结为陈述命题这样一种用法。"图式论"是追求一般的思维方式的一个典型例子。这种理论企图说明语言意义的一般形式，却造成了一系列哲学问题。例如，"如何能够证明事实和命题的一一对应关系？""如何分析命题和事实？"等。为了回答这些问题，我们又需要构造逻辑原子论的理论，其后果是触发了更多的问题。

哲学困惑的第二个根源和科学主义的兴盛有关。自从 20 世纪初起，在哲学中有一股把自然科学的证据、方法和理论当作真理的唯一标准的潮流。维特根斯坦反对追求一般的思维倾向的动机实际上是反对科学主义。他一再声称，哲学不是科学，哲学在分析语言时不能运用科学研究的方法。他的主要理由是，哲学要通过分析语言的用法来展示各种各样的思维模式，而不能局限在科学思维模式之中。维特根斯坦反对科学主义的企图，还体现在他对哲学方法的阐述之中。他声称："正确地说，我们的思考不可能是科学的，我们不提出任何理论。在我们的思考中，没有任何假设。我们必须抛开一切解释，仅让描述发生作用。"（PI. 109）他所说的描述是什么意思呢？他补充说："哲学只是把一切都摆在我们面前，它既不解释，也不推演，因为一切都是显而易见的，没有什么可解释的，我们对那些隐蔽的东西不感兴趣。"（PI. 126）

在维特根斯坦的语言中，解释方法和描述方法的差别就是科学方法和哲学方法的对立。科学方法是依据事物间的因果关系，或者运用逻辑推理，对一种现象进行解释，而解释现实的目的是为了改造现实。自然科学所提供的是对自然界事物进行加工、改造的途径。哲学不是经验科学，它所研究的不是事物之间的因果关系，而是语言中用法、意义之间错综复杂的网络联系。

哲学家研究语言，却没有改造语言的奢望。维特根斯坦说："哲学不能干涉语言的实际用法，它只描述用法。它也不能为语言的用法提供基础，它让一切按其本来面目存在。"（PI. 124）

哲学和自然科学的区别决定了它不能采用解释的方法。但是为什么哲学要描述语言的实际用法呢？维特根斯坦说，语言的用法是多种多样的，我们不能用一种用法来解释另外一种。并且，我们对日常语言的用法太熟悉了，因此，很少注意到它们的特殊性和差别性；加上追求一般而忽视个别的思维倾向又掩盖了语言用法的多样性，这使得我们易于把语言在某种环境中的某种特定用法夸大为一般的、普遍的用法，把一种思维方式当作唯一的、永恒的真理。

　　克服和抵制这种局限性的唯一方法，就是把语言的实际用法按照其本来面目描述出来。维特根斯坦把对语言实际用法的描述叫做"语法"。"语法"是维特根斯坦后期哲学中最重要的概念之一，它的重要性犹如"逻辑"在他前期哲学中的地位一样。它不是语言学家们所说的语法。

　　维特根斯坦所说的语法，是通过日常语言的句子所表现出来的语言的种种典型用法，这些句子被称作"语法命题"。语法命题不包含专门术语或符号，它们是人人都可以理解，并且不怀疑其真实性的命题。比如，"凡杆棒都有长度""石头都有重量""我可以感觉到自己的疼痛""我有两只手""凡人皆有爹娘"等，这些句子的意义与其说是描述事实，倒不如说是规定"杆棒""石头""疼痛""手""爹娘"这些词的用法。语言的用法就是通过这类句子来体现的。

　　在一般环境下，我们不需要陈述语法命题，因为大家都已经很熟悉语言的用法了。但是当哲学家们把语言的一种用法绝对化而忽略了其他用法的时候，有必要用语法来提醒他们。维特根斯坦说：

> 　　当哲学家们运用词汇"知识""存在""客体""自我""命题""名称"并极力去把握事情的本质的时候，我们必须发问：这个词是如何在日常语言中那样被运用的呢？我们所做的是把词汇从它们的形而上学用法拉回到日常用法。（PI. 116）

　　为了用语言的实际用法米消除形而上学的用法，维特根斯坦把语法命题和形而上学命题两相对照：前者只是描述了语言的一种用法，后者把这种用法从具体语言环境中抽象出来，并把它夸大为对事物本质或本体的描写。

　　他很少正面反驳过传统的形而上学观点，也没有建立一个新的哲学理论与之抗衡。他认为，描述日常语言的用法，足以显示形而上学的根源，足以清除形而上学的问题。他说："哲学家的工作是为了一定的目的而搜集纪念品。"（PI. 127）

　　语法命题就是这样的纪念品，因为它们具有提醒作用，可以使我们在看到语言的形而上学用法而受困惑的时候想到语言的实际用法，从而摆脱哲学的困扰。因此，描述方法不是简单地罗列和陈述事实，它是有步骤地把一些词汇的用法，特别是把"特殊词汇"的用法和语法命题分门归纳，来和这些词汇在哲学命题中的用法相比较，以此来达到消除哲学问题以及因这些问题而产生的争论和理论的目的。

　　维特根斯坦关于哲学的新概念影响了一代哲学家，在分析哲学界引起的反响尤为热烈。我们将在下一章简略地回顾他的贡献和影响。

# 第六讲

# 维特根斯坦之后的分析哲学

　　维特根斯坦逝世之后,他开创的日常语言分析哲学首先在英国流行开来。20世纪50年代,受到这一哲学影响的英国哲学家分为剑桥学派和牛津学派。前者的代表人物是威斯顿(J. T. D. Wisdom),后者势力雄厚,代表人物有赖尔(Gilbert Ryle)、奥斯丁(Langshaw Austin)和斯特劳森。"二战"之后,分析哲学在美国哲学界取得统治地位,美国哲学家奎因、古德曼(Nelson Goodman)等人把分析哲学同具有美国本色的实用主义结合起来,而不属于分析哲学或实用主义的任何一个派别。分析哲学发展的总趋向是非派别化,自牛津学派于60年代初消失之后,分析哲学内部便再也没有形成固定的派别,但新人辈出,群星璀璨。70年代以来活跃的分析哲学家有美国人塞尔(John Searle)、塞拉斯(Wilflid Sellars)、普特南(Hilary Putnam)、戴维森(Donald Davidson)和克里普克(Saul Kripke),以及英国人格里斯(H. P. Grice)和达米特,他们对以往分析哲学的问题进行深入讨论,发展出一些新的理论和观点。下面对上述分析哲学家的论题和观点加以归纳,分成四类问题,作提要性述评。

## 第一节
## 对早期分析哲学的批判

　　分析哲学的发展是以自我否定和内部批判为动力的。后期维特根斯坦对其前期思想的严肃清理为分析哲学家树立了榜样。"二战"以后,他们中间不少人对过去的分析哲学进行批判性反思。早期分析哲学的逻辑分析方法和逻辑经验主义的理论基础成为主要的批判目标。批判者的立场各不相同,一般说来,日常语言哲学家力图以日常语言分析代替逻辑分析;一些受实用主义影响的美国分析哲学家则力图抵消经验主义的影响。

　　威斯顿是维特根斯坦在剑桥三一学院的同事，他继承了后期维特根斯坦的"治疗型哲学"。他认为哲学的任务可比作弗洛伊德的精神分析疗法的工作，哲学是指引人们摆脱思想困惑、走出精神困境的方法，而不是解释世界或自我的形而上学体系。和后期的维特根斯坦一样，威斯顿并没有简单地把形而上学斥之为"无意义"的胡说，而是揭示"形而上学悖论"所蕴含的关于日常语法的洞见，形而上学家不满意定规的日常语言表达出来的意义，使用新的术语表达自己关于语言用法的洞见。但是他所使用的形而上学语言与日常语言格格不入，这样便产生悖论。消除这一悖论的方法是把形而上学命题转变成"语法命题"，把形而上学的新发现转变为关于语言用法的新规定。[1]

　　威斯顿甚至在接受日常语言哲学之前，就已把逻辑经验主义当作一种新的形而上学。他诘难说，证实原则既不是重言式的分析命题，也不是关于事实的综合命题，按照其自身标准就是无意义的。当然，证实原则对词语用法作出新规定，但由此否定其他用法，以偏概全，用一种用法取代其他用法，这正是传统形而上学的思维特征，其结果只能引起新的哲学困惑。[2]

　　牛津学派的斯特劳森在《论指称》（1950）一文中向一直被认为是逻辑分析样板的罗素的摹状词理论（见第二讲第三节）提出挑战。他从两方面加以批判。首先，罗素混淆了句子和句子的使用。句子的意义取决于一般的句法规则，不符合句法规则的句子无意义；句子只有在使用时，才有确定的所指，才有真假的问题。罗素把有无意义的句法问题混同于判别真假的语义问题。他说"当今的法国国王是秃子"是有意义的错误命题，这样就把真假问题同意义问题放在同一层次上。这种错误以"要么真，要么假，要么无意义"的三分法为前提，而没有把句子（有意义/无意义）和句子的使用（真/假）这两个不同层次区别开来。其次，罗素混淆了两种不同的"蕴含"。逻辑蕴含是由前提导出结论，比如"现在的法国国王是秃子"导出"现在的法国国王存在"。但是，日常意义上的蕴含是预设前提作为使用条件，比如"现在的法国国王是秃子"预设"现在的法国国王存在"。如果预设为假，则句子没有使用条件，句子在不被使用的情况下没有真假问题。我们只能说"现在的法国国王是秃子"这句话有意义（因为符合句法），但既不真也不假（因为没有被使用）。[3]　我们看到，斯特劳森一方面反对用逻

1　参见 J. T. D. Wisdom, *Philosophy and Psycho-Analysis*, London, 1953, p. 100。

2　参见 J. T. D. Wisdom, "Metaphysics and Verification", in *Mind*, 1938, p. 339。

3　参见 P. F. Strawson, *Logico-Linguistic Paper*, Oxford, 1971, pp. 5–10。

辑规则为语言意义划界,扩大日常语言的意义范围,另一方面强调语境和用法,要求在具体的使用条件下判断句子真假。这些符合日常语言哲学的"意义在于用法"的精神。

美国哲学家奎因在逻辑哲学方面多有建树,强调要从逻辑观点来看问题。比如,他的"本体论承诺"只承认两种存在:一是物体,对应于个体变元,二是类这样的抽象实体,对应于量化变元。因为两者都是建立一个广泛的概念体系所必需的设定。奎因承袭的是早期分析哲学家,特别是罗素的逻辑主义思想,但不接受早期分析哲学的经验主义传统。他于1951年发表的《经验主义的两个教条》主要针对逻辑经验主义提出批评。第一个教条是分析命题与综合命题的区分。奎因批判的重心放在分析命题的标准,指出这一标准最终仍要诉诸经验,因而不能与综合命题相区分。他指出,分析性的标准或是同义性,或是必然性,或是语义规则,这三者都要通过经验事实。比如,"单身汉是没有结婚的男人"的同义性涉及"单身""结婚""男人"等词语的经验对象;其必然性涉及主词和谓词的外延,也需要求助经验才能断定两者是否相同;语义规则在被应用于对象语言时也要受到对象的限制,仍要使用同义性那样的标准。经验主义的第二个教条是还原论,即关于事实命题的意义可被还原为记录直接经验的命题。奎因提出,事实命题是我们关于周围世界知识的一部分,并不只与个别的直接经验发生联系。单独的经验并不能对命题起到检验作用。事实上,面对着不利的经验检验,命题体系内部总可以作必要调整,使得命题与经验相符合。因此,经验命题的意义取决于命题体系,而不能被还原为记录直接经验的单独命题。[1] 奎因是以整体论反对还原论的,他的批判确实击中要害。至于逻辑经验主义者对此的反批评,洪谦先生曾在《关于逻辑经验主义的几个问题》一文中作过概括。这里摘引几句:

> 卡尔纳普在其《意义公设》一文中说,分析性概念在形式化符号语言中,通过语义规则,并制定意义词中间的协合关系,就能建立。魏斯曼在《分析与综合》一文中更明确地指出:例如关于测定度量命题可以按照不同标准(例如摄氏温度计和华氏温度计)逻辑地互相翻译。魏斯曼提出根据定义和符号规则逻辑地规定为真的命题和在实在基础之上规定为真的命题的区分,是客观存在,这里没有什么"教条"可言。

"奎因对还原论的指摘,虽然在理论上有可取之处,但对卡尔纳普来说,似乎有点

---

1 参见奎因《从逻辑的观点看》,上海译文出版社1987年版,第19—48页。

无的放矢。"因为"奎因似乎没有注意到卡尔纳普自己在其名著《检验性和意义》以及《世界的逻辑构造》新版前言中对于这一缺点已作了批评性的阐述和修正"[1]。

塞拉斯把经验主义以直接感觉为知识基础的原则称作"关于所与的神话"。这也是一种教条。经验主义认为在认识者与认识对象之间有一种直接联系,这就是直接感觉的"所与"。塞拉斯指出,感觉不是纯粹的所与,不是独立于主观的中立的裁判。任何感觉到的内容都发生在概念的框架中,感觉的规定性来自概念。例如,"红"首先是一种概念,只有学会了在何种语言环境中使用这一概念,才知道当下感觉到的"所与"是不是红色。当然,"红"的概念也不是先验的,它是在后天经验中与其他概念一起产生的。我们的概念系统包含着经验的因素。在概念和经验的整体框架中,单独的所与才获得其规定性,但他没有否定知识的基础,只是用概念体系代替观察体系作为基础。他说:"经验知识具有一个作为基础的底层,可是这个底层从原则上仍然可以被一个严格地说没有观察表述的概念结构所代替。"[2]塞拉斯与奎因一样,持整体论观点,用"知识体系""概念结构"等整体概念代替还原论的"感觉材料""所与"等提法,但他们的整体论是与约定主义相联系的,归根到底用实用主义的态度看待人类知识。

第二节

## 意义理论的语用学转折

意义理论是分析哲学的主体。早期分析哲学家一般区分词的意义和句子的意义,并把词的意义作为句子意义的基础。当时流行着三种意义理论:指称说、影像说、有用说。维特根斯坦对"奥古斯丁图画"的批判主要针对"指称"说,他在"反私人语言论证"中批判了"影像"说。但他的"语言—游戏"说与实用主义的"有用"说却不无相通之处,两者都强调在具体的语境中,联系说话者的行为和语言效果来确定语词意义。后期分析哲学的很多意义理论都体现出这样的精神。美国实用主义哲学家莫里斯(Charles W. Morris)把语言哲学称作符号学(Semiotics),包括研究符号与符号关系的语句学、符号与对象和语义学和使用者与符号关系的语用学。维特根斯坦之后

---

1 洪谦:《关于逻辑经验主义的几个问题》,载《自然辩证法通讯》1989 年第 1 期。
2 涂纪亮:《分析哲学及其在美国的发展》下册,中国社会科学出版社 1987 年版,第 682 页。

的意义理论可以说发生了"语用学转向"。很多分析哲学家不再热衷于分析语言逻辑结构，或探讨语言与实在的关系，而是联系语言使用者的行为、态度、意图和语言的具体功能、效用，对具体的语言用法（仅限于英语用法）加以分析和分类，由此概括出一些意义理论，其中影响较大的有"言语行为"说、非自然意义理论、行为主义意义理论和历史因果理论。下面分别叙述。

### 1. "言语行为"说

"言语行为"说由牛津学派的奥斯丁创立，这一学说是对维特根斯坦"语言—游戏"说的继承和发展。维特根斯坦用日常语言分析方法对语言用法进行描述，但他的描述既不系统，也不详尽。他认为语言用法多不胜数，他的目的在于匡正那些易被误解而产生哲学问题的用法。奥斯丁的目的在于建立系统的意义理论，主张对日常语言进行透彻分析，对各种用法加以系统的和细微的分类。他认为，语言用法虽然繁多，但其类别却是有限的。他认为，对语言用法的分类就是对言语行为的分类，因为说话就是做事，语言本身包含着行动的力量，因此，不同的说话方式可以表示做不同的事情。他把说话的力量称作"语旨力"（illocutionary force）。根据不同的语旨力，言语行为可分为三类：(1) 表达语意行为（locutionary act）。其力量在于命题本身，能够说出有意义和所指的句子，其主要作用在于陈述。(2) 完成语旨行为（illocutionary act）。力量在于说话人附加在命题之上的态度，在表达语意的同时完成某一意图和目的。(3) 取得语效行为（perlocutionary act）。力量在于命题对于听话人的作用，在表达语意的同时对其他人施加影响，产生预期效果。他还提醒说，上述区分只是一种抽象，实际的言语行为至少兼有两种行为。[1]

奥斯丁发现，"语旨力"是由动词来表达的，因此可以通过动词分类将言语行为分成不同类别。这些类别是：(1) 判决式（verdictives）。判决力由宣判、发现、理解、估计等动词表示。(2) 行使式（exercitives）。行使力由任命、建议、警告、降级、解雇、命名、否决等动词表示。(3) 约束式（commissives）。约束力由承诺、保证、发誓、同意、反对、支持等动词表示。(4) 行为式（behavitives）。行为力由道歉、感谢、同情、抱怨、欢迎、咒骂等动词表示。(5) 表述式（expositives）。表述力由确认、否认、接受、回答等动词表示。他最后总结说：

我们可以说，判决式作出判断，行使式施加影响或行使权力，约束式承担义

---

[1] 参见 J. Austin, *How to do Things with Words*, Harvard, 1978, pp. 20 - 51。

务或表达意图,行为式是采取某种态度,表述式则是阐述理由、提出论证和传达信息。[1]

奥斯丁英年早逝。他的学说由塞尔在美国发扬光大。塞尔注意到言语行为与命题的关系。任何言语行为都包含有一个命题成分和一个语旨力成分,其典型的形式是 F(P),P 是命题内容,F 是语旨力。没有语旨力,命题本身甚至不能表述。只有与一定的语旨力结合,命题内容才能成为有所表述和断定的"命题行为"。其他种类的言语行为也是语旨力与命题内容或相当于命题的语言标记相结合而产生的。塞尔不同意奥斯丁按照动词类别来区别言语行为,因为动词具有的语旨力要与命题内容一起才能发生作用,而且,奥斯丁的分类缺乏统一标准,致使各类行为交错重叠。他提出,应根据言语行为的目的、适应外界的方向和表现的心理状态等 12 个标准进行分类。可以说,塞尔的分类法对英语用法的描述更细致、更具体。对"言语行为"说的传播起到很大作用。

### 2. 非自然意义理论

格里斯在《意义》(1957)一文中,首次提出了在 60 年代引起强烈反响的意义理论。其理论的宗旨是说明意义来自社会交往,语言的功能不仅仅是传递信息。他区别了两种意义:自然意义(如烟意味着火,乌云意味着下雨)和非自然意义。后者是通过语言交往被表达和理解的意义。非自然意义又分为常规意义和说话者的意义。常规意义是一般人在正常情况下都能理解的意义,被固定在词典之中,也可以说是词典上的意义。说话者的意义是他企图传达给他人的意义,取决于说话人的意图。一句话因说话者的意图不同而不同,比如讽喻、夸张不同于常规意义,只有联系说话者的意图才能被理解。

格里斯区别说话者意义和常规意义的用意在于说明前者比后者更加基本,更能体现语言的社会交往功能;后者来源于前者,常规意义是说话者意义重复性、规则性的结果。他关于说话者意义的定义是:"'A 用 X 表示某一意义'大致等于'A 意图用 X 的表达来影响听众,使听众认识到他的意图才能达到这一效果'。我们可以说,了解 A 的意思是什么就是了解他意图达到的效果究竟何在。"[2] 按照这一定义,意义是实现意图所要达到的效果的手段。一句话,有意义必须满足两个条件:第一,说话者

---

1　J. Austin, *How to do Things with Words*, Harvard, 1978, p. 62。

2　H. P. Grice, "Meaning", in *Philosophical Review*, 1957.

有某一意图;第二,说话者知道听众会理解他说话的意图。没有第一条,他就不会说出这句话;没有后一条,他也不会如此说话。正因为意义存在于说话者的意图和听众之间的相互沟通,语言才能发挥其社会交往的功能。格里斯设想说不同语言的人们最初如何交往的状况,来证明意义与意图的关系。设想一个白人躺在棕榈树下,树上果实摇摇欲坠,当地土人要警告他有危险,会做出头被落物砸破、躺在地上装死等情状。白人知道土人这些动作的意图,也就知道他所传递的警告意思。原初的手势语言正是通过这种意图的沟通而有意义。同样,语言的最初意义也是通过说话者的意图在说话人与听众之间铺设桥梁。在后来的发展过程中,一些词语表达固定的意图,于是便获得常规意义。即使如此,人们也还可以不依靠常规表达自己的意图,但是人们却不能没有意图地使用常规意义。说话者的意义不但是原初的意义,而且始终在起作用。意义主要不取决于对语言常规和字典上语词的理解,而取决于社会交往中说话者和听众之间的相互理解。

格里斯的意义理论引起热烈争论。一些批评者指出,说话者意义假定说话者的意图、他想要听众所理解的意图以及听众实际上所理解的意图是同一的,但实际上,三者可能根本不一致。比如,说谎者的意图是传递假信息,他想要听众把他的意图理解为传递真信息,而一个已经了解真相的听众可能以为他的意图是在开玩笑。在这种情况下,说话者的意义究竟要由哪一种意图来决定呢? 在语言交往中,误解、含糊、欺骗、戏谑、双关、矛盾、犹豫、困惑等情况时常发生,说话者的意图往往不仅对于听众是一个谜,而且说话者本人可能也不清楚,或故意弄不清楚自己的意图,在这些情况下,语言的意义显然不能用说话者意图所要达到的效果来解释。通过对于说话者与听众之间相互理解的各种复杂关系的讨论,语言意义的社会性得到更深入的阐明,这也是格里斯意义理论取得的一个成就。

### 3. 行为主义意义理论

行为主义反对传统的"精神实体"观念,否认存在着潜在意识,认为一切心理状态和活动都表现为身体行为,因而是一种可观察的外在现象。同样,行为主义的意义理论反对把语言的意义归结为心灵活动及其产物——观念、影像、意向等,而把意义归结为语言使用者的一种特殊行为。美国实用主义者杜威坦率明确地说,意义"不是一种心理的存在,它主要是行为的特征"。[1]

---

1 涂纪亮:《分析哲学及其在美国的发展》下册,中国社会科学出版社 1987 年版,第 453 页。

奎因把实用主义、整体论(我们已在他对经验主义的批判中看到他的这一立场)和行为主义结合起来,提出自己的意义理论。按照行为主义的观点,他使用"刺激—反应"的模式解释意义。最初的意义称作"刺激意义",它是这样形成的:外物对人们感官发生刺激作用,人们对此会发出言语以作出反应,如果他们观察到这一反应适合于环境,得到其他人的赞同,那么他们便知道特定的语词与外部刺激的联系;经过多次重复或训练,语词作为对刺激的一种反应就固定为它的意义。

奎因的解释并未停留在最初意义的阶段。仅有直接刺激意义的语言单位只是"场合句",即在特殊场合中的特殊反应。场合句与外部刺激有直接联系,记录直接经验的观察句是对外物刺激的直接反应,因此也属于场合句。语词意义固定以后,不再需要外部刺激作为使用条件,而且语词本身也可以成为一种刺激,比如,"母亲"一词最初是对母亲的音容笑貌和爱抚作出的反应,但后来这个词的意义不取决于母亲的具体形象,本身也可唤起人们的亲切感。"祖国啊,母亲"就是对词语本身的刺激的反应。意义取决于词语刺激作出反应的句子,被称作"固定句"。此外,固定句可以进一步发展为恒久句,比如,数学和逻辑的命题。恒久句表述的是对某些词语固定意义的恒久不变的反应,其意义与直接刺激的联系已经非常遥远。总而言之,不论场合句、固定句还是恒久句,都是使用语言对于某些刺激(非语言的和语言的、直接的和间接的)所作出的反应,反应只有程度上的差别,并没有本质上的不同,这也是奎因反对分析命题和综合命题的两分法的根本原因。

奎因的意义理论还包含着对指称意义理论的批判。在他看来,言语是对直接的和间接的刺激的反应,与外部事物并无固定的对应关系。他把认为每一言词都有一个固定指称的观点称作"博物馆的神话",好像博物馆内每一展品都贴有一个标签。

即使对于同一外物的刺激,人们的反应也可能各不相同,因而会有不同的言语意义与之相对应。奎因给予意义以整体论的解释:场合句(包括观察句)、固定句和恒久句组成一个语言系统,单个句子的意义由系统决定。即使直接的刺激意义,也要通过概念才能被理解。据此,他否认了概念系统不同的两种语言的彻底翻译的可能性,提出了"译不准定理"。他设想一个语言学家到一个不为人所知的地区,他如何与当地人进行语言交流。当一只兔子跑过他们面前,当地人发出"加瓦盖"(gavagai)的声音,他也许会把土语 gavagai 翻译为"兔子",并可以重复地检验这一结论。但是他的结论以一个假定为前提,即当地人的指称分类系统与我们的相同。我们的概念系统将一只兔子看作兔类中的个体,但设想当地人将兔子当作空间上的整体,一只兔子只是空间现象的一部分；或将兔子当作时间上的连续体，一只兔子只是时间现象的一个片段。在前一种场合，他们把不同时间出现在同一空间的所有兔子看作是相同的；在后一种场合，他们把相同时间出现在不同空间的所有兔子看作是相同的；而我们概念中的兔类在时间和空间中不变，并认为在相同的时间和空间里不可能有两只相同的兔子。这三者是不可比的，因为这种比较涉及场合句所表达不出的基本概念，如时间、空间、类、个体等。因此，不能以刺激意义为标准来翻译两种语言的场合句。也就是说，语言在最基本的层次上是不能翻译的。因为没有一个中立的、不受概念系统影响的共同标准。[1]

奎因的"译不准定理"并不是一种实际的翻译理论，并不否认各种语言相互交流的可能和现实。他用否定的方式表达出整体主义的语言观：接受和理解一种语言就是接受和理解这种语言的概念系统。但是，如果不同语言的概念系统之间也无共通之处，试问人们如何能接受和理解不同的概念系统呢？戴维森批评说，用我们的语言（英语）表述一种根本不同于我们语言的概念系统，这本身就是一种自相矛盾。如果真的有这样的概念系统的话，它与我们的系统之间的差异也是任何一种语言都无法表达的。奎因所想象的例证只是对我们自己概念系统的可能性的想象，并不能证明不同于我们的概念系统的可能性。[2] 对于这样一种严重的挑战，奎因恐怕难以给予令人满意的回答。

### 4. 关于名称的历史因果理论

英美哲学家关于名称意义的研究可追溯到密尔，他认为，名称分专名和通名，专名只有外延（指称），没有内涵（含义），通名既有外延，又有内涵。弗雷格和罗素都认为，专名既有指称，又有含义。专名的含义由限定摹状词加以定义。克里普克恢复了密尔的观点，认为专名只有指称，并用历史因果性的解释代替限定摹状词的解释。

克里普克指出，限定摹状词不是专名意义的必要条件。比如，如果专名"亚里士多德"由摹状词"亚历山大大帝的老师"来定义，两者便有等同关系，承认前者和否认后者将会是自相矛盾。但实际上，否定亚历山大大帝老师的存在和承认亚里士多德的存在并不矛盾。其次，限定摹状词也不是专名意义的充分条件。比如，即便历史上确实存在着一个亚历山大大帝的老师，证明该摹状词为真，那也不能证明这个人就一定是亚里士多德。因为历史记载可能有误，可能这个人实际上是一个叫"赫拉里斯"

---

1　参见 W. O. Quine, *Word and Object*, Cambridge, 1960, pp. 27 - 29。

2　参见 D. Davidson, *Procedings and Address of American Philosophic Association*, 1947, p. 20。

的人。克里普克的这些论辩借助的是模态逻辑，其要义是，如果用摹状词来定义专名，则定义满足不了模态逻辑所要求的必然性。他的观点是，专名与限定摹状词的区别从模态逻辑观点看是必然与偶然的区分。专名是对象的固定记号，它与对象的存在有着必然联系，在那个对象存在的任何条件下，它都存在。反之，限定摹状词只是对象的偶然记号，与对象的存在并无必然联系。

克里普克区分专名和限定摹状词的目的在于否认专名的含义。他肯定专名只有固定的指称。它与所指对象的固定联系是在历史中形成的因果链条。比如，一个人的名称从诞生之时由父母命名，通过社会交往和交谈，这一名称在历史中一环一环地传播开来。这种历史的传播具有因果关系，决定指称关系的是以被指称的人为一端，命名的人为另一端，使用和理解这一名称的人为中间环节的因果链。即便说话人对被指称的人毫无知识，对其存在也无信念，他仍然可以有意义地使用这一名称。这就证明，专名的意义不取决于关于对象的知识与信念，而取决于说话者与对象之间的历史因果联系。

按照历史因果理论的解释，专名的意义是后天的，却是必然的。推而广之，克里普克得出一个结论，除了康德所说的先天必然真理和后天偶然真理之外，还存在着后天必然真理和先天偶然真理。他用通名的意义说明了这些真理的性质。

通名既有含义又有指称。通名的含义由定义表达。通名的定义最初是先天偶然真理，"先天"指定义是在没有或缺乏经验的条件下人为地制定出来的，"偶然"指定义不充分或不正确。比如，"金"被定义为"黄色""不怕火""重金属"等，后来发现也存在着白金。再如，"鲸鱼"最初被定义为鱼类，后来发现属于哺乳动物类。通名的含义也是在历史中一环一环传播的，其指称并不固定，或扩大，或缩小，因含义的变化而变化。含义在历史中经过经验不断检验、修订，终于成为后天必然真理。"后天"指在经验中获得，"必然"表达固定的体质属性，如"黄金是原子序数为 79 的元素""水是 $H_2O$"等。[1] 可以看出，克里普克关于通名的理论也是历史因果理论，但更强调经验知识的决定性作用。总的来说，他的意义理论既考虑到名称与对象之间的语义关系，又考虑到社会交往、历史变化等语用学因素，表现出一种新的综合。

---

[1]　参见克里普克《命名和必然》，上海译文出版社 1987 年版。

第三节

## 实在论与实证论之争

分析哲学内部在"外部世界是否存在?"的问题上存在着两种对立的倾向:一种是持肯定态度的实在论,以摩尔为代表的常识哲学,逻辑经验主义内的物理主义以及日常语言哲学内的自然主义,都属于这一阵营;另一种是持存疑态度的彻底实证论,形形色色的现象主义、心理主义和怀疑主义大抵属于这一阵营。在实在的问题上的不同立场直接影响到真理观。实在论者坚持认识与外部实在相符合的传统真理观,彻底实证论则用一些内在的经验或思想标准,如"确认""融贯""简单"等,作为真理的标准。当然,围绕着实在和真理问题的争论采取了语言分析的形式,因而带有与传统哲学不同的风格和特点。

1933 年,塔尔斯基发表《形式化语言中的真理概念》一文,给予"真理"语义学的定义。该文对卡尔纳普、波普尔等哲学家影响甚大,50 年代译为英文,在分析哲学界引起更大反响。塔尔斯基的观点可概括为以下几点:

(1) 真理是命题的属性。对这一属性的判断与该命题对外部对象的判断应该区别开来,后者属于对象语言;前者属于语言学语言(meta-language 也译作元语言),即表述对象语言性质的语言。

(2) 在语言学语言中,可对"真理"下一个形式正确、内容适当的定义:X 为真,当且仅当 P。X 是命题名称,P 是命题所表述的内容。两者在文字上是相同的,但属于不同层次:X 属于语言学语言,P 属于对象语言。比如,上述定义可置换为这样的例句:"雪是白的"为真,当且仅当雪是白的。条件句是对"雪"这一外在对象的判断,主句是对命题"雪是白的"的判断。这一定义表明了对象、命题和真理之间存在着这样的关系:命题为真的条件是对象确如命题所表述的那样。

(3) 这一定义在形式上是正确的,因为 P 是满足"X 为真"的条件。在对象语言中,满足一个命题函项的条件是函项变元的定值,比如,"雪是白的"满足了函项"Y 是白的"。同理,在语言学语言中,满足一个语句函项的条件是函项的定值,满足"X 是真的"条件是对象语言中所有能够满足命题函项 X 的定值 P,也就是说,只有在可用 P 替换 X 的条件下,X 是真的。这样便得到了(2)中表述的那一定义。

(4) 这一定义在内容上是适当的,因为它满足了"与对象相符合"这一真理的基本要求。塔尔斯基认为,任何真理定义都不能违背"符合"说。他的定义从语言形式上证明了真理的意义在于对象语言与语言学语言之间的一致性,用形式语言表达了"符合"说的内容。[1]

塔尔斯基关于"真理"的定义用形式化方法对实在论的真理观作出语义学的逻辑证明,这一定义以其完美形式和严格性得到人们赞誉。但也有不少人认为这只是形式逻辑的一项成就,并没有多大哲学意义,因为它并不比传统的符合论具有更多的实质内容,而且它的形式似乎是同义反复,谓词"为真"似乎成为多余的累赘;再加上塔尔斯基本人也申明这一定义不能被运用于自然语言,更使人觉得它并无实际用途。

针对种种诘难和误解,戴维森于1973年发表《捍卫惯例T》一文。"惯例T"即塔尔斯基关于真理的定义。戴维森指出,"惯例T"表达出一种绝对真理论,即不再诉诸其他的解释模型来解释真理,而是把真理还原为句子的真理条件;它消除了传统真理理论的含糊性,特别是反对把真理等同于某些实质性的内容;"惯例T"明白地表达出真理的语义学特征,并在语言结构内部寻找这一特征,这又避免了指称理论的困难。所有这些都是真理问题上的革命。

戴维森认为,"惯例T"不应只是一种形式语言,不能只停留在语言学语言层次,而应该被应用于自然语言。"惯例T"进入自然语言,便不可避免地涉及意义,需要与自然语言的意义理论结合起来,才能解决真理问题。

戴维森认为,"惯例T"规定的一个句子的真理条件实际上是对这一句子意义的解释。"X为真当且仅当P"可被改成"X意味P"。但这里不能简单地用P替换X,得到像"'雪是白的'意味雪是白的"这样的同义反复。在意义领域,还必须考虑到时间和说话者的因素。戴维森把时间t和说话者u称作"指数因素",真理概念要用Ts(真句子)和t,u三个谓词表述,"S是真的"意味着"S对于说话者u在t时是真的"。戴维森把他对"惯例T"的修改称作"惯例Φ"。与"惯例T"相比,"惯例Φ"的意义何在呢?首先,它比"惯例T"更接近于符合论。戴维森把符合论归结为一句话:"一个真命题是一个忠于事实的命题。"塔尔斯基的定义符合这一精神,但是他把真理看作仅仅是句子的性质,这又不符合这一精神。戴维森的"惯例Φ"则说明:"真理不是句子的性质,而是句子、说话者和时间之间的一种关系。"[2]因而比"惯例T"更加忠于事实。其次,由于增加了说话者和时间的因素,"惯例Φ"具有经验性,因此是可检验的。比如,

---

1　塔尔斯基对其理论的解释,参见"The Semantic Conception of Truth", in *Philosophy and Phenomenological Research*, 1944, pp. 341－357。

2　D. Davidson, *Inquiries into Truth and Interpretation*, Oxford, 1984, pp. 37－54.

"今天是星期二是真的"意味着"在某人说话时,他所在的那个地方是星期二"。这句话是一个经验命题,可用事实检验。"惯例 T"仅仅是形式化语言,不包含经验因素,因而不能接受经验检验。经过"惯例 Φ"的改造,戴维森在关于真理的形式化理论基础之上,建立了自然语言的意义理论。他的成就在于,用形式化和自然语言相结合的分析方法,阐述了符合实在论的真理观和意义理论。

达米特是牛津大学教授,但一反牛津学派立场,力图恢复逻辑实证主义的一些中心命题,其中之一便是反实在论。逻辑实证主义者石里克、艾耶尔等人曾认为,关于外部实在的形而上学争论是因为使用不同语言而引起的,实在论者使用关于事物的语言,唯心论者使用关于感觉材料的语言,得出"外部事物是客观实在"和"外部事物是感觉的复合"两种针锋相对的意见。他们认为,只有在关于"给与"的形式的语言中,关于实在的描述才能得到证实,才有意义。因此,不论实在论还是唯心论的断定都是无意义的,两者之间的争论可以消除。达米特通过对弗雷格的研究,阐发了语言学转向的哲学意义。他认为,形而上学的基础是意义理论,哲学问题实质上是语义学问题。站在这一立场上,他提出了反实在论的论证。首先,他认为关于实在问题的争论是关于命题的真理条件的争论,存在着实在论的真理条件和实证论的真理条件的分歧。然后,他力图证明,实在论的真理条件是错误的,因而实在论是错误的。

对于"真理的充要条件是什么"的问题,实在论者的回答是:与客观实在相符合,客观实在可以是日常事物,也可以是抽象的结构、关系和观念。达米特从语义学角度分析问题,认为真理只是命题的属性,说一个命题是真的意味着我们能够有效地提出有关证据,或者提出寻找证据的有效方法,这是实证论的真理条件。比如,一个人在没有遇到危险的情况下死去,对于"这个人是勇敢的"这句话,实在论者认为,"勇敢"是客观存在的属性,不管我们有无可能知道它,有无这一属性本身决定着这一命题为真或为假。实证论者则认为,除非我们能够发现这个人是否勇敢的有关证据,否则我们无法断定这句话的真假。

达米特维护实证论的真理条件,反对实在论的真理条件,认为后者是静态的、固定的模式,把语言与实在的关系当作不依赖我们意识和行为的客观存在,这仅仅是一种图画和比喻,是我们自己构造出来的意义,它本身就说明了语句的真理条件依赖于语言的使用者。实证论的真理条件正是这种动态的、不确定的模式,它要求我们去构造、建立证据。达米特所说的实证论的真理条件不同于证实原则,他认为证实所需的证据不是被给予、被发现的,因为我们甚至不能确定有无证据。他强调的不是证据的获得而是取得证据的方法。他还强调，取得证据的方法不应只是经验证实，还应包括逻辑推理、演绎和数学证明。总之，只要能够证明命题内容合理性的方法都是证据。严格地说，他的观点不是证实主义，而是合理的证明主义。

达米特把两种真理条件的区分运用于数学命题。实在论的真理条件在数学领域表现为柏拉图式的实在论，即认为数学对象是理念实体，不依赖人的思想的客观存在。与之相反，实证论的真理条件在这里表现为直观主义、构造主义，即认为数学命题真理条件所需要的证据是人们在直观活动中构造出来的，而不是固定不变的、外在于人的规则。达米特据此还批评了后期维特根斯坦关于数学的约定主义倾向。他说，维特根斯坦正确地把数学的基础看作人为的约定，但在约定的基础上，还需要构造数学证据，但是维特根斯坦把数学证据也说成是约定，这就走上了"彻头彻尾的约定主义"，不能很好地解释数学证明的严密性、精确性。[1]

在 70 年代中期实在论与反实在论的争论中，反实在论以达米特为代表，实在论阵营中除了戴维森之外，还有普特南。普特南原来是一个坚定的实在论者，他提出过关于指称的因果理论。这一理论用外物和名称之间的关系解释名称的意义。普特南争辩说，名称之所以不是无意义的声音，就是因为它们与外物有某种因果关系，正是外物使意义附着于名称。他还反驳了怀疑论者取消外物的论证。笛卡尔曾设想一个邪恶的精灵可能在欺骗我们，使我们感到一个实际上并不存在的外部世界似乎存在于我们面前。普特南说，果真如此的话，那么我们只是"容器里的大脑"，容器中有大脑所需要的营养液，大脑在其中接收到某种神奇的电流刺激而感觉到身体的存在和外物的存在。普特南接着推导出这一设想的逻辑结论。他说，如果我们真的是"容器里的大脑"，我们就不会想到自己是"容器里的大脑"！我们能够作如此设想的事实，恰恰证明了我们不可能是"容器里的大脑"。

面临达米特的反实在论的批评，普特南认识到以前立场的弱处。他说，外物与名称的因果关系需要说明名称是如何能够与语言之外的事物发生联系，还要说明在两者之间架起一道既不属于语言又不属于外物的桥梁。这只有用"上帝的眼光"看待语言和外物，才能做得到。即使有这些困难，普特南并不因此放弃实在论，他声称自己转向"内在实在论"。这是一种康德的方案：语言和外物的因果联系不在我们之外，而是我们概念系统的一部分。他说："客体并不独立于我们的概念图式而存在。当我们

---

[1] 参见 M. Dummett, *Truth and Other Enigmas*, "Preface", "Realism", "Wittgenstein's Philosophy of Mathematics", London, 1978。

使用这一个或那一个可能的描述图式时,我们把世界分解在客体之中。"[1]康德式的"概念图式"或"可能的描述图式"起到联系语言和外物的中介作用,就是说,语言的意义是由我们自己的概念系统和我们之外的事物共同决定的。

在真理问题上,普特南在符合论与证实论之间持调和立场。他认为,真理有两个特征,一是理想化的证明,一是合理的公认性。他同意证实论的看法,认为真理的条件是证明,但证明不是当下的或短期的证据,于一时一地被证明的命题还算不上真理,只有当各种证据汇集在一起时,才能抽取出真理的命题。真理所要求的证明是理想化的证明。另一方面,他也同意符合论者所说,真理的条件应包括公认的标准,但他同时修正说,这一公认标准不只是大家公认的事物,也取决于我们对这些事物的解释,这种解释是历史的、可变的,但同时也是概念性的、合理的。公认的合理性来自我们在历史中所形式的共同的概念系统。从上面各种观点可以看出,普特南的"内在实在论"用理性主义、主观主义和相对主义观点修正了他所谓的"形而上学实在论"的唯物主义、客观主义和绝对主义的立场。表现出明显的调和折中倾向。

`

第四节————————————————————————

## 心灵与语言的关系

心灵哲学是分析哲学的一个重要分支。后期维特根斯坦关于心理学的评论给其他分析哲学家提供了一个榜样。他们认为,心灵与语言密不可分,表述心理活动和状态的语句的意义就是心灵的内容和特征,可以通过对语言意义的分析揭开心灵这个"黑箱"奥秘。下面对心灵哲学的一些重要观点作简要介绍。

牛津学派代表人物赖尔运用日常语言分析方法消解传统哲学的身心二元论。他把笛卡尔以来的身心二元论称作"正统学说",即认为人有身心两部分,身体存在于空间之中,受物理规律支配;心灵不占空间,不受物理规律支配,却寓于身体之中,犹如"机器中的幽灵"。关于身心的这种区分产生出许多无法解决的问题,如两者如何相互作用? 心灵受何种规律支配? 自由和选择如何实现? 心灵有何属性? 哲学家充其量只能以否定方式回答这些问题,比如说心灵不占空间,不是物质,不能被观察,

---

1　H. Putnam, *Reason*, *Truth and History*, New York, 1981, p. 52.

等等。

赖尔指出,这种"心灵"的概念是"范畴错误",这就是,用适合于描述一种范畴的言语表达属于另一种范畴的事实,或者把一个概念放进本来不包括它的范畴中去。"身体"范畴来自近代物理学。伽利略证明,一切在空间中占有位置的东西都服从因果律。笛卡尔作为一个自然科学家,相信机械论,把人的身体也看作一架机器;但他同时又是一个虔诚的宗教信仰者,认为人不同于机器,人的心灵不同于身体。即便如此,笛卡尔仍然相信心灵也要服从于某种不同于机械因果律的因果律。这样,他就把人区分为两个平行的部分,各有自身的因果律。赖尔分析说,因果律实际上属于关于物体的机械论范畴,笛卡尔认为心灵也服从因果律犯了混淆范畴的错误。因此,身心二元论的实质不是区分,而是混淆,即把本来不属于机械论范畴的"心灵"概念放在这一范畴之中,用因果关系的语言来描述心灵活动,致使心灵与身体纠缠不清,疑难丛生。

赖尔还为解决身心二元论提出一条路径。他指出,"心灵"这一概念所指示的事实只与人的行为有关。谈论一个人的精神就是谈论这个人在做某些事情时所具有的能力、倾向和爱好。比如说一个人聪明,并不是对他当下精神状态所作的判断,而是根据对他过去的行为以及将来可能作出的行为的认识,取决于他面对不同任务时做什么、怎么做以及做事的效率。心灵的性质既然只与人的行为有关,当然也与身体和身体活动相关。事实上,关于心灵活动的命题的真伪是由相关的身体活动的事实来判别的,只是由于人们具有种种不同的行为方式,我们才相信人具有像"记忆""知觉""想象"这样一些能力和属性。赖尔肯定,属于"心灵"概念的事实是与身体相关的事实,因而也是可以观察的。

赖尔对"心灵"概念所作的分析带有明显的行为主义色彩。他坚持心灵活动要通过描述身体活动的语言来表达,否认不可观察的幽灵般的"心灵"概念,这是他与行为主义者共同之处。但他坚持认为,属于"心灵"概念的事实不能被还原为"身体"范畴,因为它们不从属于因果律。行为主义者认为人的一切行为都服从实验科学研究的规律,这在赖尔看来也是混淆范畴的错误。这里的关键在于,赖尔所说的行为指语言行为,而行为主义者所说的行为指人的物理、生理活动。赖尔认为,心灵的性质表现为复杂的语言行为,这并不一定意味着把心灵还原为物理或生理活动。[1]

---

1 参见赖尔《心的概念》,上海译文出版社 1988 年版,第 5—19 页。

正当行为主义和各种经验主义在英美语言哲学界大行其道时,美国语言学家和哲学家乔姆斯基(A. N. Chomsky)却独树一帜,力倡笛卡尔、莱布尼茨和洪堡等人开创的唯理主义传统。这一传统强调人的语言能力的天赋性和内在性,强调语法的普遍性和创造性。经验主义认为,人的语言能力是后天获得的,是教育和社会交往的结果。行为主义把人学习和运用语言的能力解释为在刺激与反应的过程中所形成的一种习惯。所有这些观点都遭到乔姆斯基的强烈反对。他认为,人的语言能力是天赋的,然而是潜在的、后天因素提供了潜在转变为现实的机会和条件,如同雕刻匠的工作使大理石上原有的纹路成为清晰的画像。乔姆斯基强调的天赋语言能力是这样一种能力,即能将有限数量的单词组合成无限多的有意义的短语和语言单位。儿童在学习语言时表现出来的这种能力难以用后天训练的结果来解释。而且,儿童学习外语比成年人更有成效,语言能力似乎与理解力和知识的增长无关。乔姆斯基于是设想,人的组词能力是按先天的规则进行的,这些规则被称为转换生成语法。"转换"是应用于相同层次语言单位之间的关系,比较不同词、词组或句子之间的同异,从而创造出一些结构相同但意义不同的语词;"生成"是应用于不同层次语言单位的关系,由简单单位组合成复杂的单位。转换生成语法是在人们运用语言之前就已经具有的先天模式,但还只是潜在的形式。后天的语言运用激活了潜在的规则,使其作用在具体语言中显示出来,人们再对已经显露的规则加以概括整理,得到后天的语法。乔姆斯基认为先天语法是普遍语法,通过后天学习掌握的具体语言(如英语、法语、德语)的语法是特殊语法,设普遍语法为 f,特殊语法是 y,经验因素为变量 x,则三者的关系是 $y=f(x)$。这个公式表明,人类具有普遍的、天赋的语言模式和能力,不同的语言只是在不同条件下的应用结果。[1]

乔姆斯基坚持隐蔽的、深层的心理结构的决定性作用,行为主义者则要用科学观察的结果来代替关于心理结构的理论设定。塞拉斯把这两种对立的倾向分别称作人的"明显影像"和"科学影像"。两者都是运用一定的方法,把世界中的人的各种现象加以理想化的结果。"明显影像"所依据的方法是传统哲学和常识的方法,它必然包含着个体的和理智的秩序的对立。"科学影像"所依据的是科学还原的方法,把人还原为最基本的微粒,把人的各种复杂活动都解释为生物化学、神经生理的过程,并在某种意义上最终归结为物理粒子的运动过程。塞拉斯认为两者应该相互补充,"明显

---

1 参见 A. N. Chomsky, *Aspects of the Theory of Syntax*, Berkeley, 1965, pp. 47-52。

影像"提供关于"人"的概念框架，"科学影像"给予理论解释，使人越来越多地知道关于自身的事实，但仍然需要按"明显影像"来理解个人的和集体的意向，这样才能达到人与人之间的相互理解和合作。[1]

戴维森后来提出的"异常一元论"，也反映出调和物理主义（或行为主义）与心理主义的倾向，但他是从语言分析入手的。他首先肯定，语言的使用有意向句和非意向句的区分，意向句以表示意向的动词，如"相信""怀疑""想要""命令""愿意"等作为主句的谓词，后面跟一个从句表示意向内容，比如，"我愿意他下午 4 点到"即是意向句。非意向句只是对一个不依赖人的意愿的物理事体的描述，比如，"他乘下午 4 点的火车到"即是非意向句。戴维森接着说明，这两类句子的区分并无本体论的意义。从本体论证上说，只存在着物理事件和状态，心理事件和状态只是在头脑中发生的极其复杂的物理事件和状态；并且，世界上只存在着物理规律，不存在着心理规律。可以说，他所谓的一元论是物理主义。但他同时强调一元论的"异常性"。从理论上说，物理规律应该而且可以给予包括心理现象在内的一切事件以严格的决定论解释，但事实上却做不到。因为心理事件包含着信仰与欲望的参与，我们在语言中不能把所有的原因一一标明、解释清楚，不能像给予像物理事件那样的决定论的预测。因此，虽然在本体论上不存在身体和心灵、物理和心理的鸿沟，在语言上却存着两种解释和预测的方式，一种是严格的决定论方式，适用于物理事件；另一类是大致的概括，意向句即属于这一类。

意向句和非意向句在意义上的区别产生出一个问题：判断意向句的真假的标准是什么呢？戴维森说，任何意向句都涉及心理上的整体解释，即与意向者的欲望和信念体系相关。因此，意向句的真假归根到底取决于意向者的信念体系是否正确。戴维森提出了判断信念体系是否正确的"好意原则"（principle of charity）。这一原则要求抱着与人为善的好意去看待别人的信念。它肯定在一个意向体系中大多数信念都是正确的，错误的信念相对而言是比较稀少的，需要加以特殊的解释。在大多数场合下，我们可以理所当然地信任一个信念体系的正确性。从实践上说，好意原则有利于不同信念体系之间的相互理解和对话，反对以邻为壑的文化相对主义和怀疑主义，在这一点上，可以看出戴维森的好意原则与奎因的"译不准定理"之间的分歧。从理论上说，好意原则是一种自然主义的原则，它肯定一切信念体系都是在自然进程中形成

---

1　参见 W. Sellars, *Science, Perception and Reality*, Routledge, 1963, pp. 1 – 40。

的,都有其存在的合理性,因而不能用一些异己的标准去排斥它、否定它。在这一点上戴维森的一位支持者丹奈特(A. Dennett)说得更清楚:"一个种属可以通过突变在一些无效力的体系里做'实验',但正因为这些体系的缺陷和无理性。它们不能被称作信念体系,因此,一个错误的信念体系在概念上是不可能的。"[1]

当然,信念体系的正确性也有其内在标准,这就是理性和融贯等逻辑标准,以及信念、欲望和行为之间协调一致的实践标准。但这些内在标准是一切信念体系共有的,因此,它们也是好意原则的依据。戴维森相信,不同信念体系的合理性是可以相互贯通的,人类的概念体系是相同的,不同于有理性的人的概念体系在概念上是不可能的。[2] 可以看出,他的好意原则与他的绝对真理观是相辅相成的,两者都要求我们应当相信大多数人是有理性的,是真理的信仰者。

戴维森等人的学说通常被称作"大众心理学"。大众心理学自觉地保持与科学的距离,强调大众心理学不能被科学心理学所代替,将来也不能与科学心理学相融合,更不能被还原为神经生理学和物理学。大众心理学的任务是理解人,其途径是通过合理的但非科学的解释,把人的行为和意图(包括欲望和信念)理性化。最后达到人与人之间相互交流和沟通,达到共识的目的。正如戴维森所说:"一个良好的解释理论最大限度地促成共识。"[3]

## 第五节

# 后分析哲学

19 世纪的法国历史学家托克维尔曾写道:"在文明世界中,没有一个国家像美国那样不重视哲学。美国人没有自己的哲学派别,并且对欧洲那些四分五裂的学派也很少关心,他们甚至不大知道那些派别的名称。"[4]直到世纪之交,美国人才有了堪称美国哲学的学派——实用主义。但分析哲学一传入美国,实用主义立即与之合流。美国哲学家普遍接受了分析哲学的方法,在研究和写作风格上表现出强烈的学院气

---

1　A. Dennett, *Brainstorms*. London, 1978, p. 17.

2　参见 D. Davidson, *Essays on Actions and Events*, Oxford, 1980, pp. 207 - 260。

3　D. Davidson, *Inquiries into Truth and Interpretation*, Oxford , 1984, p. 169.

4　A. Tocqueville, *Democracy in America*, New York, 1946, p. 3.

息。他们使用专门的技术术语,进行细致入微的语词意义辨析,围绕着他们所感兴趣的那些问题,在俱乐部式的小团体内乐此不疲地争论不休,而局外人却往往不知所云。比如,我们在上面介绍的那些问题,如果不加以通俗化的说明,是很难被人理解的。分析哲学的讨论越深入,哲学的范围也就越狭窄,哲学的对象也越来越专业化。哲学家过去在公众心目中是智者贤人,现在却像是律师。分析哲学的"专业化哲学"倾向引起了以罗蒂(Richard Rorty)为代表的新一代哲学家的不满。他们从分析哲学的困境看出哲学的没落命运,提出了超越分析哲学、返回实用主义的"后哲学文化"的新概念。罗蒂自称是"新实用主义者",由于他的分析哲学背景,他的学说也被称作"后分析哲学"。他的代表作为《哲学和自然之镜》以及《实用主义的后果》。他的思想与欧洲大陆的后现代主义遥相呼应,在欧美哲学界引起震动。我们从以下几个方面概述他的思想。

**1. 对哲学认识论传统的批判**

罗蒂认为,自柏拉图以来,特别是自 17 世纪以来,西方哲学被"心灵是世界的镜子"这一比喻引入歧途。以认识为中心的哲学传统通过笛卡尔和康德的工作达到登峰造极地步。按照笛卡尔—康德模式,知识是对现实的真实描述,心灵可以正确无误地反映经验世界,哲学的基本任务是探讨心灵结构以及知识的可能性条件,解答主观如何与客观相适应等认识论问题,以建立各门科学和各种反映方式都必须遵循的哲学方法论。哲学家似乎享有这样的特权:他们不但能够决定一种理论是否正确,而且规定理论思想与客观存在的真善美之间的合法联系。在此意义上,哲学被称作"科学之科学"。哲学被视作人类知识大厦的基础。以认识论为中心的哲学实质上是知识论上的基础论。

罗蒂问道:人类知识为什么需要哲学作为基础呢? 从实用主义观点看,知识解答了实际提出的问题,满足了人们精神的和物质的需要,知识的效用就是对其正确性的证明。然而,哲学家却以一系列非历史性的概念,如"必然性""普遍性""理性""客观性""先验性"等,作为知识的真理标准。这些哲学概念既不能扩展知识领域,又无助于对知识的实际功能进行反思。知识所需要的是描述具体行为和条件的历史性概念和发现、修订偶然性的规则。罗蒂要求哲学家们不要把诸如方法论、概念体系、价值观和文化形态中的一种放在优于其他模式的地位,不要把一种特定的语言形式永恒化,也不需要把哲学思维方式当作解决不同学科之间矛盾的统一模式。

罗蒂对以认识论为中心的哲学传统的批判,可以归结为在本体论上反对实在论,在认识论上反对基础论,在心理学上反对"心灵""自我"的学说。他指出,以主观和客观相符合为标准的真理观所依赖的前提是观念与事物、心理与物理、理论与实践的二元对立,这一前提是哲学的虚构。事实上,任何事物都是在概念系统中被观察和描述的事物,任何现实都是被一定的理论所概括的现实,世界总是通过一定的世界观显示其"本来面目"的。他得出结论,没有完全与主观条件相分离的客观现实,在分离的条件下比较两者的异同只是哲学家思维的产物。这对柏拉图来说是灵魂洞悉理念世界,对笛卡尔来说是心灵再现天赋观念,对洛克来说是在"白板"上反映感觉印象,对康德来说是自我综合现象材料,如此等等,不一而足。哲学家推崇的认识模式是心灵好比自然之镜。罗蒂否认这面镜子的存在,他说,人们在语言行为中直接与自然打交道,认识不需要心灵为中介,也不需要关于心灵、自我的非历史性学说作为其基础和证明。他因此得出结论:作为认识论的哲学已经丧失了存在价值,应当寿终正寝。

**2. 对分析哲学自我消亡过程的揭示**

早在罗蒂之前,分析哲学已经向哲学传统提出挑战,并自诩为一场用新哲学代替旧哲学的革命运动。但在罗蒂眼里,这是一场失败的革命,因为分析哲学一开始就没有摆脱笛卡尔—康德模式,只不过用语言分析方法代替了认识论的综合和分析方法。语言分析的主题仍然是主观如何符合客观、思维如何认识实在的老问题。分析哲学的革命只是为了改变解决问题的方法和答案,却没有或不能从根本上抛弃问题本身。只要哲学继续企图充当人类知识的基础,哲学家不放弃基础论的前提,不论采用何种方法解答在此前提下产生的问题,最终都将是徒劳无益的。用语言充当联系主观和客观的中介,与把心灵比作反映自然的镜子,虽有异曲同工之妙,但并无本质上的不同。分析哲学的革命与笛卡尔、康德、黑格尔和胡塞尔等人标榜的哲学革命一样,也是注定要失败的。

与历史上其他哲学思潮不同,分析哲学不待其他派别从外部来批判,便走上自我消亡的道路。罗蒂从分析哲学的圈子里跳了出来,他以"过来人"的身份阐述了分析哲学的发展史。他把分析哲学内部的争论看作是一场找不到出路的混战。他说:"逻辑分析的观念推翻了自己,在维特根斯坦哲学、日常语言哲学、奎因、库恩和塞拉斯对'科学语词'的批判过程中,经历着慢性自杀。"取代了逻辑分析的日常语言分析的前途也不美妙,它是一个"甚至比逻辑经验主义还要短命的运动"。[1]

---

1　R. Rorty, *Consequences of Pragmatism*, Minesota，1982，pp. 227，175.

在促使分析哲学自我消亡的诸因素之中,罗蒂高度评价了具有实用主义倾向的美国哲学家的批判作用。比如,奎因的整体论对经验主义教条的批判,以及否认哲学先于科学的自然主义;古德曼的"逻辑常规主义"和"反还原论的后经验主义",以及"多元本体论";塞拉斯的反基础论对"所与"基础地位的挑战,等等,都被罗蒂引征、利用,并融合在自己对分析哲学的批判之中。其他美国哲学家,如库恩、费耶阿本德和戴维森等人的思想也被引以为自己观点的旁证。在罗蒂看来,这些哲学家一方面信奉分析哲学,另一方面又自觉或不自觉地按美国所特有的实用主义精神来处理分析哲学的问题,但两者的结合却从内部动摇了分析哲学的根基,这个后果是他们所始料未及的。罗蒂以复兴实用主义为己任,他要求彻底摆脱分析哲学的前提和方法,把实用主义原则贯彻到底,彻底改造哲学。

### 3. 对当代哲学发展的预示

罗蒂认为,新实用主义不是代替旧哲学的新的哲学体系。哲学体系的瓦解是当代哲学的发展趋势,这一趋势早在 20 世纪初已被维特根斯坦、海德格尔和杜威所指明。罗蒂称颂他们三人是"把我们引进哲学革命时代的""本世纪最重要的哲学家"。他们发现了哲学的主题是人的语言、存在和行为,而不是认识论。他们的哲学不再是包罗万象的体系,而是解除理性的困惑、误解和迷惘之良方。他们帮助人们正确地看待人在自然界和社会的位置,历史地对待理论知识的用途。罗蒂试图克服当代英美哲学与欧洲大陆哲学的隔阂,不失时机地引用法国和德国的流行哲学来论证自己对哲学发展趋向的预示。他认为,最近的哲学学说,不论是解释学、社会交往理论还是解构主义、后现代主义,都采取了哲学与其他文化形态相融合的形式,哲学不再是高于或独立于其他学科的理论体系,而是与历史学、文学、语言学、考古学、人类学、政治学、经济学、社会学等其他学科相结合,构成新的话语,开拓适应社会生活需要的新的知识和行为领域。欧洲大陆的文化哲学兴盛,一方面显示出作为独立学科的专业化哲学正在消亡,另一方面也揭示出哲学正在与其他文化形态的融合中获得新生。

### 4. 关于哲学的新概念

通过对英美分析哲学历史和欧陆哲学发展方向的研究,罗蒂得出一个关于哲学的概念:

> 在这个概念中,哲学不再是一门关于永恒主题的学问的名称,相反,它是一种文化类型,一种人类交流的声音。这种交流在某一时间内围绕着某一论题展开。这不是辩证发展的必然结果,而是各种不同领域中的事件(如新科学、法国

革命、现代小说)相互交流的产物,或是具有新思想的天才们(如黑格尔、马克思、弗雷格、弗洛伊德、维特根斯坦、海德洛尔)的产品。有意义的哲学变化不是发生在用新学说应付老问题之际,而是发生于新问题产生和老问题消失之时。[1]

罗蒂说明,新哲学不是体系性哲学,而是启发性哲学。"启发"(edifying)来自伽达默尔(H. G. Gadamer)所说的"教化"(Bildung)。罗蒂强调的"启发"的作用在于鼓励不同领域的思想者、行动者参与对话,并在对话中发出自己有创见的声音,而不像过去所理解的哲学,要去裁决各种观点的真假是非,强求一律。启发性哲学的目的并不是精确地反映现实,而是扩大和促成交流、创造和共识。在另一些场合,罗蒂把启发性哲学等同为解释学,它不是一门学科、一种方法或一个研究纲领,并不填补认识论被驱逐后所留下的文化空间,它的作用好似诗,具有创造和欣赏的功能。但罗蒂无法更多地规定这种哲学的性质、对象和内容。他关于"后哲学文化"的设想过于简单、空泛,缺乏理论上的论证和说服力。罗蒂的著作的影响力并不在于提出了一种新哲学,而在于他对历史的和现有的哲学提出的挑战,他把现代哲学,尤其是分析哲学面临的深刻危机摆在人们的面前。不管分析哲学未来是否能够克服危机、找到出路,它在一百年间所遗留的各种问题、理论和观点、方法,如我们在本篇提纲挈领介绍的那样,无疑具有启迪和教益作用。

---

1  R. Rorty, *Philosophy and the Mirror of Nature*, Princeton, 1979, p. 264.

# 第二篇

## 科学哲学

科学哲学是当代西方哲学的一个主要分支,在当代英美哲学中的地位尤为显著。科学哲学的问题涉及传统哲学和现代哲学的一系列领域和主题:知识、真理、方法、意义、世界、社会等。几乎每一位重要的当代英美哲学家都对科学哲学的问题发表过自己的见解。虽然如此,科学哲学不能与当代英美哲学的主流——分析哲学混为一谈,两者充其量仅有交叉之处。科学哲学更不能与科学主义相混同,前者是一门学科,后者是出现在各门学科中的一种思潮。事实上,一些科学哲学理论的基本立场是反科学主义,在科学哲学以外的哲学和其他学科领域也时常充斥着科学主义精神。本篇的目的是对科学哲学这门独立的学科的发展历史作一概述,并以波普尔的科学哲学为代表,比较深入地分析科学哲学的主要问题,围绕这些问题的不同解决方案,以及展开的争论,包括科学主义与反科学主义的对立,以期管中窥豹之效果。

## 第七讲

# 科学哲学的兴起

　　科学哲学是哲学的一个分支学科。关于它的起始时间,研究者说法不一。有人认为,科学哲学是随着近代自然科学的诞生而出现的,但大多数人认为,科学哲学是19世纪下半叶出现的一门新兴学科。我们认为,科学哲学的诞生时期的问题取决于对它性质的理解。只有首先对科学哲学的对象、目的和方法等问题作出一个明确的界定,我们才能正确地理解它的诞生原因,并在此基础上确定其诞生时期。

第一节 ─────────────────────────────────

## 什么是科学哲学

　　顾名思义,科学哲学就是以科学为研究对象的哲学。但这种字面上的理解无疑过于简单。实际上,"科学哲学不是什么"的问题比"科学哲学是什么"更难回答,因为前者划清了科学哲学与其他哲学分支学科的界限,同时也明确地规定了科学哲学的独特对象和领域。因此,还是让我们先从"科学哲学不是什么"的问题谈起。

　　首先,科学哲学不是自然哲学。自然哲学是最古老的哲学学科,古希腊哲学的最早形态就是自然哲学。自然哲学是自然科学的前身,这一点从词源学上也可以看出。现在所说的"物理学"(Physics)来自希腊文的"自然"(physis)。希腊人所说的"自然哲学"(Physika)是以自然为对象的学问。自然哲学家使用思辨的方法,对自然现象作出理性解释,对自然规律和宇宙整体加以猜测、推理。虽然他们不排斥感觉经验,却热衷于建立理论体系,即从一些原则出发,运用逻辑推理和概念分析,推导出关于自然界的必然真理。亚里士多德把这样的理论体系称作"证明科学"。不管早期希腊人关于水、火、气以及原子和元素的学说,还是柏拉图的宇宙发生学、亚里士多德的物理学,乃至中世纪的创世记神学注释或自然神学,大体上都没有脱离"证明科学"的思辨框架。17世纪的罗吉尔·培根（Roger Bacon）首先提出"实验科学"的构想，实验方法和数学方法自中世纪后期始越来越受到人们的重视，最终代替逻辑演绎的方法，这标志着自然哲学向自然科学的转变。弗兰西斯·培根（Francis Bacon）的归纳法，伽利略、开普勒和牛顿的理论和方法，都是近代自然科学诞生的标志。但是早期自然科学家并没有把自然科学与自然哲学截然区别开来。牛顿的经典著作题为《自然哲学的数学原理》，牛津大学至今还保留着"自然哲学"的教席。直到19世纪，各门自然科学臻于成熟，科学家们才感觉到自然科学与自然哲学及其理论基础——形而上学的根本区别，自然科学才与哲学完全相分离而成为独立的理论体系。自然科学与哲学相分离之后则以新的方式与哲学相结合，这种新的结合的产物就是科学哲学。精确地说，科学哲学实际上是自然科学哲学。自然科学获得独立之后，哲学家才有可能把它作为独立的研究对象，从而创立这门新的哲学分支。以自然科学为研究对象的哲学不同于以自然为研究对象的哲学之处在于：前者是二阶理论，后者是一阶理论。这里的"一阶"与"二阶"之分是什么意思呢？设 x 为一类现象，$\{f(x)\}$ 是一切关于 x 的理论陈述之总和，即以 x 为研究对象的理论；$\{F[f(x)]\}$ 是一切关于 $\{f(x)\}$ 的理论陈述之总和，即以 $\{f(x)\}$ 为研究对象的理论。可以看出，$\{f(x)\}$ 与 x 的关系是一阶关系，$\{F[f(x)]\}$ 与 x 的关系是二阶关系，即对 x 的研究之研究。把这一公式应用于自然、自然科学与科学哲学，可以看出，自然科学（及其前身自然哲学）是对自然的研究，属一阶理论；科学哲学是对自然的研究之研究，属于二阶理论。

希腊文 meta 常被用来表示学科分类中的二阶关系，以 meta 为前缀的术语表示二阶理论或陈述。比如，metaphysics（形而上学）的原意是对物理学的研究，metalogic（逻辑学学理）是对逻辑学的研究，metaethics（伦理学学理）是对伦理学的研究，metahistory（历史学）是关于历史的理论，metaphilosophy（哲学学）是关于哲学的学问，metalanguage（语言学语言）是用来表达语言的语言，如此等等。顺便说一下，meta 通常被译为"元"，上述术语相应被译作"元逻辑""元伦理学""元历史""元哲学"和"元语言"等。如果说，"元"的意思是"基础"，那么被称作"元"学问的二阶理论确实包含着对一阶理论的基础的追问和探讨，在此意义上，"元"的译法未尝不可。但同时也要看到，这种理解也是不确切的。第一，二阶理论不完全是对一阶理论基础的研究，它还有开拓一阶理论新领域的作用，也就是说，它与一阶理论不仅有纵向关系，也有横向联系，不仅是对现存理论的解释、说明，而且对之有所发挥，有所创造。如果把它局限于对一阶理论基础的研究，那么在"反基础论"的理论背景中，它的存在价值不可避免地被削弱,甚至遭否定。当今的后现代主义者否定所谓"元叙事""元话语"的理由正在于此。他们没有看到,二阶理论(即元叙事、元话语)并不完全是"基础论"的产物。第二,"元"还有"原初""根据"之意。从逻辑上说,二阶理论的原则和方法确实是一阶理论所依赖的原初条件和理性根据,在此意义上,二阶理论具有相对于一阶理论的优先性。然而,从时间上说,一阶理论总是先在的,然后才会有以之为研究对象的二阶理论;正如只有既存的事实,然后才会有以之为研究对象的一阶理论,这个道理是一样的。正因为二阶理论在时间上后于一阶理论,海外有人主张将 meta 译作"后设",其意思与"元"正相对立。由于二阶理论所具有的理论上优先(即"元"的意思)和时间上在后(即"后设"的意思)的双重性,很难用统一的中文术语来表达这两种相对的性质。但只要理解 meta 这个希腊文所示的二阶关系,我们可以根据不同情况,用××学、××学理、××语言的译法,表达出理论之理论、语言之语言的含义。

我们在上面说了这些,最后要说明的是科学哲学是自然科学的二阶理论,属于"科学学"(meta-science)的范畴。但科学哲学不等同于科学学,只是科学学的一部分。科学学从不同角度和领域对自然科学进行研究,包括从历史角度研究的科学史,从心理学角度研究的科学心理学,从社会学角度进行研究的科学社会学,等等。科学哲学是从哲学角度研究自然科学性质和方法的科学学。总之,"科学""科学学"和"科学哲学"是三个不同概念,它们之间的联系和区别需要从一开始就加以澄清。

其次,科学哲学也不等于认识论。"认识论"(epistemology)一词来自希腊文 episteme,即"知识"。希腊人所学的知识即后来罗马人所说的科学(scieneia),但比现在所说的科学的意义要宽泛得多。这种意义上的科学不仅包括数学和物理学(自然哲学),而且包括形而上学(本体论)、灵魂学说、伦理学、政治学、美学等。研究这些知识门类的划分、关系、性质、对象和方法的认识论也是我们在上面所说的"二阶学科",但其主要研究对象不是自然哲学,而是形而上学和灵魂学说,这与以自然科学为研究对象的科学哲学大相径庭,因此,古代认识论和现代科学哲学之间并无直接的、明显的承袭关系。

有人认为,西方哲学从近代开始发生了"认识论转向",认识论逐渐成为哲学的主导学科。伴随着这样的过程,近代认识论与自然科学结为同盟,哲学家关于知识的概念集中于数学和自然科学之上。弗兰西斯·培根大力提倡能够为人类谋福利的自然研究,笛卡尔按照"普遍数学"的方法改造人类全部知识。以后的经验论者和唯理论者关于人类知识对象、性质、基础和范围的研究所依据的材料主要是数学和自然科学,间或涉及逻辑学和伦理学。休谟最后总结了他们关于知识的一般性结论。他说,当我们在图书馆中拿到一本书,发现其中既不包含着关于数学方面的抽象论证,又不包含着关于事实和存在的经验论证,"那么,我们就可以将它投到烈火中去,因为它所包含的,没有别的东西,只有诡辩和幻想"[1]。康德关于人类知识的先验条件的探究也限于数学和自然科学。他的问题是:纯数学何以可能? 纯自然科学何以可能? 我们可以看到,近代认识论的问题和对象已接近现代科学哲学。

虽然近代认识论为科学哲学的兴起开辟了道路,但它毕竟是认识论,而不是科学哲学。认识论的特点在于与形而上学千丝万缕的联系,即使近代哲学的重心从形而上学向认识论的转向,也未能割断这一联系。经验论对心灵活动的过程、产物和规则的猜测与古代人关于灵魂的思辨并无根本不同,唯理论对天赋认识能力和观念的论述更明显地诉诸实体学说,至于康德的先验哲学更是一种形而上学的体系。只有当认识论与形形色色的形而上学体系相分离,并同时与具体的科学知识更紧密地联系在一起的时候,科学哲学才得以诞生。正如莱欣巴赫所分析的那样:

> 正如新哲学是作为科学研究的副产品而发生的,建立它的人们从专业意义上说也很难算是哲学家。他们是数学家、物理学家、生物学家或心理学家。他们的哲学是企图找到在科学研究中碰到的一些问题的答案的结果,这些问题是到那时为止所使用的技术手段所不能解决的,因此要求对知识的基础和最后目的进行重新考察。……

> 直到我们这一代,才有一类新的哲学家兴起,他们曾在包括数学在内的专门科学中受过训练,后来又集中力量从事哲学分析。……专业的科学哲学就是这样一种发展的产物。

> 传统的哲学家常常拒绝承认对科学的分析是一种哲学,继续把哲学与杜撰哲学体系等同起来。他没有认清,哲学体系已失去了它们的意义,它们的职司已被科学哲学所取代。科学哲学家并不畏惧这种对抗。他们听任老派哲学家去杜撰哲学体系,而干着自己的工作;在被称为哲学史的哲学博物馆里仍旧有地方可以用来陈列这些体系的。[2]

---

1 休谟:《人类理智研究》,第 9 章第 132 节。转引自《十六—十八世纪西欧各国哲学》,商务印书馆 1975 年版,第 670 页。
2 莱欣巴赫:《科学哲学的兴起》,商务印书馆 1983 年版,第 98、99 页。

　　莱欣巴赫在这里指出了科学哲学与包括认识论在内的传统哲学体系的根本区别所在。按我们的分析与解释，认识论与科学哲学之间的联系及区别在于：第一，认识论关于人类知识的研究自近代以来逐渐集中于对数学和自然科学的研究，为科学哲学的产生提供对象；第二，一些具有科学专业知识的学者转向哲学研究，他们受传统哲学体系影响较少，因此能够广泛利用科学材料，按照科学发展的需要，使用与科学方法相适应的精确方法，为了科学本身之目的对科学进行研究。只有具备这两方面的条件，科学哲学才会从与之相近的认识论中发展出来，成为一门新型的哲学学科。

　　最后，科学哲学（philosophy of science）更不等于"科学的哲学"（scientific philosophy）。从字面上看，这两个术语都以"科学"作为"哲学"的定语，但其意义是不同的："科学哲学"表示"哲学"从属于"科学"（如英文 of 所表示的所属关系），"科学的哲学"表示"科学"对"哲学"的一种限制。从历史上看，科学对哲学的限制本不存在，因为哲学本身被认作是科学，而且是最高的科学、第一科学，甚至科学之科学。在这种情况下，"科学的哲学"的提法不啻于一种同义反复。但是当科学从哲学之中分离出来之后，按照科学的精神来限定哲学、改造哲学就成为一种必要。分析哲学的最初动机就是使哲学表达精确化、严格化；现象学的创始人胡塞尔也企图将哲学变为严格的科学。在 20 世纪初，人们对"科学的哲学"是一种关于哲学的新概念有不同的理解。维特根斯坦和海德格尔分别代表了分析哲学和欧陆哲学的观念，维特根斯坦指出："哲学不是各门自然科学之一。（'哲学'一词所指必是某种高于或低于，而非并列于各门自然科学的东西。）"（T. 4. 111）又说："哲学的正当方法固应如此；除可说者外，即除自然科学的命题外——亦即除与哲学无关的东西外——不说什么。"（T. 6. 53）照此理解，哲学不过是澄清自然科学命题意义的逻辑分析活动。哲学的任务、目的和方法都应限制在自然科学之内。这是对"科学的哲学"的一种科学主义的理解。海德格尔则代表了一种传统主义的理解。他说：

　　　　在德国唯心论时期，哲学使自身一步一步地成为第一科学、最高科学，或称作绝对科学。如果哲学是绝对科学，"科学的哲学"是一个冗赘的表达。它的意思是科学的绝对科学。只说"哲学"就足够了，就已经包含着绝对科学的意思。我们为什么还要用"科学的"定语来修饰"哲学"呢？科学从字面上当然是科学的，更不必说绝对科学了。我们谈到"科学的哲学"，主要是因为关于哲学的流行概念威胁到甚至忽视了它的绝对科学的特征。这些关于哲学的概念不是当代才有的，而是自哲学作为科学存在之时始就伴随着科学的哲学的发展。按此观点，哲学不仅是一种理论科学,而且首先为我们关于事物的观点、解释和态度提供一种实际指导,用以规范和指引我们对存在及其意义的解释。哲学是关于世界和生活的智慧,或者用当今流行的话来说,哲学要提供的是一种世界观。科学的哲学正是作为世界观哲学的对立面而被提出的。[1]

在海德格尔看来,世界观哲学不能局限于科学的哲学,前者是一种关于存在的理论和实践学问,后者则是继承思辨哲学传统,企图成为绝对科学的一种努力。在维特根斯坦看来,"科学的哲学"应当低于自然科学,在海德格尔看来,它企图高于自然科学。前期维特根斯坦肯定这一概念,海德格尔则不赞同这一概念。

不管人们如何理解"科学的哲学",他们都是在讨论哲学的一般对象、任务和方法,并不涉及科学哲学这一特殊学科。当然,早期维特根斯坦关于哲学的概念影响了维也纳学派,并影响了科学哲学的发展。但不能因此说,科学哲学就是在科学的哲学的概念中发展起来的。事实上,我们将看到,有些科学哲学理论的性质可以说是非科学甚至反科学的哲学。在这里需要区分的是,科学的哲学是关于哲学的一般性质的概念,科学哲学是关于哲学的一类特殊研究对象的概念。科学的哲学可以不以科学为研究对象,科学哲学的性质也可以是非科学甚至反科学的。

我们在上面通过科学哲学与自然哲学、自然科学、认识论和科学的哲学之间的关系及其历史演变进程,阐明了科学哲学的对象和性质,并说明了哲学史所包含的一些科学哲学思想的萌芽。我们在下面将看一看这些萌芽如何成长为智慧之树的枝干,科学哲学是如何诞生和成熟的。

第二节

## 科学哲学的诞生

科学哲学没有确切的诞生日期,也没有一个单独事件标志着科学哲学的诞生。毋宁说,科学哲学是各国哲学家和科学家共同努力的结果,是 19 世纪中叶之后发生的一连串历史事件相互作用的产物。

1830—1842 年,法国哲学家孔德(August Comte)发表六卷本的《实证哲学

---

1  M. Heidegger, *The Basic Problems of Phenomenology*, pp. 3 - 4.

教程》。

1837 年,英国科学家惠威尔(William Whewell)出版三卷本的《归纳科学史》;三年之后,又出版《归纳科学的哲学》,该书后来扩编成三部书:《科学观念史》(二卷,1858)、《新方法的复兴》(1858)和《论发现的哲学》(1860)。

1843 年,英国哲学家密尔出版二卷本的《逻辑体系》,该书第三部的八至十章专门对归纳方法作了详尽的说明。

1883 年,奥地利物理学家和哲学家马赫出版《力学科学》;三年之后,发表《感觉的分析》;1895 年,担任维也纳大学首先设立的"归纳科学历史和理论教席"的教授。

1902 年,法国数学家彭加勒出版《科学与假说》。

1905 年,比利时物理学家迪昂发表《物理学理论的目的和结构》。

通过上述科学家、哲学家的著作和教学活动,科学哲学的基本思想在学术界被广泛接受。正是在被学术界正式认可的条件下,我们才能够断定科学哲学作为一门独立学科的形成。那么标志着科学哲学形成的那些新兴思想又是什么呢?我们着重阐明以下几点。

**1. 科学与形而上学的区分**

我们已经谈到,自然科学在历史上曾是自然哲学,与形而上学有着千丝万缕的联系。即使在 19 世纪已从哲学中分离出来,自然科学的一些基本概念与假说仍然充斥着形而上学的观念和臆断。划清科学与形而上学的界限于是已成为科学独立性的要义。这也是科学哲学的首要任务。可以说,当科学哲学清楚地划分出科学和哲学两大领域,它也就显示出自身能够跨越这两个领域的特殊功能,这样也就宣告了自身的独立性。因此,科学和形而上学的划界问题从一开始就是科学哲学的一个基本问题。

首先自觉地提出这一问题的人是孔德。他提出了人类精神发展的三阶段理论。最初阶段是神学阶段,一切因果关系被归结为神的意志,比如,雷鸣电闪被解释为神的愤怒或恫吓。其次是形而上学阶段,人们用抽象观念代替神的意志来解释因果关系、自然物内部的抽象力或属性被认为是运动和变化的原因所在。最后是科学阶段,科学对观察到的现象加以描述,不进行主观想象和抽象解释,因此是实证的。孔德持历史进步观,认为这三个阶段是从低级到高级、从蒙昧到理性的前进过程。实证科学是人类精神发展的最高阶段,只有实证科学才能认识过去被歪曲了的实在。当然,孔德的实证科学不仅包括自然科学,而且包括社会科学。但他只有效仿伽利略以来的物理学的成功方法,才能建立被他称作"社会物理学"的社会学,包括社会静力学和社会动力学,而人们迄今为止只能在混乱无序的社会领域发现规律,建立秩序。

马赫按照实证主义精神提出了感觉主义的标准,以此区别科学与形而上学。在他看来,科学的研究对象是由感觉要素所组成的,任何概念,如果其意义不能被还原为感觉要素,或者说,如果它指示的东西不可被感觉所观察,那么它就是心灵的虚构。按此标准,不仅像"神""自由意志""灵魂"这样的概念是形而上学的虚构,而且像"原子""物质""以太"等当时在物理学中常用的概念,也属于形而上学的残余,应从科学中清除出去。

实证主义所具有的排拒形而上学的倾向并不是早期科学哲学家都能接受的。有些人在分清科学与形而上学界限的同时,肯定了形而上学的自身价值或对于科学的积极作用。比如,惠威尔认为,科学发明的历史既是发现新观念,又是基本观念展开的过程。他所说的基本观念指数目、时间、空间、原因、中介、两极、相联、相似等,它们不是从可感现象中抽象出来的,相反,一切可感现象都要依靠基本观念,没有与基本观念相分离的纯事实;当我们观察到任何事实时,我们同时也就在使用时空、数目、关系等观念。惠威尔所说的基本观念颇像康德所说的先天形式或范畴,他强调这些观念是固有的、永恒的,不依赖于感性经验而使经验成为可能,他甚至认为基本观念存在于神圣理智之中,这些都表明了他对科学性质的形而上学解释。但他不局限于基本观念,而是强调依基本观念的前提和基础发现新观念,用新观念解释已有事实。可以说,他看到了形而上学与科学发明之间的某种联系。

如果说惠威尔还没有完全把形而上学与科学区分开来的话,那么后来的迪昂在把两者严格区分开来的同时,仍然肯定了形而上学的自身价值。迪昂分清了形而上学与物理学的不同目标:前者在于解释实在,后者在于用实验定律概括现象之间的联系,而不要求解释这些定律。他所说的"解释"具有特殊意义:"就是把那些像帷幕一样掩盖在实在上面的现象剥去,以便直接观看这个单纯的实在。"[1]物理学家所能观察到的只是感性现象,物理定律只是对于感性现象的概括和分类,而不是解释实在。如果把形而上学的解释引入物理学,那么就会把现象背后隐藏的不可观察的实在作为物理定律的终极原因,其结果使物理学从属于形而上学,使物理学内部充满着不同形而上学体系的争论,比如关于物理世界背后的神秘原因的争论。这些都对物理学的发展极为不利,因此必须把物理学理论与形而上学解释相区别。物理学理论摒弃

---

1 洪谦主编:《现代西方哲学论著选辑》上卷,第 49 页。

解释，并不是说物理学研究的现象背后不存在实在，而是因为对这种实在作出解释不符合物理学的本性和任务。形而上学关于实在的解释并非毫无价值的臆断，它们有着自身的合理性和价值。形而上学和物理学应受到同样的尊重，两者并行不悖，而不要使其中一个服从另一个。迪昂对形而上学的看法比当时的科学哲学家都要温和，但同时，他也适应物理学发展的要求，提出了摒弃物理学内部形而上学解释的任务。

**2. 对自然科学历史和性质的描述**

早期科学哲学家对自然科学的发展历史作了全景式的描述，他们研究科学史的目的一方面在于说明科学有着与哲学（尤其是思辨的形而上学）不同的自身发展历程，从而为区分科学与形而上学的理论观点提供历史事实依据；另一方面，他们通过历史研究，对科学的性质加以概括，他们对科学史的研究不同于历史学家之处在于，他们使用一定的关于科学性质的理论来选择史料，解释历史事件，阐明科学发展模式。

惠威尔的《归纳科学史》是第一部自然科学史。他通过科学史的研究，得出了关于科学发展的"支流—江河"模式。按照他的解释，基本观念和日常现象在一起组成基本事实，科学理论就是用一些新的观念和概念对基本事实加以概括和分类。科学的发展就是将事实不断与新概念"捆绑"在一起的过程，这也是把已有的理论合并到新理论的过程。比如，伽利略定律和开普勒定律用"速度"和"加速度"等新概念和地面上事物以及星球运动的基本事实相综合，揭示出新的事实，诸如"地球围绕太阳运行""自由落体""行星轨道是椭圆"等等。牛顿定律再用"惯性""重力""引力"等概念与这些事实相综合，描述出万物相互吸引、相互运动的宇宙全景。这种基本事实汇合在伽利略、开普勒理论之中，这些理论又作为新的事实汇合在牛顿理论之中的过程，犹如支流汇合于江河的奔腾发展。我们或许可以补充说，牛顿的力学理论又作为新的事实汇合在爱因斯坦的相对论之中。惠威尔在19世纪中叶提出的科学发展模式可以说具有历史主义的性质，他揭示了科学理论的连续性以及直线发展的进程。

其他一些科学哲学家通过理论上的分析，也对科学的性质和模式提出了各自的观点，其中著名者有马赫的经济思维原则、彭加勒的约定论和迪昂的整体论。

马赫指出："科学的目的，是用思维中对事实的模写和预测来代替经验，或节约经验。"[1]他所说的经验，指感觉要素的复合。要素的复合方式千差万别、千变万化，复

---

1 洪谦主编：《现代西方哲学论著选辑》上卷，第35页。

合出来的经验繁杂纷纭。人们对其有用的经验加以关注,用特定的符号代替它,记忆它,保存它,这些都是常用的节约经验的工具。科学则是节约经验的最强有力的经济手段,它所遵循的原则是,用最经济的思维方式描述尽可能多的经验。科学术语、定律以及描述它们的数学公式都是经济思维的工具,正因为它们以最节约、最方便的方式最大限度地描述了值得人类关注、记忆和预测的经验事实,它们才成为有价值的理论,即科学。按照经济思维原则,科学的性质在于经济思维的功效,马赫撇开了科学传统所追求的目标——真理,专注于科学思维的工具性和用途。这种看法和在大洋彼岸开始兴起的美国实用主义确有不谋而合之处。

彭加勒说明了数学公理的约定性。欧几里得几何学的直线公理(两点间距离直线最短)和平行线公理是数学家的约定,因为从这几条最简单的公理出发,可以建立起严格的几何体系。后来非欧几何学的建立并没有证明欧氏几何公理的错误,球面三角形内角之和不等于180°的经验事实也不能否证这些公理,因为非欧几何学依靠的是另一些约定,它与欧氏几何学的差异是不同约定的差异,而不是真理与错误的对立。从各自的约定出发,两者都可以证明自己的定理,获得经验的证实。当经验事实与约定发生矛盾时,往往首先订正经验,而不是修改约定。比如,如果测量一个三角形内角之和不等于180°,那么首先应该修正的是经验观察(如三角形的边实际上不是直线),而不是放弃平行线公理。彭加勒进一步指出,物理学和数学一样,也是由约定和假说所组成的。物理学的一些基本概念的定义和法则是科学家的约定,比如,关于"惯性""力""能量"的定义是约定,这些定义并不依靠经验的证实,不符合这些定义的反例总是可能的。人们之所以采用一些约定,并不是因为这些约定在实验中得到最充分的证明,而是因为它们是最简单、最经济的原则。彭加勒举例说明约定和假说是如何共同解释物理现象的:当物理学家肯定一切星球运动都服从牛顿的万有引力定律时,他们所依据的约定是"一切引力都服从于牛顿定律",此外再加上这样一个假说:"引力是作用于星球的唯一的力",这样才能得出上述全称肯定判断。作为科学基础的约定并不是任意作出的,而是有其自身的合理性标准,这就是关于自然界简单性和统一性的信念。彭加勒在科学史中发现两种相反倾向:一种是寻求自然界的简单性、统一性,并从符合这一目标的约定出发建立自然的体系;另一种是发现自然现象复杂性、多样性的相反倾向,并以此破坏既存的体系。但是在旧的体系被破坏之后,人们又会按照自然界简单性和统一性的信念建立新的约定,并以此构造新的体系。从亚里士多德的物理学到牛顿物理学的发展,所经历的就是这样一个过程。

迪昂认为,科学理论具有三方面的作用:简化事实,规范思想,预测未来。为此目的,科学理论的建立是一个从简单到复杂的逐步构造过程:首先用一些约定的符号(其中最重要的是数学符号)来代表事实,然后把这些符号组合成假说性的命题,再次把这些假说按照数学规则组合成科学定律。科学理论建构成功之后,还要还原为物理词汇,才能取得应有的作用。迪昂把科学理论的性质说成是由约定符号所构成的常规系统,这也是一种约定论。但是他认为约定是整体的,因为科学理论是由约定的假说总和构成的。一个单独的假说不能概括或预测,经验观察也不能孤立地证实或证伪某一个假说。他以光学中微粒说和波动说之争为例说明了这一点。牛顿和拉普拉斯从光的微粒性质推断出光在水中速度比在空气中快的结论。19 世纪中叶,法国物理学家列昂·福科(Jean Bernard Leon Foucault)却证实光在空气中的速度比水中快的相反结论,很多人认为这是否定微粒说的判决性实验。迪昂指出,微粒说是由众多假说组成,涉及光的微粒构成、微粒之间介质、相互作用等问题。福科的实验结果可以用微粒之间的相互作用以及微粒穿过的介质等假说加以解释,这些解释可以化解实验对于微粒说的不利作用,使其不能判决微粒说为错误。迪昂进一步指出,在科学史上,通过一次性的判决性实验来证实或证伪一种学说是十分罕见的,这正是因为科学理论的整体性的缘故,任何实验都不能完全排除其他假说的解释作用,单独地检验与之相关的一个假说。

### 3. 科学方法论的新探索

科学哲学从一开始就包含着科学方法论。科学方法论可以看作近代哲学关于方法论探索的继续。近代经验论把归纳法奉为科学之圭臬,但休谟后来对归纳法的客观普遍性提出挑战,使科学方法论陷入危机。另一方面,唯理论者推崇数学演绎法;但一般认为,演绎法难以运用于经验科学。初期的科学哲学家一般都相信自然科学的归纳性质,把自然科学称作归纳科学。英国哲学家密尔和惠威尔面对休谟问题的挑战,对归纳方法作了比较详细的论证。

密尔所建立的逻辑体系对归纳法的推崇与强调更甚于演绎法。他认为演绎推理不是真正的推理,只有归纳推理才是真正的推理。他看到过去归纳法只是以重复经验为基础的简单枚举法。为了回答休谟对归纳法的诘难,必须把归纳推理提升到逻辑推理的水准。就是说,要像亚里士多德为演绎推理建立固定的格式那样,要为归纳推理建立起固定的格式。基于这一设想,他提出了著名的"密尔五法",即求同法、差异法、共变法、剩余法和求同差异法,每一方法都可用符号表来说明。现在我们在普通逻辑教科书上看到的那些关于归纳推理的格式,就是密尔首先提出的。密尔认为,这些方法就是科学发现和证明的逻辑方法,科学的发现是按照这几个格式对观察实验结果加以概括,科学的证明就是按照这几个格式获取经验证据。

惠威尔虽然肯定经验科学是归纳科学,科学发现是归纳过程,但他认为归纳方法并不是与演绎方法相对称的逻辑方法,并不存在关于归纳法的一成不变的程式。归纳法是在科学发明过程中显示出来的,对归纳法的阐明应是科学史的考察。他通过科学史研究说明,归纳过程是不断用新的观念看待已有的事实和理论的综合,是一个不断探索真理的探险历程。科学家不是靠几条现有规则来运用归纳法的,归纳过程充满着创造性的想象、洞察、猜测、尝试,经过多次失败和挫折,最后才能够达到与事实紧密联系的新观念、新概念。比如,开普勒曾尝试用各种卵形的轨道来解释行星运动,经过观察排除错误,最后才发现了椭圆轨道。惠威尔对归纳法的历史主义观点不同于密尔的逻辑主义观点。科学哲学的方法论一直贯穿着这两种观点的分歧和争论。

孔德所谓的实证科学相当于其他人所说的归纳科学,他所提倡的实证方法也属于归纳法范畴。孔德认为实证方法包括观察、实验和比较三个环节。比较是对经过实验选择的经验证据加以理性处理,这对于科学理论体系具有关键性作用,比如生物学领域运用比较建立起比较解剖学,孔德主张在人类学领域运用比较方法建立起历史社会学。

与上述经验论的科学方法论主张不同,迪昂的方法论更具有唯理论的特点。他更推崇数学分析的方法,认为物理学归根到底是数学,因为按照他的整体论,物理学要依靠数学符号和数学规则来建构定律和理论,而这些量化的公式和定律还可以还原为物理术语。在科学理论的整体里,最基本的构成要素是人们用来代表经验事实的常规符号,其中最重要的是数学符号。科学研究需要把理论或事实加以分析,直至不能再继续分析的基本单元为止;科学发现也需要从基本单元开始,用最基本的符号组合假说和规则。在迪昂看来,经验因素从一开始就融合在符号意义和理论建构之中,它们不能离开理论整体而单独起作用。这些都表明了他与经验论者的不同立场。

我们在上面简单回顾了科学哲学诞生时期的一些基本观点,这虽然不是当时科学哲学的全景,但是它们却奠定了科学哲学的理论基础,在以后科学哲学发展中不断出现和展开,衍生出各式各样的新派别、新学说。

第三节————————————————————————

## 逻辑经验主义的新贡献

20 世纪 20 年代形成的逻辑经验主义不仅是语言分析哲学的一个重要流派，也是科学哲学的第一个成熟的学派。它产生于维也纳大学，这是有历史原因的。维也纳大学在世界上首先设立了"归纳科学哲学"的教席，确立了科学哲学在高等教育中的显著地位。马赫在这一教席上发挥了积极作用，使维也纳大学成为科学哲学的中心。石里克担任该教席职位之后，聚集起一批科学哲学家，他们的思想来源包括马赫、迪昂、彭加勒乃至孔德、密尔和休谟等科学哲学的创始者，他们所关心的问题大多是科学哲学的问题，却以语言分析的方式提出和解决这些问题。因此，一般把他们归属于分析哲学运动。我们在第四讲已经从分析哲学发展史的角度对其主要观点加以介绍，这里需要从科学哲学发展史的角度对其主要贡献作一些补充说明。逻辑经验主义对科学哲学的贡献主要表现为以下几个方面。

### 1. 划分科学与非科学的界线

维也纳学派提出的证实原则是区分有意义和无意义的标准，但其实质却是区分科学和非科学的标准。他们和已往的那些科学哲学家一样，首先关心的是如何使科学摆脱形而上学传统的"监管"，以维护科学新近获得的独立性和崇高性。按照证实原则的分界标准，有意义的命题分为数学、逻辑命题和经验科学的命题，前者可被演绎分析的方法所证实，后者可被观察实验的方法所证实。我们在第一篇中已经看到逻辑实证主义者对经验证实标准和范围问题所展开的讨论以及对经验检验方式作出的修正和限定，这些都表明了证实原则对于经验科学的性质具有特殊重要的意义。卡尔纳普和亨普尔后来虽然对证实原则持保留态度，但仍然坚持该原则所体现的科学的标准。他们把科学理论体系分析为三个组成部分：逻辑和数学术语、理论术语以及观察术语。其中，理论术语是对观察术语的缩写或概括，因而可以还原为观察术语；在尚未找出还原途径之前，至少可以肯定理论术语与观察术语的对应。他们对科学性质的说明一方面把理论概括置于直接观察基础之上，另一方面重视逻辑数学方法的分析和建构作用，充分表达了逻辑经验主义的科学观。

石里克、卡尔纳普以及艾耶尔等人将形而上学命题归属于无意义范畴。在他们看来，无意义领域即非科学领域。但是科学与非科学之分并不是价值观上的区分。一般说来，逻辑经验主义者并没有提出褒奖科学而又贬损非科学的价值标准，他们也没有否认非科学应有的自身价值。在无意义的非科学领域，还有像文学、艺术、宗教以及(在石里克、克拉夫特等人之外的大多数逻辑实证主义者看来)伦理学。非科学与科学一样，也是人类生活所必需的。应该看到，那些反对形而上学的逻辑经验主义者的理由并不在于形而上学无意义、非科学。而主要基于两点：其一，非科学的形而上学对科学领域的冒犯，对本来应该由科学来判断的对象作出无意义的陈述，因此，形而上学不但是非科学，而且是伪科学；其二，形而上学也不能充分实现其他非科学活动的积极功能，比如与文学艺术相比，它是一种蹩脚的表达方式。关于这两点，卡尔纳普作过以下论述：

> 如果形而上学除了语词的无意义组合什么都不是，那么为什么在所有时代和民族，那么多的人以其杰出心灵花费那么大的精力从事形而上学，这应如何解释呢？为什么形而上学著作直到今天还对读者有着如此强烈的影响，这一事实应如何解释呢？这些疑问是有道理的，因为形而上学确有内容，只是没有理论内容。形而上学的伪命题不是用来描述事实的，既不描述存在的事实(否则它们将是真命题)，也不描述不存在的事实(否则它们至少将是假命题)。它们是用来表达一个人对生活的一般性态度的。
>
> 形而上学起源于人们表达生活态度的需要，即他们对环境、社会、所投入的事业、降临的不幸的情感上和意志上的反应。这种态度总是无意识地表现于人所做和所说的一切事物之中。……这里的关键在于这样一个事实，艺术是表达这种基本态度的充足方式，形而上学是不充足的方式。当然，没有必要一定要去反对一个人使用他所喜爱的任何方式。但是形而上学却面临这样的处境：它从形式上把自己装扮成本来不是的东西，形而上学家相信他活动于真假分明的领域，他与持有不同信念的其他形而上学家争论，在自己论著中试图排拒其他人的断定。但是抒情诗人在他们的诗歌中却不排拒其他抒情诗人的诗句，因为他们知道自己在艺术领域，而不在理论领域。[1]

我们引用这样长的文字，或许可以纠正一些关于逻辑经验主义的误解，上述引文至少可以表明，卡尔纳普并不仅仅因为形而上学无意义或非科学而主张排拒形而上学。

### 2. 把哲学任务归结为科学哲学

逻辑经验主义之所以被归属于语言分析哲学，主要是依据它的方法和风格。就

---

1 *Logical Positivism*, ed. by A. J. Ayer, Free Press, New York, 1959, pp. 78 – 80.

其目标和任务而言,它应属于科学哲学的阵营。石里克一开始就把这种新哲学的任务规定在科学哲学的范围。他说:

> 我们现在认识到哲学不是一种知识体系,而是一种活动的体系,这一点积极表现了当代的伟大转变的特征;哲学就是那种确定或发现命题意义的活动。哲学使命题得到澄清,科学使命题得到证实。科学研究的是命题的真理性,哲学研究的是命题的真正意义。科学的内容、灵魂和精神当然离不开它的命题的真正意义。因此哲学的授义活动是一切科学知识的开端和归宿。[1]

莱欣巴赫的《科学哲学的兴起》则力图说明,哲学史的发展趋向是科学哲学,逻辑经验主义的科学哲学继承了哲学史上各种理论的先进因素。他分别分析了近代唯理论和经验论对于科学哲学的意义。唯理论者运用理性建构哲学体系,贬低经验科学,但他们的思想以数学为知识的理想模式,对自然科学作出各种解释和论证,其中虽不乏深刻调查和严密推论,但最终总要诉诸超自然的原理来解释自然,把数学和神秘主义糅合在一起,柏拉图、笛卡尔和斯宾诺莎等人莫不如此。康德哲学具有明显的科学哲学特征,他的体系是以牛顿的经典物理学为基础的意识形态的上层建筑,他的时空观念对牛顿的"绝对时间""绝对空间"的哲学说明达到了他那个时代的最高水平,他的范畴理论对经典物理学的严格的自然决定论作出哲学上的论证。康德运用他那个时代的科学成果论证科学知识的确定性,但他把这种知识归诸"先天综合判断",归诸人类的先天认识形式。但是康德去世20年后,非欧几何便被发现,20世纪又出现了爱因斯坦的相对论,这些都否定了康德关于数学和物理学原则先天性、绝对性、唯一性的论证。康德哲学的教训是深刻的,纯理论哲学无论发展到多么高的水平,无论多么关注科学的进展,也难以适应经验科学的发展。在这一方面,经验论显示出与经验科学密切联系的优越性,但是近代经验论在归纳问题上的困境宣告了旧经验论的失败。现在,建立在现代科学基础之上的新经验论已经能够解决旧经验论的困难。逻辑经验主义是彻底的经验主义,它避免唯理论的错误和旧经验论的困难,是与一切旧哲学不同的新哲学,即科学哲学。

莱欣巴赫通过新、旧哲学的对比,对科学哲学的性质作了这样的说明:

> 科学哲学企图摆脱历史主义而用逻辑分析方法达到像我们今天的科学结果

---

1　洪谦主编:《现代西方哲学论著选辑》上卷,第414页。

那样精确、完备、可靠的结论。他坚持真理问题必须在哲学中提出，其意义与在科学中提出一样。它不自称能获得绝对真理，它否认有绝对真理的存在，而只追求经验知识，因为它关切知识的现状并发展这种知识的理论，新哲学本身就是经验的，并且满足于经验真理。像科学家一样，科学哲学家所能够做的只是寻求他最好的假定。[1]

值得注意的是，莱欣巴赫提出的"摆脱历史主义"的任务，不仅指摆脱哲学史的研究（如他所说："那些研究新哲学的人并不向后看，他们的工作是不会从历史方面的考虑中得到什么利益的。他们像柏拉图或康德那样是非历史主义者。"），而且指摆脱对科学发现的历史性研究。为此目的，莱欣巴赫提出了发现条件和证明条件的区分。发现条件指科学家在发现新理论时所处的社会、文化、知识和心理诸方面的状况，证明条件指他对这一新发现所提出的并为科学界最终认可的论证和说明方式。莱欣巴赫认为，发现条件不是科学理论所包含的成分，它们属于历史学范畴，虽然可以用社会学和心理学的科学方法对之作出合理解释，但它们却不是科学哲学的研究对象。科学哲学研究的是科学理论本身，特别要关注其论证和说明方式，即证明条件。比如，"日心说"的一个发现条件是当时开始复兴的柏拉图主义。柏拉图主义把太阳比作最高理念，应该是宇宙的永恒不变的中心，而不应围绕比它低级的地球运动。但是，"日心说"却提出了经验观察的证据和数学描述，这是它为科学界所接受的证明条件。按照莱欣巴赫的区分，科学哲学的任务是对已有科学理论加以分析性的证明或重构，而不关心发现新理论的认识过程和历史因素。我们将看到，后来的证伪主义者和历史主义者对科学哲学任务的看法与逻辑实证主义者完全不同。

### 3. 寻求科学的统一性

维也纳学派适应科学发展的趋向，提出了科学统一性的任务，不但要统一自然科学各门学科，而且要统一自然科学和社会科学。以纽拉特为核心的一些学派成员发起了科学统一化的国际运动，发表宣言，设立研究所，编丛书，办刊物，召开国际会议，使得科学统一性思想在学术界广泛传播，并使之成为科学哲学的一个重要目标。

逻辑经验主义者寻求的科学统一性主要是科学语言的统一性。众所周知，数学可以说是自然科学各门学科的普遍语言，20世纪初弗雷格、罗素等人将数学的基础归结为逻辑，这一新成果极大地鼓舞了逻辑经验主义者。他们设想，一种人工的逻辑

---

1 洪谦主编：《现代西方哲学论著选辑》上卷，第251页。

语言不但比数学具有更高的普遍性和严格性，而且能够与经验相联系，从而得以运用于经验科学各门学科，成为科学的统一语言。

我们在第一篇谈到，维也纳学派内部曾发生现象主义和物理主义之争。从科学哲学的观点看问题，争论的实质是：究竟按照直接的心理经验，还是按照普适的物理经验来构造统一的科学语言，卡尔纳普开始接受了现象语言的主张，但后来转向物理语言的构造。

关于物理主义的实质，卡尔纳普写道：

> 物理主义的主张坚持认为，物理语言是科学的普遍语言，就是说，任何科学分支的语言都可被均等地翻译为物理语言。由此可知，科学是一个统一的体系，其中不存在根本不同的对象领域，也不存在科学领域之间——比如说，自然科学与心理科学之间——的鸿沟。这就是关于科学统一性的主张。[1]

用物理语言来统一全部的科学语言，意味着化学的、生物的甚至思想的现象都可以被归结为物理现象加以描述，还意味着，数学语言也可被还原为关于物理现象的逻辑结构，卡尔纳普在不断构造形式化的科学语言的同时，还对生命现象和人的心理现象作了行为主义的解释。比如"愤怒"一词的意义可被归结为对表情和身体动作的描述，当然，有些人可以克制自己的愤怒感情，使之不对外流露，但按照证实原则的意义标准，重要的是方法，如果能确定描述"愤怒"一词的方法，那么也就能确定它的意义标准，即使不能在一切场合实际运用这一方法，但不能排除运用这一方法的可能性。比如，对于那些不轻易流露愤怒的人，可以在体内安装精密仪器，测量生理变化，以确定他是否处于愤怒状态。这就是一种决定心理情绪并能用物理语言描述心理情绪的物理方法。卡尔纳普得出这样的结论："如果我们能够确定任何一个心理词汇的生理学的或行为的方法，那么这样的词汇就是可还原的"[2]，即可被还原为物理语言。

逻辑经验主义的科学统一性主张把物理语言作为一切科学的共同语言，由此产生两个后果：第一，自然科学中的还原论立场，即认为一切科学研究对象，包括有机的和生命的对象，归根到底都可被还原为物理对象，都可用物理语言加以描述，都服从于物理规律；第二，学术研究中的唯科学主义立场，即认为自然科学的标准、方法和模式适用于一切学科，尤其是社会科学和人文学科；一切不符合自然科学标准和方法的

1　R. Carnap, *The Logical Syntax of Language*, Kegan Paul, London, 1937, p. 320.

2　R. Carnap, *International Enlyclopedia of Unified Science*, University of Chicago Press, 1955, p. 57.

学术不能算作真正的科学理论,没有确定的是非标准。其结果或是将一批社会科学和人文学科排斥在科学研究领域之外,或是将实验的、数学的方法作为解决社会问题或人类精神问题的唯一途径。不可否认,按照逻辑经验主义的方法,在社会学、经济学等少数社会科学部门也有一些进展,但总的说来,它所坚持的唯科学主义立场不利于社会科学和人文学科的成长。

### 4. 解决归纳问题的新尝试

自休谟向归纳法提出挑战以来,经验主义者一直试图解决归纳法的可靠性问题。逻辑经验主义者提出的"经验证实"和"可检验性"等概念都与归纳过程相关。经验证实或检验的过程其实也就是经验证据的积累和归纳的过程,如何通过一系列个别的经验证据证实或检验普遍命题所构成的科学理论,这是逻辑经验主义者面临的一个难题,他们沿着归纳逻辑和概率理论的方向,提出解决归纳问题的新方案,取得令人瞩目的新进展。

莱欣巴赫有鉴于证实原则所引起的种种麻烦,主张用"概率"的计量代替"证实"的标准。他指出,证实原则代表的是"真理的意义理论",即认为一个命题只有在被证实为或真或假的条件下才具有意义。这里所谓的可证实性或指意义过于宽泛的逻辑可能性,或指意义过于狭窄的物理可能性;这里所谓的意义指逻辑上的真值,即或真或假。这些都不能满足科学命题所需要的经验条件。因此,他主张"概率的意义理论"。按此理论,命题除了具有意义和真值之外,还有权重(weight),即关于陈述内容的可靠程度的由小到大的度量系列。概念就是对权重的精确计量。

莱欣巴赫构造了一个概率演算的公理系统。他首先把概率解释成命题(或事件)之间的蕴涵关系,可用逻辑演绎式表示,然后又把这种蕴涵关系解释成事件发生频率的收敛序列,概率即该收敛序列的极限。对于已知的过去事件的概率,可以用数学方法加以精确计算,并不存在归纳问题。归纳问题产生的原因在于,过去与现在都有不少未知事件,我们通常不知道这类事件发生频率是否收敛序列,也不知道能否确切地知道这类事件的概率,这样便对归纳推理是否能得到确定命题产生疑问。

在对归纳问题的实质和根源加以分析的基础之上,莱欣巴赫对归纳程序的合法性作出了有力的辩护。他说,肯定概率的存在是归纳推理的有效性的充分条件,不能否定概率的存在则是其必要条件。我们虽然不能肯定某类事件概率的存在,但也不能否定它的存在,也就是说,至少可以满足归纳推理的有效性的必要条件。他指出:"如果我们不能知道成功的充分条件,我们至少知道它的必要条件。如果我们能够表明归纳推理是成功的必要条件,归纳推理就得到证明。这样一种证明能够满足对归纳的合理性可能提出的任何要求。"[1]其次,科学方法的目标在于预测未来,归纳方法就是达到这一目标的合理程序。事实上,一切合理的预测都是基于过去这类事件的发生概率对未来事件的"认定"。比如,在赛马场上,人们根据一匹马过去的比赛成绩来决定是否下赌注。如果没有归纳法,人们将不能对未来事件作出任何合理的预测。他总结说:"归纳的规则是正当的,因为它是认定的工具,它是一种方法,只要对未来的陈述是可能的,我们就能借助这种方法,切实地找到这些陈述。"[2]

卡尔纳普赞同引入"权重"概念,但不同意把权重解释为事件发生频率,因为发生频率是一个经验概念,不能解决科学的逻辑基础问题。这一问题需要依靠一个逻辑的概率概念。他把概率看作是逻辑验证度。其公式为:

$$c(h, e) = r$$

上述公式的意义是,假设 h 对于证据 e 而言的验证度 c 的值是 r。比如,对于"乌鸦是黑的"这一假设,如果观察到 999 只乌鸦都是黑的,只有一只乌鸦的颜色不能确定,那么这一假设的验证度为 99.9%。

卡尔纳普强调,上述公式是纯逻辑的分析命题。也就是说,h 与 e 的关系是一种演绎逻辑关系,h 的验证度随着 e 的增长而增长,正如演绎推理的结论的可靠性蕴含于前提之中一样。只要给定 h 和 e 以及运算规则,归纳推理完全可以达到演绎推理同样的精确性。卡尔纳普因此说:"归纳逻辑是由演绎逻辑加上 c 函数所构成的。"[3]卡尔纳普当时设想,既然归纳逻辑和演绎逻辑都是逻辑函项的运算过程,两者之间存在着对应的类似关系,两者的推理过程、推理法则和检验过程具有同样或相似的性质。凡是演绎逻辑所具有的优点,归纳逻辑同样具有;同样,凡是归纳逻辑所具有的缺点,演绎逻辑也不能免。这样,他力图纠正传统逻辑重演绎、轻归纳的倾向,或者把演绎逻辑和经验归纳截然分开的倾向。

以上是卡尔纳普在 1950 年出版的《概率的逻辑基础》一书中的思想,但在 1952 年发表的《归纳方法的连续性》一文里,他认识到归纳方法与演绎方法之间的差异难以弥合。他指出,互不相容的方法的多元化是归纳逻辑的基本特征。归纳逻辑作为归纳方

1　涂纪亮:《分析哲学及其在美国的发展》上册,中国社科出版社 1987 年版,第 298 页。
2　洪谦主编:《逻辑经验主义》上卷,商务印书馆 1982 年版,第 409 页。
3　R. Carnap, *Logical Foundation of Probability*, London, 1950, p. 192.

法的逻辑基础并不能给定一种统一的方法和规则,也不能保证精确的运算结果。

亨普尔关于科学说明的理论仍然坚持演绎和归纳这两种说明模型的区分。他所谓的"演绎规律说明"或"覆盖律模型"所要说明的是某一现象是在什么条件下、由什么规律引起的,其过程是从普遍规律和一般条件到被说明的现象的演绎。另一种科学说明是"归纳统计说明",其公式为:

$$P(O,R)=r$$

i是R的一个事例

$$=\!=\!=\!=\!=\!=\!=\!=\!=\!=(r)$$

i是O的一个事例

举例来说,与麻疹患者接触的人感染上麻疹的概率很高:

张三与麻疹患者接触过

$$=\!=\!=\!=\!=\!=\!=\!=\!=\!=(极有可能)$$

张三感染上麻疹

可以看出,归纳统计说明从统计规律和已知事实出发,推测未知事实。

亨普尔关于归纳推理的性质作了两方面的解释。首先,因为科学的目标是对未来事件作出预测,"科学探索可以被说成是一种较广意义的归纳"。广义的归纳不仅是科学说明,更重要的是科学发现活动。不管演绎规律说明的前提,还是归纳统计说明的前提,都是广义的归纳所发现的。只是被发现的前提所具有的不同程度的确定性,它们才分别被区别为必然的普遍规律和或然的统计规律。其次,归纳与演绎的区分是科学说明的两种模型的区分。在科学说明的模型中,"我们应当把任何'归纳规则'都看成是和演绎规则一样的验证准则,而不是发现准则"[1]。按此解释,归纳的可靠性和有效性问题是一个科学发明要解决的问题。科学发现的实践已经显示了归纳的可靠性和有效性。当人们运用科学发现的规律进行科学说明时,归纳推理和演绎推理具有同样的功效。亨普尔既解释了经验科学的归纳性质,又解释了归纳和演绎在科学中的应用范围,对归纳问题作出了分析性的解答。

以上择要介绍了逻辑经验主义者的科学哲学的主要观点。除此之外,他们对一

---

1 亨普尔:《自然科学的哲学》,上海科学技术出版社1986年版,第20页。

些科学的基本概念,如"时间""空间""因果性""规律"等,还进行了逻辑分析和哲学说明。这里不再一一介绍。

　　逻辑经验主义运动虽然人数众多,影响很大,但到 20 世纪中期,它在科学哲学领域的主导地位逐渐被波普尔的学说所取代。波普尔为什么能有此作为?他与逻辑经验主义的关系如何?我们将在下一讲回答这些问题。

# 波普尔的科学哲学

第一节

## 波普尔生平和著作

卡尔·波普尔(Karl Popper)于 1902 年 6 月 28 日生于奥地利维也纳的一个律师家庭。他的家族有犹太血统,但皈依了基督教。波普尔于 1967 年出版了思想自传《无穷的探索》,借此我们得以对他的思想成长作一概略回顾。

据波普尔自传,他从 12 岁开始阅读父亲收藏室里的哲学书籍,先后读了康德、笛卡尔、斯宾诺莎等人的著作,并开始与父亲在一起讨论问题。1918 年,16 岁的波普尔进入维也纳大学当旁听生。在第一次世界大战结束后一段混乱的环境中,波普尔家庭失去了大部分财产,波普尔不得不自谋生路,他做过木匠学徒工和一些杂役。在政治上,他曾一度是支持共产党的积极分子。但 1919 年,在目睹一群青年学生在共产党领导下与警察发生的流血冲突之后,他对阶级斗争的理论和策略深感厌恶,脱离了共产党,后来又转向反马克思主义的立场。1919 年还是爱因斯坦相对论取得决定性胜利的一年。爱因斯坦于 1915 年根据相对论原理,提出光线弯曲的观点,并计算出光线在太阳附近偏斜的曲率。1919 年 5 月 29 日,英国爱丁顿爵士的考察队利用日全食的机会,观察到太阳引力场的光线轨迹,结果与爱因斯坦预言相符合。这一发现震撼了科学界,波普尔也为之倾倒。他出席了爱因斯坦在维也纳的演讲会,还从一个学数学的朋友那里了解到一些相对论的要点。波普尔在自传里说,1919 年是他思想发展的关键性一年,这一年发生的两件事——与马克思主义的邂逅和对相对论的了解,使他"清楚地意识到教条思维和批判思维的区别"[1]。

在波普尔看来,科学的特征在于批判思维,即对某一特定的预言加以否证。爱因

---

1 K. R. Popper, *Unended Quest*, Fontana Collins, London, 1976, p. 39.

斯坦在自己预言尚未被验证之前曾说，即使以后的观察验证了这一预言，这也不意味着自己的理论是证实了的真理；但是如果观察与自己的预言不相符合，那将证明自己的理论是错误的。就是说，观察到的事实不能证实一个理论，却可以证伪这一理论。波普尔对爱因斯坦的态度极为欣赏，认为这才是真正的科学精神与方法。与之相反的是一些关于社会和人的预言。波普尔说，精神分析学说与马克思主义宣称可以解释一切事实，并宣称自己是已被事实证明了的唯一真理，即使与之不相符合的事实，也能用自己的理论加以完满的解释。他认为这是与科学的批判思维格格不入的教条思维。

波普尔于 1926 年以题为"论思维心理学的方法问题"的论文获得维也纳大学哲学博士学位，毕业后当中学数理教师。其时的维也纳，正是逻辑实证主义的中心。波普尔没有参加维也纳学派的活动，但与学派成员费格尔等人有交往。1934 年，他的第一部著作《研究的逻辑》列在石里克、弗兰克等人主编的《科学世界观论文集》丛书之中出版。

《研究的逻辑》出版之后，波普尔收到了来自学术界的邀请。1935 年至 1936 年间，他在剑桥、牛津和伦敦经济学院作了多次演讲。在经济学院的演讲稿刊登在《经济学》杂志上，1957 年，又以《历史决定论的贫困》单行本形式出版。

第二次世界大战期间，波普尔移居新西兰，在坎特伯雷大学任教。在此期间，他继续从事批判历史主义的研究，其结果就是《开放社会及其敌人》一书。在这部政治哲学著作里，他考察了从柏拉图到黑格尔的历史主义理论，并错误地把法西斯主义和共产主义并列为当代的历史主义意识形态加以猛烈抨击。波普尔的著作一方面适应了二战后对法西斯主义的思想批判，另一方面也适应东西方"冷战"的政治形势，因此声名鹊起，多次获得学术界和政治界的国际大奖。波普尔也获得英国的爵士称号。波普尔于"二战"结束后到伦敦经济学院任教，直到 1969 年退休。他的晚年在白金汉郡的潘思镇度过，专事研究和著述。1994 年 9 月 17 日逝世。

波普尔在"二战"之后出版著作的情况是这样的：

《科学发现的逻辑》是 1934 年出版的德文版《研究的逻辑》的英译本和增订本。据波普尔自传说，该书最初出版时，书商嫌书稿太长，坚持要作大幅度删节。《研究的逻辑》只有原稿的一半篇幅。该书英译本于 1959 年出版时，波普尔增加了一些内容。他还写了一个很长的后记，但后记部分并未随正文一起出版，直到二十多年之后，才以三本书形式分别出版，它们是：《开放的宇宙》(1982)、《量子论和物理学的分裂》

(1982)和《实在论和科学的目的》(1983)。

《猜想和反驳》(1963)和《客观知识》(1972)两本论文集对自己的科学哲学观点作了全面阐明和引申。

《自我及其大脑》(1977)是与生理学家约翰·艾克尔合著的解决身心关系问题的哲学和生理学著作。

波普尔的最后一部著作是他于88岁高龄时出版的《趋向性的世界》(1990)。

此外,载有他的思想自传和对各种评论的回应文章的《卡尔·波普尔哲学》("当今世界哲学家丛书",1974)以及他在各种杂志和论文集里发表的大量文章,也是研究他的哲学思想的第一手资料。

总之,波普尔是一个多产的作者,是一名思想敏锐、革故鼎新的哲学家。他的主要活动领域在科学哲学,但同时又把科学哲学的方法论运用于哲学的其他领域,形成了以科学哲学为中心和基础的完整的世界观、认识论、方法论和社会科学的哲学理论。我们在本章首先介绍他的科学哲学,然后介绍其推广与应用。

## 第二节

## 证伪主义

从前面的论述(第四讲第二节,第八讲第三节)可以看到,证实原则、归纳问题和概率理论三者构成了逻辑经验主义面临的"危险三角区"。波普尔正是从这一关键领域开始突破,建立自己新的科学方法论的。

### 1. 对归纳法和证实主义的批判

波普尔高度评价了休谟对归纳法的挑战,但他也看到,即使人们知道归纳法的合理性是可疑的,他们(包括休谟在内)也不愿意放弃归纳法。这是因为人们不能摆脱这样一个根深蒂固的信念:科学理论是从重复出现的事实中归纳出来的,科学规律是建立在事实的重复性基础之上的。波普尔却认为,对重复性的信赖不过是一种迷信。他说:

> 在所有关于归纳的理论之中,最重要的根本学说都优先考虑重复性。根据休谟的态度,我们可以区分出这一学说的两个变种。第一个是休谟所批判的关于重复的逻辑上优先的学说。根据这一学说,重复的事件为普遍规律的认可提

供了论证(重复的观念通常是与概率观念相联系的)。第二个是休谟所坚持的关于重复的时间上(心理上)优先的学说。根据第二个学说,重复即使不能为一个普遍规律提供任何论证,也能引导并唤起我们心中的期望和信念。[1]

我们知道,休谟在否定归纳法能够证明必然真理之后,又对归纳法的功能给予心理学的解释,认为归纳法能够引导我们培养起生活所必需的心理习惯。逻辑经验主义者卡尔纳普等人建立起关于归纳法的逻辑理论,认为归纳逻辑能够证明成功概率高的科学假说。波普尔的上述引文所针对的就是这两种观点。波普尔认为,不论从心理学还是从逻辑学的角度来看问题,科学发明的关键从来都不是对于重复出现的事物的观察。因此,由于优先考虑重复性而导致的归纳法理论是站不住脚的。

在《猜想与反驳》一书中,波普尔批判了休谟关于归纳法的心理学理论。他的批判要点可以概括如下:

典型的重复活动是机械的、生理的,不会在心理上造成对于规律性的信仰。比如,谁也不会在简单的计数活动中发现关于数字的规律。留意观察到的事物的重复性不是这种机械的、生理上的重复,因为不同时间内观察到的事物总是会有差异的。只有从某一角度,出于某一目的去观察,我们才会从不同的事物中找到相同相似之处,才会把它们看作是重复的事物。也就是说,先要有一种见解,企图、期望、假定或兴趣,然后在观察中才会出现重复感。前者是心理现象,是重复感的原因之一,它们不能反过来成为重复性观察的结果。生物学家的一个实验可以证明这一点。将一支点燃的香烟放在幼犬鼻子前面,它会马上跑开,以后不管用何种方式也不能引诱它再次嗅香烟。同样,人们在生活中的很多习惯和信念都是幼时一次性经验所造成的。重复的事实和重复的行为一样,是在信念和习惯之后,而不是在其前产生的。由此可见,休谟认为重复观察产生心理上信念与习惯的论点是不正确的。

在《科学发现的逻辑》一书中,波普尔反驳了关于归纳法的逻辑学说。休谟已经割断了归纳法与必然真理之间的联系,波普尔的工作主要是批判逻辑实证主义的立场。根据这一立场,归纳法能够达到具有高概率的真实性的理论。波普尔反驳说,科学理论的内容不是平凡琐屑的,而是大胆的猜测,并且是在常识看来似不可信的猜测。这在逻辑上意味着,科学理论的真实性概率很低。波普尔的公式是:内容和概率成反比。一个理论的内容愈丰富,它的真实性概率也就愈低。设想有三个理论 a、

---

1　K. R. Popper, *The Logic of Scientific Discovery*, 2nd. ed. Hutchinson, London, 1968, p. 420.

b、a&b。

a:地球是椭圆。

b:地球围绕太阳运行的轨道是椭圆。

a&b:地球是椭圆,并且地球运行轨道也是椭圆。

如果用符号 Ct 表示理论所陈述的内容,那么则有下列表示理论 a、b、a&b 之间关系的不等式:

$$Ct(a) < Ct(a\&b) > Ct(b) \qquad (1)$$

如果用 P 表示理论真实性概率,现在假定 $P(a) = \dfrac{9}{10}$,$P(b) = \dfrac{8}{9}$,那么,应用概率运算的特殊合取规则(因为 a、b 是两个独立的陈述),$P(a\&b) = \dfrac{9}{10} \times \dfrac{8}{10} = \dfrac{7.2}{10}$。于是,我们有下列表示理论 a、b、a&b 真实性概率的不等式:

$$P(a) > P(a\&b) < P(b) \qquad (2)$$

比较不等式(1)和(2),我们便可得出结论,一个陈述的真实性概率与其内容成反比。这意味着,一个陈述的真实性概率愈高,它的内容也就愈贫乏。例如,一个重言式陈述"A＝A"的真实性概率为 I,但它却几乎没有经验内容。因此,那种想通过归纳逻辑保证的归纳法达到科学理论的努力是徒劳的。如波普尔所说:"如果高概率是科学的目的,那么科学就应该尽量少说,并且最好只说同义反复的话。"[1]

波普尔问道:既然科学实践并没有支持归纳法的必要性和有效性,为什么人们仍然相信没有归纳法就没有经验科学的神话呢?他认为,这是基础论在作祟。人们普遍相信,知识需要有一个坚实的基础,经验科学的基础是感觉经验。归纳法的认识论根源是这种基础论。因此,波普尔在破除归纳法的同时,也批判了认识论上的"基础论",尤其是经验基础论。他说,经验基础论的错误在于把科学发现活动分成两个部分:前一部分是感觉和经验观察,这是科学理论的基础;后一部分是建立在这一基础之上的理论。人们却没有提出这样的问题:观察和理论是独立的两种活动吗?他提出了这样的问题,并作出了否定的回答:任何观察都受一定的理论或理论上的倾向影响,观察不可能发生在理论之前。他举了一个实例,当他在维也纳当教师时,曾向一群学物理的学生指示:"拿起你们的笔和纸,仔细观察,然后记下观察的结果。"学生对

---

1 K. R. Popper, *The Logic of Scientific Discovery*, 2nd. ed. Hutchinson, London, 1968, p. 270n.

此惘然不知所措,他们问道:"你要我们观察什么呢?"波普尔说,这个例子告诉人们:"'观察',这样的指令是荒谬的。……观察总是有选择性的,它需要选择一个对象,一个明确的任务,一种兴趣,一种观点和一个问题。并且,对观察的描述是以一种描述性的语言及表达属性的词语为前提的,这又是以相似与类别为前提的。"他还说:"观察,或者更确切地说,观察陈述和对经验结果的陈述,总是对事实观察的解释,这是根据理论作出的解释。"[1]

波普尔上述观点首先是针对逻辑实证主义者的。逻辑实证主义把传统经验主义中经验和理论的区分表达为观察语言和理论语言的区别。观察语言不受理论影响,它陈述了理论语言的证据或基础;理论语言只当在与观察语言有联系的条件下才是有意义的。波普尔却说,一切对观察的描述或陈述都必须使用普遍概念,而一切普遍概念都具有理论上的意向性,而意向性又是受一定的兴趣、目的、观点、问题支配的。波普尔曾引用卡茨在《动物与人》一书中的一个例子,说明观察对象如何依动物的需要的不同而不同:一个饥饿的动物把环境分成可以吃的和不可以吃的东西,一个正在逃跑的动物则把环境分为出路和藏身之处,人也是这样。人总是先提出问题和目标,并根据需要和兴趣对外部事物作出区别,然后再作进一步的观察。在观察之前,人已经预先规定了观察的方向和对象。在这种预先规定中,作为理论初级形态的概念、假想无疑起了定向和定性的作用。不受理论影响,而又能为理论提供基础的"纯粹"观察是不存在的。

寻求知识基础是一种错误,但这一错误不是偶然的失误,而是一种扎根于人的本性之中的普遍倾向。波普尔认为,寻求安全感是人的首要心理需要。人追寻知识的目的最初是为了使自己的生活获得更为可靠的庇护。最可靠的庇护是确信的知识。因此,人们倾向于把知识与确信等同起来,把获得知识的过程等同于证实。经验主义者和逻辑实证主义者对知识基础的探讨都出自寻求安全感这一人性倾向。波普尔抨击了这一倾向:"经验主义者的问题'你如何知道? 你的断定的根源是什么?'在提法上就是错误的。这不是表述得不精确或太马虎,这些是企求独裁主义回答的问题。"[2]所谓知识论中的独裁主义指的是一劳永逸地证实知识真理性的企图。独裁主义用证实排除了对证实过的知识的批判和否定,它也可以称作"证实主义"。

在波普尔看来,传统知识论之中的归纳法、基础论和证实主义之间存在"一损皆

---

1 K. R. Popper, *The Logic of Scientific Discovery*, 2nd. ed. Hutchinson, London, 1968, p. 170n.

2 K. R. Popper, *Conjectures and Refutations*, 3rd, ed, Routledge, 1969, p. 25.

损,一荣俱荣"的关系。他的任务不仅仅是提出一种与归纳法不同的科学方法,他还必须提出与基础论和证实主义相对立的关于科学知识的一般性理论,建立起能够合理地阐明科学性质、任务和发展趋势的科学哲学。

### 2. 证伪主义与证实主义的对立

笼统地说,波普尔的科学哲学与传统的认识论以及逻辑实证主义的分歧表现在三个方面:证伪主义与证实主义的对立,试错法和归纳法的对立以及理性批判主义和基础论的对立。我们已经介绍了波普尔对自己学说的对立面的批判,我们接着解释他对自己学说的正面论述。

证伪主义是和证实主义针锋相对的关于科学理论的检验原则。和证实主义相比较,证伪主义有两个优点。

第一,科学理论一般都表达为全称判断,经验的对象却总是个别的。个别的事例无论重复多少次,也证实不了一个全称判断。例如,即使我们观察到成千上万只白天鹅,也不足以证实"所有天鹅都是白色的"这样一个全称判断,因为我们的观察不可能穷尽所有天鹅。然而,只要我们发现了一只黑天鹅,我们便可以立即证伪这一判断。因此,只有坚持证伪原则,我们才能够把经验观察作为检验理论的标准。换言之,经验之所以能够成为理论的试金石,其真实原因不在于经验能够证实理论,而在于经验能够证伪理论。

第二,科学史中的事实证明,当人们寻求证实而不能达到目的的情况下,人们往往借助一些辅助性的特设来为预先设定的理论辩护。仍以上面的事实为例:当一只黑天鹅被发现时,人们可以作出一些特设,把黑天鹅排除在"天鹅"类属之外;或者作出另外一些特设,使得只有白天鹅才能满足天鹅的特征。这样,证实主义往往堕落成为教条进行辩护的工具。证伪主义可以避免辩护主义、教条主义的危险。根据证伪原则的要求,人们不必害怕,更不必想方设法地消除与理论不符合的事例。相反,应当欢迎这样事例的发现。证伪原则告诉人们,一切科学理论都只是猜测和假说,它们不会被最终地证实,却会随时被证伪。

证伪过程中使用的方法是试错法。试错法的一般步骤是,首先大胆地提出猜测和假说,然后努力寻找和这一假说不相符合的事例,并根据事例对假设进行修正,乃至完全否定。在第一次尝试失败之后,再提出更好的假说,运用同样步骤对其进行证伪。试错法没有终点,试错法的目的不是最终找到一个不再能被证伪、不再适用于试错法的假说,试错法对理论的修改、完善或者否定是永无休止的。我们只能说,试错法"试"出了一个较好的假说,却不能说,我们找到了最好的假说。最好的假说是终极真理的代名词,是和科学精神格格不入的。

试错法在本质上是演绎的方法。在方法论中,人们通常把从一般原则推导到具体事例的过程称为演绎,把由具体事例推导一般原则的过程称为归纳。人们普遍认为,归纳法是经验科学的基本方法。演绎法的适用范围是数学、逻辑等抽象思维学科。波普尔不但否认了科学理论的发现是归纳过程,而且进一步说明,经验科学方法的性质是演绎。如果说,归纳法的程序是事例—假说—事例,那么试错法的程序便是假说—事例—(更完善的)假说。这在逻辑中被称为否定后件推理(modus tollens),其符号形式是:

(P→Q)&～Q≡～P

例如:P:所有的天鹅都是白色的。

　　　Q:每一只天鹅都是白色的。

"P 蕴含(→)Q"是假说。

观察的结果是～Q:有一只天鹅是黑色的。

因此,结论是～P:"所有的天鹅是白色的"是错误的。

从形式上说,试错法是这样一种类型的演绎推理。作为普遍有效的科学方法,这显示了科学的演绎性质。

### 3. 可证伪度

在《科学发现的逻辑》一书中,波普尔说,关于经验内容和确认度的概念是该书最重要的逻辑工具,这就是"可证伪度"概念。这一概念赋予证伪方法精确的逻辑表述,使之能被量化为概率计算。可以说,可证伪度这一逻辑工具使证伪主义获得了可与证实主义相匹配的逻辑和数学形式。

波普尔把可证伪性(fasiability)、可反驳性(refutability)和可检验性(testability)当作同义词使用,它们都是判别一个理论是否科学的依据。这意味着,一个严肃的科学检验必须极力搜寻可以反驳假设的否定性事例,这就是我们在前面谈到的试错过程。

可证伪性或可检验性有两个特点。第一,它与经验内容成正比。在两个假设之间,如果一个比另一个具有更大的可证伪性,这就是说,它有更多被推翻的机会,那么它对现实便作了更多的判断,因而也就有更加丰富的经验内容。这一结论实际上是"理论的内容和其真实性概率成反比"公式的推论。如前所述,理论 a&b("地球是椭圆,并且地球运行轨道也是椭圆")和理论 a("地球是椭圆")或理论 b("地球运行轨道是椭圆")相比,有着较多的经验内容和较小的真实性概率。说一个理论的真实性概率较小不啻是说它的可证伪性较大。理论的经验内容和其真实性概率成反比意味着它与其可证伪性成正比。这里面的理由其实是一个简单的算术问题,无需赘述。第二,是检验的严格性。在《科学发现的逻辑》中,波普尔指出:"决定确证程度的因素与其说是例证的数目,不如说是这个假说能够或者普遍经受到的各种检验的严格性,而检验的严格性又由可证伪性的程度所决定。"[1] 可见,检验的严格性取决于可证伪性的程度。一个理论的可证伪性越高,它所能经受的检验的严格性也就越高。那么,什么是检验的严格性呢? 严格性有两个参数:证据和背景知识。设我们有理论 T,背景知识 K 和检验 T 所得到的证据 E。如果 E 相对于 K 来说是不可信的,但相对于 K 和 T 来说却能给予 T 以必要的经验支持,那么,E 对于 T 的检验便是严格的。这里所说的背景知识,指的是在检验时刻被本领域科学家们普遍接受的知识。通俗地说,它是一种流行观念。根据背景知识 K,人们不可能期待着事实 E 的出现。在这种情况下,如果一个人提出了和 K 不同的假说 T,出人意料之外地预测了 E 的存在,并且在以后的实验中,人们以 T 所规定的方式观察到了事实 E,那么 T 便经受了 E 的严格的检验。

"检验的严格性"这一概念旨在对科学理论的价值作出评估。根据这一标准,一个理论的价值不在于对既存知识中已知的事实作出新解释,一个在这一解释之前已为人们熟悉的事实对该解释不起检验作用。科学理论的价值在于它提出了惊人的、出人意料之外的预测;它的内容在背景知识中显得不可信和不可能发生,却在观察中被经验事实所确认。只有经受了这样严格检验的理论才对人类知识的积累有所贡献。因为假说一旦被严格的检验所确认,背景知识中与这个假设相矛盾的部分就要被排除,甚至背景知识会被新知识所替换,这意味着知识的增长和科学的进步。

在波普尔的心目之中,严格检验的范例是对爱因斯坦相对论的检验。相对论中的一些结论,如光线弯曲、时间延长、空间缩短、宇宙膨胀等,在经典物理学的背景中,乃至在一般人的常识中都是不可理解的。但是它们都获得了某些观察证据的支持,使得相对论成为经过严格检验的科学理论,并修订了经典物理学。

---

1 K. R. Popper, *The Logic of Scientific Discovery*, 2nd. ed. Hutchinson, London, 1968, p. 267.

　　然而，经典物理学也曾是经由严格检验的科学。海王星的发现就是对牛顿力学的一次严格检验。天文学家发现，天王星的运行轨道和根据牛顿定律计算的结果相比有细微的偏差，这一事实似乎证明了牛顿力学的不精确性。然而，英国的亚当斯（J. C. Adams）和法国的勒维里叶（Leverrier）根据牛顿力学作出预测，这一偏差是由于天王星轨道外侧的一颗尚未观察到的行星对天王星的引力造成的，他们计算出这颗未知行星的精确位置，不久，海王星的存在便被观察所确认。用同样的方法，人们又发现了冥王星。海王星的发现把对牛顿力学的威胁转变成牛顿力学的一次重大胜利，它显示了科学理论预测未知事实的力量。

　　如果说"可证伪性"和"检验的严格性"这两个概念是对科学理论之标准的定性分析，那么波普尔的另外两个相关概念"确认度"和"逼真度"就是对科学标准的定量分析。

　　确认和证伪是同一个标准的正、负两面，"证伪"这一概念强调，任何科学理论都是假设，最终都要被更好的假设所代替。"每一个'好的'科学理论都是一种禁戒，它禁止某些事物的出现。一个理论禁止得越多，它就越好。"禁止得越多的理论必将经受否证事例的更大冲击，因此也就越容易被证伪。"确认"这一概念则强调，如果一个假设在严格的、否证的考验之下仍然不被推翻，那么它就显示出顽强的生命力和优越的价值。虽然它没有并且永远不会得到最终的证实，但仍可以暂时被看作是迄今为止最合理的假说。波普尔把严格的检验力图否认但暂时还没有被否认的理论称作"对理论的确认"。

　　"确认"这一概念虽然认可了一个理论的合理性，但它不是逻辑实证主义者所说的"确证"。波普尔用"corroboration"表示"确认"，以示与卡尔纳普所说的"确证"（confirmation）有别。两者的差别是量度的差别。确证度和概率成正比，它是衡量归纳法效果的尺度：支持一个理论的事例愈多，那么表示这个理论真实性的概率也就越高。与此相反的是，确认度与概率成反比。用波普尔的话来说："一个理论的可确认度，亦即一个在事实上经受了严格检验的理论的确认度，是同它的逻辑概念成反比的。因为两者都随着它们可检验性的程度的增加而增加。"[1]他的理由是：既然理论可检验的程度即可证伪的程度，那么确认度较高的理论总是那些较容易地被证伪的理论。如果用概率来表示"容易被证伪"的程度，证伪的可能性高则理论真实性概率

---

1　K. R. Popper, *The Logic of Scientific Discovery*, 2nd. ed. Hutchinson, London, 1968, p. 270.

低,反之亦然。因此,确认度与概率成反比。

如果我们用符号 C(x,y)表示事实 y 对 x 的确认度,P(y)表示事实 y 可能出现的概率,那么则有:

$$C(x,y) = \frac{1-P(y)}{1+P(y)}$$

这一公式表示了确认度和事实 y 出现的概率(亦即理论 x 真实性的概率)之间的反比关系:P(y)的值愈大,则 C(x,y)的值愈小,反之亦然。

确认度公式是对前面所说的检验严格性的定量说明。P(y)的值大,意味着背景知识对事实 y 的认可。这样的事实对新理论 x 的确认并没有多大意义。P(y)的值小,则意味着背景知识对事实 y 的怀疑和拒绝。然而,一旦事实 y 以理论 x 所预言的方式被发现,它将对 x 的确认作出重大贡献。

### 4. 逼真度

在《研究的逻辑》一书中,波普尔并没有认真论述真理问题。这是因为,当时他对"真理"这一概念抱着敬而远之的态度。关于真理的各种传统理论都把真理看作是对于本质的揭示。本质与理智的关系只有两种:不是显现,便是隐蔽;人的认识不是真理,就是错误。这种传统观念和波普尔的证伪原则格格不入,而他自己又没有一个关于真理的成熟想法。因此,当他谈到"寻求真理""越来越接近真理"这些话时,心中不免忐忑不安。后来,他读到了塔尔斯基提出的真理的语义学定义:"P"是真的,当且仅当 P。根据这个定义,"真理与事实相符合"这句话满足了真理的充分条件,并且在形式上也是不可反驳的(参阅第六讲)。塔尔斯基的定义帮助波普尔摆脱了困境,波普尔认识到,没有理由在知识论中不使用"真理"这一概念,也没有理由不能说一个理论比另一个理论更接近真理。真理的发现虽然不是一劳永逸,但这并不意味着所有理论接近真理的程度没有区别。"逼真度"的概念衡量理论接近真理的程度。而程度本身是一个相对的概念,因此,"逼真度"是适用于两个理论相比较的概念,而不是对单个理论的评价,只有"确认度"才是适用于单个理论评价的概念。

设有两个理论 $a_1$ 和 $a_2$,如果下列任何一种情况发生,我们便可以说 $a_2$ 比 $a_1$ 具有更高的逼真度。

(1) $a_2$ 比 $a_1$ 作出更加精确的判断,并且经受了更为准确的检验。

(2) $a_2$ 比 $a_1$ 说明了更多的事实。

(3) $a_2$ 比 $a_1$ 更为详尽地描述或说明了事实。

(4) $a_2$ 通过了 $a_1$ 通不过的检验。

(5) $a_2$ 设想了 $a_1$ 没有考虑过的实验，并且通过了实验的检验。

(6) $a_2$ 把 $a_1$ 认为是不相关联的问题联系起来。

在科学发展史上，牛顿的理论比开普勒和伽利略的理论具有较高的逼真度。因为前者比后者以更精确、更详尽的方式说明了更多的事实，并且把以前互不联系的天体力学与大地力学统一起来。虽然牛顿力学被后起的理论所反驳，但这并不影响它对于开普勒和伽利略理论的优越性。因为牛顿力学通过了一些后者通不过或者根本没有设想过的严格检验，并且，那些反驳牛顿理论的证据同样也反驳后者的理论。因此，即使在牛顿力学遭到反驳之后，我们仍然可以在它和开普勒、伽利略的理论的比较之中肯定它，它的逼真度较高。

逼真度有着量的规定性。我们可以把遭到反驳的理论分成两部分：被证伪的部分和尚未被证伪的部分。前者称为理论 a 的"假内容"，用符号 $Ct_F(a)$ 表示，后者称为理论 a 的"真内容"，用符号 $Ct_T(a)$ 表示。$Vs(a)$ 表示理论 a 的逼真度，那么则有下面的公式：

$$Vs(a) = Ct_T(a) - Ct_F(a)$$

根据这一公式，理论 $a_2$ 的逼真度高于理论 $a_1$ 的逼真度，当且仅当(1) $a_2$ 的真内容超过 $a_1$ 的真内容；或者(2) $a_1$ 的假内容超过 $a_2$ 的假内容。

引进了"逼真度"这一概念之后，波普尔得以更加圆满地解释科学知识进步的标准。前面所说的高度的证伪性、内容的丰富性和检验的严格性等只是科学进步的必要条件，但还不足以组成所需的充分条件。因为一个理论不论现在如何合理，总有一天会遇到它说明不了的事实和它通不过的检验，总会被事实所证伪。但是只要这个理论比先前的理论有较多的真内容和较少的假内容，即使在它被证伪之后，我们仍然可以肯定它的逼真度，仍然可以把这一理论代替它之前的理论的历史看作是科学进步史、知识积累史。这就是说，"逼真度"这一概念在说明科学发展史时是必不可少的。

第三节————————————————————————————

## 知识和世界的非决定性

在《科学发现的逻辑》的序言里,波普尔明确地说,认识论的主要问题是科学知识如何增长的问题:"认识论的中心问题过去是,并且现在仍然是知识的增长问题,而对科学知识的增长的研究是研究知识增长的最好方式。"[1] 在波普尔看来,科学知识的进步是人类知识增长的最明显的例证,因为这是一个新理论不断替代旧理论的过程,而不仅仅表现为知识内容在数量上的增递。通常,人们喜欢把人类知识比作一座大厦,知识的增长犹如在一个坚实的地基上进行的一砖一瓦的递进式构造。但是波普尔说,这是一个错误的比喻。因为人类知识没有现成的、固定不变的基础;知识的增长也不是以现存知识为基础的构造,而是对现存知识的破除。并且,破除旧知识和构造新知识表现为同一过程,也不能用拆旧屋、盖新房的比喻来形容。

正是因为波普尔关于科学知识增长的模式与传统观念根本不同,他的科学哲学和传统的认识论相比较有着不同的"聚焦点"。传统认识论关心的是知识的基础以及由此而产生的知识的性质、范围等诸问题。波普尔始终把科学知识的增长问题作为他的主要研究对象。

在对科学的界限以及性质作了证伪主义说明之后,他提出了科学知识增长的模式,如下所示:

$$P_1 \rightarrow TS \rightarrow EE \rightarrow P_2$$

这个模式表示,科学知识的积累是一个不断解决问题的过程。科学不是始于观察,而是始于问题(problem)。面临着问题 $P_1$,人们首先提出假说,作为对此问题的尝试性解决,即 TS(tentative solution)。然后,再对这一假设进行严格的检验,即通过证伪消除错误,即 EE(error elimination),进而产生新的问题 $P_2$。如此反复,问题愈来愈深入、广泛,对问题作尝试性解决的理论的确认度和逼真度也愈来愈高。根据这一模式,人类知识的积累应当被看作是新理论代替旧理论的质变,而不仅仅是数量上的增长。

波普尔说,他的模式从根本上说是达尔文主义的,而不是拉马克(Lamarck)主义的模式。因为它强调的是知识的进化,而不是渐进。在上面的模式中,对一个问题的

---

1  K. R. Popper, *The Logic of Scientific Discovery*, 2nd. ed. Hutchinson, London, 1968, p. 15.

尝试性解决方案实际上不止一个,它应作如下的修改:

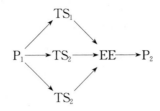

在各种尝试性的解决方案 $TS_1$,$TS_2$,$TS_3$……之中,存在着类似达尔文所说的优胜劣败的生存斗争。只有那些能够通过证伪的严格检验的方案,才能被保留在科学知识之中,其余则在消除错误的过程中被淘汰。当然,生存下来的方案并非一成不变,它还要面临新的问题,经受新的检验,进化成新的方案和理论。

波普尔把科学知识增长的模式同达尔文的进化论相联系,不仅仅是一个比喻。两者之间的联系向人们暗示,这一模式不仅适用于人类智力活动,也适用于一切生物的活动。对波普尔的知识增长模式,可以作广义的和狭义的两种理解。广义的理解和他的形而上学思想有关,狭义的理解只涉及他的科学哲学。我们将在第九讲中阐明广义的知识进化论,在此暂将我们的理解限制在狭义的范围之内。

波普尔的科学知识增长模式既是一个开放性的又是一个非决定论的模式。正如人们不能完全控制、预测生物进化过程一样,人们也不能完全预测和决定科学知识的未来状况。他特别反对拉普拉斯的机械决定论。18 世纪法国科学家拉普拉斯说,假如我们具有关于物体以及质点的位置和运动的充足知识和无限的数学运算能力,我们就能够精确地预测将来发生的每一个事件。波普尔反驳说,科学理论的尝试性和暂时性意味着,现有的科学知识描述的是迄今为止所发生的状态,而根据对过去状态的描述,我们不能预测未来的状态。波普尔的理由和休谟反对因果关系必然性的理由类似。两者都认定,在过去发生的事件和将要发生的事件之间不可能有必然的逻辑联系。

波普尔在一篇题为《量子物理学和经典物理学中的非决定论》[1]的文章中,为他的非决定论提出了三个论据,其中心点是论证对未来知识状态的完全预测之不可能性。

---

1　K. R. Popper, "Indeterminism in Quantum Physics and in Classical Physics", in *British Journal for the Philosophy of Science* (1950), pp. 117 – 133, 173 – 195.

第一个论据叫做"特里桑的 Shandy 酒之悖论"。特里桑（Tristram）是中世纪传说中的英雄，他在护送国王的新娘前去成婚的路途中，和新娘一起误喝了一种神奇的 Shandy 酒，他俩都能够感受对方的心理状态，因此坠入了不可分割的爱情之中。波普尔把他俩喝的 Shandy 酒比作一架智能机器，它能够在任何时刻告诉人们，他们在将来某一时刻将处在何种精神状态之中。现在假设人们在时刻 $t_1$ 给机器下达了预测他们在 $t_5$ 时的精神状态的指令，机器在时刻 $t_2$ 完成了预测。但是这一预测是根据人们在 $t_1$ 时的精神状态作出的，它没有考虑到人们在 $t_1$ 至 $t_2$ 这段时间中精神状态的变化。于是，机器在时刻 $t_3$ 要以人们在 $t_1$ 至 $t_2$ 精神状态的变化为依据，对他们在 $t_3$ 时的精神状态作出新的预测。但是，当这一预测在 $t_4$ 完成时，人们在时间 $t_2$ 至 $t_3$ 中的精神变化又未能被包括在预测之中。依此推演，只是到了 $t_6$ 时，机器才能够知道人们在 $t_5$ 时的精神状态，并且把他们在 $t_4$ 至 $t_5$ 这段时间内精神变化的因素考虑进去。这也就是说，机器只有在将来之后的某一时刻，才能对将来时刻的精神状态作出"预测"。这是一个悖论。推而广之，任何关于将来知识状态的知识都是悖论。这一悖论说明，人不可能科学地预测他们精神生活之未来。

波普尔的第二个证据是"俄狄浦斯效应"。俄狄浦斯是希腊神话中的人物，传说他刚出世时，先知便预言，他将来的命运是杀父娶母。为了避免这一预言的实现，他与他的父母都作了各种努力。然而，只是到了这一预言最终实现之后，俄狄浦斯才知道，正是这些防范预言实现的措施，成了促使预言实现的一个个步骤。这个故事从心理学角度说明了"特里桑 Shandy 酒悖论"中的逻辑道理，即：任何预测都要包含对预测活动自身（包括预测的步骤、方式和效果等因素）的考虑，而这一考虑又引起了一系列新的、没有被包括在原来预测内容中的预测。人们只有在被预测的事件发生之后，才能够完成对这一事件的认识。人们不可能在事前就对未来事件、状态作出完全的、精确的预测。

第三个证据是"哥德尔句子"。逻辑学家哥德尔（K. Gödel）于 1931 年提出不完全性定理，证明一个没有任何矛盾的演绎系统必定是不完全的，在完善的演绎系统之中，总不免有些定理和命题的真假是不可确定的。波普尔把这些定理和命题称作"哥德尔句子"。他提出这样一个问题：在一个演绎系统中，是否能预测哪些句子是哥德尔句子呢？设想一架计算机能够作出这样的预测。然而，只有在对一个句子进行证明的所有尝试都失败之后，它才能断定该句子是哥德尔句子，在此之前，它不能预测其自身将来时刻的工作状态。波普尔认为，哥德尔句子在一个演绎系统中的存在与不确定性证明了知识对自身将来状态的完全预测在工作程序上是不可能的。

波普尔在知识发展观中所持的非决定论观点是和他的证伪主义相一致的。预测是猜想和假说,要服从证伪原则,而证伪的证据和结果是不可能包含在预测的内容之中的。如果把科学理论发展的过程看作不断地对猜想和假设加以反驳和证伪的过程,那么一个随之而来的推论就是:任何对这一发展过程的预测都不可能是完全的;相反,它必须随时被修改、补充乃至推翻。

对于科学发展的过程,人们充其量只能预测它的总趋势,即知识的经验内容不断增加,越来越接近真理,从低级到高级,从简单到复杂的趋势。如果人们期待更多,想要知道为什么那些最不可信的假说最终会代替根深蒂固、深入人心的理论,波普尔则不能提供任何解释。他说,我们过去在知识论中的胜利是"奇迹般地难以置信,因此,它是不可解释的"。它只能被看作是一个不太可能发生的偶发事件的无穷系列上的环节。[1]

波普尔对科学理论发展的非决定论解释可与达尔文的进化论思想相比。一个假说之提出犹如物种的突变,成功的假设能够更好地解决问题,这正如某些突变所产生的物种能更好地适合环境一样。成功的假设代替旧假设犹如新物种代替老物种的物竞天择的生存斗争。以上这些相关类似蕴含着一个更为重要的关系:假说的诞生与突变的发生一样,都是盲目的、无规律可循的,因此,理性无法引导假说的诞生。波普尔曾明确地说,理论发明如同物种突变一样,是创造性的直觉的一蹴而就。[2]

波普尔关于科学知识增长的非决定论模式导致的一个重要后果是对自然规律的非决定论解释。这种解释不仅是哲学的,而且是物理学的。现代物理学的成果突破了经典物理学关于自然规律的精确的、严格的决定论的描述。围绕着规律的性质问题,物理学界存在着非决定论和决定论的争执。

现代物理学中的非决定论有两个有力的证据,一是海森堡(Heisenberg)提出的测不准关系,二是玻尔(Bohy)提出的互补原理。测不准关系表明,人们不能同时精确地测定微观粒子的质量和速度。互补原理表明,量子粒子性(它的时空坐标)和波动性(它的动量)只能在互相排斥的实验条件下才能表现出来。海森堡和玻尔都强调基本粒子的性质和人们使用的测量仪器等观察条件有着不可分割的关系。哥本哈根学派由此得出结论:在微观世界里,客体和主体不可区分,用以描述客体连续性的因

---

1 参见 K. R. Popper, *Objective Knowledge*, Clarendon. Oxford, 1972, p. 28。

2 参见 K. R. Popper, *Unended Quest*, Fontana Collins, London, 1976, p. 32。

果规律的概念不再适用于量子力学。他们用"几率波"的概念代替"因果关系"的概念，用统计规律代替客观规律。在哥本哈根学派把量子力学的统计学解释成非决定性的主观约定的情况下，爱因斯坦认为，微观世界中存在着人们可以认识但尚未被认识的客观规律，适用于量子领域的统计学规律只是由于人们对客观规律的决定性作用缺乏认识而采取的补救方法和权宜之计。这两种立场的对立造成了现代物理学中著名的哥本哈根学派和爱因斯坦之间的争论。

波普尔在这场争论中并未置身度外，但他也没有在争论的双方观点中作非此即彼的选择。他把争论的焦点归结为两个问题：第一，微观世界有没有客观规律？第二，关于世界的决定论和非决定论谁是谁非？在第一个问题上，他间接地支持了爱因斯坦的立场，在第二个问题上，他则倾向于同意哥本哈根学派的观点。

波普尔之所以同争论双方都保持了一定距离，是因为他发现了两者共同的缺点。无论是哥本哈根学派还是爱因斯坦都没有承认统计规律的客观性。他们都认为，统计规律是出自某种主观需要而采用的人为方法。他们关于规律的认识仍然局限于经典的概念：自然规律是事物之间的因果联系。既然统计学中的概率描写的不是特定的原因产生特定的结果，而是大量现象的大致趋向，它当然不能反映经典物理学中所理解的自然规律。但是波普尔认为，关于规律的经典概念过于狭窄，致使趋向性被排除在规律性之外。为了说明概率的客观规律性，他提出了关于概率的趋向性理论（propensity of probability）。该理论的要点是：我们无法预测一个体系的运动结果，因而可以说这一结果是任意的。但是如果重复实验表明了该系统的统计学意义上的稳定性，那么这一稳定性反映了该系统的内在的趋向性。内在的趋向性表明的不是系统内部要素之间的关系，而是系统和它所在环境之间的关系。波普尔说，趋向性是实在论者"对原因的概念，特别是对力的概念的非决定论的概括"[1]。当趋向性达到最大值，即达到概率的最大值 1 时，趋向性就是经典物理学中所说的力。力是该系统对周围系统的作用，是它们运动的原因。该系统和环境之间更为复杂的互相作用则产生了这一系统的趋向性，用概率表示，其数值在 1—0 之间。趋向性从一个系统和它的环境（包括众多的系统）之间的排列、结构和关系中产生，而不是由人的主观意识所能干预、控制和约定的结果。因此，概率所表达的是一个系统所固有的客观趋向性。

---

1 *The Philosophy of Karl Popper*, ed. by P. Schilpp, Open Court, 1974, p. 1130.

趋向性的客观性也就是自然规律的客观性。经典物理学的规律可以用力来解释。既然力只是趋向性的一个特例,那么经典物理学中的规律性和量子力学中的趋向性之间的区别不在于前者是客观的,后者是主观的;也不在于前者是因果关系,后者不是因果关系。确切的答案应该是:经典物理学中的规律是可被准确预测的,符合决定论的,而量子力学规律不能被准确预测,不符合决定论的要求。

规律性和决定论对波普尔来说并不具有同一意义。说世界是有规律的,并不等于说世界中所有事物都被规律所决定。他曾用"钟和云"的比喻说明决定论和非决定论的分歧。"云"代表了这样的物理系统:不规则、无秩序、难以预测;"钟"代表了有规则、有秩序和高度可预测的物理系统。物理学中的决定论者犹如在说:"所有的云都是钟",这当然是不正确的。非决定论者则坚持钟和云的区别,否认云能被归结成钟。他们否认所有事物在一切细节上都以绝对精确的方式被预先决定了。但是非决定论者并不否定规律性,云的非决定性并不意味着它是没有原因的。因此,在物理学中坚持非决定论并不妨碍对客观规律的追求和对外部原因的探索。相反,在经典物理学中符合决定论的规律不适用的领域,仍然固执地坚持决定论,倒是容易走向它的反面,滑到否认客观规律存在的主观主义立场。

不难看出,物理学中的非决定论和我们在前面所介绍的波普尔关于科学知识增长的非决定论是相一致的。"一个物理系统是否预先被决定"的确切含义是,"我们能否精确地预测这一物理系统的未来状态"。波普尔争辩说,即使退一步说,承认经典物理学的规律普遍有效,我们仍然不能得到决定论的结论,说我们能够精确地预测物理世界未来状态。即使人们可以完全了解全部物理系统之间在现时的所有相互作用,他们自身(人的物质构造也是物理系统)将来和各物理系统的相互作用也不能被精确预测。人对其未来知识状态的不确定性和物理世界未来状态的不确定性实际上是一码事。不论知识系统还是宇宙系统都是开放的,开放的知识在于可证伪性,开放的宇宙在于非决定性。在他的最后一本书里,波普尔还用最近的混沌理论为"开放的宇宙"作了辩护。他说,开放的宇宙"已被动力学(或决定论)混沌的数学所支持。这一新理论说明,即使依照经典的(或决定论的)力学,我们也能在一些特别的但又相当简单的最初条件下产生出这样一些混沌运动,它们很快变得完全不可预测"[1]。

---

1 K. R. Popper, *A World of Propensities*, Theommes, Bristol, 1990, pp. 24 – 25.

第四节————————————————————————————————

## 科学和非科学的界限

波普尔一直坚持说,在对科学进行反思的诸题材中,对科学与非科学界限的反思最为关键,这是科学哲学中大部分重要问题的症结所在。波普尔的这一判断是在特定的文化背景中提出的。科学与非科学的界限并不是贯穿人类思想发展史的关键问题。在近代科学诞生之前的漫长岁月里,科学与哲学乃至宗教、神话混合在一起,人们并未感到把科学从人类思想领域中区分出来的需要。只是到了 19 世纪后期,自然科学家们才觉察到传统的哲学观念对科学发展的束缚,于是才有实证主义思潮的滥觞。实证主义的目的是区分科学和形而上学,并且以科学的名义取消形而上学。波普尔关于科学界限的思想实际上是对实证主义者提出的问题进行再思考的结果。他得到的结论却与实证主义不尽相同。

波普尔所要区别的不仅是科学与形而上学的界限,而是科学与非科学的界限。非科学不但包括伪科学,也包括像数学、逻辑学这些不受经验检验的学科。波普尔心目中伪科学的例子有某些形而上学体系、心理分析学说、占星说、骨相学等。波普尔一再声称,这样的区分并没有取消非科学的学科的非分之想。因为科学与非科学的界限不是正确的理论与错误的理论之间的界限。这一立场同通常流行的"科学即正确,非科学即错误,伪科学即无知愚昧"的公式完全不同。这是因为:第一,非科学中也包括像数学、逻辑这样的真理;第二,更重要的是,科学与非科学(包括伪科学)一样,都既包含着真理,又包含着谬误。"科学常常犯错误,而非科学却有时在真理之途上蹒跚而行。"[1]

以上分析表明,波普尔所说的"非科学"范畴至少包括三方面的学说:(1) 具有积极意义的形而上学;(2) 伪科学;(3) 数学和逻辑学。下面分别说明波普尔关于这些学说的说明。

### 1. 科学与形而上学

在如何评价形而上学和科学的关系问题上,波普尔清楚地与逻辑经验主义立场划清了界限。逻辑实证主义者的基本纲领是"反对形而上学",并且根据"证实原则"的标准,把形而上学的命题判决为不可证实的因而也是无意义的命题。他们反对和

————————————————

1  K. R. Popper, *Conjectures and Refutations*, 3rd, ed, Routledge, 1969, p. 33.

排斥形而上学的障碍，虽然他们并不否认形而上学对人们的宗教、道德和审美生活的作用。波普尔虽然也关心科学与非科学的划界问题，并且也把形而上学划入非科学领域，但是他对形而上学的态度却比逻辑实证主义的立场温和一些。他认为，科学与非科学的界限是一个知识论的问题，有意义的命题与无意义的命题的界限是一个语言的问题，不能把两者等同起来，也不能把前者归结为后者。逻辑实证主义者认为，只有陈述经验的命题才是有意义的科学命题，一切形而上学的命题都是没有意义的。这混淆了"科学的界限"和"意义的界限"两个不同的问题。波普尔说，这一混淆造成了理论上的混乱。因为科学命题固然有意义，形而上学命题也未必无意义。"简单地把形而上学说成是无意义的废话是浅薄的。"[1] 他认为，形而上学对科学的发展有着重要的意义。他的理由如下：

首先，科学命题和形而上学命题有共同之处，它们都是针对某一问题而作出的猜测。只要这些问题是有意义的，回答这些问题的形而上学命题也是有意义的。虽然形而上学的猜测是非科学的，它却往往首先提出了有意义的问题。以后的思想家对于这些问题作了更加具体和精确的经验考察，才创立了能够为经验事实所证伪，因而也是科学的学说。在这一意义上，我们可以说，形而上学的理论是科学理论的先驱。波普尔在《论科学和形而上学的地位》一文中高度评价了形而上学的先驱作用："一个哲学家所能做的事情之一，也是可列入他的最高成就的事情之一，就是看出前人未曾看出的一个谜，一个问题，或一个悖论。这甚至是比解决这个谜更高的成就。第一个看到和理解一个新问题的哲学家打破了我们的懒散和自满，他之于我们就如休谟之于康德：他把我们从'教条主义的沉睡'中唤醒，他在我们面前开拓了新的视野。"[2]

波普尔曾用早期希腊哲学家们的猜测说明了形而上学的作用。第一个哲学家泰勒斯（Thales）说："世界由水构成。"他的学生阿那克西曼德（Anaximander）、阿那克西美尼（Anaximenes）则说，世界由"无限"或由"气"构成。他们的猜测向传统的神话世界观提出了挑战：世界不是神创造的，它有着自然的"始基"和自身变化的原因。他们首先提出了"自然是由什么构成的？""自然界运动的原因是什么？"等问题。虽然他们的非科学的猜测早已为科学的理论所代替，但正是他们的问题，为物理学提供了存在的依据。近代的康德哲学也显示了形而上学的作用。康德看到牛顿力学中心的一个悖论：他的理论是不可能由直接观察中总结出来的结论，然而它却普遍适用于所有观

---

1　K. R. Popper, *The Logic of Scientific Discovery*, 2nd. ed. Hutchinson, London, 1968, p. 36.

2　K. R. Popper, *Conjectures and Refutations*, 3rd, ed, Routledge, 1969, p. 185.

察到的现象。他提出的问题是：先验的综合判断何以可能？虽然他为解决这一问题而提出的先验论是形而上学的，但这一问题却促使人们重新思考观察与理论、经验与逻辑之间的关系。对这一问题的思考促进了现代科学哲学的诞生。

其次，科学和形而上学的区别是历史的。在人类知识积累的过程中，许多原来不能被经验证伪的形而上学问题可以转化为能够被经验证伪的科学问题。例如，古代的原子论，恩培多克勒(Empedocles)的进化论和毕达哥拉斯(Pythagoras)等人的"地动说"，原来都纯属形而上学的猜测，后来都转化为具有经验内容的科学理论。波普尔甚至进一步提出，神话也是科学的先驱之一。比如，"火星上是否有生命？""月球上是否有山峰？"原来是在神话或幻想中的问题，但现在它们成了科学知识中的问题。为了说明形而上学向科学的转化，波普尔把形而上学比喻为浮悬在一个容器上部的尘埃，把科学比喻为容器底部的沉淀物，形而上学的尘埃不断向下沉淀，积累成为经验科学的内容。从历史的角度看问题，波普尔肯定地说："我们都是形而上学家，而且形而上学是科学的历史根源。"[1]

最后，科学与形而上学的区分不是纯粹的。一个科学理论可以包含着形而上学的因素。因为科学理论是大胆的猜测，形而上学的信仰对于科学家有时具有指导或启发作用。以哥白尼的"太阳中心说"为例。哥白尼受当时流行的新柏拉图主义的影响。"太阳"这一概念和形象在柏拉图哲学体系中占有特殊的重要地位，它是至善的理念，是理念世界的神圣之源，而我们生活的现实世界只不过是观念世界的"影子"，受惠于从太阳中流溢出来的理性之光。根据这种形而上学信仰，太阳不可能围绕着地球转。哥白尼因此大胆地猜测：太阳是宇宙的中心。这一假说通过了经验的严格检验，而被确认为科学的理论。开普勒定律的发现也受到新柏拉图主义的影响。开普勒的老师弟谷·布拉赫(Tycho Brahe)已经积累了足以反驳"行星的轨道是圆形"的观察资料，但他却囿于传统的"圆形运动是最完美的运动"的观念，未能提出新的理论。开普勒却从新柏拉图主义的"流溢说"中获得灵感，他相信有一种力像光线一样从太阳中流出，操纵行星运动。根据力学计算，行星运行轨道应该是椭圆形而不是圆形。在科学发展进程中，形而上学和科学彼此交替、互相影响的情形层出不穷。

### 2. 科学与伪科学

并非所有形而上学的理论都对科学研究具有指导、启发和促进作用。在《论科学

---

1 *The Philosophy of Karl Popper*, ed. by P. Schilpp, Open Court, 1974, p. 1067.

和形而上学的地位》一文中,波普尔批判了五种形而上学理论:决定论、唯心主义、叔本华的非理性主义、意志主义和海德格尔的虚无主义,说它们不仅不符合科学知识,也不符合人类健全的理性;它们虽然不能被经验事实所证伪,在理性的批判面前却难以自圆其说。除此之外,历史上和现代一切声称能够解释一切而且不受经验检验的学说也属伪科学之列。科学与伪科学的差别何在呢?

波普尔一反人们的常识,别开生面地提出,科学与伪科学(注意:不是非科学)的界限在于,科学是可误的,而伪科学是绝对无误的。科学不是绝对确实的真知识,绝对无误恰恰是幻想的特征。"科学的客观性的要求必然导致每一个科学命题都必定永远是试探性的。它可以得到确认,但是每一确认都是相对的,是对其他陈述的试探。"[1]科学的精神不是昭示无法反驳的真理,而是在坚持不懈的批判过程中寻找真理。要求判断的绝对无误不是科学家的态度,而是信仰者的态度。伪科学以绝对无误性为目标,并且以自身的方式达到了这一目标。但是绝对无误性并不是什么优点,相反,它恰恰是一个学说的致命弱点。一个学说之所以绝对无误,并不是因为它表达了确凿可靠的真理,而是因为经验事实无法反驳它。伪科学宣称能够解释一切经验事实,但又不受经验事实的检验,这就是其之所以为伪科学的原因所在。

### 3. 科学与数学、逻辑

波普尔认为,科学与数学和逻辑的区别不在于人们平常所说的归纳与演绎的区别。两者的区别在于:第一,科学的方法是试错法,即对已有的假说提出反驳、证伪,数学的方法是公理方法,即把某些命题当作毋庸置疑的公理,并把与之不相矛盾的命题推演出来,按照一定顺序建构一个公理体系;第二,科学命题必须具有实际的经验内容,这些经验内容必须接受经验的检验,数学和逻辑命题可以不接受经验的解释,在这种情况下,它们被称作"纯粹"命题,不必经受经验的检验,因为它们没有对经验事实作出任何陈述;第三,科学命题寻求证伪,不断变化,数学和逻辑命题则寻求证明,在一定的公理体系内相对稳定,达到最大限度的确定性。波普尔说:"除了纯数学和逻辑之外,没有什么东西可以被证明。"[2]这是因为科学命题只能被证伪,不能被证实;形而上学和伪科学命题不接受经验的证实;纯数学和逻辑命题虽然不需要经验的证实,但也不能被经验所证伪,并且能够被公理方法所证明。因此,只有数学和逻辑才是能被证明的学说。

1　K. R. Popper, *Unended Quest*, Fontana Collins, London, 1976, p. 168.

2　K. R. Popper, *The Open Society and Its Enemies*, Routledge, 1966, vol. 2, p. 294, n. 47.

与其他非科学门类不同,数学和逻辑与科学有着直接的、不可分割的联系。波普尔更加强调数学和逻辑在经验科学领域的应用。纯数学和逻辑命题可以被应用于经验陈述,也就是说,可以接受经验解释而转变为科学命题,接受经验的检验。波普尔引用爱因斯坦的话来说:"当几何学命题陈述实在时,它们是不确定的;当它们是确定的命题时,它们不陈述实在。"[1]另一方面,科学命题也接受公理方法,比如,我们看到,证伪方法是一种演绎方法。公理方法增大了经验检验的严格性和经验陈述的精确性、系统性。但是波普尔并不主张无条件推广公理方法,把科学命题纳入公理系统,往往会增大证伪的难度,甚至给人以这些命题已被证明的假象。波普尔警告说,不要为了精确性而牺牲证伪性。他说:"不要超出解决当前问题的需要而寻求精确性。"[2]

数学和逻辑虽然被列为非科学范畴,但它们和科学同属于真理范畴。从真理观来分析,数学与科学的关系如何呢? 概括起来有两点:第一,两者程度有别,数学真理是确定真理,科学真理则是不确定的;第二,两者性质相同,都是客观真理。第一点针对绝对主义的观点,这一观点把数学真理夸大为永恒的绝对真理。波普尔认为,数学命题的绝对真理是相对于一个公理系统而言的。哥德尔证明,在任何公理系统内部,都有不可证明的命题,并不是所有数学命题都能被证明为真。公理系统并不是永恒不变的,当人们采用另一个公理系统,在原先公理系统内的命题也会随之失去其真理的确定性。上述第二点是针对主观主义而言的,这一观点认为数学命题是心灵构造出来的,因此才是纯粹的。波普尔认为,数学对象和科学对象都是实在的对象,数学知识和科学知识都是客观知识,即:都是不依赖人的主观意识而存在但被人的思想所发现的人类共同拥有的精神产品。我们在下一讲介绍波普尔"三个世界"理论时还要讨论这一论题。

---

1 K. R. Popper, *The Logic of Scientific Discovery*, 2nd. ed. Hutchinson, London, 1968, p. 314n.

2 K. R. Popper, *Realism and Aim of the Science*, Hutchinson, 1987, p. 7.

第九讲

# 波普尔科学哲学的推广和应用

波普尔哲学的研究者巴特莱(W. W. Bartley)评论说："波普尔与其他当代哲学家从事哲学的方式之间的差距犹如天文学与占星术一样遥远。"[1]波普尔也以自己哲学的科学性而自豪。哲学的科学性在于符合科学的方法和目标。波普尔认为，当代英美哲学界流行的学说都没有达到科学性的要求。分析哲学纠缠于语言意义，但不注重语言所表述的经验内容和客观事实，这样的语言分析无益于人类知识的增长，波普尔从一开始就自觉地站在分析哲学运动之外。此外，专事研究知识问题的认识论却以人的意识为研究目标，不关注科学知识的发现逻辑和增长模式，也无助于人类知识的增长。我们在上一章看到，波普尔把哲学的中心问题归结为科学方法论的问题，因而比语言分析哲学和当代认识论更加贴近于科学发现活动和科学知识的现实。

然而，波普尔哲学不局限于科学方法论。他以科学哲学为基础和核心，把科学方法论推广和应用到其他哲学领域。这种推广和应用表现为：首先，根据科学与形而上学的关系，他提出了两个形而上学纲领，一是实在论，二是达尔文的进化论，并把实在论的纲领落实为"三个世界"的本体论，把进化论的纲领具体化成进化认识论；其次，根据证伪主义和试错方法的标准，他提出了关于社会科学的理论框架和实施方案。至此，波普尔完成了包括世界观、认识论和方法论以及社会历史观的哲学学说。虽然他本人并没有提出一个完整的哲学体系，但这不妨碍我们沿着他的思路，理解和说明他的学说的完整性。

---

1 引自 C. Simkin, *Popper's View on Natural and Social Science*, E. J. Brill, 1993, p. 11。

第一节

# 实在论纲领和三个世界

自 20 世纪 50 年代之后，波普尔把研究重点转向形而上学。产生这一变化的原因主要有两个。第一个原因与科学界的状况有关。由于现代物理学的特点，很多物理学家不再认为物理学的定律、公式是对自然界客观事实的描述和反映，而是把它们看作为了达到方便、简约或操作需要等目的，在科学家之间达成的协定。还有些科学家不加分析地接受了逻辑实证主义"反对形而上学"的口号，对哲学理论和概念持鄙视态度，对科学真理持操作主义和工具主义的态度。波普尔看到，物理学成了主观主义的堡垒。为了"捍卫客观性，反对主观主义"，他需要发展形而上学的实在论，用以说明科学理论，特别是物理学的内容的客观性。第二个原因与波普尔的科学哲学思想的发展有关。我们已经看到，在《研究的逻辑》一书中，波普尔把认识论归结为方法论，把科学哲学归结为科学方法。并且注意到自己的科学方法论与达尔文的进化论有类似之处。这样就产生了一个问题：两者的类似是简单的比附，还是理论上的巧合，或是某种必然联系？ 50 年代之后，西方思想界兴起了一股新达尔文主义的思潮，这促使波普尔从形而上学的高度论证他主张的科学方法论的合理性和必然性。他把人类知识当作生物应付环境的一个特例，知识积累的方向与进化的方向相一致，科学方法论是进化论的应用和延伸。在 1957 年写的《跋：二十年之后》中，他正式提出了"形而上学研究纲领"的概念。他借助于自古代希腊以来影响物理学的各种形而上学的信仰作为例子，说明作为科学前提的信仰虽然不能被经验证实或证伪，然而这些信仰却能够接受理性的批判，以适应科学知识的状态。一个形而上学的研究纲领把人们对经验事实的认识综合起来，对客观世界提出了一个满意的解释。总之，与现有的科学知识相适应，对今后的科学研究具有启发作用，能够在理性批判中改变自身，这些就是形而上学纲领的主要特点。

具体地说，波普尔的形而上学纲领有两个：其一是实在论，其二是进化论。我们先谈第一个纲领，在下一节再谈进化论的纲领。

## 1. 实在论为什么是形而上学纲领

所谓实在论，指的是一种承认外部世界客观实在的哲学立场。波普尔说，实在论不但与科学知识，而且与一般人的常识相结合。"常识的实在论认为存在着一个真实的世界，其中有实在的人、动物、植物、车辆和星辰等。我认为这些观点是正确的，并且是非常重要的。我相信对它的批判都是不正确的。"[1]实在论是对"世界是精神的还是物质的?"这样一个形而上学问题的回答。经验事实无法证伪它,因而实在论并不是一个科学的理论,为实在论寻求科学证明是徒费心机,认真地探讨"物质"概念的哲学内涵也没有必要。波普尔相信实在论,仅仅出自下面两个原因:

第一,实在论的对立面——唯心论对于有理性的人来说是荒谬的。"唯心主义是荒谬的,因为它意味着我的精神创造这美好世界。但是我认为我不是世界的创造者。""当我们周围的一切——自然界正是遭到毁灭性的灾难的时候,哲学家们还在喋喋不休地争论这个世界是否存在,这真是最大的哲学丑闻。"[2]

第二,对外部世界实在性的信仰是科学家探索自然奥秘的动力。外部世界的实在性也是科学内容的实在性,否认实在论必将阻碍科学研究的深入。神学家奥西安特在哥白尼《天体运行论》序言中写道:哥白尼的假说"不必是真的,甚至根本无需像是真的。它们只需要一点就足够了,它们能使计算同观察一致"。宣判布鲁诺(G. Bruno)死罪的审判官贝拉米诺大主教也说:"假如伽利略假设性地推测:'假设地球运动而太阳不动,能对现象提供一种更好的说明',那么这种说法是恰当的,伽利略的行为也是谨慎的,没有什么危险,他的理论不过是数学家的需要而已。"他们的话从反面证明,如果哥白尼、伽利略和布鲁诺屈服于神学教条,不坚持他们的理论是对实在的描述,他们将不可能发现科学的理论。贝克莱主教说,牛顿理论充其量只是一种"数学假设",是对现象进行计算和预言的方便工具,不是对实在事物的真实描述。近代物理学以实在论为前提,摆脱了神学家的主观主义、工具主义的影响,因而才能有长足的进步。然而,具有讽刺意味的是,现代的许多物理学家放弃了实在论,他们或者把科学研究对象当作主观的感觉材料,或者把科学理论说成是主观约定。波普尔辛辣地说:"贝拉米诺大主教和贝克莱主教所奠定的那种关于物理学的观点,不放一枪就赢得了战斗,工具主义的观点已成了公认的教条,可以把它称为物理学理论的'官方观点'。"[3]波普尔指责说,否认外部世界存在的主观主义要对物理学发展停滞的局面负责。只有坚持把实在论作为科学研究纲领,物理学的深入发展才有可能。

## 2. 对现代物理学的主观主义的批判

如前所述,波普尔坚持实在论,是为了反对泛滥于物理学中的唯心主义和主观主

---

1 K. R. Popper, "Replies to My Critics", *The Philosophy of Karl Popper*, ed. by P. Schilpp, Open Court, 1974, p. 1016.

2 同上书,第966—967页。

3 K. R. Popper, *Conjectures and Refutations*, 3rd, ed, Routledge, 1969, p. 111.

义。因此,他总是联系现代物理学的重大课题来发挥他的实在论观点。我们在谈到他的非决定论观点时,已经看到他对自然规律的主观主义解释的批判。基于同样的精神,他对量子力学中关于"熵"的主观主义解释加以批判。

波普尔说,主观主义早在量子力学建立以前就已经侵入物理学领域。他指的是热力学第二定律发现之后一些物理学家对熵所作的唯心主义解释。当时流行的"热寂说"即是以这一唯心主义解释为基础的宇宙论和本体论。19世纪著名的奥地利物理学家波耳茨曼(Boltzmann)虽然在很多问题上主张客观主义和实在论,但他却接受了关于熵的唯心主义解释,提出了一个主观主义的"时间之矢"的理论。这个理论被后来的科学家和哲学家,如薛定谔、莱欣巴赫等人所接受,产生了深远的影响。这个理论的大意是:时间在客观上如同空间坐标一样,没有方向,因此存在着在时间上完全对称的两个客观宇宙,在其中没有过去和将来之分的宇宙。然而,在宇宙中存在着熵的涨落。生命是在罕见的低熵状态剧增的情况下,即在能量剧烈转变过程中产生的。高等生物所能经验到的只是熵的增加的方向,而不是熵的降低方向。在后一种情况下,宇宙趋于热平衡,这意味着生命的消失。在前一种情况下,高等生物感觉到了变化的单向性,这就是时间一去不复返的一维性,这就是从过去经由现在向将来流逝的"时间之矢"。波普尔把这种理论判为主观主义,因为它把时间的客观特性说成是一种意识状态,是动物对于熵增加的方向的经验。波普尔批评波耳茨曼说:

> 他的思想是完全站不住脚的。至少对一个实在论者来说,它视单向的变化为幻觉。这种思想使广岛的灾难成为一种幻觉,因此它使我们的世界成为幻觉,也使我们力图发现更多的有关世界的事物的一切努力随之而成为幻觉。[1]

由此可见,波普尔对于时间之矢的看法涉及生命的进化、知识的积累、社会的进步和世界的变化。对于他来说,把时间之矢说成是仅存于动物经验之内的主观主义,意味着把一切进化和变化均视为幻觉,因而才受到他如此激烈的批驳。

### 3. 三个世界的区分

从肯定的意义上说,波普尔所坚持的实在论是三个世界的学说,三个世界构成的是一个形而上学的系统。形而上学是对存在的方式(modes of being)以及存在事物聚合(togetherness)的研究。波普尔从词义学上考察,把"存在"(to be)一词的涵义分为三种:外部事物的存在,思想意识的存在和关系的存在。形而上学根据这三种存在

---

1 K. R. Popper, *Unended Quest*, Fontana Collins, London, 1976, p. 160.

方式,把存在分成三个领域,即三个世界。

世界 1 是物理世界。如物质、能量、一切生物的机体,包括动物的躯体和头脑,等等。

世界 2 是人的心理现象,包括意识、感觉等心理状态和过程。这是哲学中所说的主观世界。

世界 3 是思想的内容。思想的内容可以被物质化,成为人造产品和文化产品,如语言、艺术品、图书、机械设备、工具、房屋建筑等。思想内容也可以是用语言表达出来的人的意识的固定对象,如问题、猜测、理论、反驳、证据等。统而言之,世界 3 是客观知识的世界。三个世界是统一、连贯的。它们的统一性表现为:第一,宇宙的发展按照由世界 1,经过世界 2,到世界 3 的连贯直向进行;世界 2 和世界 3 之间存在着相互作用。世界 1 和世界 2,世界 2 和世界 3 之间存在着直接的相互作用,世界 1 和世界 3 之间的相互作用需要以世界 2 为中介。

波普尔对世界 1 的发展过程的描述以自然科学为依据,这是一个由无机物到有机物,再从无生命的有机物到生命的发展过程。波普尔认为,由世界 1 到世界 2 的过渡的关键是意识现象的发生,这个问题比生命起源的问题更难解决,关于意识起源的假设也许永远不能成为可检验的科学理论。为此,他只能针对这一问题作如下形而上学的假设。在进化过程中,有些动物在它的神经中枢出现某些警告信号,如不安、不舒适或疼痛。警告信号使得动物改变行为方式,避免更大损害。随后,在神经系统中出现了代表警告信号的想象符号,使得动物能够采用"想象的试错法",代替以身试错的实际试错法。这样,它们能够在不受痛苦或损伤的情况下就可以排除错误。想象的试错之后出现的是动物对试错后果的反应,对有利的后果的反应是期待,对有害的后果的反应是逃避。期待和逃避都是合目的性行为。目的和意图便是意识的萌芽,但只是进化发展到了人类阶段,才出现了意识现象,伴随着意识出现了语言以及其他文化现象:艺术、宗教、道德和科学技术。世界 2 和世界 3 是人类特有的世界。[1]

### 4. 何谓世界 3

波普尔关于三个世界的理论主要是关于世界 3 的理论。在波普尔之前,哲学家们普遍认为世界有客观和主观之分。但是波普尔却提出,独立于这两个世界之外,还存在着世界 3。关于世界 3 的客观性和独立性是一个颇有争议的问题。波普尔关于

---

1 参见 *Dialectice*,32 (1978),pp. 339 - 353。

世界 3 的理论说明了世界 3 与其他两个世界,尤其是世界 2 的区别和联系,其要点如下:

(1) 世界 3 不同于世界 2。世界 2 指的是心理和思想的状态和过程,它是主观的;而世界 3 则是思想的内容,它是客观的。没有客观的意识、精神,却有客观的知识。这是因为客观知识与人的主观意向无关,它的存在不以个人的意识为转移。以世界 3 中的一个重要组成因素——书为例,即使没有读者,一本书仍然是一本书,正如没有鸟栖息的鸟巢仍然是鸟巢。波普尔说:"我们可以想象,人类消亡之后,某些书籍或图书馆也许会被我们文明的后继者发现,这些书籍也许就会被解读。"[1] 把世界 3 同世界 2 区别开来的原因在于,心理和思想过程是流动的、不定形的、隐蔽的,而任何知识都有相对稳定的、固定的和公众可以接近的内容。"具有决定性的事情是,我们能够把客观的思想,即理论,以某种方式置于人们之前,以便人们批评、议论它们。我们必须用某种稳定的(特别是语言的)形式把它们明确地陈述出来。"[2] 这就是说,只有把客观知识的世界和属于个人的主观世界区别之后,才会有知识自身的积累和发展,知识才能成为全人类的精神财富,而不致仅仅存在于发明家的头脑里。

(2) 世界 3 也不同于世界 1。固然,世界 3 的很多要素被物化在世界 1 之中,如语言被物化在声波和书写符号之中,理论和文学被物化在纸张笔墨之中,艺术品被物化在特定材料(如绘画材料、雕塑材料等)之中,技术被物化在机器设备之中。这些人工产品和文化产品是人利用世界 1 的材料制造而成的。人的知识是这些物质材料的价值和灵魂,没有前者,后者只是一堆无益于人的废料。人们如果要理解这些体现了人的知识和思想的物质产品的特殊价值,就必须把它们同自然界中自生自灭的物质区别开来,把它们归属于一个与物理世界不同的特殊世界。再者,世界 3 是物质材料的思想内容。不管人们是否认识了,或者物化了这些思想内容,它们都自主地存在着。因此,世界 3 的要素有些已经被物化,有些则未被物化而处于潜在状态。后者是那些尚未被认识的知识的客观内容,如最大的质数,$\sqrt{2}$ 的值,哥德巴赫猜想的解答,有待发现的人工化合物和科学仪器,等等。波普尔说:"不仅已经发表在报纸、书刊上的物理理论以及根据它们作出的物质器械是实在的,未被具体化的世界 3 的成员也是实在的。"[3] 如果具体化的世界 3 的成员是"世界 3·1"(其意义是,它们既属于世界

---

1 K. R. Popper, *Objective Knowledge*, Clarendon, Oxford, 1972, p. 115.

2 K. R. Popper, *Unended Quest*, Fontana Collins, London, 1976, p. 182.

3 K. R. Popper and J. Eccles, *The Self and Its Brain*, Springer, 1977, p. 47.

3），又属于世界 1），那么，我们可以得到这样的公式：“世界 3＞世界 3・1”。其意义是，世界 3 的全部成员多于具体化的世界 3 成员。

（3）世界 3 与世界 1 和世界 2 一样，具有自主性。波普尔声称，自主性的观念是世界 3 理论的中心。自主性观念有多重意义。第一，世界 3 成员具有本体的地位，就是说，它们是客观实在，如同桌子和椅子一样实在。这是本体论意义上的自主性。第二，世界 3 以自身固有的方式产生出人们料想不到的后果。从这一意义上说，它具有相对于人的意识的独立性。当然，这种独立性不是绝对的。很多世界 3 的成员是按照人的思想意识进行创造的结果，但是它们一旦被创造出来，就有了不依赖于人的思想的独立性。"大家承认理论是人类思想的产物，然而理论有一定程度的自主性，它们在客观上可以有迄今为止没有想到的推论。人们可以说，世界 3 只是在起源上是人造的，但它一旦存在，就开始有自己的生命。"[1] 比如，数字序列是人创造的。但是奇数和偶数却不是人创造的，它们只是人的创造活动的一个结果。即使人们没有意识到它们，它们也自主地存在于数列之中。第三，自主性还意味着不可还原性。世界 3 的自主性是相对于其他两个世界而言。每个世界都有自己固有的、其他世界所没有的特性和特殊规律；并且，这些特性和特殊规律在原则上是不可预测的，不能从其他世界的特征和规律中推测出来。自主性观念反对把知识还原为思想，把精神现象还原为物质现象。为了坚持三个世界之间的不可替换和不可还原关系，波普尔把因果关系分为上向关系和下向关系两种。下向的因果关系是宇宙的高层次结构对低层次结构的因果作用，上向的因果关系则反之。还原论的错误在于只看到上向的因果关系，把宇宙看作是一个只有机械因果法则和物理规律在起支配作用的封闭系统，犯了机械决定论的错误。承认因果关系的双向性是和波普尔一贯坚持的非决定论立场相吻合的。

### 5. 三个世界的联系

三个世界的自主性并不表明它们之间彼此隔绝，相反，它们之间存在着相互作用。在三个世界之间的相互作用中，世界 3 对世界 2 的作用尤为重要。其余的相互作用是明显的、公认的。例如，世界 1 和世界 2 的相互作用表现于生理和心理之间的相互作用，世界 2 对世界 3 的作用表现于思想意识对语言、理论和艺术创作的作用，世界 3 通过世界 2 的中介与世界 1 之间的相互作用表现于人类知识和物质条件、自

---

1　K. R. Popper and J. Eccles, *The Self and Its Brain*, Springer, 1977, p. 40.

然环境之间的相互作用,这些方面的相互作用比较容易为人们所认识。但是一个普遍流行的观点却阻止了人们对于世界 3 对世界 2 作用的认识。根据这一观点,知识是人的内心精神活动创造的,知识不可能脱离人的意识自主地发展。波普尔把这种看法归咎于传统的认识论,他说:"传统的认识论,如洛克、贝克莱、休谟以及罗素等人的认识论严格说来都是离题的",因为"它们只集中于世界 2 或主观意义上的知识的研究而离开了科学知识的研究正题"[1]。根据他的科学发展观,科学发明是从问题开始的。但是在一般情况下,问题不是人们有意识制造的,它们从猜测以及对猜测的批判过程中涌现出来;问题是人们创造活动的始料未及的结果。问题使得人们的主观意识集中于一个焦点,激发了主观能动性和创造性。问题在科学发明中的作用充分显示了世界 3 对世界 2 的作用。波普尔强调,这一作用甚至比世界 1 对世界 2 的作用更大。他说:

> 我们的心灵和自我没有世界 3 便不能生存,它们牢牢地固定在世界 3 之中。应该把我们的理性、批判和自我批判的习惯都归结于理性与世界 3 的相互作用,应该把我们的智力发展归结于这种相互作用。[2]

简言之,人的理性、意识和自我只是在世界 2 和世界 3 相互作用的过程中才发展、成熟起来。

借助三个世界之间的关系,可以重新理解和解决笛卡尔提出的身心关系问题。笛卡尔问题的经典形式是:人是否同时存在于物理状态和精神状态之中? 两者有无关系? 如果有,这是一种什么样的关系? 波普尔把身心关系问题分成两个问题:生理状态与心理状态的关系问题和自我与身体的关系问题。不难看出,第一个问题可以用世界 1 和世界 2 的相互作用来说明。第二个问题之解决,则要考虑世界 3 对世界 2 的作用,以及世界 3 通过世界 2 对世界 1 的作用。此外,世界 2 对世界 3 的作用也导致了世界 2 与世界 1 的相互作用。所有这些作用都包括在自我与身体的关系之中。波普尔用三个世界之间错综复杂的关系解决身心关系问题的努力反映在他和艾克尔斯合著的《自我及其脑》这本书中。身体和脑属于世界 1,语言属于世界 3,二者通过人的意识(即世界 2)相互作用。这三者之间的关系被指述为"脑—意识联结",它是身心关系的症结所在。

---

1 K. R. Popper, *Objective Knowledge*, Clarendon, Oxford, 1972, pp. 108 - 109.
2 K. R. Popper, *Unended Quest*, Fontana Collins, London, 1976, p. 196.

第二节

## 进化论纲领和进化认识论

### 1. 达尔文进化论为什么是形而上学纲领

进化论是波普尔的另一个形而上学的研究纲领。现在，多数受过教育的人都会承认，达尔文的进化论是一个生物科学理论。波普尔却否认进化论的科学性，他说："达尔文主义不是一个可检验的科学理论，而是一个形而上学研究纲领——一个使得可检验的科学理论成为可能的框架。"[1] 为什么说进化论不是科学的理论呢？因为它并不能解释生命的起源，它所说明的进化规律并不能被实验所检验。相反，对于那些可以被实验所检验的问题，如"最初的生命是如何从无生命的物质中产生的？""物种沿着由低级到高级的直向进化的原因是什么？"它却没有作出解释。即便如此，进化论仍不失为对科学研究具有重大意义的形而上学纲领，因为它体现了一种"境况逻辑"。"境况逻辑"是科学研究特别是生命科学的研究的一个逻辑框架，它规定："设有一个世界，有一个恒定的有限的框架，其中存在着变异性的有限实体，因变异而产生的某些实体（适应框架条件的那些实体）可以生存下来，而其他实体（与框架条件发生冲突的那些实体）则被淘汰。"[2] 波普尔所说的境况逻辑实际上指的是这样一种思维方式，它把事物存在的决定性条件理解为变异、排错，而不是遗传、保守。物种的进化如此，知识的积累、社会的发展、人的精神的成长也无不如此。这种思维方式对于生命科学、社会科学、知识论和哲学都具有指导作用。波普尔把达尔文的进化论理解为境况逻辑的具体化，目的是把进化论对生命现象的解释转变为形而上学的纲领。

早期的波普尔把传统认识论的问题"认识的基础和源泉是什么"归结为科学哲学的问题"科学知识是如何积累的"。他用科学方法论代替传统的认识论，表现出消解认识论的倾向。但随着思想的深化，波普尔认识到，任何一种科学方法都有理论背景和哲学依据。经典物理学以及与之同步发展起来的近代认识论是归纳法的理论背景和哲学依据。他所提倡的试错法固然可以与爱因斯坦的相对论相配合，却不大可能从现代物理学那里寻得足够的理论支持。这大概是因为，试错法的思维方式是境况逻辑；而物理学必须依靠必要的数学手段，它的推理方式与形式逻辑和归纳逻辑分不开。

---

1 K. R. Popper, *Unended Quest*, Fontana Collins, London, 1976, p. 168.
2 同上。

波普尔认为,传统认识论以物理学为模式来提出和思考问题,他在科学方法论中提倡的变革实际上把认识论的物理学模式转变为生物学模式。生物学中强调自然选择的达尔文主义与强调适应环境的拉马克主义的对立,类似于强调证伪和批判的试错法与强调观察和证实的归纳法之间的区别。更重要的是,达尔文主义对于波普尔来说是一个形而上学的研究纲领。在这一纲领的理论框架中,他建立了进化认识论,使他的科学方法获得了认识论依据。

## 2. 进化认识论的知识观

波普尔后期提出的进化认识论被他的追随者誉为 17 世纪以来认识论的最大成果。它与近现代认识论的一个显著区别在于,传统认识论以物理学为模式,强调主观和客观的区分。在这种模式下,知识被视为人所特有的理性思维的结果,感觉是外界事物经过感官的改造之后留在人脑中的印记。进化认识论以生物学为模式,强调主、客观的同步变化与一致性:知识的本质是生物的变异活动,感觉是在有机体与环境相一致的基础上出现的事物表象。进化认识论有两个主题:知识和感觉,我们先从知识论谈起。

波普尔认为,知识的根本作用是解决问题,并且,知识所要解决的问题是如何生存、如何适应环境的问题。任何生物都有解决这些问题的本能,在这个意义上,我们可以说,任何生物都拥有必要的知识。这种广义上的知识是人类知识的前身。广义的知识的定义是:以解决问题为目标的尝试性的探索活动。波普尔说:"探索者有一个问题要解决,这意味着他有某些知识,即使是模糊的知识。这些知识是先前通过实质上相同的试错方法而获得的。这一知识起着导向作用,它排除了完全的任意性。"[1]他还说:"动、植物都是问题的解决者,它们也都以竞争的方式,用尝试性的反应和排除错误的方式解决问题。"[2]这样,他把试错法的应用范围从科学方法扩大为一切生物适应环境的本能。同理,人类知识积累的四段图式也被扩大为适用于生物进化过程的图式。生物的进化也经历了对问题($P_1$)的尝试性的解决(TS),在排除其中的错误(EE)的过程中,应付新的问题($P_2$)等阶段。具体地说,每一生物种类都通过遗传,先天地获得了适应环境的方式,这种方式可以看作是对关系到它们生存的问题($P_1$)的某种尝试性解决(TS)。然而,环境发生变化之后,该物种面临新的问题,会

---

1 K. R. Popper, "Replies to My Critics", *The Philosophy of Karl Popper*, ed. by P. Schilpp, Open Court, 1974, p. 1061.
2 K. R. Popper, *Objective Knowledge*, Clarendon, Oxford, 1972, p. 146.

产生变异,或者改变行为方式,或者改变机体结构。如果变异成功地解决了新的问题,物种得以保存,并通过遗传保留变异的结果。反之,如果变异是不成功的反应方式,它将连同物种被自然所淘汰。根据这种解释,在生物进化的四段图式中,尝试性的解决(TS)是变异和遗传,排错(EE)是自然选择,问题($P_1$ 和 $P_2$)则标志着物种要适应的环境变化。

波普尔的进化图式并不完全符合达尔文主义。他于是把达尔文的进化论(包括现代达尔文主义)分为保守的和进步的两部分。保守的部分强调遗传的自我复制作用和基因对变异的控制作用。进步的部分强调可遗传的变异的突发性和偶然性以及自然选择对变异结果的严格检验。波普尔认为,进化论中的保守部分相当于教条思想,进步部分相当于批判思想。他把进化的动力归结为变异的尝试和自然选择的排错,把进化的方向看作是由低级到高级发展的直向的系列,把进化的方式解释为突变而不是渐进,使得进化论完全符合批判理性主义的要求。

波普尔说:"知识论的主要任务是理解人类知识与动物知识之间的连续性与非连续性。"[1]他的进化认识论是为着完成这一任务而设计的。根据他的观点,人类知识与生物知识之间的连续性表现在,两者都是试错的方式:"从阿米巴到爱因斯坦,知识的增长总是相同的:我们试图解决我们的问题,并且通过排错过程,在我们尝试性的解决中接近适应性。"[2]从阿米巴到爱因斯坦仅有一步之差,然而,这一步之差即是人类知识与生物知识的不连续性,它使人成了万物之灵。人类有两大特点:一是有意识和语言,二是具有批判精神。具有批判精神的科学家有意识地、自觉地创造假说,用语言表达知识。他们使用的是"符号试错法"。由于符号是人和世界的中介,在符号试错法中被环境所淘汰的是错误的命题,而不是人自身的存在。因此,人能够自觉地运用批判理性,主动地、积极地发现错误,反驳假说。无意识和语言的生物则不同。生物只能通过变异和遗传获得所需要的知识,排错的过程是自然选择,错误的代价是物种灭亡。因此,生物不可能主动地寻求排错,只能等待自然选择的"最后的审判"。但是,无论在人类社会,还是在生物界,试错的结果总是一个直进的系列:人类的进步表现为理性代替愚昧,开放代替封闭,繁荣代替贫困。生物进化的方向是由低级到高级,由简单到复杂,由无意识到有意识和理性。

---

1 K. R. Popper,"Replies to My Critics",*The Philosophy of Karl Popper*, ed. by P. Schilpp, Open Court, 1974, p. 1061.

2 K. R. Popper, *Objective Knowledge*, Clarendon, Oxford, 1972, p. 261.

当然,人类知识与生物知识之间的不连续性不是绝对的。在封闭的社会里,人所特有的理性的批判功能被压制甚至被窒息,人们虽然具有意识和语言,却不能自觉地、主动地运用体现人类优越性的"符号试错法"。他们被降低到无理性的生物一样的地位,并为自己的错误付出了自我毁灭的代价。如波普尔所说:"在前科学的阶段,我们时常连同错误的理论一起毁灭自身,排除自身。在科学的阶段,我们系统地尽力排除我们错误的理论,尽量让我们的错误理论代替我们自身而灭亡。"[1]这段话解释了波普尔为什么提倡理性批判主义,反对教条主义和权威主义的终极原因。

### 3. 进化认识论的感觉观

波普尔认为,进化认识论的另一个优点是它解决了传统认识论在感觉问题上的一个难题。传统的观点认为,感觉是主体对客体的反映或摹仿。由此而产生的一个问题是:感觉中的印象如何必定与独立于感觉之外的客体相符合? 哲学史上有两种解决方法。第一种方法是彻底的经验论。它断然否定事物可以独立地存在于感觉经验之外,把事物还原为感觉印象之复合性。感觉内容和感觉对象的同一性确保了感觉经验的可靠性。另一种方法是先验论。它也排除了事物自身被认识的可能性。感觉印象在先验的形式和结构之中被综合成现象。主体不可能脱离先验形式和结构的统摄作用去感知外部事物,这就保证了感觉经验和外部现象的一致性。波普尔同意,感觉受某种先验的因素统摄。在这一点上,他接受了康德的先验论。但是,另一方面,他明确表示不同意康德所说的先天知识必定正确的观点,因为他们对所谓的先天知识有不同的理解。波普尔所说的先天知识是生物学中研究的生物应付环境的方式,而康德所说的先天知识主要指的是经典物理学的逻辑前提。随着科学的发展,康德所谓的先天知识已被证伪。波普尔肯定,先天知识不可能是必然真理,它们不断被证伪是生物进化中的事实。即使在生物进化的最高阶段出现的理性也不能发现不可证伪的先天知识;相反,理性的健全功能就是对先天知识所持的自觉的批判态度。

波普尔肯定先天知识的目的是为了更好地解释理论和经验的关系问题。他们已经知道,波普尔批判归纳法的一个重要理由是,任何观察都受带有理论色彩的假说与期望的指导或影响。但是,如果我们对于"理论"这一概念的理解仍然局限在物理学的"主客观对立"的模式之内,理论被看作是对经验观察材料的解释,那么没有经验观察也就不会有理论。在此意义上,观察又先于理论。这样,"假说(hypothesis)和观察

---

1 *Modern British Philosophy*, ed. by B. Magee, London, 1971, p. 73.

(observation)哪个在先"的问题,就像"鸡(hen)和鸡蛋(o)哪个在先"的问题一样,对这两个"H—O"问题的解答都会陷入无限循环的悖论。为了打破无限循环,我们需要第三个因素,它既能解释以观察为根据的理论,又能解释以理论为指导的观察。这个因素即是生物学意义上的天生的反应。这是生物所具有的期待"相似性"或"规律性"的天生倾向。没有这种天生的倾向,也就没有动、植物乃至更为低级的生物的节律性和同期性的活动。波普尔说:"鉴于期望与知识之间的密切联系,我们可以在相当合理的意义上谈论'先天知识'。"[1] 由此可见,广义上的先天知识就是支配生物反应的、寻求外部环境类似性的自觉的或不自觉的企图。这种企图在采取反应之前就已经预先设定:环境中的事物之间存在着相似性、重复性。它也是一种假说。如果我们把假说理解为支配观察的先天倾向的话,对于"假说与观察哪个在先"的回答只能是:假说在先。

既然先天知识被理解为生物反应的天生倾向,它应该在生物进化的过程中得到合理的解释。波普尔把生物的基因分为两类:构造有机体解剖学特征的 a 基因和控制有机体行为的 b 基因。b 基因包括两个分类:控制有机体爱好与目的的 P 基因和控制有机体技能的 S 基因。生物本能性的行为程序以遗传密码方式编制在 b 类基因的 DNA 链上。根据英国生物学家迈耶(E. Mayer)的区分,编制在 b 类基因上的行为程序可分封闭的和开放的两种。封闭的程序严格地规定了动物的全部细节;开放的程序对动物行为的控制不像那样严格,使得动物在一定范围之内可以选择自己的行为。毫无疑问,开放的程序有利于进化。当外部环境发生变化时,被封闭的程序严格控制的有机体因不能随之改变自己的行为而很快死亡。被开放程序控制的有机体有可能作出适应环境的反应。首先,它们在 P 基因允许的范围里,改变了某些爱好和目的。这种改变最初表现为试探性的行为,试探一旦获得成功,生物追求新的爱好和目的的行为很快创造了一个新的生态环境。这一环境有利于控制爱好和目的的 P 类基因的变异;并且有利于控制技能的 S 基因中有利于新的爱好和目的的变异的保存和遗传;最后,控制解剖学特征的 a 类基因中有利于新技能的变异也在遗传中被固定下来。由此可见,基因变化的过程是 P→S→a。波普尔以啄木鸟为例。环境变化首先引起啄木鸟基因中与食物爱好相关的变异成功,这一变化接着使得控制技能的基因 S 有利于啄木技能的变异获得成功,最后,造成了啄木鸟的喙和舌变异的成功。啄木鸟因此适应了变化的环境而生存下来。

---

1 K. R. Popper, *Conjectures and Refutations*, 3rd, ed, Routledge, 1969, p. 47.

在基因变异引起的进化过程中，爱好和目的的改变触发了整个进化，具有决定性的意义。最初，有机体的爱好和目的的改变只是适应环境的一种保护性的本能反应。例如，树上的叶和果实的枯萎迫使原来以叶、果为生的鸟类不得不食昆虫。但是，一旦这些爱好和目的的改变被编进基因的固定程序，这些爱好和目的便成了某种先天性的期望。有机体根据自己的爱好和目的，对环境中的事物进行辨认、分类和组合，并且在这种"先天知识"的基础上，采取合适的反应。这一进化过程解释了人的感觉器官的诞生。感觉最初起源于对某些分辨与类似的特殊爱好。当这种特殊爱好引起基因的变异之后，接着发生了某些器官功能的变异，最后是感觉器官的出现。感觉是根据编制在基因中的程序，通过感官的功能完成的适应环境的反应行为。波普尔的结论是，人类的感觉实际是根据先天的期望对外部环境的解释。他说："根据进化认识论的观点，视觉如同雷达一样，是间接的。"这里所说的"间接"的意义是："感觉不'给予'我们任何东西。一切事情都被解释、被译成信码，一切事情都是在探索的驱动力的控制下积极实验的结果。"[1]这就是说，感觉并不是对事物的直接反映，而是根据先天的程序对事物作出的解释。由于这种先天的程序在适应环境的进化过程中产生和固定，我们只能以这种特殊的感觉方式去看待和解释环境。采取其他的方式意味着和环境不相适应，必然被自然所淘汰。感觉和环境不相一致意味着感觉主体的灭亡。因此，进化过程已经以变异和选择的后果回答了"感觉和感觉对象是否相一致"的问题，这是我们人类必须接受的解答。我们可以尽力理解这一解答，却不能拒绝这一解答。

从以上说明中我们可以看出，波普尔对达尔文的进化论作了一个重大修改。达尔文强调生存斗争，成功的变异是成功地解决了生存问题的变异。波普尔强调的是爱好的选择，成功的变异是由创造出新的生态环境的爱好触发的。他说，如果说，广义上的知识起源于生物面临的问题，那么"大多数问题与其说是因为生存而提出，倒不如说是因为爱好，尤其是本能上的爱好而提出的；并且即使所说的本能在外部选择的压力下会进化，它们提出的问题一般也不是生死存亡的问题。"[2]比如，鸟寻找较好的筑巢地是一个涉及鸟的爱好的问题，并不是关系到鸟类的生死存亡的问题。当然，爱好又与关系到生死存亡的自然选择相联系，爱好问题和生存问题很难区分。波普尔之所以提出这样的区分，大概是因为他嫌物竞天择之说的决定论色彩太浓，想在进化论中给自由选择和非决定论争下一块地盘吧。

---

1 K. R. Popper, "Replies to My Critics", *The Philosophy of Karl Popper*, ed. by P. Schilpp, Open Court, 1974, p. 1062.

2 K. R. Popper, *Unended Quest*, Fontana Collins, London, 1976, p. 179.

第三节

## 批判理性主义

波普尔声称自己的哲学是批判理性主义。理解这一性质是把握他的哲学整体，尤其是把握他的科学哲学与社会科学哲学观之间的联系的关键所在。

首先，批判理性主义属于理性主义范畴。波普尔抛弃归纳法，并力图恢复演绎法在经验科学中地位，这在某种意义上可以看作是对理性主义传统的继承。他曾说过，他最崇拜的四位伟大哲学家是柏拉图、斯宾诺莎、康德和休谟。这四人当中，三个人的哲学富有理性主义精神。休谟虽然是经验主义者，却怀疑归纳法的合理性。从历史渊源上来判定，波普尔无疑具有理性主义者的气质。但是我们也不要夸大波普尔思想中的传统因素，不要在理性主义和经验主义对立的传统模式中看待他的哲学。批判理性主义并不完全与经验主义相对立，波普尔从未全盘否认经验主义。经验虽然不是知识的唯一来源和不变基础，却是检验知识的标准。一个假说在未被经验检验之前，与神话和幻想没有多大区别。只是由于经验事实所起的证伪作用，假说才成为科学的理论和知识。在《客观知识》一书中，波普尔用比喻形象地说明了批判理性主义和经验主义的差别。他把经验主义的基础论比作"精神水桶说"：心灵好像是一个水桶，汲取知识的过程好像是把经验材料注入水桶之中，并在水桶中积累、变化。[1]批判理性主义好比"探照灯说"：人的理性好像是一盏探照灯，它以假设向导观察的类别、角度和方向，照亮未知的领域。理性不是固定的原则和理论，而是深化认识、积累知识的向导与工具。

其次，批判理性主义不是彻底的、完全的理性主义。波普尔不像传统的理性主义者那样，坚持理性能够解释包括理论自身在内的一切现象。那种彻底的、完全的理性主义必然要陷入循环论证的圈套而失去其应有的理论力量。为了替自身的权利进行辩护，彻底的理性主义者构造出合理的理由、证据，说明我们为什么要选择理性主义而不是非理性主义。这实际上预先已经设定了这样的原则：理性较非理性更为优越，合乎理性的思维比非理性的直觉、想象具有更大的说服力和吸引力。这样的论证把有待证明的结论当作证明的前提，犯了形式逻辑中循环论证的错误，它本身就是不合理的思维方式。波普尔清楚地知道，他不能为自己的理性批判主义提供逻辑上的辩

---

1 参见 K. R. Popper, *Objective Knowledge*, Clarendon, Oxford, 1972, p. 65。

护。如果把理性看作是自身的标准,这实际上是在铸造反对自己的武器。他说:"不难看出,非批判的理性主义的原则不能自圆其说,因为它不能反过来为论证或经验所支持。这意味着,它必须抛弃自身。"[1]

出于上述理由,真正的理性主义不可能是彻底的、完全的理性主义。它不应当把理性,而是把能否批判和接受批判作为理性的标准。这就决定了真正的理性主义也不可能是纯粹的理性主义,它必然要和非理性的因素掺和在一起。因为作为理性标准的批判主要是提出能够推翻现有理论的假设。但是大胆的假设、出人意料、令人吃惊的猜测往往是创造性的直觉和自由想象的结果,并不完全合乎逻辑推理。波普尔承认:我们可以选择某些形式的非理性主义,甚至一些彻底的或全面的非理性主义。但是我们还可以自由地选择一种批判式的理性主义。他直截了当地承认,自己起源于非理性的决定,并且在此范围内承认了非理性主义的某些优越性。非理性主义在逻辑上优于彻底的理性主义,因为它不需要为自身存在的权利提供合理的辩护。它的存在这一事实便是对理性权威的挑战。彻底的理性主义却没有这种优越性,它必须、然而又不能够为自身权利作出合乎逻辑的理性论证。

然而,这是否意味着我们应当从彻底的理性主义转向非理性主义呢?波普尔的回答是否定的。他虽然容许用非理性主义对彻底的理性主义作必要的改造,却断然拒绝彻底的非理性主义。他说,彻底的、全面的非理性主义比彻底的、全面的理性主义更为有害。后者只给人们的思维造成困惑与悖论,而前者造成的却是社会的祸害。

为什么我们选择的是理性主义而不是非理性主义?对这个问题,可以从科学理论和道德实践两方面加以说明。在他看来,不迷信、不盲从的批判和探索精神是理性的精髓。他说,理性主义是"一种随时听取理性争辩,并且从经验中学习的态度"[2]。科学之所以是理性的原因是,科学发展的基本原则是证伪、批判;科学不服从任何权威,包括理论的权威。他说:"根据理性的观点,我们不应该依靠任何理论,因为没有理论已经被或将被证明是真理。"[3]他接着强调,正是在这个意义上,我们才说科学是理性的。请注意:在此意义之外,"科学是理性的,抑或非理性的"这一问题对于他来说是悬而未决的问题。为什么呢?根据他的观点,科学理论是解决问题的尝试性方案;而且,这样的方案往往不止一个,我们必须选择。"既然我们不得不选择。选择经

---

1 K. R. Popper, *The Open Society and Its Enemies*, Routledge, 1966, vol. 1, p. 230.

2 K. R. Popper, *Objective Knowledge*, Clarendon. Oxford, 1972, pp. 21,22.

3 同上。

过最经得起检验的理论(best tested theory)是理性的。这对我来说是'理性'的最明确的意义:最经得起检验的理论是迄今为止在批判的讨论中显得最好的理论。我不知道有什么能比实施良好的批判性的讨论更加理性了,⋯⋯虽说选择经过最经得起检验的理论所使用的'理性'是行动的基础,选择却不是出于实用的理由而作出的。在此意义上,这一选择不是理性的,并且也不会存在实用意义上好的理由。"[1]

　　在这段话里,波普尔区分了两种类型的理性选择。第一种是选择确认度最高的理论;第二种是选择在实行中最有效的理论。确认度最高的理论在行动中不一定最有效,反之亦然。这是因为确认度和概率成反比,而成功的效果则和概率成正比。选择确认度高的理论意味着冒险。这个理论对违反科学家乃至一般人常识的事件作了成功的预测,但这并不意味着这一理论也能成功地预测常识世界里经常发生的事件。受理性支配的人甘愿冒这样的风险,宁愿选择经受了最严格批判审查的理论,而不选择那些在实践中具有最佳效果的理论。因为检验理论的理性标准是批判、证伪,而不是实践效果。

　　从社会伦理观点来看,我们的目光从事实判断领域转向价值判断领域,理性主义和非理性主义的优劣自明:前者意味着批评和反批评的自由、民主制度和人权平等的主张;后者的特征是专制、仇视他人的态度,把人的自然不平等固定为法律上的不平等。一言以蔽之,在社会政治领域中,理性主义是人道主义和自由主义的精神同盟,非理性主义同时也是非人道主义、非自由主义。出于以上原因,波普尔在科学哲学的范围内,并没有突出他的批判理性主义与非理性主义的对立。但是在他的社会政治哲学中,他却以批判理性主义和非理性主义的对立为轴线,展开了对开放社会的论证和对开放社会的敌人的猛烈攻击。

第四节

## 社会科学哲学

　　西方哲学史上从柏拉图到黑格尔的伟大哲学家们不但提出了本体论、认识论思想,也提出了与之相适应的社会历史观。波普尔哲学在这两个方面都力求标新立异。

---

1　K. R. Popper, *The Open Society and Its Enemies*, Routledge, 1966, vol. 1, p. 230.

我们已经介绍了波普尔的科学哲学对传统的认识论的批判。在这一章中,我们将介绍他的社会科学哲学和其他哲学家社会历史观的对立。不论在科学哲学还是在社会科学哲学中,波普尔宣称,他的批判目标是共同的,即权威主义。传统认识论中的基础论是信奉确实不变的真理的权威主义。在社会科学哲学领域中,极权主义是信奉确实不变的历史规律的权威主义,两者都导致了排斥批判、反对变革的僵硬的教条主义。波普尔提倡证伪、试错等发展科学的方法,但是在教条主义禁锢人们思想的环境中,这种科学方法行不通。他的科学哲学呼唤着一个开放的宇宙。他的社会科学哲学的目的是倡导和理性批判主义相适合的开放社会。他所说的"开放社会"实际上指的是西方"自由社会",极权或封闭社会主要指的是第二次世界大战期间的法西斯国家和苏维埃国家。他毫不掩饰地宣称:"我们的自由世界是至今人类历史进程中出现过的最好的世界。"[1]他还在一系列讲演中攻击马克思主义和社会主义。当然,波普尔是以哲学家的身份参与意识形态斗争的,使用了和政客们不同的语言。我们首先必须对他的论证、理由和思维方式有全面的了解,然后才能对他所信奉的意识形态作出公正评价。

## 1. 历史决定论批判

所谓的历史决定论(Historism)是波普尔社会科学哲学的主要批判对象。他赋予这一概念的特定含义是,"以历史预见为主要目的"。并且以为"通过发现历史进程的'节律'或'范式'、'规律'或'趋势'便可以达到这一目的"[2]。据说,历史决定论者是这样一些人,他们相信,人类的进程是一个谜,谁解开了这个谜,谁就掌握了控制未来的钥匙。历史决定论的预言是人类发展规律之谜的解,按照历史规律设计的未来社会的蓝图就是打开理想世界大门的金钥匙。简言之,历史决定论就是这样的信念,它认为存在着一条决定人类社会过去、现在和将来的,不以人们的意志为转移的历史发展规律,并且以预言和发现这一规律为其基本目标。历史决定论是一种源远流长的古老理论,它的最古老形式是"上帝选民论",即认为上帝意志决定社会发展方向,这是"神学形式的历史决定论"。此外,还有认为自然界的客观规律决定社会历史发展的"自然主义的历史决定论",有认为思想规律决定社会发展的"心灵主义的历史决定论"和认为经济规律决定社会发展的"经济主义的历史决定论"。

在《历史决定论的贫困》一书的序言中,波普尔声称,他已经找到了反历史决定论

---

1 K. R. Popper, *Conjectures and Refutations*, 3rd, ed, Routledge, 1969, p. 370.

2 K. R. Popper, *The Poverty of Historicism*, Routledge&Kegan Paul, London, 1957, p. 3.

的逻辑证明。他通过严格的逻辑思考已经证明,我们不能预言历史未来进程。他的论证分五个步骤:

(1)人类历史进程受到人类知识增长的强烈影响。

(2)我们不能通过理性和科学的方法预知科学知识未来的增长。

(3)因此,我们不能预知人类历史的未来进程。

(4)这就意味着,我们必须摒弃建立理论历史学的可能性。也就是说,不存在类似于理论物理学史的社会科学。因此,在历史预测基础上不可能建立关于历史发展的科学理论。

(5)因此,历史决定论方法的根本目标乃是错误的。历史决定论坍台。

这一论证的关键是步骤(2),它来源于波普尔关于知识积累的非决定论思想。历史决定论是一种严格的决定论,即认为历史进程为一定的规律所支配,人们可以完全地、精确地预见历史的未来进程。波普尔反对历史决定论的逻辑论证是他关于知识进化的非决定论的深化与发展。

在波普尔看来,历史决定论的方法论基础是简单类比推理:既然自然科学的目的是发现自然规律,通过预见自然进程来控制和改造自然,那么也应该存在一种历史科学,它的目的是发现历史规律,并按照这一规律来改造社会。波普尔不同意这一类比的原因是它混淆了两种不同的预测:对自然现象的预测和对社会历史现象的预测。波普尔不反对说自然现象是有规律的,却不承认社会历史现象的规律性。

为了说明自然科学的预测和历史决定论的预测之间的差别,波普尔作了如下区分:

首先,预测的范围有整体和局部、长期和短期之分。自然科学理论的发展是一个理论的经验内容逐步增加、证伪度也随之增高的过程。这意味着自然科学理论不可能对整体作出长期的预测而不被证伪。因此,科学理论预测的范围或者是短时期内的、涉及全局现象,或是长期发生的局部现象,但长期与整体两者不可兼得。而历史决定论者却偏要发现既适用于人类社会整体,又决定历史发展全过程的规律。这种意义上的规律是不可证伪的。它没有证伪度,因而也就不是科学的规律。

其次,自然科学预见必须经过事实的严格检验。事实检验存在于事实按预测的方式重复出现的过程之中。然而,历史决定论的预言却不能用同样的方式来检验。社会中的事实千差万别,受到各种偶然因素的干扰、制约,历史事件的发生是一次性的。我们不能采取科学实验的方法,在社会中设计一个理想的环境,排除偶然因素,让历史事实重复出现。由于社会历史条件和科学实验定的条件不同，任何关于历史发展的预言都不可能被事实所确认，它不可能经过严格检验而被上升为科学规律。

波普尔否认存在着与自然科学规律相对应的历史规律，但他并没有否认存在着与自然科学相对应的社会科学。对社会历史现象的研究之所以能成为一门科学，是因为它能够运用证伪原则和试错法。由于社会现象和历史事件之不可重复性，社会科学的研究对象不可能是带有规律性的东西，它的任务是解决当前面临的具体的、个别的问题。它提出的预测是解决这些问题的方案，只在短期之内，在具体环境之中才适用。企图制定出大规模地改变社会的长期规划和企图发现历史规律一样，都是违反科学的乌托邦式的想法。波普尔把有关社会历史的理论和实践分为两种：乌托邦工程和渐进或零星的社会工程。前者是历史决定论的伪科学，后者才是真正的社会科学。

波普尔的批判并不停留于对历史决定论的非科学性质的揭露。他承认人类社会中存在着历史决定论的普遍倾向。各个历史时期的人普遍接受了历史决定论的信念，把各种形式的历史决定论当作确凿的真理。在自然科学体系建立以后，人们又企图给历史决定论披上科学的外衣。这一事实说明，历史决定论虽属伪科学，却不是浅薄的、无根据的无知妄说；相反，它有深刻的社会学和心理学的根源，才得以盛行几千年而不衰。波普尔接着挖掘了历史决定论的社会心理根源。

他曾用弗洛伊德"文明的张力"（strain of civilization）的概念来说明历史决定论的心理根源。弗洛伊德在其晚期著作《文明及其不满》中，一反传统的人性论的说法，认为人并非生而自由，追求自由并不是人的天性。相反，人的本能需要首先是安全和庇护。儿童在家庭的庇护之下得到了安全感的满足。人类在其童年时代是在血缘组织中获得安全感的。人们需要一个严厉而又仁慈的父亲般人物的庇护和照料，以求摆脱心理上的恐惧感，包括对黑暗、死亡和陌生人的恐惧，也包括对自己行为的后果，对未来，对一切未知事物的恐惧。图腾崇拜和原始宗教是出于摆脱恐惧感、寻求安全感的需要而出现的。人类步入文明社会之后，血缘关系逐渐松懈，部落和家族的庇护也靠不住了。人在成年之后就被抛到社会，面对陌生的人群和未知的将来。人有了相对多的自由，但是自由意味着缺乏他人的保护，意味着人必须对自由选择的后果承担全部责任。责任感在人的心理上造成了一种负担、压力甚至恐惧，这就是"文明的张力"。

波普尔把人类初期的部落社会称为"封闭的社会"，它的特点是权威崇拜。人们为了满足心理上的安全感,对家长的意志、传统的习俗、宗教的仪式等唯命是从。对权威的怀疑和批判都被视为大逆不道。封闭的社会缺乏内部活力,又不能接受外来的动力。因此,形态落后,发展缓慢,容易被历史所淘汰。即使在开放的社会中,文明的张力依然存在。人们以牺牲安全感为代价换取自由,以牺牲自我尊严为代价换取平等,以牺牲心灵平静为代价换取批判的权利,这样才能产生社会进步。但是另一方面,那些屈从于人性中守旧、懒惰、贪图安逸等倾向的人经受不住文明的张力,他们对自由和批判抱有本能的反感,对能够给予他们安全和庇护的任何权威有着本能的爱好。在波普尔看来,那些对灵魂不死作出承诺的宗教,对真理的确证性作出承诺的知识论以及对尽善尽美的未来社会作出承诺的历史决定论,本质都是借用一个权威(神、知识基础以及历史规律)给人以心灵上的安慰,使他们摆脱对死亡,对陌生的世界,对未来的恐惧感。思想上的权威主义导致政治上的极权主义。开放的社会面临着强大的敌人,有倒退到封闭社会的危险。因此,波普尔的政治哲学俨然以反对封闭社会的复辟为己任。他把所有历史决定论者都视为开放社会的敌人,并对历史决定论的产生和发展作了历史性的阐述。

历史决定论持有这样一种信念:存在着一条决定社会发展的铁则;历史规律的最终实现是不可避免的,人为的努力可以加速或延缓其实现,却不能创造或取消它。根据历史决定论的信念,社会成员被分成两部分:历史规律的推动者和阻拦者。社会发展的历史就是这两部分人的斗争史。斗争的结局是不言而喻的:推动者随着历史规律的实现而成为社会的主人,阻拦者则如同挡车的螳臂一般地被历史车轮所碾碎。波普尔进一步说,历史决定论是一个古老的信念。在古代和中世纪社会,历史规律被理解为"天命"或"神意"。历史被理解为上帝的"选民"与"弃民"、信徒与异端之间的斗争史。在现代社会中,历史决定论换了新的形式。法西斯主义认为,历史规律是种族之间优胜劣败、强食弱肉的铁则,社会发展表现为高等种族淘汰低劣种族的历史。波普尔把马克思主义看作是典型的历史决定论,因为在波普尔看来,马克思主义承认,经济发展规律是历史规律,历史是阶级斗争史,斗争的结局是无产阶级取代资产阶级而成为社会的主人。

在《开放的社会及其敌人》这部著作中,波普尔在西方哲学的传统中考察历史决定论的起源与发展。从古希腊哲学家柏拉图、亚里士多德到德国唯心主义者费希特、黑格尔都被描绘成历史决定论的奠基人。历史决定论进一步被说成是封闭社会的意识形态,和开放社会所依赖的理性批判精神格格不入。因此,所有倡导和拥护历史决定论的哲学家都是开放社会的敌人。他重点批判了柏拉图、黑格尔和马克思的历史理论，说他们都是"错误的预言家"。波普尔抨击最有力的是马克思主义。因为他认为，马克思主义是最严密、最精巧的历史决定论，是历史决定论发展的最高阶段。如果马克思主义经受不住理性的批判，那么其他形式的历史决定论自然也都站不住脚了。

波普尔对于历史决定论的批判与他的科学哲学中的证实原则一脉相承。正如在自然科学领域中人们的认识总是可以证伪的一样，在社会科学领域人们对社会发展的认识也服从证伪原则，因此，不存在一劳永逸地被揭示了的永恒的历史规律。由此可见，证伪原则是波普尔思想的核心。有些人不同意波普尔在科学哲学中用证伪原则代替证实原则，他们也会在社会科学哲学中反对波普尔对历史决定论的批判。

### 2. "乌托邦工程"批判

波普尔认为，历史决定论不仅是关于社会历史发展的学说，而且是安邦治国的一种方法；它绝不是无害的书生议论，而是统治者手中的锐器。历史决定论在实践中的危害表现在，它依据自己所理解的历史规律，提供了改造社会的通盘计划。波普尔把这种通盘计划之制定和实施称为"乌托邦工程"。历史决定论者大抵都是乌托邦工程师，"因为两者都力图实现预示的变化，一个预示发展的进程，另一个则力图严格控制并实现这一变化"[1]。

乌托邦工程师并非邪恶的野心家和阴谋家，他们改造社会的目的并非谋求一己一派之私利。波普尔反对把社会的弊病归结为个人邪恶念头的社会阴谋理论。社会阴谋理论不用科学的方法解决社会问题，而是一味追究政敌的主观动机。希特勒编造的"存在着一个犹太人企图毁灭德意志民族的世界性阴谋"即是社会阴谋理论的一例。社会阴谋理论从根本上排除了持不同意见的人们用理性的对话、用科学的方法解决他们之间分歧的可能性。如果争论是由于双方为了维护自己的私利而引起的，那么解决争论的最好方法将是"武器的批判"：一方摧毁另一方的利益。

乌托邦工程不出自社会阴谋，相反，它是历史决定论者美好愿望的产物。他们认为，历史朝着至善至美的目标发展；政治家的任务是顺应这一历史规律，创造一个美好、完善、充满人道、无阶级差别的大同世界。他们的信念可以用"为了最大多数人的最大幸福"的口号来概括。波普尔说，这一理想是"认为我们能在地上制造天堂的错误"，它给人类带来的只能是"灾难和不幸"。为什么出现事与愿违的现象呢？这是因

---

1 K. R. Popper, *The Open Society and Its Enemies*, Routledge, 1966, vol. 1, p. 74.

为,乌托邦工程师自认为自己的目标是理性的,但它的实质却是唯美主义。世界之于乌托邦工程师犹如作品之于艺术家,它必须白璧无瑕。为了寻觅这一未来的天国,他们企望政治奇迹的出现。浪漫主义的狂迷激发出非理性的态度,比如暴力、镇压、内部倾轧。因此,乌托邦工程虽然以理性的目标和计划开始,却必然以反理性和无计划的混乱状态告终。"乌托邦的理性主义是自我毁灭的理性主义。无论其目的是多么仁慈,它所带来的结果不是幸福,而只能是那种在专制政府之下生活的可诅咒的常见的苦难。"[1]

乌托邦工程的反科学性,表现如下:

第一,乌托邦工程的目标,诸如人性的完全解放,绝对的平等和正义,是抽象、遥远、不确定的,人们很难通过理性讨论来澄清它们的意义。在现实政治中,它们和在具体环境和条件下作出的决策没有什么关系。然而,它们又可以为一切行为进行辩护。人们可以用自己长远目标的正义性来为自己时下采用的卑劣手段辩护,把"为了达到合理的目标,可以不择手段"当作信条。

第二,"最终目标"本身就是一个自相矛盾的概念。"目标"是相对于行为的概念。既然行为是具体的,目标也应是具体的。具体的目标在实施中常常会遇到一些始料不及的困难和障碍;或者,在这些目标达到以后,又随之出现了一些未曾预料的后果。在这两种情况之下,目标都需要不断地调整和修正。然而,"最终目标"这一概念却排除了目标的具体性、相对性和可变性,它不是一个科学的概念。

第三,即使某一社会集团的成员最初对他们的最终目标有一个统一的认识,在为实现这一目标而奋斗的漫长时期内,他们必然会遇到新的事实和问题,必然会产生意见分歧。为了维持对"最终目的"的执著不懈的追求,集团内部的意见分歧会演变为猜忌、敌对、不宽容,对不同意见的禁止和对待不同政见者的迫害。

第四,乌托邦工程的基本构想是,社会和政治组织构成一个整体,只有改变整个社会结构,才能改变具体和个别的社会状况。这种总体主义的看法导致了一揽子计划。总体主义要求权力的集中,要求牺牲个人自由,要求国家对个人生活的干涉。乌托邦工程最后导致了新的奴役和不平等,违背了自己的初衷。波普尔因此说:"乌托邦工程的结果是做了它所不打算做的事情,导致了无计划的计划这样声名狼藉的现象。"[2]

---

1　K. R. Popper, *Conjectures and Refutations*, 3rd, ed, Routledge, 1969, p. 360.

2　K. R. Poper, *The Poverty of Historicism*, Routledge&Kegan Paul, London, 1957, p. 69.

### 3. 社会渐进工程的科学性

波普尔认为,社会科学的真正方法不是对社会发展进行预言的历史决定论的方法,而是自然科学中行之有效的试错法。社会科学的任务不是控制社会整体,全盘改造社会的乌托邦工程,而是逐步、逐个、温和地治疗社会弊病。这就是美国法律学家罗斯科·蓬达(Roscoe Pound)提出的"渐进的社会工程"(piecemeal social engineering)。

波普尔从以下几个方面证论了"渐进的社会工程"的科学性:

首先,渐进的社会工程的目标是科学的。与乌托邦工程的"最大限度地增加最大多数人的幸福"的目标不同,它的目标是"最大限度地排除痛苦"。表面上看来,"排除痛苦"和"增加幸福"似乎是同一目标的负、正两个方面。因为从语义学的角度分析,"痛苦"是"幸福"的反义词,人们可以把"幸福"定义为"缺乏痛苦的状态"。这样的文字游戏诱使人们相信,"最大限度地增加幸福"和"最大限度地排除痛苦"两种提法涵义相同。波普尔反驳说,语言分析的方法把"幸福"和"痛苦"从人的实际体验中抽象出来加以比较,却忘记了这是两种不同性质的体验。它们并不是同一体验的正、负两面,而是独立的、一个不能补偿另一个的身心状态。事实上,幸福非但不能补偿痛苦,也不能被归结为缺乏痛苦的状态。从伦理学的角度看问题,排除人们的痛苦是比增加他们的幸福更为直接和迫切的道德要求。中国人常说,锦上添花不如雪中送炭,也就是这个意思。从认识论的角度看问题,排除痛苦的标准是明显的、确切的,却没有一个增加人们幸福的确定标准。这不仅因为人的欲望是无止境的,而且因为人们对利益得失有着不同看法。因此,人们对痛苦的各种形态、产生原因以及消除办法有着明确的认识。幸福的状态却千差百异,因人因时因地而变化,并且,新的享受和幸福正在不断地被创造出来。在一般情况下,只有在亲密关系的人之间,一个人才会知道如何有效地增加另一个人的幸福,但政府却不可能达到这一目标。用行政手段建立和增加人们幸福的做法,不但会把幸福的形态简单化,造成生活单调乏味,而且有干涉公民的私生活之嫌,因此,波普尔的结论是:"我的主题是消除人民的苦难才是公共政策的最迫切的问题,而幸福并不属于这类问题,幸福获得有待于个人自己的努力。"[1]这个结论保持了自由主义者的基调:人们各自寻求自己的幸福,政府则为他们铲除弊害。不难看出,波普尔把社会科学和政府政策的任务由增加幸福转变为消除

---

[1] K. R. Popper, *Conjectures and Refutations*, 3rd, ed, Routledge, 1969, p. 361.

痛苦,与他把自然科学的任务由揭示真理转变为消除错误的做法相一致。无论在自然科学还是在社会科学领域,人们都不会达到真、善、美的理想境界,但是人们却可以通过排除和克服假、丑、恶的现象,逐步地取得进步。渐进的社会工程就是运用科学的方法,逐步地改良社会的途径。

其次,渐进的社会工程符合科学实验的程序。社会科学理论和自然科学一样,也是假说和猜想,也必须通过事实的证伪性的检验。但是检验社会科学理论的场所是社会,而不是科学实验室。社会环境的复杂性以及历史现象的不可重复性给社会科学理论的检验工作造成了极大的困难。为了应付这些特殊困难,社会科学理论应当比自然科学理论更加具体,更有针对性,力图只与单个的或短期的社会条件与环境相关,能够不断地被事实所调整、修正或否证。这样,人们才能在反复试验的过程中提出更为精确、更有成效的方案。渐进的社会工程的优越性在于它的试验性。然而,它的渐进性并不意味着只顾眼前、抱残守缺和琐屑平庸,它亦需要蓝图,亦可触及社会重大问题。但和乌托邦工程不同,它的蓝图比较简单,只涉及个别制度、机构和程序,如改进健康保险和失业保险,改变法院仲裁程序,修改财政预算和改善教学制度,等等。这些方案的利弊在短期内便可察觉,可以据此及时确认,或修改、调整、废除方案。而乌托邦工程却不能以这种实验性的方法加以控制,它的目标或者过于遥远,使得短期行为无法检验它,或者过于庞大,在实践中造成无法收拾、不可挽回的损失。

再次,渐进的社会工程采取的是合理、可行的方法。它主张用温和的、改良的方法达到目的,用循序渐进的谨慎态度避免社会动荡和暴力破坏。同时,它尊重历史、保留了文化传统。乌托邦工程师的行为则好像是彻底清洗社会这块画布,相信在一张白纸上才能绘出最新最美的图画。然而,追求一揽子成功的暴力革命却常常导致粗陋、混乱和倒退。渐进的社会工程和乌托邦工程的区别不是在改革的规模、速度和范围等问题上的区别,而是合理、谨慎、逐步、自我批判、建设性的态度和方法与不合理、冒险、激烈、排斥异己、破坏性的态度和方法之间的区别。一言以蔽之,是批判理性主义和教条主义,科学精神和权威崇拜之间的区别。

### 5. 合乎科学的民主制度的合理框架

波普尔提倡的批判理性主义不仅针对封闭社会,而且针对开放社会。在他看来,开放社会的人们并没有摆脱历史决定论的影响,自觉或不自觉地用传统的理性主义和非科学的方法看待民主制度,把民主理解为"多数人的统治""人民的政体""自由的制度""容忍的原则",由此产生一系列悖论。波普尔以解决悖论的方式,论证了民主与科学的统一性以及批判理性主义与开放社会制度的一致性。

第一个悖论是"主权的悖论"。自柏拉图始,政治哲学的传统问题是:谁有资格统治? 主权应归谁所有? 回答是多种多样的,却摆脱不了悖论。设想人们最初的回答是:智者应当成为统治者。真正的智者具有自知之明,知道统治者的最重要品质是贤德。因此,智者的回答是:贤者应成为统治者。真正的贤者必然会施惠于民,把主权交给人民。但是大多数人不会否定自身的权利,坚持把主权转让给智者和贤者。苏格拉底早就告诫说,无论善良者还是睿智者,都是"脆弱的人"。"谁应当统治"这个问题只能由强者来解决,而这个强者恰恰就是最不应当统治的人——暴君。这无疑是一个悖论。

波普尔指出,解决悖论的方式是改变产生悖论的问题,即"谁有资格统治? 主权应归谁所有?"这些问题。它们以错误的方式提出了关于主权的问题,因为它们是在"主权等于最高统治权"的前提下被提出的。根据传统的观念,国家主权是一个完整的实体。主权神圣不可侵犯,不允许其他权力超乎其上或与之平行。并且,主权是某个集团、阶层或个人独享的"神器",不容他人染指。根据这种主权观念,谁拥有了主权,谁就在政治上占有了统治其他人的特权。波普尔说,这个前提是错误的,因为任何权力都是可以分割的。权力的分割即是权力的制衡。事实上,即使是最专制的君主,他的权力也不得不受其臣仆们的掣肘。虽然一切权力都受制衡,制衡的方式却有两种:一种是民主制,这是一种"可以通过不流血的方式罢免统治者的制度",另一种是专制制度,这是一种"除了通过成功的革命之外,别无他法罢免政府人员的制度"[1]。也就是说,在专制制度下,权力的制衡表现为权力斗争,采取了流血的暴力和你死我活的激烈方式。在民主制度下,权力的制衡采取了普选、监督、辩论和协商等合理而温和的手段。政治哲学应该探讨什么是权力制衡的最佳形式,如何以损失最小的方式达到目的等问题。它不应在权力和人的关系问题上做文章,而应当探讨权力与权力的关系问题。它的中心问题不是"谁应当统治"而是"如何最有成效地防止暴政"。不难看出,政治哲学的中心问题的转换是和波普尔把社会科学的目标由"增加幸福"转换为"避免痛苦"的做法相一致的。实行问题转换的意义在于,当主权的问题以"谁应当统治"的方式被提出,它的解决在理论上引起悖论,在实践中则导致以夺取权力为目标的暴力革命。当主权的问题变成"如何建立制度以防止坏的或不称职

---

1 K. R. Popper, *The Open Society and Its Enemies*, Routledge, 1966, vol. 1, p. 24.

的统治者过分地损害人民"时，人们需要的只是逐渐建立民主制度的渐进的社会工程。

第二个悖论是"民主的悖论"。这是一个和"主权的悖论"相关的悖论。"主权的悖论"产生于大多数人民所具有的不愿意担负管理的责任、需要强者保护的倾向。"民主的悖论"是在大多数人同意把权力交给一个独裁者的情况下产生的。试问：信奉民主制度的人应该服从大多数人推举出来的独裁者吗？如果不服从，那么他违背了大多数人的意志，是不民主的；如果服从，那么他就得接受独裁统治，抛弃他信奉的民主制度。这又是一个悖论。

波普尔说，这一悖论是由于对民主的不正确理解而造成的。"对于民主，我并不把它理解为'人民统治'或'多数人统治'这样一些含混不清的东西，而把它理解为一种制度，即一种无需使用暴力就能够授予或罢免统治权的制度。"[1]

民主的实质不是少数服从多数，多数人和少数人的关系不是理性与非理性的关系。相反，多数人的意见常常是非理性的，他们中间存在着崇拜"英雄""领袖"，不愿意决定自己命运的非理性倾向，而这一倾向往往导致了民主制向独裁制的转化。例如 20 世纪 30 年代德国法西斯主义就是在大多数人民的支持下上台的。波普尔把民主看作一种合乎理性，而不仅仅是符合大多数人意见的制度。因此，少数人有权不服从多数人的非理性的决定，反对独裁制度、维护民主制度是理性的召唤，是每一个有理性的人应承担的义务。

波普尔认为，民主的原则是防止专制主义，民主制的优越性只是相对于独裁制而言的。它并不是完美无缺的制度，甚至在某些情况下，民主制并不比开明的专制制度更有效。我们可以把政治体制分为三类：开明的专制、民主制和恶性的专制。开明的专制具有高效率的运行机制。由于不受其他势力的干扰，开明的专制统治者能够集思广益，迅速地制定出合理的方案，并能够最广泛地动员和集中人力与财力，以最彻底的手段贯彻、实施方案。在民主制度中，方案必须通过各种意见的争论才能确立，方案在实施中也有赖于权力的平衡。争论和均衡的过程不可避免地要消耗掉一部分原来可以用来创造出更多功利效用的时间与精力。民主制似乎缺乏开明的专制所具有的统一意志和雷厉风行的效率，这大概就是相当多的人倾向于专制制度的缘故吧。虽然人们向往的是仁慈的独裁者和开明的专制，但是在大多数情况下，他们得到的却

---

1　K. R. Popper, *The Open Society and Its Enemies*, Routledge, 1966, vol. 1, p. 151.

是暴君统治。原因何在呢？原来，"权力"是一个极其危险的东西，权力的滥用在任何社会制度中都是不可避免的现象，没有任何一个大权在握的人是真正可以信赖的。在少数人独揽大权的专制制度中，"绝对的权力产生绝对的腐化"的现象更无法避免。因此，一个独裁者可以开明一时，却不会时时开明；即使他可以开明一世，也不能保证他们的后继者也是开明的，唯其如此，暴君统治才是专制制度的一般形式，而开明的或仁慈的专制只是它们暂时的、特殊的、过渡性的形式。政治家们一开始就应该正视暴君统治的可能性，而不应当从良好的愿望和幻想出发。民主制的出发点正是对滥用权力的警惕和提防，它以制度有效地防止权力的过分集中和滥用。"真正的民主就是权力的牵制和平衡"，是"被统治者对统治者的监督，被管理者对管理者的监督。"[1]选择民主制的依据不是两利相权取其大（因为开明专制或许可以比民主制带来更大的物质利益）；而是两害相衡取其轻（因为民主制中的错误比专制者所犯的错误危害性小，且易于纠正）。简言之，民主制的优势不在趋利，而在避害。民主制度仅仅是一种框架，它不给予人们他们可以通过自己努力争取的利益，它的可取性不在于它是最完美的制度，而在于它能最大限度地降低祸害。

第三个悖论是"自由的悖论"。自由如果意味着每人都可以随心所欲而不受任何限制，那么一些人就会"自由地"支配甚至奴役另一些人，"自由"反而成了"不自由"的根源。这是一个悖论："自由如果不加限制，反而自行丧失。"[2]"自由的悖论"在经济生活中表现得尤为突出。民主制度保证了人民在政治上和法律上的平等，却不能强求经济上的平等。人在智力、体力上的自然差别是政治和法律无法控制和干预的。然而，这些差别在经济竞争中造成的后果却可以通过政治、法律的手段加以控制。波普尔极力主张的经济干预主义的目的就是要限制自由竞争带来的某些弊端，避免他所谓的"自由的悖论"。要言之，人是否自由的关键在于采取什么样的政治制度，而不在于他们是否生而平等。波普尔说："即使所有人都生而平等，仍然有人要把他们置于枷锁之中，……即使人们坐在枷锁之中，我们很多人也不会要求打开枷锁。"[3]因此，平等不能用牺牲自由的代价换取。为了控制经济上的不平等而取消自由竞争根本不能达到经济平等的目的。因为"自由比平等更重要，……假如自由失去了，那么

---

1 K. R. Popper, *The Open Society and Its Enemies*, Routledge, 1966, vol. 1, p. 162, 156.
2 同上书，第152页。
3 同上书，第205页。

在没有自由的社会中也不会有平等"[1]。

解决"自由的悖论"的科学方法是民主的方法，即：一方面维护自由经济制度；另一方面限制自由竞争产生的不平等。两者都是民主国家的功能。民主国家的主要功能是保护性的：一方面保护个人行动的自由，另一方面保护个人自由不受他人行动的损害。因此，波普尔把国家干预主义限制在保护性功能之内。他针对干预主义提出两项限制性条件。第一，"国家的干预应该局限于确保人民自由这一范围之内"，"不应该让它拥有更多的、超出这种必要性之外的权力"[2]。过分扩大国家干预范围，最后有导致集权主义政府的危险。第二，国家干预应该是间接的、制度化的，而不是直接的、出自"长官意志"的任意行为。波普尔把国家干预视为不得已而为之的措施，反对扩大和滥用国家权力。他提出"最小政府原则"：国家是必不可少的祸害，如无必要，它的权力不应增加。他主张用"自由主义的剃刀"，剃去国家政权中不必要的部分，把国家职能限制在对个人自由的保护。他特别反对国家被赋予道德教化的职能。国家控制道德生活，实际上是氏族禁忌的残余。他说，在政治与道德关系问题上，也存在着集权主义和自由主义的对立。集权主义要求"道德政治化"，自由主义要求"政治道德化"。前者是封闭社会的残余，后者是开放社会的特征。

第四个悖论是"容忍的悖论"。容忍和自由一样，如果没有一定的限度，它会毁坏自身。如果民主制容忍那些反对容忍原则的人，就会任其推翻民主制，建立独裁制。无限制的容忍是姑息养奸，其结果将是容忍原则之荡然无存。解决这一悖论的方法是限制容忍原则，使之不再适用于民主制的敌人。对不容忍者不容忍，是"以其人之道，还治其人之身"的做法，这不但在逻辑上合理，在道义上也是必要的。"如同我们必须把纵容杀人、绑架或恢复奴隶贸易当作犯罪一样，我们必须把纵容不容忍和迫害当作犯罪。"[3]波普尔提出"容忍悖论"的动机是号召人们在法西斯主义危及民主政体存在的关头起而捍卫自身权利。在和平时期，应该把对容忍原则的限制降低到最低水平，更不应该以"不容忍不容忍者"为借口，剥夺政治反对派的发言权。因为"思想自由和讨论自由是自由主义的最高原则"[4]。开放社会之所以能够避免用流血和暴力方式解决人们之间的分歧，原因在于坚持思想自由和讨论自由的原则，通过对话、

---

1 K. R. Popper, *Unended Quest*, Fontana Collins, London, 1976, p. 36.

2 K. R. Popper, *The Open Society and Its Enemies*, Routledge, 1966, vol. 1, p. 161.

3 同上书，第215页。

4 K. R. Popper, *Conjectures and Refutations*, 3rd, ed, Routledge, 1969, p. 350.

谅解、谈判和妥协的方式解决不同政治主张之间的矛盾，包括自由主义和集权主义在思想上的分歧。思想自由和讨论自由表现出这样一种理性的态度：我想我是对的。但可能我是错的，而你是对的。所以还是让我们讨论吧！这将比我们各持己见更接近真理。

第十讲

# 科学世界观学说

现代科学哲学作为一个强盛的哲学运动始于逻辑经验主义。虽然波普尔自觉地在他的科学哲学与逻辑经验主义之间划了一道鸿沟,并自诩从根本上挫败了逻辑经验主义,但是很多研究者认为,波普尔和逻辑经验主义者分享着共同的问题,并且导致他们提出这些问题的前提也基本相同。波普尔并没有令人信服地说明证伪主义和证实主义的区别,他在许多方面和逻辑经验主义者都面临着同样的困难。只是50年代以来兴起的科学世界观学说,才从根本上与逻辑经验主义的立场划清了界线,使科学哲学发展到一个新的阶段。我们并不认为,波普尔的科学哲学独立于逻辑经验主义思潮之外,但我们承认它在当代科学哲学发展中起着承上启下的作用:它上承逻辑经验主义之余绪,下开历史主义学派的先河。不承认波普尔哲学的这种特殊重要性,我们将无法理解现代科学哲学发展的脉络。本讲我们将从波普尔谈起,对与他同时和他之后的科学世界观学说加以总结性评介。

## 第一节

## 波普尔与逻辑经验主义

我们已经看到,波普尔在科学哲学领域的主要对手是逻辑经验主义,他不遗余力地对之进行尖锐的批判。他引以为自豪的是,他的第一部著作《研究的逻辑》提出的证伪原则和对归纳法的抨击,在维也纳学派内部引起了广泛的讨论和强烈的反响;逻辑经验主义者不得不承认,波普尔在科学划界和科学方法这两个问题上的见解高出一筹,不得不退避三舍,转而研究具体、琐碎的技术问题;正是由于对科学中重大问题的兴趣的衰退,最后导致了维也纳学派的瓦解。波普尔不无得意地夸耀说,是他扼杀了逻辑经验主义。北京大学教授洪谦先生认为,波普尔的自诩无论从历史事实,还是

从理论上看,都不能成立。他对此评论说:

> 一位像世界驰名的哲学家波普尔把"对逻辑实证主义的谋杀"引为自豪,这在哲学史上确是罕见的。但是我相信,波普尔的谋杀实际上并没有得逞,因为他为此所使用的武器并不那么锐利,不足以置逻辑实证主义于死地。[1]

在我们看来,洪谦先生的反批评是有道理的。对于波普尔与逻辑经验主义的功过是非,需要给予公正的历史评价。

波普尔科学哲学的魅力在于,它展示并且充分肯定了科学发明的不可思议的力量。这种不可思议的力量可以来自科学家的灵感,也可以来自理论自身的预见力。波普尔反对循规蹈矩地遵守归纳法之目的是给科学家的想象力和自由创造活动留下更为广阔的天地。他的科学方法论强调,经验材料的积累和实验证据的数量并不是创立理论的决定性条件。科学理论起源于大胆的假设。不管这些假设按现有的知识判断是如何的不合理,一旦它成功地解决了现有知识无法回答的问题,它便被确认为具有科学价值的理论。这种科学方法鼓励科学家主动地发现问题,大胆地假设。既敢于冒犯公认的权威,也欢迎对自己假设的证伪。对科学知识积累最有意义的事件是证伪旧理论,而不是证实新理论。因此,波普尔所钟爱的科学史上的事例是拉瓦锡的煅烧实验,埃丁顿的日食观察和宇称守恒实验。这些实验都起了否证流行理论的作用。但是人们注意到,这样对流行理论的证伪起决定作用的一次性实验,在科学史上是罕见的,大多发生在科学革命的时期。设计这些实验的理论也不是凭空的漫无边际的想象的结果,它们往往是针对面临的问题,在几个可行性方案中,根据以前的实验结果进行合理的选择的结果。在科学研究中,科学家不能离开现存的知识背景任意猜想,他们的实验反驳的往往是自己的猜想,而不是流行的结论。只是在日积月累的反复实验过程中,他们才使自己的猜想深入、精确,乃至最后产生出革命性的猜想和对流行理论具有决定性意义的反驳。科学史中的事实说明,在大多数情况下,突发的灵感和常规实验、证伪和证实、排错和归纳之间并不是矛盾关系,说两者之间存在着互补关系更符合实际。正如洪谦先生所说:"任何一位科学理论家都必须认识,作为经验有效的命题的自然规律具有无限多的全称命题的形式,而这种自然规律的普遍命题并不和为数众多的具体命题相对应。也就是说,它既不能通过某个或某些基本命题得到证实,也不能被它们所证伪。对此,卡尔纳普发表了一个极有见地的看

---

1 洪谦:《逻辑经验主义文集》,香港三联书店 1990 年版,第 31 页。

法：在科学命题的可确定性中，可证实性和可证伪性只能作为特例来看待。" [1]

波普尔并没有令人信服地说明证伪主义是和证实主义根本对立的原则和方法。我们从以下三个方面来分析这一缺陷：

首先，波普尔关于归纳法的概念是粗糙的、片面的。归纳法并不是逐个地列举正面事例来证明某个结论的简单枚举法。归纳法的倡导者都自觉地克服简单枚举法。例如，培根曾强调说，反面事例是比正面事例价值更高的证据，因为一个理论只有在它的对立面被否证的情况下才能被证实。他提出了搜集证据的"三表说"，即在作出归纳之前，不仅要注意到正面的事例（存在表），而且要注意到反面的例子（缺乏表），还要注意到程度不同的事例（程度表）。密尔在《逻辑体系》一书中介绍归纳推理时也提醒说，重复多次的正面经验不比那些既能支持一个理论又能反驳与之相反的理论的一次性经验更有价值。由此可见，归纳法不仅是证明一个理论的方法，同时也是否证与所要证明的理论相反的理论的方法。当然，波普尔会辩解说，归纳法的根本目标是证实，证伪在那里仅仅是证实的一个步骤，而他的科学方法以排错、证伪为最终目标，这才是两者之间的根本区别。然而，不幸的是，证伪方法和归纳方法之间并不存在他所设想的泾渭分明的界线。科学研究和发明活动不可能总是否定性的。证伪作为检验理论的方法总要肯定和确立那些否证不了的理论。波普尔用"严格检验""确认"等概念说明证伪方法的肯定性结果。我们将在下面指出，这些概念与实证主义所说的"经验证实""确证"有无根本的区别。

波普尔反对归纳法的一个重要理由是休谟的怀疑论思想：单个的经验事实，无论重复多少次，也不能证明全称命题的必然性；然而，一个经验事实却足以证伪一个全称命题。两相比较，试错法在逻辑上优于归纳法。这样的比较并不能说明问题，因为另一种比较可以说明相反的结论。根据后一种比较，我们可以说，单个的经验事实，无论有多少个，也不能证伪一个单称命题，然而，一个经验事实却足以证实一个单称命题的真实性。比如，归纳法固然不能证实全称命题"所有的天鹅都是白色的"，试错法也不能证伪单称命题"有一只天鹅是黑色的"。同样，试错法固然能够证伪上述全称命题，归纳法也能证实上述单称命题。从逻辑的观点看问题，两者各有对方没有的优越性。波普尔也许会反驳：科学理论都是用全称命题表达的，因此，人们无需顾虑单称命题不能被证伪的情况。但是我们不要忘记，波普尔关于"严格检验"的概念是

---

1 洪谦：《逻辑经验主义文集》，香港三联书店 1990 年版，第 31 页。

建立在单个事例基础上的。严格检验是对旧理论的证伪，却不是新理论的证实。因此，一个事例便可以起到严格检验的作用。既然单个事例由单称命题陈述，而单称命题只能被这个事例之发生所证实，却不能被这个事例之不存在所证伪，那么对这一事实作出的预测（即一个单称命题）在逻辑上是只能证实，不能证伪的。我们也不要忘记，对波普尔来说，任何理论都是猜想和预测。当他否认了归纳法对全称命题所表达的预测的证实之后，他又自觉或不自觉地把对单称命题所表达的预测的证实纳入"严格检验"的概念之中。我们固然不能因此指责波普尔思想自相矛盾，但这至少可以说明，证实和证伪不是互相排斥的原则和方法。

再者，关于波普尔的"确认"概念和卡尔纳普的"确证"概念之间的区别，波普尔说，前者指示发生概率很小的事例，后者指示发生概率很大的事例。我们认为，这种说法混淆了概率统计的不同条件。确认新理论的事例的发生概率是根据旧理论（即波普尔所说的背景知识）推算的，而确证一个理论的事例的发生概率是从该理论自身中推算出来的。因此"确认"概念中的低概率未必不是"确证"概念中的高概率，反之亦然。如果我们用概率公式表示这两个概念，可以清楚地看出它们之间的联系。

波普尔的"确认"概念表示，一个被理论所预测的事实之发生概率大于该事实在没有被预测条件下的发生概率。设事实 x 在背景知识中的发生概率为 $P(x)$，它在新理论 y 中的发生概率为 $p(x,y)$，那么，事实 x 对理论 y 的确认 $C(x,y)$ 的意义是：理论 y 成功地预测了在流行理论看来不大可能会发生的事实 x 的发生，即：

$$C(x,y)=P(x,y)>P(x)$$

另一方面，卡尔纳普的"确证"概念的意义是，理论 y 之为真的概率随着它所预测的事实 x 之发生概率的增大而增大，即：

$$Co(x,y)=P(x,y)$$

比较 $C(x,y)$（读作 x 对 y 的确认）和 $Co(x,y)$（读作 x 对 y 的确证），不难看出，两者的概率值相等。所不同的是，"确认"概念表示的概率值是相对于一个较小的概率值而言的，这就是波普尔所说的确认指示发生概率很小的事例的理由。但这一理由并未否认，该事例之发生将会使预测它的理论之为真的概率增大。换言之 $P(x,y)>P(x)$ 的内涵并不与 $P(x,y)$ 的内涵相矛盾，两者所表示的概念，即"确认"和"确证"这两个概念，是可以兼容的。

波普尔全盘否认证实方法的证伪主义不仅在理论上有上述缺陷，在实际运用之中也会遇到难以克服的困难。例如，他的证伪主义和科学史中的大量事实不相符合。

科学史中,事实对理论的检验通常不是波普尔所说的意义上的证伪。每一个重大科学理论在其诞生时期都会遇到许多不可解释的事例,也就是说,都会面临着被证伪的可能。如果科学家们按照波普尔的方法论行事,就会匆匆地放弃这一理论,致使新理论夭折在襁褓里。在实际中,科学家们通常无视事实的证伪,坚持自己的理论,最后成功地把否证这一理论的事例转变成与该理论相符合的事例。从哥白尼、伽利略到牛顿的物理学的发展经历了这样的过程,而不是波普尔所设想的不断提出假说、不断证伪假说的过程。他曾经引用海王星和冥王星被发现的事实,说明牛顿力学预测未知事实的力量。拉卡托斯(I. Laktos)指出,这一事例的意义并不能说明牛顿力学通过了严格检验,因为波普尔所说的严格检验是对理论的证伪。天王星运行轨道偏差之所以不能证伪牛顿力学,是因为亚当斯和勒维里叶提出了辅助性的假说:有一颗未知行星的引力影响着天王星的运转,并且这一引力服从牛顿力学规律。因此,这一事例说明了辅助性假说抵御证伪、保护理论的有益作用。[1] 根据波普尔的证伪原则,人们应当寻求证伪度高的假说,这意味着,人们应当排除辅助性假说。波普尔意识到,如果拉卡托斯的观点是正确的,那么他的科学哲学将变得"完全错误""完全无益"。但是,他对拉卡托斯的答复却令人失望。他承认,发现海王星的事例说明了辅助性假说的作用,但又说,这个事例不是科学史中的典型事例,很多事实对理论的否证不能用辅助性假说消解,这些事实才是典型事例。遗憾的是,波普尔所列举的典型事例只存在于他的想象之中,而不是科学史上的实例,诸如"一个行星以不变速度围绕现行轨道运行""一些行星的运行速度在它们接近近日点时趋于减小,而不趋于增加""火星轨道每隔四个火星年不再出现摄动""某些行星轨道是长方形的"之类想象出来的"事例"。[2] 其实,既然波普尔想象出这些不符合牛顿力学的否证,人们也可以想象出辅助性假说来解释这些现象,波普尔想象出来的"典型事例"完全没有理论价值。

或许,波普尔开始意识到极端的证伪主义之弊端。他表示,一个理论必须具有抵御证伪的相对稳定性,适当的教条主义是对批判精神的合理补充。用他的说来说:"尽可能地坚持一个理论的教条主义态度具有重要意义。否则,我们不可能知道这个理论的价值,我们在发现它的力量的机会到来之前会放弃它,其结果是,没有理论能够给予世界以秩序,能够使我们对付将来事件,能够使我们注意到无法以其他方式观

---

1 参见 I. Lakatos, *Criticism and Growth of Knowledge*, Cambrdge, 1970, pp. 91 - 95。

2 参见 *The Philosophy of Karl Popper*, ed. by Schilpp, pp. 1005 - 1007。

察到的事件。"[1]仅仅从原则上承认理论既需要稳定性又需要证伪性是不够的。问题的症结是:在什么条件下抵御证伪? 在什么条件下寻求证伪? 在什么条件下容纳有限度的证伪? 波普尔从来没有认真考虑过这些问题。对他来说,证伪活动是一场大胆的冒险,那些不情愿冒证伪风险的人不能参加"科学游戏"。[2] 巴特莱(W. Bartley)曾把波普尔所说的"科学游戏"与维特根斯坦的"语言游戏说"相比较,两者都是理性规则不能限制的活动。[3] 的确,"游戏说"可以帮助我们理解,为什么波普尔的科学方法论不讨论运用证伪方法的具体条件和它的适用范围。

以上批判性的分析意在证明洪谦先生的观点:波普尔的证伪主义"并不那么锐利,不足以置逻辑经验主义于死地"。为了说明逻辑经验主义之后科学哲学的新发展,我们还得另辟蹊径。

## 第二节
## 从科学方法论到科学世界观

不论逻辑经验主义还是波普尔的证伪主义,都是以科学方法论为中心的科学哲学。两者都相信科学理论有统一的逻辑(方法论),这种统一的方法论划清了科学与非科学的界线,保证科学知识按照特定的逻辑框架不断地增长,并能对科学理论的发现过程、经验内容和适应范围以及应用条件作出圆满的解释和说明。科学方法论的主题是经验事实与理论之间的关系。虽然波普尔与逻辑经验主义者在此问题上有证伪主义与证实主义之争,但是他们都以为事实对理论的检验具有不受任何理论影响的中立性、不偏不倚的公正性和最后裁决权。再次,波普尔和逻辑经验主义都持有科学主义立场,即认为以自然科学方法为代表的科学方法论同样适应于关于社会和人文的科学,不能适应自然科学方法论的要求、标准和程序的人文学科都不能算作科学,至多只是科学的前身或附庸,在最坏的情况下,则是伪科学。

上述科学哲学的理论以科学方法论为中心,也不免会谈及世界观问题。比如,波

---

1 K. R. Popper, *Conjectures and Refutations*, 3rd, ed, Routledge, 1969, p. 312n.

2 参见 K. R. Popper, *The Logic of Scientific Discovery*, 2nd. ed. Hutchinson, London, 1968, p. 280。

3 参见 *Problems in the Philosophy of Science*, ed. by I. Laktos and A. Musgrave, North Holland, 1968, p. 110。

普尔的形而上学纲领,卡尔纳普的"世界逻辑构造",都力图阐明科学方法论和世界观的联系。在他们看来,世界观只是方法论的理论说明模式。逻辑经验主义关于世界逻辑结构的思想建立在语言逻辑分析方法基础之上,波普尔的"世界3"是猜想与反驳的方法所达到的客观知识领域,他的进化认识论也是试错法的生物学说明。至于他们的社会政治观,无不是科学方法的应用结果。

以科学方法论为中心的科学哲学在20世纪上半叶占据统治地位,但自50年代起,开始受到一些科学哲学家的挑战。哲学曾经是世界观的学说,科学哲学也理应成为科学世界观的学说。科学世界观不同于传统的形而上学或哲学本体论,它是科学理论体系,其中当然也包括方法论。但是方法论并不是科学世界观的决定因素,相反,它受到理论目标、解释对象、概念体系、应用条件甚至科学家心理素质的制约和规定。因此,以方法论为中心看待科学世界观偏离了科学哲学的方向和目标;科学哲学应该以科学世界观为中心。

主张以科学世界观为中心的科学哲学家在一些主要问题上不赞同以科学方法论为中心的科学哲学。首先,他们否认有适用于一切科学理论的统一方法论或"发现的逻辑",方法论从属于科学理论,如同理论一样是多元的;科学研究和发现的方法总是具体、历史的,其意义和功用表现于科学史与科学实践之中。其次,他们否认有独立于科学理论的经验检验,认为两个不同的理论体系设定了不同的前提,采用了不同的方法,因而也就规定了检验的不同标准。在一个理论体系里行之有效的证伪或证实未必会被另一个理论体系所承认。再次,他们不同意把科学世界观解释为一种理论说明模式,相反,科学世界观是一切理论说明模式或方法论规则的原初条件和背景知识的总和。科学世界观具有自身的结构,这种结构不是一成不变的。结构的变化带来科学理论的重大突破。最后,他们反对科学主义对于社会历史现象的解释,他们看到,科学世界观的形成和变化都是在一定社会历史条件下发生的,科学哲学应该全面地说明科学世界观和社会历史观的交互作用,不能简单地沿着从自然科学推进到社会科学的直线思维方式看待人类世界的现象。

美国科学哲学家萨普(Frederick Suppe)指出,在逻辑实证主义流行一时之后,科学哲学领域出现了"世界观分析"的趋向。他对这一趋向作出如下评论:

> 科学的研究在一个世界观或生活世界之内,科学哲学的工作在于分析科学世界观的特征,分析科学研究在其中的语言-概念体系的特征。理论解释的条件是世界观,因此,理解世界观对于理解理论是必要的。这种分析科学知识论的世

界观方法当然要十分注重科学史以及影响那些产生、扩展、使用、接受或排拒科学中世界观的社会学因素。因此,科学哲学家的关注与科学史家和科学社会学家的关注是重叠的。[1]

萨普所谓的"世界观分析"与我们所说的以世界观为中心的科学哲学的主要特征是相一致的。

英国科学哲学家图尔明(S. Toulmin)在1953年发表的《科学哲学导论》中首次表现出科学世界观学说的萌芽。八年之后,他在《预见和理解》一书中进一步发展了这一学说。按照这一学说,科学虽然有预测的功用,但预测并不是它的根本目的,其根本目的在于对已知的恒常现象提供解释。预测只是一种技艺或技术,属于科学的应用,而不是科学的核心所在。图尔明的科学观认为科学理论是一个解释体系,包括这样一些由高到低的结构性因素:(1)首先是自然秩序的理想,它是在纷繁复杂的自然现象中发现整齐划一的恒常性的认识方式;它提供恒常性的标准,引导人们关注和研究符合这一标准的目标,并由此决定人们对于自然现象的性质和范围的总的看法,比如牛顿的惯性定理就是一种自然秩序的理想,即运动学的理想,按此定理的惯性运动不受任何外力,包括物体自身重量的影响;这一定理是对运动的理想状态的自我解释,而不诉诸更进一步的解释("第一推动者"不属于惯性定理)。(2)理论体系的另一些因素是自然法则,这些法则按照自然秩序的理想标准和框架,对事物或现象加以区别、分类,把具有相同恒常性质的对象划归为同一领域,自然法则就是某一领域的恒常性的形式。(3)再低一级的理论因素是假说,假说也是恒常性的形式。假说与法则的区别在于前者的暂时性和后者的恒久性,就是说,当我们按照自然法则的理想,把某些事物暂时地归诸一个恒常性形式,便得到假说;假说被固定下来,这些事物获得一个恒久的形式,这就是自然法则。在更多情况下,一个假说被另一个假说所代替,或被抛弃。比如,几何光学的光线直线传播原理是自然秩序的理想,它构成几何光学的根本前提;光的折射率是自然法则,划分出光在不同媒质传播的恒常形式;在施奈尔(Shnell)发现关于入射角与折射角的函数关系的折射律之前,人们对光线折射现象的种种解释,如把折射解释为眼睛的错觉,都是假说。在折射律被接受之后,人们关于两个媒质的折射率的初步计算也是假说。

图尔明关于科学理论体系的学说包含着两个重要观点。第一是整体论的观点。

---

1 F. Suppe,*The Structure of Scientific Theories*, 2nd, ed. Illinois,1977, pp. 126-127.

他认为,关于理想、法则和假说的表述借助于科学术语的意义,科学术语有些是从日常用语和以前的科学理论获取的,有些则是新造的。不管在哪一种情况下,科学术语的意义依赖于它被置于其中的科学理论,而不依赖于直接的经验观察,因此,关于理论术语和观察术语的区分是不可取的。比如,"折射率"这一概念只有在折射律适用的光学理论里才有意义。他说:"在像物理学这样一些规范化的科学里,术语并不是预先固定的,更不是公认的。理论、认知的技术和术语突发性地互相引见而出现。"又说:"关于高一层次的命题只有在较低层次的范围里才有意义。"[1] 图尔明的另一重要观点是工具主义的观点。他认为理论只是解释的工具,工具本身无所谓对错之分,只有涉及工具应用范围时才产生或对或错的问题。比如,折射律作为一种普遍形式,本身既不正确也不错误,只有在被应用于具体媒质时,才产生出或对或错的问题,比如,如果说折射律适用于光在透明晶体的传播,那就是错误的。图尔明的工具主义并不把科学仅仅理解为满足人类福利和物质利益的工具。科学理论对于他来说是解释的工具,首先满足的是人们渴望理解世界的欲望,科学活动是"心灵的愉悦"。[2]

综上所述,图尔明的整体论和工具主义把科学理论理解为解释事物或现象的框架,科学的首要任务是提供一种世界观。他对科学世界观的构成、性质及作用进行了深入分析。在所有这些方面,他可以说代表了科学哲学向科学世界观方向转折的趋向。

美国科学哲学家汉森(N. R. Hanson)是代表科学哲学转向的另一个代表人物。他的主要著作《发现的模式》(1958)、《知觉和发现》(1969)、《观察与解释》(1971)、《群体与猜测》(1973)等显示出与众不同的独特见解。可惜,43岁的汉森于1967年英年早逝,未能看到他的观点被后来的社会历史学派所吸收、发展而产生出的丰富成果。

汉森极力反对逻辑经验主义强调经验观察的倾向,称之为"感觉核心理论"。他认为,科学术语不同于日常术语,后者确实有一些表示纯粹感觉的名词和动词,但在科学里却不存在独立于理论并能够中立地检验理论的观察术语。科学史上的一个著名事例是开普勒和第谷拥有同样的观察资料,但开普勒从中看到的是地球绕太阳转,第谷从中看到的却是太阳绕地球转。两人观察同一对象,由于理论不同,观察到完全相反的现象。格式塔心理学也有许多这样的事例。维特根斯坦在《哲学研究》第二部

---

1 S. Toulmin, *The Philosophy of Science*, Hutchinson, 1953, pp. 146, 80.
2 参见 S. Toulmin, *Foresight and Understanding*, Hutchinson, 1963, p. 115。

分曾以格式塔心理学的"兔鸭图"为例,说明了视觉的语言意义。[1] 汉森采用语言分析方法阐明了科学观察所需要的理论框架。他指出:"'看'的概念的逻辑性质是物理观察不可避免、不可或缺的。"在表达"看"的句子中总包括一个表示所看到的内容的从句,因此,"看"并不是单纯的生理上的刺激与反应,正如汉森所说:"虽然眼睛或心灵的眼睛的构成并不包括语言,但看中却有语言因素。"[2] 科学观察是具有命题的逻辑结构和概念的理论意义的看,没有对于所看对象的概念,科学观察将不能进行;而任何对象的概念都不是孤立的,其意义是与其他概念相互联系,并在一个理论之中被决定的。汉森得出结论:"看是理论渗透的活动,对于 x 的观察来自关于 x 的先在知识。"[3]

不但观察术语包含着理论,一个理论术语也包含着理论总的框架。以"原因"概念为例,这一概念并不表示因果链条的一个个环节,而是涉及整个理论的概念框架。汉森说:"谈论 x 的原因的主要理由是解释 x",只有把 x 置于其他事物 y、z 的概念连锁系统之中,我们才能获得关于 x 的解释。汉森指出,"因果链"是一个令人误解的概念,似乎一个原因只与其结果及其先前的原因有联系,而忽视了解释这个原因的整个概念模式。他说:"原因当然与结果相联系,但这只是由于理论把它们联系在一起,而不是因为世界被一种宇宙胶质连合在一起。"[4]

从上面介绍可以看出,汉森始终强调理论系统和概念模式对具体的科学术语的决定性意义。他同时承认科学术语及其意义的历史性变化,如何解释这种变化呢?经验论者用归纳法加以解释,认为经验观察的事例增长到一定程度,导致概念的变化,并产生出新的理论。但按汉森关于理论渗透观察的观点,只有在理论变化的情况下,观察才会产生变化。那么理论又是如何变化的呢?或者说,发现新理论的途径是什么呢?汉森提出一种"反向思维"(retroductive reasoning):不是由观察事例归纳出理论,而是把理论复归到需要解释的观察事例。对于一些观察事例,如果现有理论不能圆满地提出解释,那么就要追溯到理论解释所依据的概念系统或理论模式。汉森认为,系统和模式具有对称性,我们可以提出与现有理论模式相对称的另一种模式,并把新模式复归到老模式难以解释的观察事实,这样往往会产生出令人满意的理论

---

1 参见维特根斯坦《哲学研究》,第二部分,第 11 章。

2 N. B. Hanson, *Patterns of Discovery*, Cambridge, 1958. p. 25.

3 同上书,第 19 页。

4 同上书,第 64 页。

解释,由此产生出新的理论。汉森用开普勒发现行星轨道为例,说明反向思维的成功运用。在《论火星运行》一书中,开普勒指出火星轨道为椭圆,其焦点为太阳。在后来出版的《世界的和谐》一书中,他进一步指出,木星与其他行星的轨道是非圆形的。他的理由是,火星一向被认为标准行星,如果火星轨道是椭圆形的,其他行星的轨道也应与它一样,不是圆形的。开普勒把圆形和非圆形作为两个对称模式,他用非圆形模式满意地解决了火星运行问题,并没有把其他行星运行数据加以归纳,以便验证自己模式的普遍性,而是把这一模式立即复归于其他行星运行的问题,对太阳系所有行量的轨道作出理论解释,建立起天体运行的理论。

汉森的反向思维强调从理论到观察,从世界观到具体的思维路线,这与逻辑经验主义者从观察到理论、从方法到世界的思维路线相对立。但是汉森仍然把反向思维称作"真正的逻辑",他和波普尔一样,承认科学发现有一以贯之的普遍适用的发现的逻辑。只是在后来的社会历史学派的理论里,关于科学世界的逻辑观才被社会历史观所替代。

第三节 ———————————————————————————————

## 科学世界观的社会学分析

库恩(T. Kuhn)于1962年出版的《科学革命的结构》标志着社会历史学派的兴起。库恩对科学发展持历史阶段论,每一个科学发展阶段都有特殊的内在结构,体现这种结构的模型即库恩所谓的范式(paradigm)。"范式"是一个相当模糊的概念,但据库恩后来的解释,范式是通过一个具体的科学理论为范例,表示一个科学发展阶段的模式,如亚里士多德的物理学之于古代科学,托勒密天文学之于中世纪科学,伽利略的动力学之于近代科学的初级阶段,微粒光学之于近代科学的发达时期,爱因斯坦的相对论之于当代科学,都起了范式的作用。范式通过对科学中关键性、全局性的问题的解决,描述了一幅关于世界整体的图式,即世界观。范式的变动,如从"地心说"到"日心说",从"燃素说"到"氧化说",从光的"粒子说"到"波动说",从牛顿引力论到广义相对论,都不是个别概念或定律的转换,而是世界观的变化。以范式的改变为标志的科学革命的实质是人们世界观的根本转变。

库恩的科学历史观具有美国哲学所特有的实用主义倾向。科学的作用被归结为解决实际问题。范式的作用在于它对解决科学理论中的问题具有特殊重要的作用。一个科学理论成为范式,必须具备两个条件:第一,它解决了旧范式所不能解决的问题,开拓了新的认识领域,扩大和深化了研究范围和背景条件,具有发散型思维的特点;第二,它留下了有待解决的问题和疑点,为科学界集中力量攻克难关准备了条件。科学家大多是现实主义者,他们不是波普尔所要求的那种冒险家,科学家一般不愿冒着失败的风险投身于前途渺茫的问题。范式保证了问题有确定的解,赋予围绕这些问题展开的研究以崇高的价值。因此,范式又具有收敛型思维的特点。科学的张力即存在于发散和收敛之间,这就是为什么范式能够引导科学发展的原因。

范式的社会学意义是科学家共同体。科学家共同体根据范式决定了什么是常规意义上的科学,决定了研究的问题、方向、方法、手段、过程、标准等。常规科学研究时期是范式稳固化、科学集团化、社会化的过程。常规科学的任务是解决理论中的疑点,顶住或者消解反常现象对理论的干扰或否证。但是反常现象总会趋向增加,直至常规科学应付不了,陷入危机阶段。为了弥补漏洞,范式或改变形态,或提出辅助性假设,产生范式"增生"现象。但是这些变形往往穿凿附会,捉襟见肘,反而使危机加深。此时,新的范式应运而生,对关键问题作了成功的解释,在竞争中赢得了科学家共同体的信任。新范式取代老范式的过程就是科学革命。科学革命结束了科学危机时期四分五裂、争论不休的局面。新范式代表了科学家共同体成员们的世界观、价值观和技术手段的总体,它建立了新的常规科学。

科学发展的过程经历了常规—危机—革命—常规各个时期的循环往复。在这一过程中起支配作用的是范式的转变和稳定。以范式为中心的科学世界观成功地回答了科学史中关于科学理论的合理性的问题。合理性是相对于范式而言的,从范式以外看到的明显谬误在范式中却是合理的。然而,这种相对主义的价值观能否被运用于范式之间的比较?换言之,范式之间有无优劣之别?新范式取代老范式的科学革命究竟是不是进步?库恩在他的早期著作中强调科学家的心理因素是他们取舍范式的原因,这实际上否认了范式的可比性和科学革命的进步性。在他的后期著作中,库恩承认,科学家依据实践理性选择范式。实践理性的特点是:第一,它是信仰转变的过程,而不是逻辑上的推演和归纳;第二,它受科学家共同体的社会实践规定;第三,它选择的标准是价值观念而不是理论规则。总之,实践理性(prudent)以社会成员的共同实践为准则,它不是以个人为主体、以抽象思辨为内容的理智(wisdom)。

社会历史学派的另一个代表人物费耶阿本德(P. Feyerabend)彻底排除了库恩思

想中的理性主义。他否认任何科学方法，也否认范式的可比性。他提出了范式"无公度性"（incommensurability）的概念，意在说明，没有判断范式优劣的客观、中立的标准，任何标准（包括衡量方法、价值观念）都是在范式中建立的。比较范式的活动也不可能摆脱范式的影响，它实际上是站在一个范式的立场去评估另一个范式。

费耶阿本德持相对主义的真理观。他认为，没有一种理论可以被称为真理，因为任何理论都不可能与它所研究的全部事实完全符合。然而，我们无需过分关注理论和事实之间不完全符合的情况，因为"不符合"并不能证伪理论。对于接受了一个理论的人来说，他可以不理睬和理论不符合的事实，甚至根本否认它们是事实，对他们来说，该理论与一切事实都符合。我们甚至不能比较一个理论是否比另一个理论更有用，因为任何理论都可以应付问题，并且都有自己的"有用"和"成功"的标准。比如，西医西药和中医中草药各有各的用处，很难说哪一种医药理论更有效。

费耶阿本德以亚里士多德的物理学和伽利略的物理学为例，说明了两种理论之间"无公度性"。首先，两者有着不同的目标。亚里士多德物理学的目的是获得心灵享受和社会稳定；伽利略物理学旨在预测运动和非平衡状态。从各自的标准来衡量，对方都没有达到科学的目的。其次，两者关于运动的概念不同。亚里士多德认为，所有运动都是可以被观察到的。让石头从高塔上落下，石头将落在塔基上。自由落体在水平方向没有可观察的运动证明地球是静止不动的。伽利略却说，只有相对运动才是可观察的，自由落体在水平方向没有相对运动，但并不是没有运动。在上述实验中，落体和塔都相对于地球之外的物体运动。我们观察不到地球的运动是因为地球和观察者之间没有相对运动，但地球相对于太阳和其他星球却是运动的。再次，两者有着不同的观察手段和标准。信奉亚里士多德学说的神学家反驳"日心说"的一个证据是，如果行星围绕太阳转，那么火星和金星将在一定时候接近地球，比平常亮40—60倍，但是我们观察不到火星和金星的亮度变化，由此可证明行星不是绕着太阳运行的。伽利略用自制的望远镜观察到了火星和金星在特定时候确实比平常亮40—60倍。神学家们却坚持，只有肉眼观察的结果才是可靠的，通过中间媒介的观察歪曲了事情本来面目。光线透过望远镜会发生折射，如同它透过水时那样，因此，伽利略的观察是不可信的。在近代物理学中，科学家们普遍承认，借助于仪器的观察才是精确、可靠的，感官往往是导致错误观察的原因。

近代物理学之所以最终取代了古代物理学，根本原因并不是前者比后者更接近真理，或者更加有用。范式的改变并不取决于理性的进步，而是依靠理性之外的力量。例如,伽利略借助于技巧和宣传在争论中占上风。他在 1610 年绘制的月亮草图很粗糙,并不能证明他的结论,但他用意大利文而不用拉丁文写作,并按照教会可以接受的标准改写他的著作,获得了轰动科学界的效果。科学史中的许多事实说明,在科学与非科学之间并不存在逻辑经验主义者和波普尔所设想的界线。西方科学不是靠理论的说服力,而是靠非科学的力量,如商业的诱惑、传教士的宣传和武力征服,取代其他地区的文化的。费耶阿本德说:"科学同神话的距离,比起科学哲学打算承认的来,要切近得多。科学是人已经发展起来的众多思想形态的一种,但并不一定是最好的一种。科学惹人注目,哗众取宠而又冒失无礼,只有那些已经决定支持某一种意识形态的人,或者那些已接受了科学但从未审察过科学的优越性和界限的人,才会认为科学天生就是优越的。⋯⋯科学是最新、最富有侵略性、最教条的宗教机构。"他还说,在现在社会,科学与国家权力混同一起,科学家已经成为特权阶层。"科学家就是这样在他们的业务上自欺欺人,而未造成任何实际害处:他们在金钱、权威和吸引力上都得到非分的报偿,他们领域中最无聊的程序和最可笑的结果被罩上卓越的光辉。现在是时候了,该给他们恰如其分的评价,赋予他们比较适当的社会地位。"[1]

费耶阿本德反对"科学沙文主义",主张在科学上放任自流。他认为,因为科学理论不可比,一个理论不能被还原为另一个理论,对待科学理论的正确态度和政策是鼓励理论繁衍,不要用理性的规则和整齐划一的方法阻碍和限制理论的产生和发展。混乱、偏差、机会主义更能促进科学的繁荣。费耶阿本德提出的表达他的这些意见的内容包括:"不经常排除理性,就没有进步""没有混乱就没有知识""一切都行"(everything goes)。任何人都可以搞科学,任何方法都可以尝试,甚至"反归纳法"也能成为科学研究的方法。他主张,当事实、观察与理论发生抵触时,要保护新理论,给它以"喘息时间",耐心等待着它的价值的显现,并用宣传等手段消除旧理论对事实潜移默化的"污染",促成事实符合新理论的解释。这就是所谓的"反归纳法"。主张一切方法都行实际上是主张没有方法,费耶阿本德毫不掩饰地宣称,他的理论是方法论中的无政府主义,是科学哲学中的没有任何纲领和主旨的"达达主义"。

社会历史学派的观点被费耶阿本德推到极端,完全否定科学理论的客观性,否认科学界有公正的价值标准。科学理论虽然被看作具体观点、方法和行为的世界观,却是并不能也不需要正确地描述外部世界的"世界观",它们只是一些由某些社会因素

---

1 费耶阿本德:《反对方法》,上海译文出版社 1992 年版,第 255、264 页。

偶然造成的"范式",在历史中不断变动,其是非真假都是相对的,优劣高下是不可衡量的。范式的功用在于成功地解决问题,但科学问题并不完全来自实在,而与社会环境甚至个人心理因素有密切关系。因此,可以说,范式是缺乏实在依据的科学世界观。但是科学毕竟是关于外部世界的探索,这一简单道理是难以否定的,为了避免社会历史学派的一些极端说法,科学哲学的下一步发展从科学世界观的社会学分析转向实在论分析。

第四节

# 科学世界观的实在论分析

继社会历史学派之后,科学哲学领域出现了历史实在论。历史实在论者和社会历史学派一样强调科学史研究对于科学世界观分析的重要作用,他们也用科学史案例分析方法揭示并论证科学哲学的一般原则。科学哲学家对于科学史作了"内史"与"外史"的区分。所谓内史指"把科学史当作关于自然界的理性思想史,按照自身内在逻辑演进,要求历史学家站在自己立场上去理解科学家的思想"。另一方面,外史"把科学视作不可还原的社会与文化现象,既接受理性影响,也接受非理性影响,巫术和数学,宗教派别的信念和逻辑,政治、经济和哲学,所有这些都能成为影响历史总情景的、与之密不可分的、主要的决定性因素"[1]。可以说,逻辑经验主义者强调内史研究,社会历史学派反其道而行之,强调外史研究。现在的历史实在论者寻求内史和外史的平衡,既重视科学自身发展的合理性,也揭示科学发展的历史背景和社会条件。

把内史和外史结合在一起的关键是确定科学世界观的性质。如果按照逻辑经验主义解释,科学世界观是以观察材料为基础的理论建构,那么我们只能依照科学家认识外部世界的活动去解释科学发明和发展的过程。如果按照社会历史学派的解释,科学世界观只是为了解决特定历史条件下产生的科学研究问题而创立的范式,那么我们必须揭示这些问题和答案的社会文化背景。现在的历史实在论者认识到,与科学世界观相关的世界既是我们生活在其中的世界,又是我们把它当作外部对象的世界。科学研究的对象既是不依赖于我们思想意识的实在,又是在人类历史中变化的

---

1 A. Richardson, *Minnesota Studies in Philosophy of Science*, vol. Ⅴ, Minneapolis, 1970, p. 135.

思想材料。夏佩尔（Dudley Shapere）说："我们生活在其中的世界的性质，以及我们何以能够发现这一世界，或至少能够以合理的可靠方式知道它，这些问题一直是哲学的中心问题……科学及其方法构成了知识的范例，科学获得知识的过程是毋庸置疑的。由此可知，研究科学的知识性特征，以及它用以证明其知识性的方法特征，对于哲学至关重要。"[1]以夏佩尔为代表的实在论者注重科学知识与实在关系、科学知识积累与科学方法的哲学研究，同时以科学史案例分析方法说明科学家关于实在研究的历史背景和变化过程，从而总结了20世科学哲学的研究成果，对于逻辑经验主义和社会历史学派的观点取长补短，综合各家之言，提出了一些温和的科学实在论观点。

出生于匈牙利的美国科学哲学家拉卡托斯力图用科学实在论的观点修正并发展社会历史学派的观点。他对波普尔和社会历史学派的分歧持中间立场。他赞成波普尔对逻辑经验主义的批判，但不赞成证伪主义的极端立场。他认为，波普尔的证伪主义是"瞬间理论"，即通过一次性的证伪，便能立即把理论驳倒。在科学研究的现实中，一次性的证伪并不被看作决定性的判决，并不一定能说明理论的错误。拉卡托斯说，科学家都是厚脸皮，他们不会甘心一驳就倒。"瞬间理论"既不利于成熟理论的繁衍，又不利于新理论的成长。因此，他赞成库恩的科学发展历史观和阶段论，但不赞成其中的非理性主义，尤其反对费耶阿本德的极端相对主义和无政府主义。他认为，历史决定论的错误在于夸大了个人心理因素和社会因素（包括信仰）对科学发展的作用，从而错误地把范式的改变看作"信仰上的非理性变化"和"宗教的皈依"。他说，信仰的强度不是知识的标志，一个理论的科学价值在于理性。他倾向于波普尔的批判理性主义立场。

拉卡托斯用"科学研究纲领"代替波普尔所说的"假说"和库恩所说的"范式"。科学研究纲领指应用范围大的科学理论，它可以是指导一个时代的科学活动，深刻影响人们思维方式的理论，如牛顿的理论和爱因斯坦的理论；也可以是属于某一学科的理论纲领，如热力学研究纲领、洛伦兹研究纲领等。科学研究纲领的特征是，它由硬核和保护带组成。硬核是经过了"试探和纠错"的漫长过程才形成的基本理论，它具有不容反驳和改变的稳定性和确定性。保护带由辅助性假设和应用理论的初始条件构成，它可以随时调整和改变，以应付反常情况，使硬核免遭证伪的伤害。

和科学研究纲领相对应的是两种方法论规则：正面的和反面的"启发法"

1 D. Shapere, *Galileo, A Philosophical Study*, Chicago. p. ix.

（heuristic）。反面的启发法消极应付问题，设法改变保护带，把反常解释得符合"硬核"理论，或者完全推翻反常。正面的启发法规定科学研究的方向、问题和途径，它不顾反常的干扰，用实际研究成果把反常转变为正常。波普尔和库恩都不承认辅助性假说的作用。拉卡托斯根据两种方法论规则的区分，区别了两种辅助性假说。消极的辅助性假说只能应付反常，不能预示新的现象。积极的辅助性假说能扩大科学研究纲领的适用范围，并增强其预见力。能否提出积极的辅助性假说，是衡量科学研究纲领处于进化阶段还是退化阶段的重要标准。在进化阶段，科学研究纲领能增生积极的辅助性假说，不断增强其预见力的强度。当它处于退化阶段，便只能提出消极的辅助性假说，穷于应付反常，预见力逐渐减弱。依照预见力强度的这种变化，每一个科学研究纲领都有一个发生、发展以至衰亡的历史过程。

拉卡托斯用"案例研究"说明了上述历史过程。牛顿物理学是典型的科学研究纲领。力学三大定律和引力定律是其硬核。在它的发生期，许多反常事例涌来。物理学家一方面运用反面的启发法，修改了辅助性假说和理论应用的初始条件，另一方面运用正面的启发法，深化了理论，改进了实验仪器，把反常事例转化为证实事例，促进了研究纲领不断进化。直到19世纪后期，它才转为退化阶段，并终于被相对论和量子力学的新纲领所代替。

70年代之后，科学哲学中出现了科学实在论倾向，其代表人物是夏佩尔。夏佩尔的理论是理性主义（包括逻辑经验主义，波普尔的批判理性主义）和库恩、费耶阿本德等人的历史决定论的折中产物。夏佩尔总结了现代科学哲学的发展，认为理性主义关于科学发展的模式是静态、非历史性的，属于绝对主义倾向。历史决定论的模式具有"不可比性"，它诉诸心理、社会因素，是非理性的，属于相对主义倾向。为了克服两种极端，他用"理由"这一概念代替历史决定论者所说的"范式"，用"发明的理性"这一概念代替理性主义者所说的"逻辑"。

"理由"概念的含义有：与论题有关，成功地达到目标，摆脱了怀疑的理由。这些含义分别与真理的三个条件即观点连贯、实用、与事实相符合相对应。因此，理由满足了真理的条件，或者说，理由即真理。科学理论的真理是由理论本身所能提出的理由确立的，无需借助于理论之外的社会因素或非理性因素。夏佩尔所说的理由就是理性、合理性。不过对它不应作理性主义的理解，因为理由是动态的理性、发明的理性，不是统一的科学发现的逻辑。

发明的理性是发明与证明的统一。发明侧重于理论背景，即信息域。信息域类似拉卡托斯所说的科学研究纲领，由科学研究的各种因素，包括研究对象、信念、过程、事实、观点所组成的相互联系的"项目"。"项目"加上有待解决的问题，就是科学发明的出发点和基础。因为发明活动所处的信息域不同，发明理性的条件、要求、形式和过程也就不同，不可能有统一的、所有发明活动都不可违背的理性原则和方法。发明的理性是多元化的思维方式，在证明活动中表现于推理过程。只是在推理过程中，理性才有相对固定的模式。夏佩尔提出的基本推理模式有两个：结构性（综合）的模式和演化性（分析）的模式。前者的例子是元素周期表，后者的例子是光谱分析。

在理论与实在关系问题上，夏佩尔既反对主观主义的工具论，又反对客观主义。他在"科学"概念中区分了存在术语和理想术语。理想术语是科学家们为了方便而设定的工具，具有简约、抽象、虚构、模拟、近似等特点。例如，在洛伦兹的电子理论中，"电子"被定义为无广延的点粒子，这使得研究条件简化。但是另一方面，洛伦兹又提出静电荷能量与带电球体半径成反比的公式"$e^2/r$"。若电子无广延，则 $r=o$。根据该公式，电子的能量将无穷大，质量也无穷大。所以，在该理论中，"电子"是理想术语，并不表示电子的实际存在。一个存在术语具有的特征是：第一，它可以解释观察到的现象。例如，关于电子存在的概念可以解释带电物体火花闪烁或发出的"咔嗒"声响。第二，它所表示的事物的性质不固定。就是说，现在被归属于该事物的性质可能后来被证明不存在，而现在尚未发现的性质将来也可能被证明是该事物的属性。例如，粒子"自旋"和奇异性只是在设定了关于粒子存在的概念之后才被归属于粒子。第三，对于同一事物的存在概念，可以用不同理论描述。承认存在术语的意义可以抵制工具主义，而承认理想术语的意义又可以反对客观主义。但是存在术语和理想术语的区别是相对的，在不同理论体系里，二者可以互相转换。例如，"刚体"的概念在牛顿力学中是存在术语，但在相对论中，这个概念要求力必须在一瞬间传递到组成物体的各个点，从而假定了无穷大的速度，这在现实中是不可能的。相对论只是为了方便才保留了"刚体"的概念，但把它转变为一个理想术语来使用。

美国科学哲学家萨普在《科学理论的结构》一书中考察了20世纪科学哲学的发展过程。他以夏佩尔观点结束了这一历史考察，并得出这样的结论："最近论科学知识增长的著作具有认识论的深刻蕴含，这与历史实在论所致力的形而上学和认识论的实在论密切相关。"[1] 他还预言，科学哲学朝向形而上学和认识论的实在论的方向

---

1 F. Suppe, *The Structure of Scientific Theories*, 2nd, ed. Illinois, 1977, p. 716.

发展。我们看到,科学哲学开始于摆脱形而上学的努力,以认识论为中心的实在论观点也一再遭到挑战,现在的科学哲学却表现出回归形而上学和认识论的实在论的趋向,这里包含着多么深刻的历史教训和现实意义！科学哲学给人的教益和启发具有普遍性,科学知识的发展及其哲学说明提醒人们不要忽视或轻视传统形而上学、认识论和实在论的生命力。

# 第三篇

## 政治哲学

回顾 20 世纪西方政治理论和政治哲学,我们可以看到英美和欧陆各国的明显反差:英美社会里,自由主义一直占统治地位,但在欧陆各国却盛行种种反自由主义或非自由主义的激进思潮,如"二战"前的社会革命思想和法西斯主义,"二战"后各种社会批判思想和激进的左派纲领。为了理解英美自由主义的稳固地位,我们需要追溯其历史传统、哲学形态、最近发展和面临的挑战。

　　英美自由主义的发展经历了三个主要阶段:17 世纪的社会契约论、19 世纪的功利主义和 20 世纪后期兴起的社会正义理论。本篇拟对第三个里程碑作重点评介,为了了解它的历史前驱和理论背景,同时也要说明社会契约论和功利主义的一些要义。

第十一讲

# 自由主义的哲学传统

第一节————————————————————————————————————
## 社会契约论

在资产阶级革命的时代,为了推翻封建王权的理论基础——君权神授说,一种新型的政治哲学理论——社会契约论应运而生,并不胫而走。社会契约论是 17—18 世纪流行的一种解释社会和国家起源的学说,它的要点是:

(1)在社会和国家产生之前,有一个"自然状态",人们生活在自然状态中享有天赋的"自然权利"而不受任何约束。

(2)人们在实现自身"自然权利"的过程中,必然会与他人发生冲突,在利益冲突的混乱状态中,谁也不能完全地实现自己的"自然权利"。

(3)人们通过理性的判断,权衡利害得失,同意把自己的一部分自然权利转让给一个实体。这一实体代理行使这部分自然权利,并负责保护每个人的其他自然权利,从而保证了人们能够避免冲突,尽可能地实现自然权利。

(4)"自然人"(即生活在"自然状态"中的个体人员)转让自然权利的协定和他们所得到的充分享有某些自然权利的承诺就是"社会契约";代理行使并负责保护人们自然权利的实体便是国家;国家管理之下的人们之间的关系的总和便是社会。"社会契约"使得"自然人"变成了社会成员和国家公民。

社会契约论是理性时代的产物,它是和建立在宗教信仰之上的"君权神授"的观念相对立的。但是它却不一定总是一个反对绝对王权的理论。事实上,第一个鼓吹社会契约论的哲学家霍布斯(Thomas Hobbes)便是一个绝对王权的拥护者。他的理由是,人的本性是自私和贪婪,在自然状态中,人们像狼一般地厮杀,人和人处于交战状态。为了保障最可贵的"自然权利"——生命,人们把其他自然权利都转让给君主。君主是社会契约的产物,却不是契约的一方,因此他不受契约限制。他享有绝对的权力,只是不能任意剥夺公民的生命。任何企图推翻君主或另立君主的行为都是撕毁契约的表现,是不能允许的背叛行为。

另一个英国哲学家洛克(John Locke)在英国革命之后,则用社会契约论来为民主政体辩护。他对"自然状态"作了不同的解释,他认为人有互助互利的本性,因此,"自然状态"是一个合作和安定的时代。但是在合作中难免有摩擦和冲突,尤其在经济发展之后,每个人有了自己的财产,这种冲突变得更加尖锐、扩大了。人们达成契约主要是为了保障经济活动的秩序和由经济活动产生出来的私有财产。由契约而建立起来的政府是公平的仲裁者,是公民的代理人,它是契约的一方。因此,如果政府不按契约行事,滥用权利,契约的另一方有权终止契约,有权推翻它,并按照新的契约成立新政府。因为人们在契约中并没有转让所有的"自然权利",他们转让的只是仲裁自主权,而保留了其他自由权利,如自由言论和自由集社的权利,这也包括推翻暴君的权利。

霍布斯和洛克的学说,是运用"社会契约论"的两个极端。但是社会契约论的最主要代表者卢梭(Jean-Jacque Rousseau)却把这一理论变成了民主政体和独裁政体均可以利用的学说。他在著名的《社会契约论》(*Le contract social*)一书的开头便提出了一个悖论:"人是生而自由的,却到处都生活在桎梏之中。"这就是说,自由是人的天赋权利,但自从进入社会之后,他要服从法律,必须约束自己的自由。

卢梭在《论人类不平等的起源》(*Discours sur l'origine de l'inégalité*)中发现,人们最初达成契约成立国家是为了保护和扩大由于私有财产不平等的占有而产生的不平等的权利。在《社会契约论》中,他探讨了通过社会契约来建立平等和完善的社会的可能性。他问道,人们能够放弃天赋的权利而不受伤害,放弃自由权利而仍能成为自由人吗?他的答案是肯定的。因为如果每个人都把自己的权利转让给所有的人,那么他失去的和他所得到的是同等的。除此之外,他还会得到对既得权利更可靠的保障。这里的关键是在于,在"社会契约"中不允许任何人享有特权,即他不放弃自己的权利而接受其他人转让出来的权利。人人都必须是平等的,包括那些代理行使权力的人,也必须服从全体人的意志。也就是说,社会契约并不是把人们的权利转让给一个人或一部分人的行为,而是所有的人都把权利贡献给一个"普遍意志",并且平等地分享"普遍意志"的行为。代表"普遍意志"的实体便是社会。政府不等于社会,而是"普遍意志"在具体条件下的不同形式。根据不同的条件和环境,政府可以采取君主制、贵族制或民主制。不管采取何种政治制度,人们都必须无条件地服从"普遍意志"的命令。同时由于"普遍意志"集自由的权利于一身,它是道德总体,它必然会命令人人自由。在这里,服从和自由的悖论不复存在。社会作为"普遍意志"的体现,既是绝对命令的施发者,又是自由和平等的体现。

在卢梭"社会契约论"的鼓舞下,1789 年爆发的法国大革命在人民的"普遍意志"的名义之下,用流血恐怖的手段推翻了王权统治。以后的独裁者也往往以"普遍意志"的化身自居来剥夺公民的权利。因此,英国哲学家伯特兰·罗素在第二次世界大战期间写成的《西方哲学史》中说:"当今,希特勒是卢梭的产物,而罗斯福和丘吉尔是洛克的产物。"[1]

然而,应该看到,社会契约论仅仅是一个假说,没有任何历史学或考古学的证据可以证明社会和国家最初起源于契约。这个假说之所以能够流行,是因为它符合生活在"理性时代"的人们所接受的真理的标准;是因为它运用理性推理建立起来的假说比"君权神授"的信仰教条高出一筹。但是随着科学的发展,人们不再满足符合理性的推理、假设,而是进一步要求用可以观察到的经验证据来证明、支持假说。社会契约论在充满着科学精神的时代逐渐失去了说服力。人们已不再相信社会和国家的起源可以用这种理论来解释。在这种情况下,康德重新论证了社会契约论。康德关心的不是历史事实,而是关于国家的道德原则。因此,他所需要的是一个以伦理学原则而不是以历史证据为基础的社会契约论。

康德把社会契约论的思想归结为"自己立法,自己遵守",并把这种自律的思想推广到伦理学领域中去。卢梭对他思想的影响尤为深刻。他把卢梭的"普遍意志"进一步伦理化,得到了"善良意志"的概念。"善良意志"是绝对的、普遍的善。相对的善是达到善以外的目的的手段;绝对的善则是自身的目的,它要求人们为善而行善。"善良意志"又是绝对自由的化身。康德把人的理性分为"理论理性"和"实践理性"两种。理论的目的是认识外部的现象世界;理性只有和感性相结合,才能产生经验。理性在认识世界、构造理论的过程中必须以经验为依据,必须服从自然界的因果律。因此,理论理性不可能是自由的。康德的《纯粹理性批判》的主旨是证明没有纯粹的(即不受感性约束的)理论理性。在《实践理性批判》一书中,他又证明了实践理性必然是纯粹的,否则,就没有真正意义上的道德可言。实践理性的纯粹性表现在它的绝对自由的属性,它不受感性因素,如个人欲望、情绪、感情和意愿的控制和影响,只按照理性

---

1 B. Russerl, *A History of Philosophy*, George Allen, 1979, p. 666.

的原则行事。这在康德看来,也就是不受因果规律影响,只按"善良意志"行事。绝对自由就是摆脱了感性因素的困扰,遵循"善良意志"命令的自由。由于"善良意志"的命令是纯粹理性的,康德把它表述为:"只按照人人都可以遵守的准则行事。"这是道德律或绝对命令。凡是违背这条命令的行为都是不道德的。例如,说谎是不道德的,因为说谎不能成为人人都遵守的准则。(如果人人都说谎,谁也不会相信别人的话,说谎也就不可能存在了。)同样,自杀也是不道德的。(如果人人都自杀,将没有人能够存在,自杀也随之消亡了。)按照康德的道德律,所有不以遵守道德律为目的的行为都不可能是道德的,即使这种行为可能会给他人带来好处。比如,有人施舍救济穷人,但并不是基于理性,即把"施舍救济比你穷的人"当作一条人人都可以遵守的准则,而是为了藉此提高自己的声望或期待得到赞扬、感谢作为回报,或为了获得某种心灵慰藉,那么,他的行为仍然不能被称为道德行为,因为他不是按照纯粹理性或意志行事,而是按照感性的愿望行事。他的行为不是自由的,而是受感性支配的,是因果链条上的一个被决定了的环节(比如说,如果他的行为没有产生预期的效果,他也不会再以施舍救济为手段了)。

从道德律出发,康德还得出了几个推论,其中包括:把人当作目的本身,而不是手段。因为人作为道德的主体,是绝对自由的,不应该也不可能被当作实现其他目的的手段。再者,人人在道德面前是平等的、独立自主的,因为人人都是目的自身,不需要借助他人或外在力量来实现自己的道德人格。康德因此得出结论说,自由、平等和自主是人的基本权利。国家的基本任务是保留和发挥人的基本权利。国家的法律应该遵从道德律。这意味着公民的政治、思想、言论自由应该受到法律保障。他甚至还说,没有经济自由,政治自由是不完全的。人人在法律面前平等,人人有参与国家管理的权利,这是通过一人一票的选举来实现的。

康德虽然赞成社会契约论,但他并不把"社会契约"当作历史事实来看待。他说,这是一个实践理性的理念。在康德哲学中,"理念"意味着没有经验事实可以证明,但却起着安排、组织经验事实作用的原则,这些原则可以被称为"假说"。社会契约论的假说可以把纯粹理性的原则和它在经验世界的初步实现连接起来,把公民的基本权利和世俗法律看作是遵循道德律的产物,虽然这是纯粹理性的不完善的产物。

康德对自由、理性的论述,他把人看作独立、平等的道德主体的观点以及他论证道德律的思维方式,都表现出他的社会契约论的理性思辨特征。

# 功利主义

资本主义在其发展初期，在很大程度上还保留着历史上形成的社会等级和政治权利的不平等。在 18—19 世纪之际，就存在着要求扩大自由权利和人权平等的社会思潮和政治运动，人们通常把它称为"自由主义"（Liberalism）。现在很难给"自由主义"下一个明确的定义，但大体说来，在历史上，那些坚持选举权平等、男女平等的要求，那些反对种族歧视和民族压迫的立场，以及主张自由市场经济政策和维护人权反对政治迫害的观点，都可以归属于"自由主义"的范畴。功利主义是自由主义的理论基础之一。功利主义的创始人，如边沁和密尔，在当时都是激进的政治改革派，都不遗余力地实行自由主义的基本主张。

功利主义是典型的英国式学说。英国哲学有着源远流长的经验主义传统。在认识论中，经验主义者认为感觉经验是人类知识的基础；在伦理学中，他们则强调感情体验是道德的标准。从 19 世纪开始，英国有些思想家和哲学家明确地把作为道德标准的感情体验归结为快乐。他们认为，判断一种行为是否符合道德，只需看一看这种行为的后果是否能够增加人们的快乐，或减少人们的痛苦；道德行为就是能够最大限度地增加绝大多数人的快乐的行为。这种学说便是功利主义理论。

功利主义思想来源虽然可以追溯到 17、18 世纪的经验主义哲学家的伦理思想，但第一个自称为"功利主义者"的是杰里米·边沁（Jeremy Bentham）。他在《功利主义者》一书中给他所标榜的学说下了一个定义：

> 功利原则是这样一个原则，它根据增加或减少当事人的幸福的倾向，来认可或拒绝任何一种行为；我指的任何一种行为，不仅包括任何私人的行为，也包括政府的任何措施。[1]

他所说的"当事人"是指一切和该行为有利害瓜葛的个人。因此，行为所造成的后果应该根据这些人所感受到的快乐和痛苦的总量来计算。如果快乐的总量大于痛苦的总量，那么这一行为便是善行，反之便是恶行。按照功利原则，道德便是取得最大限度的快乐总量的行为。为了计算快乐的总量，边沁设计了快乐计算法（hedonic calculus），把快乐的各种因素都计算进去，包括快乐的强度、延续时间、发生的概率、

---

1 J. Bentham, *Utilitarians and Other Essays*, Penguin, 1987, pp. 17 – 18.

发生的时间、产生的有益后果的概率、产生有害后果的概率和发生的范围等七项指标。他说，把这七种因素都计算进去，我们即可求得快乐的总量，并以此来判断一种行为的善恶利弊。

边沁的功利原则实质上就是快乐原则。他的功利主义因此常常被看作是伊壁鸠鲁（Epicurus）的享乐主义的变种。有些道德家曾经义愤填膺地指责享乐主义为"猪的哲学"，这种指责也被用来批评边沁。有人问道，当一群男人轮奸一个女人的时候，男人们"快乐的总量"自然大于女人"痛苦的总量"，但这种行为难道也可以被判断为道德行为吗？显然，"道德"并不是一个量的概念，它是有其内在的质的规定性的。较边沁稍后的功利主义哲学家密尔为了弥补边沁功利原则的缺陷，试图从质上来限定"快乐"这一概念。他说：

> 做一个不满足的人要比做一个满足的猪要好：做一个不满足的苏格拉底要比做一个满足的傻瓜要好。如果傻瓜或猪不同意的话，那是因为他们只知道问题的一个方面，而苏格拉底或人却知道问题的全部。[1]

这不啻是说，精神上的快乐高于肉体的快乐。伊壁鸠鲁早就提出了类似的观点，但他并未能因此摆脱耽于肉体享乐的名声。这是因为他未能提出一个精神快乐的内在标准，而肉体快乐的意义对大家都是不言而喻的。因此，快乐原则在实际中总是首先被用来提倡肉体享乐。密尔也知道，如果他不能具体地限定精神快乐，他所说的快乐也会首先被理解为肉体快乐。但是他用来限定精神快乐或高尚的快乐的方法却是幼稚的，他提议用民意测验的方法来决定不同类型快乐的等级。他说："具有鉴定资格的人们将会判定，通过较高的官能所获得的快乐比之那些由动物本能而来的快乐更为可取。"[2]这种和理智相联系的高尚的快乐，在民意测验中压倒"猪的快乐"的事实将会使功利主义摆脱"猪的哲学"的指控。密尔所设计的方法看起来是民主的方法，但是他也知道，如果真的举行一人一票的民意测验，大多数人未必会选择精神而舍弃肉体快乐。所以，他强调，"有鉴定资格的人们"的判断才有效。在他看来，那些趋向肉体快乐的人是意志薄弱的人，他们的选择将不予以考虑。密尔预先已规定了快乐的本质属性在于它的理智性，然后再求助于人的本质属性来支持他对快乐的定义。这实际上肯定了人人都有趋善避恶的道德本能。在这里，他已经是以人的直觉，

---

1 J. S. Mill, *Utilitanianism*, London, 1907, p. 54.
2 同上书，第 441—442 页。

而不是以人的感觉为标准来说明道德了,他已经离开了经验主义,而接近了直觉主义。

功利主义的集大成者是亨利·西季威克(Henry Sidgwick)。他的代表著作《伦理学方法》曾被称作英语世界中关于伦理学的最伟大著作。西季威克坚持功利主义的立场,力图证明善的最终的或内在的属性是意识上的一种快乐的、惬意的状态。判断一种行为的客观标准是看它是否能够比它的同类行为产生出更多的快乐、惬意的状态。一个人的品质、动机的价值要由他的行为所产生的效果来决定。但是与以前的功利主义者不同,他不赞成把"善"直接归结为"快乐"。快乐的状态是在遵循伦理的原则过程中获得的。然而,人们所选择和遵循伦理的原则却不能用人的肉体感官具有趋乐避苦的自然功能来解释。相反,伦理的原则既不是感觉提示给人们的,也不是由理智推导出来的,而是通过直觉所把握的自明的原则。他建立了伦理的四条原则:

第一,如果一个人判断一种行为是正当的,那么他将认为这种行为在相同的环境之下亦会被其他人判断为正当的;

第二,人们应该给予现时的和未来的善或恶以同等的关注;

第三,一个人所享有的善与其他人所享有的善具有同样的重要性;

第四,具有理性的事物总是普遍地趋向于善的。

西季威克认为,这些原则是直觉主义者可以接受的。他的学说综合了功利主义和直觉主义,克服了以前的功利主义中的个人主义和自我主义因素,使功利主义符合人们的伦理道德的常识。他甚至说:"当全体人民的更大利益要求牺牲私人利益成为必然的时候,功利主义比常识更为严格地要求做到这一点。"[1]

西季威克的功利主义在某种程度上克服了狭隘经验主义的局限性。他采纳了一些直觉主义的因素,把功利当作遵循普遍原则的标准,而不是判断具体行为是非的标准。功利也不再限于官能享受,而关注理智所能直观的利益,包括他人的利益和自己的长远利益。但是,只要他仍然坚持功利主义的基本原则,他就摆脱不了所有功利主义者在道义问题上所陷入的困境。按照功利主义的说法,一个行为的善恶只能根据它所造成的后果来判断;社会行为的是非只能根据它对社会所造成的影响来判断。因此,凡是造成了社会进步,为大多数社会成员带来利益的行为都是符合道德原则的

---

1　H. Sidgwick, *The Methods of Ethics*, Macmillan, 1907, p. 449.

善行。

用中国的俗话说,这是以成败论英雄,成则为王,败则为寇。其结果必然是让道义屈从于功利,使个人服从整体,牺牲少数以成全多数。这样的原则不仅不符合一般人所能接受的道德观念,它在实践中造成的问题具有极大的尖锐性。例如,世界各民族古代文化都是以牺牲无数奴隶的利益和生命为代价而建立起来的,当我们今天在欣赏这些灿烂文化的同时,我们不也同时在谴责奴隶劳动的非正义性吗?资本主义社会在资本的原始积累时期,曾经以剥夺农民和小生产者的行为换取了大工业的发展和社会经济的繁荣。但谁能够把这一过程美化为正义的、符合道德的呢?即使是牺牲少数人的利益来满足大多数人利益的行为,从伦理学的观点来判断,也并不总是正义的行为。现在所揭露出来的材料证明,苏联在 20 世纪 30 年代后期肃反运动中曾经错杀了很多无辜的人。有些人辩解说,在世界大战即将爆发的紧急时刻,在难以分辨敌友的情况下,只有采取果断措施,把有通敌嫌疑的人都除灭,才能保全政权。因此,肃反运动保证了苏联在战争中的胜利。但是人们反驳说,即使当时实际情况确实是如此,明知道被杀害的人当中有一些是无辜的,但为了整体利益而不惜牺牲少数无辜者这种行为也是不正义的。杀害无辜在任何场合下都不会是正义的行为。如果说肃反运动的情况比较复杂,一时难以作出判断,我们可以设想一个简单的例子。设想某地犯罪事件激增,社会秩序陷入混乱状态。当地首长采取惩一儆百的措施,处决了几个一般刑事犯罪分子,并取得了预期的效果,迅速恢复了社会治安。人们也许会赞赏该首长的政绩,却不能恭维说罚不当罪是正义的判决。

我们援引了上述例子是为了说明从行为的效果来判断行为伦理属性,并把善的性质归结为功利的功利主义理论的局限性。黑格尔早就发现,推动历史前进的是恶的观念,而不是善的观念。事实上,历史的进步往往是以牺牲一部分人的利益为代价而取得的。我们客观地、冷静地肯定历史进步的过程并不意味着应该把这一进程评价为善的历程。

正因为功利主义原则应用在政治领域所产生的理论困难,一些人站在直观主义立场对功利主义进行尖锐批判。直觉主义者说,功利主义混淆了事实描述和价值判断的区别,混淆了事物的自然属性和伦理属性。"善"和"正义"等概念告诉人们应该做什么,不应该做什么;"快乐""幸福""成功""利益"等概念则是对这一过程和状态的客观描述,前者不能归结为后者。

20 世纪初,分析哲学的创始人乔治·摩尔也是直觉主义的伦理学的始作俑者。

他在《伦理学原理》一书中对"善"的概念进行了阐述。他说，"善"和表示颜色的概念（如"黄色"）一样，表示简单的、不可再进一步分析的属性。但和"黄色"不同，"善"所表示的是一个非自然属性，它不是通过感觉所能观察，而只能通过直觉来把握。传统伦理学理论不了解善的概念的不可分析的属性和非自然属性，力图把善归结为自然属性，如幸福、快乐、愿望等，这是"自然主义的谬误"。

直觉主义者罗斯（W. D. Ross）等人则针对功利主义的弱点，力图说明善的属性的独立性就是人格的尊严和不可侵犯性。人不仅仅是功利主义者所想象的快乐的载体，更重要的是独立的道德的主体，是不能为其他人的快乐而牺牲的主体。虽然直觉主义对功利主义所作的批判有正确性，但也应该看到这种批判的软弱性。功利主义具有完整的方法论和理论体系，并且渗透到各个学科领域。直觉主义者却没有能和功利主义相抗衡的方法论和理论基础，他们所依靠的只是直觉的力量。直觉告诉他们有尊重他人权利的义务，直觉揭示了善是比功利和快乐更为基本的现象。但是，作为理论家，他们的任务是把直觉的启示转化为一种学说体系。一个伦理学的理论不能和人们关于"善"与"恶"这些基本观念的直觉相对立；但是直觉所告诉人们的不是一个伦理原则，而是众多的原则。直觉本身并不能提供一个标准去确定哪些原则是基本的，哪些原则是从属的，也不能把这些原则按照一定的顺序排列在一个系统之中。因此，直觉主义不能提出一个具有说服力的论证来反对功利主义。在功利主义者看来，功利的原则也是不证自明的，是判断善行的首先原则。有些直觉主义者虽然不同意为了取得功利而牺牲道义，但他们却没有标准和方法来说明为什么正义的观念比功利原则更重要。这就说明了直觉本身并不能作为伦理学的理论基础。很明显，直觉的内容要借助概念来概括、表达，直觉本身要通过理论才能转化为可以有说服力的论证素材。因此，只有在直觉主义之外去寻找一种理性的方法来取代功利主义，但是英美哲学界却长期不能在功利主义之外建立新的自由主义政治哲学。

英美道德—政治哲学之所以长期停滞在功利主义的阶段，不能向前发展，多少和分析哲学的某些特征有关。20世纪中，分析哲学在英语世界占据绝对优势的地位。在分析哲学中，普遍存在着一种轻视伦理道德问题的倾向。这一倾向是从逻辑经验主义者区分经验命题和形而上学命题的活动开始的。逻辑经验主义者（石里克、克拉夫特等少数人除外）一般认为，只有经验的命题才是可以证实的、有意义的；形而上学和伦理学的命题则是无意义的伪命题，后者并没有肯定或否定任何事实，只是表达了人们对事实的态度和感情。它们的作用和诗歌一样，不是客观地陈述，而是主观地抒发。艾耶尔在此基础上提出了"情感说"。他说,伦理判断如同因为疼痛而喊叫一样,是感情的流露。它们既不是真的,也不是假的。比如"偷窃是错误的"这样一个判断并不是对偷窃这种现象的否定,而是表达了不赞成偷窃的态度。态度是主观的,因人、因时、因地而异,没有客观标准去决定它的意义,因此不属于科学研究的范围。

后来的分析哲学家更注重对日常语言进行分析。他们把伦理学命题当作语言分析对象。通过对日常词汇用法的分类来掌握伦理学概念的意义。例如,他们通过对"是"动词(to be)和助动词"应该"(ought to be)的用法的区别,来说明事实判断和伦理判断的不同;通过对动词过去时态和虚拟语气中的完成时态(would have…)的不同意义的分析来说明决定论和意志自由论的分歧。这里所讨论的不是伦理学的实质,而是日常英语的用法。各种无微不至的区分和咬文嚼字的争辩又给日常语言分析涂上了经院哲学的色彩。由于缺乏坚实的伦理学基础,政治哲学理论成了分析哲学的薄弱环节。

## 第三节
# "二战"后的自由主义思潮

"二战"之后,西方国家自罗斯福的"新政"始,由自由竞争时期转入国家干预时期,民主体制和市场经济相对稳定发展;同时,东西方处于"冷战"状态。这种局势要求自由主义政治哲学论证资本主义制度的合理性,反对共产主义制度和马克思主义意识形态。社会契约论和功利主义分别是资本主义建立时期和自由竞争时期进行社会改革的理论基础,不能适应"二战"之后国际政治和经济形势的需要。于是,一批自由主义者自觉地承担起为西方民主制度辩护和攻击共产主义制度的双重任务。波普尔和哈耶克是这种辩护型和论战型的右翼自由主义的主要代表人物。

波普尔在《历史决定论的贫困》于 1957 年重新发表之际,在扉页写下一段题词:"为纪念因为反对法西斯主义和共产主义对历史命运不可抗拒之规律的信仰而牺牲的各国各民族的无数男女而作"。他错误地把共产主义和法西斯主义看作历史决定论的左右两翼,并在《开放社会及其敌人》一书中对马克思主义加以猛烈抨击。关于这些著作的主旨,他写道:

> 《历史决定论的贫困》和《开放社会及其敌人》是我为战争而作的努力。我认

为,在马克思主义重新复活和大规模"规划"的思想影响之下,自由会成为一个中心问题。因而这些书意味着反对极权主义和独裁主义以保卫自由,并对历史决定论的迷信的危险提出警告。[1]

恰如波普尔所说,这些书在50年代东西方"冷战"期间成了抵御马克思主义影响的意识形态工具。《开放社会及其敌人》并不是一本严谨的学术著作,它对柏拉图、黑格尔和马克思的评述引起了专家们的非议。然而,由于它在意识形态斗争中的作用,这本书获得美国政治学协会颁发的大奖,广泛流传于舆论界。《马克思传》的作者以赛亚·伯林(I. Berlin)说,波普尔的《开放社会及其敌人》一书包含着"对马克思主义的哲学和历史学说最严格、最难对付的批评"。英国哲学评论家麦基(B. Magee)甚至说:"我不明白任何一个有理性的人在读了波普尔对马克思的批判之后,如何还能够继续成为马克思主义者。"[2]

波普尔把马克思主义看作"最纯粹、影响最广泛因而也是最危险的历史决定论"。这是因为马克思主义已经摆脱了传统的历史决定论所具有的幻想、宗教、思辨和形而上学的色彩,它把对历史规律的研究作为一门科学,并且援引了科学中的事实来说明历史决定论。使波普尔最感不安的正是马克思历史唯物主义的科学性。他于是提出了一个至关重要的问题:马克思的历史决定论是否具有科学真理的特点? 对这一问题的否定回答构成了他批判马克思主义的焦点。

波普尔对马克思表示了敬佩之情。他说,马克思生活的自由资本主义时代是资本主义最无耻、最残酷的时期。马克思具有实事求是的精神,对社会中的不正义充满着义愤,对被压迫和被损害的人充满着火热的同情。他的性格真诚、开放、容不得虚伪和欺骗,尤其憎恶剥削制度的辩护士。波普尔还承认,马克思研究、著述的态度是科学的。现代社会政治理论的著者,包括那些不同意马克思理论的著者,都受惠于马克思。事实上,我们可以清楚地看到(波普尔也承认),波普尔对柏拉图和黑格尔的某些评论受到马克思有关论述的影响。总而言之,按照波普尔的说法,马克思的愿望是改进开放社会,他使用了试错法批判资本主义,但没有成功。马克思的尝试却没有白费气力,他帮助人们睁开了或者擦亮了眼睛,看到了自由资本主义的弊端。现在,再想回到马克思以前的社会科学已经是不可能的了。既然如此,为什么还要攻击马克

---

1 K. R. Popper, *Unended Quest*, Fontana Collins, London, 1976, p. 115.

2 B. Magee, *Popper*, Fontana Collins, 1974, pp. 9 - 10.

思呢？波普尔回答说,这是因为马克思使得历史决定论获得了科学的形态。他尽管有功绩,但仍然是一位错误的预言家。他诱导无数有识之士都相信,研究社会科学的目的是提出历史的预言,并为用暴力手段全盘改造社会的"乌托邦工程"提供科学上的论证。他把20世纪共产主义运动的兴起归咎于马克思的错误预言,但也把马克思本人的学说同后来的马克思主义理论相区别,认为后者是不可证伪的教条,他的攻击目标是可以证伪的,因而是科学的马克思本人的学说。

马克思的历史决定论被说成是经济的历史决定论,被分成两个基本部分:经济主义和历史决定论。经济主义说明社会的性质、结构和变化原因,历史决定论在此基础上揭示历史规律,预示社会发展的前途。

马克思的唯物史观坚持社会存在决定社会意识,把人的社会存在归结为物质生产活动,人们的生产方式是一个社会的经济基础,它决定了政治、法律、上层建筑。波普尔所说的经济主义指的就是这些观点。他承认,把人的经济活动看作社会的基本因素,提醒人们在对社会历史的研究中不要忽视经济条件,这无疑是正确的。但是,如果过分认真地强调经济作用的基本性,以致把经济条件夸大成决定社会发展的唯一因素,那就错了。在一定环境之中,思想,特别是科学思想的作用超过并取代经济力量。为了证明这一点,他提出两个理由:第一,设想整个经济体系全被摧毁,但只要科学技术知识没有被摧毁,那么经济体系在较短时间内便可被重建起来。可是反过来却不是这样,假如知识完全消失了,而机器和物质产品仍然保存着,那么结果只能是一个野蛮的种族占据着一堆工业化废墟的荒芜景象,文明的物质痕迹也会很快消失。第二,对社会经济条件的了解,离不开对科学、宗教等方面思想的理解。但是反过来却不是这样,人们即使不知道经济背景,也能够研究某一时期的科学思想。

波普尔无非是要说明,思想、知识是进行经济活动的必要条件,而经济因素却不是进行思想活动的必要条件。恩格斯说,人们只有首先满足衣食住行的需要,才能从事科学、宗教和政治方面的活动。也就是说,经济、物质条件是思想活动的必要条件。波普尔却认为恩格斯只不过重复了一个众所周知的道理,他并没有认真地分析马克思主义对待经济主义的态度。

法西斯主义认为历史是种族之间的斗争史;心灵主义的历史决定论认为历史决定论是理性与蒙昧、偏见之间的矛盾。波普尔说,经济主义的历史决定论把历史说成是阶级斗争史,并不比其他形式的历史决定论更高明。

波普尔所理解的经济主义和马克思的唯物史观有一定的差距,但他反对经济主义的目的十分明显,这就是充分肯定资本主义社会的民主政治对经济的决定性作用,而他所说的经济主义的基本点就是唯物史观中关于经济基础决定上层建筑的学说。他说"政治权力是根本性的""不是经济力量统治政治力量,恰恰相反,是政治力量控制和制服经济力量""政治力量比社会经济起着更为根本的作用""政治是改善经济弱者命运的最重要的潜在手段"[1]。波普尔之所以如此强调政治决定经济的作用,是为了用改良主义的方案来证伪马克思主义的暴力革命理论。

波普尔承认自由资本主义(Laissez-faire)的非正义性和反人道性。在资本主义初期,"对所有人平等和自由的竞争"仅仅是一个形式上的空洞口号。因为人们的家庭出身、文化背景、教育水准、实际收入乃至体力、智力上的差异,竞争的起点实际上不可能是平等的。对这些由历史社会条件和自然条件造成的不平等不加限制,任其自由发展,势必造成贫富两极分化的社会弊病。波普尔对自由资本主义的分析的目的是要证明,资本主义自由竞争原则和自由市场经济本身并不是社会弊病的根源;根源在于没有对自由竞争中自发的、盲目的经济力量加以限制。然而,缺乏限制并非资本主义固有的缺陷。任何社会都有不加限制的权力,任何不加限制的权力都是危险的,经济权力并不比其他权力更危险。但是,另一方面,任何权力都是可以制约的,经济权力也不例外。在经济权力不受限制的情况之下,金钱可以贿赂、买枪、买选票,从而可以左右政局。但是法律制度、政治手段和舆论界可以对经济权力进行限制。比如,制订和实施了选举法、劳工法、工会法、治安法等,金钱就不再是万能的了。波普尔的意图无非是用经济干预主义的事实来反驳马克思关于上层建筑是统治阶级专政工具的说法。他认为,资本主义社会的民主制度也可以限制资产阶级的经济利益和政治权力。马克思的学说适用于民主制度尚不健全的自由资本主义,却不适用采取了经济干预主义政策的资本主义。

波普尔把马克思主义的"资本主义必然灭亡,社会主义一定胜利"的预言称为历史决定论的错误预言。它建立在对资本主义社会基本矛盾的分析的基础之上,分析的结论是,这些矛盾只有靠生产资料公有制解决。波普尔承认,马克思发现的自由资本主义内部矛盾确实存在,但它们却不一定非得用变革经济制度的方式来解决。运用政治权力对资本主义经济制度进行改良或修补,也可以解决资本主义的基本矛盾。他的反驳与马克思的"资本主义—社会革命—社会主义"公式针锋相对,分成三个

---

[1] K. R. Popper, *The Open Society and Its Enemies*, Routledge, 1966, vol. 2, ch. 17.

环节：

第一，资本主义的内部矛盾并不必然导致社会主义。自由资本主义的弊端不过证明了经济干预主义的必然性。因此，继自由资本主义之后，经济干预主义成为时代主流。但是经济干预主义不一定采取公有制的方式。苏联的社会主义、德国的法西斯主义和西方资本主义国家的经济措施，都是干预主义。马克思在《哥达纲领批判》中曾提出了代表工人阶级利益的十条纲领。西方国家在没有实行社会主义公有制的情况下，依靠国家政权的干预，把这些纲领的大部分付诸实施，如征收累进收入税和继承税，实行交通、通讯国有化，提高企业国有化程度，实行教育机会平等，实行八小时工作制，等等。波普尔以此说明，工人阶级的利益用社会改良和民主手段，而不用社会革命的暴力手段，即可得到改善。

第二，无产阶级革命并非不可避免。马克思根据自由资本主义的状况预言，资本主义生产具有垄断化倾向，将把大批小生产者和破产的资产者抛进无产阶级队伍，社会成员将被简化为资产阶级和无产阶级两大阵营，而无产阶级在人数上的绝对优势是无产阶级革命胜利的保障。但是和这一预言相反，民主制度的发展和经济干预主义在富有阶级和贫困阶级中间造就了一个强大的中产阶级，以贫困阶级为主力军的无产阶级革命在发达资本主义国家很难发动。马克思主义者在暴力革命问题上态度不一致、不明朗。他们往往力争用合法斗争夺取政权，把暴力革命当作不得已而为之的最后一张王牌。据波普尔理解，恩格斯的策略是迫使资产阶级打响第一枪，激起人民更强烈的反抗，促使革命早日爆发。波普尔目睹了这一策略的失败。第三国际政党诉诸街头过激行为，把原来持中立立场的中产阶级推向右转，导致法西斯主义上台。法西斯主义摧毁了资本主义民主制，也同时摧毁了工人阶级的政党，却没有激起无产阶级的大规模抵抗。波普尔的结论是，无论是在民主制的资本主义国家，还是在法西斯统治下的资本主义国家，无产阶级革命并非不可避免。至于俄国革命的成功，那是在世界大战的特殊环境中取得的，并非资本主义社会内部矛盾的必然结果。

第三，资本主义社会的基本矛盾并非不可调和。马克思揭示的资本主义社会的基本矛盾有两大严重后果：其一，生产力的社会性和生产资料的私人占有性的矛盾造成周期性的经济危机；其二，财富的集中趋势造成无产阶级的绝对贫困化。这些矛盾最终破坏了社会生产力，激化了阶级矛盾，导致资本主义灭亡。波普尔说，这些矛盾只是在自由资本主义时期才造成如此严重后果，现在的国家干预主义已经或正在缓和这些矛盾。

马克思的经济危机理论可以从他的剩余价值理论中推导出来。生产过剩造成剩余价值下降，资本构成中可变资本相对于不变资本的增长引起利润率下降。为了最大限度地攫取利润，资本家用减少工资或裁减雇员的方法，把危机转嫁给工人。波普尔指出，在国家干预下，制订了限制工时，保证最低工资额，保障失业工人和退休工人的法律，成立了保障工人福利的工会，剥削已经受到限制，童工、劳动折磨和工人生活无保障的现象逐渐得到克服。工人实际收入提高引起了社会购买力的提高，阻止或缓解了生产过剩危机。同时，科学技术的运用和新产品的开发，使得资本家即使在增加可变资本的情况下仍可获得高利润额，无需用降低可变资本的方法来获利。

波普尔认为，无产阶级绝对贫困化的理论也已经过时，因为工人的生活水平从马克思时代以来已经普遍提高。他们的实际工资即使在大萧条时期也有增长趋势。马克思当时观察到的资本集中和财富积累趋势已为国家立法（如所得税法、遗产税法、反托拉斯法等）所阻止。马克思关于工业后备军的理论也因为国家采取了失业保险措施而失灵。在波普尔看来，这些事实已经证伪了马克思对于自由资本主义所作的分析。惟其能被证伪，所以它是科学的理论，只不过这一科学理论已经过时，不再适用于现代的资本主义。

被称作"自由主义大师"的哈耶克（Friedrich August Hayek）1899 年生于维也纳。他与波普尔有着相似的经历和思想，且他们有着密切来往。哈耶克年轻时参加费边社，主张社会主义的社会改革，但后来转向自由主义。1931 年，他移居英国，在伦敦经济学院任教。波普尔的《历史决定论的贫困》就是应邀在哈耶克主持的研究班上所作的讲演，后来又在哈耶克主编的《经济学》杂志发表。"二战"前夕，波普尔完成《开放社会及其敌人》一书之后，首先将书稿寄给哈耶克。哈耶克非常赞赏这本书，将它推荐给出版商，促成该书于 1945 年出版。在此前一年，哈耶克也出版了一本攻击社会主义的著作《通往奴役之路》。哈耶克还引荐波普尔到伦敦经济学院任教，自己则转到芝加哥大学任教。哈耶克是一个著名经济学家，1974 年获诺贝尔经济学奖。"二战"后，他关注政治哲学和理论，在其著作中把自由市场的经济学理论与个人自由的政治理论密切结合，在西方社会有很大影响。

哈耶克提倡的自由主义以个人自由为核心。"自由主义"（Liberalism）一词来自liberty，该词主要指政治上的自由。但哈耶克却认为自由主义的主题是 freedom，即广义的自由。他区分了广义的自由的三重含义：政治自由（公民参与选举、立法和监督的过程）、内在自由（个人自主地决定自己行为）和能力自由（人们满足或选择自我愿望的力量)。但是,这三种自由都不足以导致个人自由。首先,体现政治自由的民主制不等于不限制个人自由,相反,专制制度也允许某些方面的个人自由;其次,内在自由并不能保证个人的意愿不受他人影响或支配;最后,能力自由并不意味着为所欲为,如果一个人能够做法律不允许做,或不能够做无人禁止他做的事情,那么他不能说拥有能力自由。总之,哈耶克争辩说,只有个人自由才是一切自由的先决条件,而不是相反;只有以个人自由为基础,才能实现政治自由、内在自由和能力自由,而不是相反。

哈耶克认为,个人自由就是不屈从于他人的任意强制,自由主义就是要求把政府的强制力量尽量限制在最低限度的学说。用他的话来说:

> 自由主义……来自对社会事务的自我生成或自发秩序的认识……这种秩序比集中导向所创造的秩序都能够最大限度地利用一切人的知识和技能。自由主义反映了尽可能地充分利用这些强大的自发秩序力量的愿望。
>
> 自由主义的中心概念在于,通过强化公正行为的普遍准则,和保护被认可的属于个人的私人领域,极为复杂的人类活动的自发秩序将会比有意的安排产生出更多的东西,因此,政府的强制性活动应该限制在强化这种准则的范围之内。[1]

哈耶克关于"自由主义"的新概念包括这些要素:(1)强调社会的自发秩序,(2)最大限度地利用人的知识和技能,(3)强化公正行为的普遍准则。下面分别加以解释。

哈耶克认为,社会的自发秩序来自社会成员对于各自目标以及达到这些目标的不确定性、不一致性和不可预测性的认识。人类知识的增长并不能消除这种认识上的"盲点"。恰恰相反,人类知识的总量越多,一个人所能占有的分量也就越少。任何人所拥有关于社会的知识都不可能是全面的,如果让少数人设计社会的整体目标并规划达到这些目标的方案,那么他们必然会将自己的意愿强加于其他人,也就是说,剥夺其他人的自由。哈耶克说:"如果有全知的人,那么就很少有自由的时机……为了给不能先知和不可预测的东西留有余地,自由是至为重要的。"[2]他主张,社会不能靠少数人的意愿,而只能靠非人格化的机制来运转,这样才能防止一些人屈从于另一

---

1　F. Hayek, *Studies in Philosophy*, *Politics and Economics*, London, 1967, p. 162.

2　F. Hayek, *The Confusion of Language in Publical Thought*, London, 1968, p. 29.

些人的任意支配,才能最大限度地保留个人自由。社会的非人格化的机制并不朝向一个明确的目标,并不按照事先规划的步骤和程序运行,其运行状态是自发的、多变的、不确定的。在哈耶克看来,人性本来就是不确定的,从来都处于形成过程之中,其变化的趋向也是不可预测的。除了生理功能之外,我们现在也不能规定人类需要的限度和层次,更不能制定出如何实现完善的人性和全面满足人类需要的社会规划。哈耶克说:"我们增加一个具体目标的统一范围,也不企图让某一种关于什么重要、什么不重要的特殊观点支配整个社会。这样,自由社会的成员才能享有成功地运用他们的个人知识的好机会,来达到他们的个人目的。事实也正是如此。"[1]

与自发机制相对的是社会组织。社会组织是目的与计划的产物。一个社会组织被称作"经济"的,本来的意思是,对资源的份额加以精心安排和利用,以此为手段实现一个有等级的目的系统。但实际上,市场的自发机制并不符合"经济"的这一含义,它是交换与互利的产物,而不是某些特定目标的手段。同样,在法律、政治领域,也有社会组织与自发机制的对立。关于公共关系的"公法"按照一定的目的,决定政府组织的形态和功能;关于个人关系与财产的"私法"不是按照一定目的刻意制定的,而是历史发展的自发产物。哈耶克说,自由社会的标志在于公民只受私法和刑法的限制。他不满意 20 世纪西方社会的国家干预主义措施,认为这是用社会组织的规则代替私法的结果。这些措施以"公正分配"为目标,用政府机构和功能代替自发机制,限制自发秩序,使个人自由受到不应有的限制,甚至在某些方面已被取消。不难看出,哈耶克的自由市场经济主张和最小政府的政治主张都出自个人自由主义的立场。

哈耶克认为,自由是一个渐进的过程,不是合目的性的产物。自由的制度之所以被建立,并不是因为人民看到了这一制度将会给他们带来的好处,而是因为他们经历了专制统治之后,不再相信统治者,自觉地要求参与社会管理。个人的自由意识的觉醒主要是由参与意识唤起的,如哈耶克所说:"重要的不是我个人想要实行的自由,而是一些人为了做对社会有利的事而需要的自由。"[2]当然,个人参与公众事务的自由与幸福相联系,但这不是物质财富所能满足的快乐,而是参与过程本身所能赋予的幸福。这一过程并没有终极目的,目的不断处于变化中,目的本身并不重要,重要的是活动本身。哈耶克说:"人类理智的证明不是过去成功的果实,而是朝向将来的生活。

---

1 F. Hayek, *Studies in Philosophy*, *Politics and Economics*, London, 1967, p. 165.
2 F. Hayek, *The Confusion of Language in Publical Thought*, London, 1968, p. 32.

进步是为了运动的运动。"[1]"为了运动的运动"之所以可能,正是因为运动比静止更能给人以幸福,参与比享受更使人快乐。在参与过程中,一个人能够最大限度地利用自己所拥有的知识,为社会进步的过程贡献自己一份力量。越来越多的个人参与,各种不同知识和观点的汇合,其结果必然是自发活动的增多,社会自发机制越来越健全。在这种条件下,代表自发机制和保障人民参与活动的自由制度就会形成。

哈耶克说,一部分人拥有自由胜于大家都没有自由,大家都有自由胜于一部分人拥有自由。为了保证越来越多的人积极主动参与公众事务和社会管理,公正行为的准则是完全必要的。自发的秩序不等于无序的混乱,个人自由也不等于每个人谋求自己利益的权利;相反,自发的秩序是一种运行机制,个人自由首先是参与公众事务的自由。因此,自发的机制和个人自由都在公正行为的准则指导下运作和实施。哈耶克也把公共行为准则称作"法律准则",并解释说,这"不是具体法律的准则,而是关于法律应当是什么的准则,它是一种法理学的学说,或是一种政治理念"[2]。就是说,自发秩序的准则不是现行法律之外或之上的另一套法律,它只是一个政治理念。"理念"的说法蕴含着这样的意思:它不是实际的、可以达到的目标,也不是为着其他目的而服务的手段,却可以规定、限制和调和各种各样的法律所服务的目标。说这种准则是"理念"并不意味着它缺乏实际效用。哈耶克对法律准则不同于各种具体法律的实际效用作了充分说明。他指出,法律准则是普遍有效的,适用于一切人,但又不针对任何人,不因人而设;这些准则主要是一些否定性的规定,限定人们不能做什么,但不过多地要求人们去做什么;它所提供的是一个框架,在其中能够最大限度地行使个人自由,如此等等。市场经济的准则就是自发秩序准则的一个典范。市场经济准则要求建立有效的财政体系,提供充足的信息,支持教育,禁止欺诈行为,保障合同效力,保护财产权,控制污染,等等。政府的功能应限制在公正行为准则要求的行为范围之内,促进自发秩序的发展,若超出这一范围,用过多的强制手段企图把自发秩序纳入一个为特殊目的服务的社会组织框架,不断限制自发秩序,其后果必然导致个人自由的丧失。哈耶克虽然大力提倡市场的自发机制,但他并不赞成资本主义早期的无限制的自由竞争。他要求通过加强公正行为准则来保障和促进自发秩序,表现出在自由资本主义和国家干预主义之间所持的一种调和态度。哈耶克与波普尔一样,并未

---

1 F. Hayek, *The Confusion of Language in Publical Thought*, London, 1968, p. 41.

2 F. Hayek, *The Constitution of Liberty*, Chicago, 1960, p. 206.

对自由主义的理论基础作出重大调整，但为自由主义的经济和政治制度作出新的解释。在这一意义上，可以说，他们所代表的自由主义带有过渡性特点，尚未达到自由主义的新阶段。

在波普尔和哈耶克等人在英美鼓吹自由主义的同时，欧洲大陆的哲学家，尤其是具有新马克思主义倾向的哲学家，都发展起了关于伦理、社会和政治的系统学说。存在主义者对现代人的焦虑、恐惧、烦恼和惶惑心情的根源的揭示，力图唤起人们对自我价值的认识、对绝对自由的追求和对外部约束的反抗。法兰克福学派发展了系统的"批判理论"，它的批判对象首先针对资本主义社会的现实。60 年代，西欧出现了大规模的左派学生运动，美国也出现了人权运动、黑人解放运动和反越战运动，成千上万的人卷入了与现行制度和政权的对抗。存在主义、社会批判理论等激进的社会思潮，与黑色幽默、摇滚音乐等娱乐方式，以及嬉皮士、性解放、同性恋等社会现象，汇合成一股猛烈冲击传统价值观念的"对抗文化"倾向。与此同时，西欧各国政府热衷于建设福利社会，采取了一些社会和经济的改良措施，遭到来自左、右两个方面的批评。哈贝马斯(Jürgen Habermas)在 1968 年曾把资本主义社会面临的难题归结为"四大危机"：经济危机、理性危机、合法性危机和信念危机。其中尤以合法性危机最为突出。成千上万的抗议者以尖锐的方式提出了一些带有根本性的问题，如：人民是否真正地享有自由、民主权利，社会分配是否公正，现行的社会制度是否合理，等等。对于这些问题，传统的"民主""自由"观念已不敷用，功利主义也已失效，英美流行的自由主义的右翼色彩也令左派群众反感。1978 年，当世界哲学大会在德国城市杜塞尔多夫举行之际，一批左派学生进行示威，抗议"波普尔的帝国主义对德国的入侵"。这一事件也暴露出以波普尔为代表的自由主义与民众愤懑反叛心态之间的对立。西方社会面临的危机和理论难题召唤着自由主义政治哲学的新发展。正是在这种形势下，罗尔斯出版的《正义论》把自由主义推进到新的发展阶段。

# 第十二讲

# 罗尔斯的政治哲学

《正义论》分为"理论""制度""目的"三篇，上篇论证社会正义的一般原则，中篇把这些原则应用于政治、经济等领域，下篇阐述建立与正义原则相适应的实践原则。前两篇的内容属于政治哲学范围，最后一篇的论题是道德哲学。本讲首先解说《正义论》的政治哲学观点，道德哲学留待下一讲解说。

## 第一节

## 《正义论》的理论背景

罗尔斯于 1921 年 2 月 21 日生于美国马里兰州的巴尔的摩城，在该城肯特学校就读，1939 年毕业。在普林斯顿大学接受高等教育，1950 年获得哲学博士学位。他的博士论文题目是《关于伦理知识基础的研究》（A Study in the Grounds of Ethical Knowledge）。1952—1953 年期间，罗尔斯在普林斯顿大学任讲师，并曾获得牛津大学奖学金，到牛津大学作研究工作。回美之后，于 1953—1959 年期间在康乃尔大学任助教和副教授；1960—1962 年在麻省理工学院任教。从 1962 年起任哈佛大学哲学教授，并曾担任过系主任。他的《正义论》的大部分内容是在哈佛大学任哲学系主任期间写成的。但是在此之前，他已经就书中所涉及的问题作过长时期的思考。他在写书的过程中，还撰写了一系列文章论述这些问题。这些论文是《正义即公平》(1958)、《正义感》(1963)、《制宪的自由权》(1963)、《公民违抗》(1966)、《分配正义的证明》(1967)、《关于分配正义的几点补充》(1968)。这些文章的主要观点都在《正义论》中得到进一步的论证和发挥。

罗尔斯为什么把他的政治—道德哲学称作关于正义的理论？这是因为他把正义当作社会组织的第一美德。他说，没有正义的社会组织正如缺乏真理的思想体系一样；一种思想理论，不管它如何精巧和实用，只要它不是真理，就要被否定或修正。同样，一种社会组织，不管它如何严密和有效，只要其缺乏正义，就要被抛弃或改革。因此，正义原则是判断一个社会制度性质的首要标准。他在书的开篇宣称：

> 每一个人都具有以正义为基础的，即使是社会福利整体也不能践踏的不可侵犯性。因此，正义否认了为了一些人的更大利益而损害另一些人自由的正当性。正义不能允许为了大多数人的更大利益而牺牲少数。在一个正义的社会中，公民的平等的自由权利是不容置疑的；正义所保证的权利不能屈从于政治交易或对社会利益的算计。(pp. 3–4)[1]

他的宣言是批判功利主义的振聋发聩之词。罗尔斯看到，第二次世界大战之后，资本主义的政治制度发展到成熟的阶段，经济平稳向前发展，社会上形成了一个强大的中产阶级，自由和平等的权利也逐渐扩大，很多国家还采取了高福利的政策来减少贫富差距。这些情况表明，资本主义已经发展到了一个新的阶段，功利主义已经不能圆满地解释这个阶段的所有社会现象。罗尔斯把当代社会的主要特点归结为正义、合作、效益和稳定。(p. 6)功利主义把所有社会价值归结为功利，这也许可以解释效益的问题，却不能圆满地解释另外三方面的问题。罗尔斯的意图是以正义的问题提纲挈领，来解释其余的社会问题。因此，他开宗明义地宣告：他要建立一个新的理论体系，来取代在政治哲学和道德哲学领域占统治地位的功利主义（Utilitarianism），只有这样，才能为民主社会建立一个"最适合的道德基础"(p. viii)。他说：

> 在大多数现代道德哲学中，占支配地位的系统性的理论是某种形式的功利主义。造成这种状况的一个原因是功利主义为一长串的杰出著作家所支持，他们所建造的思想主体，在其范围和精度方面确实是令人难忘的。有时候，我们忘记了那些伟大的功利主义者，休谟和亚当·斯密，边沁和密尔都是第一流的社会理论家和经济学家，他们所构造的道德理论迎合了他们广泛兴趣的需要，并将之配置在一个综合的模式之中。而他们的批评者却经常在一个较为狭隘的战线上战斗。批评者们指出了功利原则的模糊性，注意到了它所包含的观念和我们的道德情趣有着明显的矛盾。但是，我相信，他们未能建立起一个有效的和系统的

---

1 所有摘自《正义论》的引文，均来自 *A Theory of Justice*，Oxford University Press，paperback，1973，并由笔者译成中文。以下只注明页码。读者如要查阅原文，可对照谢延光中译本（上海译文出版社 1991 年版），该书的边码与本书引文页码相同。

观念来反对功利原则。其结果是我们时常似乎不得不在功利主义和直觉主义中作出选择。（pp. vii‐viii）

罗尔斯认识到，站在直觉主义的立场并不能抵御功利主义。以前的哲学家在伦理学领域所犯的一个错误，就是在功利主义和直觉主义中作非此即彼的选择，而没有考虑到第三种可能性。当然，他并不是要在西方哲学的传统之外来创造一种第三者的观点。出乎人们意料的是，他把曾在近代显赫一时而现在已被大多数人淡漠了的社会契约论当作自己反对功利主义的理论基础。他说得很清楚：

> 我努力把洛克、卢梭和康德所代表的传统的社会契约理论普遍化，并提升到一个更为抽象的高度。用这样的方式，我希望能够发展这一理论，使之不再易于受到一些明显的，通常被认为是致命的反对意见的打击。并且，我或许可以证明这个理论似乎能够提供另外一种对正义和系统的看法，它高于占支配地位的传统的功利主义。（p. viii）

罗尔斯强调，他的理论是康德式的，他并不认为自己提出了多少创造性的观点；相反，他说，他的主要观点都是"古典的、并为人熟知的"（p. viii）。这虽然是谦虚之词，但也反映出他想恢复社会契约论的努力，这虽然不是简单的恢复，但也包含了这种古典社会理论的基本精神。实际上，康德对自由和理性的论述，把人看作独立平等的社会主体的观点，有理性的人"自己立法，自己守法"的自律思想，都对罗尔斯产生了深刻的影响。

罗尔斯把康德式的理性主义引入经验主义占统治地位的英美学术界，首先在方法论上与分析哲学形成鲜明的对照。罗尔斯针对英美分析哲学纠缠语言分析的细节的倾向，他说他的学说是实质性的。实质性的学说是针对语义学的技术性的分析而言的。在实质性的理论中：

> 定义和意义分析并不占特殊位置：定义只是一个用来建立理论的一般性结构的方法。一旦整个框架已经建立起来，定义不再有确定的地位，它已成为理论的一部分。在任何情况下，只在逻辑真理和定义的基础上发展一个关于正义的实质性的理论，显然是不可能的。对道德概念和其他先天东西的分析，不管它在传统上是如何被理解的，不足以作为基础。（p. 51）

罗尔斯并不对概念的语义作零碎的技术性分析，而是强调理论的系统性。《正义论》是从抽象的原则出发来推导公平、合理的社会组织和社会现象的标准的，然后再扩大到对政治、经济和伦理领域内各种现象的说明。他认识到，作为他的对手的功利主义是一个遍及各领域的理论体系，他也必须建立一个具有相同外延的体系才能取代功利主义。

罗尔斯的书中虽然没有提及波普尔、哈耶克等人，但他显然熟悉"二战"后这些自由主义代表人物的思想。实际上，波普尔的"方法论的个人主义"、对功利主义的反驳以及关于民主制度的见解，以及哈耶克的"个人自由主义"和关于公正行为普遍准则的思想，在罗尔斯书中都有所表现。但是罗尔斯不像这些人具有鲜明的意识形态色彩，他并不十分看重资本主义与社会主义的对立，他并不攻击社会主义，也不专为资本主义辩护。

罗尔斯冷静地审视了西方理论和社会的现状，有针对性地规定了自己学说的使命。首先，针对各种"新左派"的政治理论学说，他毫不隐瞒自己的政治立场：他的目的是继承和发扬自由主义的传统，为西方现有的民主制度和自由市场经济提供哲学证明。他承认，他关于正义的理论并不适用所有社会制度，也许也不适用当前还属于发展中的国家，在那里，主要的问题是生产效益问题，正义问题的中心地位还不显著。但是民主制度已经成熟的发达国家，即一个组织良好、平等、自由观念深入人心的社会，没有理由不把正义原则当作社会组织和活动的基础。他在意识形态对立的格局中力图表现出超然、中立的立场，声称他所研究的是正义的社会的基础，而不是社会的某种历史形式，因此回避了究竟资本主义社会还是社会主义社会是正义社会问题。他所论证的实际上是一个政治上人权平等、经济上均富的社会的正义性和合理性。他的理论迎合了当时西欧国家所推行的高福利的政策。大多数评论家看出，他的《正义论》实际上是以具有社会主义色彩的资本主义制度作为论证对象的，但罗尔斯只是说，他的理论适用于"良好秩序的社会"（wellordered society）。从原则上说，这样的社会既可以是资本主义社会，也可以是社会主义社会。

审视《正义论》的理论背景，我们可以看出，这部书比较全面地总结了自由主义各个阶段的理论成果，按照时代的要求评价其理论得失。社会契约论、功利主义和"二战"后的自由主义的观点都经过批判性的考察，或扬弃，或利用改造，加以吸收；对于直觉主义和语言分析的方法，也给予适当评价，对于各派各家的特征，都在他的理论体系里有所保留，但又相互平衡。罗尔斯把他这种构造理论的方法称为"反思平衡"。下面我们对他的理论体系内容作一剖析。

# "正义即公平"的观念

　　罗尔斯建立正义原则大体可分为三个步骤:第一步,找出正义观念的合理性;第二步,从这一合理性出发,论证正义原则的内容;第三步,在与其他原则的对比中,论证正义原则为最优选择。

　　我们按照这一思路,在以下各节逐步解说他的理论的这一核心部分。

## 1. 合理的正义观念

　　"正义"是一个古老的观念。西方文明尚有熹微之中时,古希腊哲学家柏拉图、亚里士多德等人就对这一观念作了详细论述。亚里士多德给"正义"所下的定义是禁止为了私利而攫取属于他人的财产、所得、地位和一切应该属于他人的东西。因此,不履行对他人所许下的诺言,不付还欠他人的债务,或不对他人表示应有的尊重都是不正义的行为。[1] 亚里士多德的定义适用的范围是人的道德行为。罗尔斯赋予"正义"观念以新意,他首先强调的是正义观念的社会属性,把正义这一观念应用于对社会组织的评价。这并不是说,他不关心个人行为和动机的正义性。他的理由是,正义观念所涉及的是关于人的权利的问题,而人的权利是社会组织所赋予的;因此,只有首先明确了人在社会中应该享有什么样的权利,我们才能判断保护或剥夺这些权利是否正义的问题。

　　在历史上,人们实际上也是把"正义"当作人在社会中应该享有的权利来理解的。由于个人与社会、个人与个人、阶级与阶级之间的利益冲突,人们便有不同的关于正义的观念。罗尔斯把历史上出现过的关于正义的观念分为 5 类 14 种。为了便于理解,我们把它们的顺序和内容作若干调整和修改,并将这些观点列举如下:

　　第一,自私的观念:正义或是(1) 自我独裁:每个人都为自我的利益服务;或是(2) 自由特权:除了自我以外,任何人都要按正义观念行事;或是(3) 以自我为中心:每个人都可以按照自己的意愿来追求其利益。

　　第二,古典目的论的观念:正义或是(1) 遵循古典的功利主义原则:正义即是增加全社会的功利总额的行为;或是(2) 遵循平均功利的原则:正义即是增加社会成员享有功利的平均额的行为;或是(3) 遵循完善化的原则:正义即是完善地实现人的潜

---

[1] 参见亚里士多德《尼各马可伦理学》,1129b—1130b5。

在能力的过程。

第三，直觉主义的观念：正义或是（1）以平均分配原则来增加社会功利总额；或是（2）以补偿弱者的原则来增加功利的平均值；或是（3）权衡一组言之成理的适当原则。

第四，混合的观念：正义或是（1）遵循平均功利的原则：与第二（2）同；或是（2）除遵循平均功利的原则以外，还必须做到：A.规定每人享有的社会利益的最低份额，B.分配份额差距不能过分悬殊；或是（3）除了满足上一条所列各项条件之外，还要保证每个人都有平等的机会。

第五，公平的观念：正义即公平。罗尔斯将上述各类观念按照其所具有的合理性的等级顺序排列。第一类，即自私的观念最不合理；最后一类，即公平的观念是罗尔斯认作最为合理的观念，体现这一观念的正义原则也正是他所要论证的。第二类观念为功利主义者或理想主义者所竭力鼓吹，在政治—道德哲学中具有强烈影响力，罗尔斯竭尽全力揭示其不合理性。此外，第三、四两类，即直觉主义的和混合主义的观念包含有与"正义即公平"的观念相同的因素，罗尔斯也需要作去芜存菁的分析。他对第二、三、四类观点的分析和批判贯穿全书，穿插在他对自己观点的论述之中作为反面衬托。唯独对于自私的观点，他从一开始就将其排斥在深入讨论之外。这是因为自私的观点不能作为关于权利分配原则的基础，严肃的理论家也从来没有把它等同于正义的观念，实在没有详尽讨论它的必要。

罗尔斯认为，任何一个关于正义的合理观念必须具有一般性、普遍性、公共性、程序性和终极性。

一般性是对这些原则的内涵而言。原则内容所涉及的是一般的权利，而不是个别人的权利。对个别人的权利所作的规定是依据惯例或特例，而不是根据原则作出的。

普遍性则是原则的外延的性质。原则所适用的是全体社会成员，如果它只适用于一部分人而不适用于另一部分人，它将是自相矛盾的。

公共性指的是这些原则具有为社会成员所了解、接受并遵守的性质。原则的公共性并不说明它的正义性。在一定的社会历史条件下，社会成员会处于除了接受不正义原则之外没有其他更好的选择的境地。

程序性说明了这些原则的作用和功能：它们必须能够在人们相互冲突的要求中找到一个秩序，规定一个按照先后、轻重、缓急顺序排列的权益系列，以满足不同社会成员的要求。

最后，终极性树立了原则的权威。原则好像是最高法庭的终审结果，它规定了什么是正义，什么是非正义。具体的法律和法令条文只有符合关于权利的原则才具有正义性。

根据关于正义的合理观念所必须具备的性质，我们可以判断关于正义的自私观念的不合理性。从理论上说，自我独裁的观念并不排斥普遍性（因为每个人都可以把自己当作别人都屈从于他的独裁者），却与原则的一般性相悖（因为原则不能规定一个人的利益而置一般社会利益于不顾）。把自由当作自我特权的观念则违背了普遍性（因为原则不能适用于"我"）。以自我为中心的观念也明显地违反了原则的公共性，也是不可取的。

按照正义的合理观念，罗尔斯建立起"正义即公平"观念的合理性。"公平"指社会权利和利益的公平分配。合理的正义观念属于社会分配的范畴。为什么呢？罗尔斯有以下说明：

人的权利是生活在社会中的人所必然具有的，这可由社会所具有的性质来说明。社会是合作的群体的组织，人们之所以要组织社会，是因为他们明白"合则俱益，离则俱损"的道理。社会中人能够获得他们单凭个体力量所得不到的利益。因此，人必须在与其他人相合作的社会活动中创造自己的利益。但是社会成员的利益既是一致的又是互相冲突的。因为人们不仅知道社会成员所创造出来的利益大于个体在单独活动中所能创造利益的总和，而且不会对社会利益的分配无动于衷。谁都有获得较大分配份额的欲望和唯恐得到较小份额的顾虑，因此，社会需要一些原则来分配社会合作中所产生的利益和责任。这些原则所规定的社会成员所能享受的分配份额便是他们的权利。罗尔斯说："这些原则就是社会正义的原则：它们提供了分摊社会基本组织中的权利和责任的方法，并且规定了对社会合作的利益和义务的适当分配。"（p. 4）

罗尔斯并没有区别权利和责任、利益和义务的界限。他的基本立场是，社会合作要求每一个社会成员承担一定的责任和义务，社会正义则要求按照责任和义务来分配由社会合作产生的权利和利益。因此，在社会组织中承担一定的责任和义务是每个社会成员所享有的权利，社会权利又是享有适当的配额的利益的权利，利益即寓于责任、义务和权利之中。罗尔斯把社会成员所承担的责任、义务和享有的权利、利益统称为"基本利益"（primary goods）。他说，基本利益是每个具有理性的人都想要得到的东西，这些东西是权利和自由，权力和机会，收入和财富（见 p. 62 及 p. 92）。除此之外，还有些基本利益不是由社会分配，而是由自然所赋予的，它们包括健康和精力、智慧和想象力。虽然对这些自然能力的培养需要一定的社会条件，但它们并不直接受社会力量的控制，因此不属于社会所能分配的基本利益之列。当罗尔斯在谈论基本利益的分配时，他指的是基本的社会利益。社会所分配的不仅仅是物质财富，也是社会地位、权力和发挥自己特长的机会。

当罗尔斯把社会正义的观念等同为社会利益的分配原则的时候，他预料很多人是不会同意的。这是因为，无论在历史上和现实中，社会利益都不是按照正义的原则来分配的。即使罗尔斯设想一个按照正义观念分配利益的理想化社会，他仍然需要首先证明实现这种理想化社会的可能性。面对这些诘难，罗尔斯区分了正义观念的两层意义：形式的正义和实质的正义；并且从形式和实质两方面确定了"正义即公平"的观念。这一观念似乎对现代社会中绝大多数人来说是不言而喻的，但是罗尔斯却挖掘了这一常识观念的深刻意义。在他看来，接受"正义即公平"的观念意味着按照正义的原则来运转社会组织和分配社会利益的合理性。这种观念只有在秩序良好的社会中才能成为常识，而它变为常识这一事实又显示了一个以正义原则为基础的社会的可能性。因此，他一再强调，正义原则只有在秩序良好的社会中才能推行。"秩序良好"的社会也就是罗尔斯心目中正义社会的代名词。虽然现实中还不存在这样一个以人人都认可的正义原则为基础的社会，但是现代社会中人们关于正义的观念越来越接近或类似这一事实，至少可以说明，社会正在朝着良好秩序的方向发展。罗尔斯建立正义论的目的，就是要揭示人人在理性上都可以认可的正义原则，以此促使正义的社会的实现。

在现实社会中，分属不同阶级、阶层和社会集团的人们有着不同的关于正义的观念，这些观念并不服从一个公共秩序而彼此冲突。即使如此，人们也会笼统地在形式上达成一个关于正义的共同概念。抛开正义观念所可能具有的不同内容不谈，任何正义观念都是和任意处置的行为格格不入的。所有正义观念都要求按照一定的原则来分配社会权利和利益，都认为任意变动分配份额这种朝三暮四的行为是不正义的。也就是说，公正（impartiality）和连续性（consistency）是对正义的起码要求，公正是和偏袒（partiality），连续性是和任意性（arbitrariness）相对立的。

在这种意义上所说的正义，是形式上的正义（formal justice）。罗尔斯说：

> 姑且不论法律和制度所奉行的原则的实质，我们可以把它们的公正和连贯的实施称为形式上的正义。如果我们同意正义总是要表达一种平等的话，那么

形式上的正义要求法律和制度在实施中必须平等地(即以同等方式)运用于由它
们所限定的类属。……形式上的正义就是坚持原则,或者,人们可以说,服从一
个体系。(p. 58)

这种正义是形式上的,因为它不涉及所坚持的原则、所服从的体系的内容实质是
不是正义的问题,它只关系到原则和体系的实施或运转程序。

也许有人会想到,不正义的原则或体系不可能获得正义的形式,也就是说,它们
不可能以公正和连贯的程序被推行、实施。但是罗尔斯却赞成西季威克的看法。按
照西季威克所说,任何法律或制度都蕴含着某种意义上的平等观念。广义地说,游戏
和仪式、审判和议会、市场和财产体系都可以被称为"制度",因为它们都是一定的公
共行为所必须遵循的规则的体系。制度具有双重性,当制度被理解为公共规则的体
系的时候,它被视为抽象的事物;当它被人们所遵守,落实在人们的行为和思想中的
时候,它是一种社会活动。当我们判断一个制度是正义还是非正义的时候,我们指的
是作为抽象事物的制度,还是落实在社会活动中的制度呢? 罗尔斯回答说:"最好的
说法似乎是,只有那些实现了的,并且被有效地公正地行使了的制度才是正义的或不
正义的。"(同上)我们必须注意到,作为抽象事物的制度和实现在社会活动中的制度
两者的区分在于前者是形式,后者是实质。或者更具体地说,前者抽象地概括了一切
制度所特有的共同特征。制度作为一个公共规则的体系,要求形式上的正义,要求人
们一以贯之地解释和执行这些规则。可以被人随心所欲地解释与对待的"规则",将
不成其为规则,更无公共性可言。因此,制度作为抽象事物总是具有形式上的正义性
的。没有正义作为其形式的"制度"将不成其为制度。

然而,当制度被实现在社会活动中的时候,我们是不能离开它的内容来看待它的
正义性的。一个不正义的制度即使被有效地、公正地实施了,仍然是不正义的。实质
上的正义要求公平、合理地分配社会利益;形式上的正义则要求既定制度的贯彻、执
行不受执政者个人好恶和脾性的影响。在一个实质上不正义的制度中,形式上的正
义还可以保障弱者所分得的一份起码的权益;如果连形式上的正义都没有,那么这一
点少得可怜的份额也会被侵占。老子在《道德经》中所说的"损不足而奉有余"就是对
这种不正义的极端状况的描述。

罗尔斯对形式上的正义和实质上的正义所作的区分属于他论证"正义即公平"观
点的一个步骤。根据这一区分,即使历史上和现实中的社会并不是建立在实质上正
义的原则之上,只要它们还能有效地维持和实施一种制度,它们就还具有程度不等的

形式上的正义；或者说，就还保持着公正而不偏袒地执行这种制度的形式。公正性已经蕴涵于一切社会制度的形式之中，即使这些社会制度的实质可能是不正义的。从形式上看，"正义即公平"的观点是言之成理的。

罗尔斯所说的形式上的正义即正义观念的程序性。总而言之，他提出的"正义即公平"的观念具有一般性（涉及所有的社会基本利益）、普遍性（适用于全体社会成员）、公共性（属于社会分配领域）和程序性（具有形式上的正义）。但是，如何确立这一观念的权威性呢？这要依靠关于社会分配的正义原则来决定。正义原则不仅是形式上的公正，也是实质上的公正。它所要求的不仅是不偏袒地执行既定的分配制度，而且是不偏袒地分配社会权益。罗尔斯和历史上的理想主义者不同，他不是从抽象的原则出发提出公平分配的要求；也不像道德家们那样从"性善论"推导出公平分配的正义性。他是从人类社会的实际出发来论证公平分配的可能性和必要性。这里所谓的"实际"，不是当前的社会现实，而是传统的"社会契约论"者所描述的"自然状态"。罗尔斯没有用同样名称，他把公平分配的实际条件称作"正义的环境"。他的立论方法不是用抽象的原则来要求现实，而是以环境来规定原则。这样，就把正义观念的合理性问题导向了关于正义原则的证明。

第三节

## 正义原则及其证明

### 1. 最初状况

罗尔斯把正义的环境分成客观环境和主观环境。客观环境是人们生活的自然环境和条件。这些包括：一群生活在同样时代和一定地理区域的人们；他们具有相近的体力和智力；他们相互匹配的能力使得没有一个人能够征服其他人；他们有限的能力和力量又不足以抵御自然灾害和他人侵袭；自然资源和天然食物还没有丰富到单凭个人力量即可获得的地步，等等。简言之，自然环境促使人们组成社会，它因此而成为正义的先决条件。

正义的主观环境则是保证人们在社会组织中受到公平待遇的条件。它是主观的，因为它所涉及的是人们的欲望和需要。它包括：人们具有大致相似的需要和利益；每人都有自己的生活观；不同的生活观又受到不同的哲学和宗教信仰或政治与社会学说的影响；人们由于自私、无知和道德上的缺陷，在知识、思想和判断方面存在许多缺陷，等等。但是罗尔斯并没有说人性总是自私的，他只承认，人就其本性来说，并不关心他人的利益：人们既不企图损害他人利益，也不情愿为他人牺牲自己利益。

罗尔斯把人与人在进入社会之前的关系的特点归结为互不关心（mutual disinterest），这好似一种陌路人之间的关系，彼此间并无利害关系。但是"disinterest"的另一含义是"无偏见"或"无私"。唯其没有利害关系，人才不必为一己私利而反对别人。这种对人性的解释既有别于霍布斯的"人对人是狼"的说法，又不同于洛克认为人是天然的互助动物的观点。罗尔斯说，他不对人性善与恶作任何猜测，只是肯定人人都具有长远的理性的生活观。他说："（正是这些生活观）决定了自我的目标和利益。这些目标和利益不被假设是自私自利的。它们是否自私自利将依一个人所追逐的目标而定。"（p. 129）换句话说，罗尔斯区别了个人利益和一己私利（即自我利益）。个人利益并不一定排斥他人利益，人们在实现自己生活目标的时候，可能会把个人利益和他人利益联结在一起。自私自利不是人的本性，而是从某种特殊的生活观所派生出来的行为。

设定人们都有大致相同的需要和欲望，并且设定每人都有一定的生活观以及由此产生的不同的个人利益，试问：在这样的主观环境中，应该如何来分配社会权益呢？关于权利的原则确定了每个人应该享受的社会利益。每一种社会制度都有与之相适应的关于社会权利的原则。这些原则又赋予"正义"概念以不同的内容。既然这些原则是在上述环境中建立起来的，这些关于人的需要和利益的事实也应该属于正义的环境之中，罗尔斯因此把它们称为"正义的主观环境"。

正义的客观环境和主观环境大致相当于社会契约论中所说的"自然状态"。但罗尔斯对社会契约论作了重大修正，他认为，社会契约所依赖的环境和条件也不是历史事实，而是他所说的"最初状况"（origlnal position）。

"最初状况"的概念是罗尔斯理论体系中的一个关键环节。罗尔斯强调指出，和"自然状态"不同，最初状况的基础是理论假设，而不是历史事实。他说：

> 在正义即公平的观念中，平等的最初状况相应于传统社会契约论中的自然状态。当然，这一最初状况不被当作实际的历史事实，更不是文化的原始条件。它被理解成纯粹的假设的状态，它是为了达到一定的关于正义的观念而具备其特征的。（p. 12）

罗尔斯强调，最初状况不是人的原始状况。处于最初状况中的人也不是原始人，他们和现代人具有同样健全的理性。我们在前面已经介绍了罗尔斯关于正义的环境的见解。"最初状况"是比"正义的环境"更为严格的概念，它对人们选择正义的原则的先决条件作了更为明确和仔细的限制。这些先决条件包括以下两部分：

第一，人们在就关于正义的原则达成协议的时候，必须处于平等的地位。在这种场合，一部分人处于不平等的地位意味着他们不是自愿地，而是被迫地选择某些原则的，不是通过平等协商而自由选择的原则将不会是公平的原则，它们也不会对处于不平等地位的那一部分人的将来的行为产生合法的和有效的约束力，因为非自愿选择的原则将得不到自觉的遵守。因此，参加协商的所有各方的平等地位是达到一个一般的、普遍的、有效的和终极的原则的首要条件。

第二，因为所要达到的原则涉及权益的分配，参与协商的各方必须具有健全的理性，才能选择可以保障自己享有最大限度权益的原则。罗尔斯以"无知的面纱"（the veil of ignorance）和"最低的最大限度规则"（the maximin rule）作为最初环境中的人的理性的两个主要特征。满足上述两个先决条件同时也是一个推导和证明关于正义的原则的过程。"无知的面纱"和"最低的最大限度规则"是我们理解罗尔斯关于最初状况的两个基本点。

### 2. 无知的面纱

罗尔斯并不是相信"人生而平等"的理想主义者，相反，他承认不同的人总是处于不平等的地位，即使是生活在最初状况中的人也不能幸免。决定不平等的因素有些是先天的（如种族差别和由于遗传学上的原因而产生的智力和体力的差别），有些是后天的（如阶级和等级的差别），有些则是由客观环境所造成的（如由不同的机遇和家庭出身、不同的时代和社会所造成的差别）。处于不平等地位中的人在讨论权益分配原则的时候，总是要不可避免地优先考虑自己所处的地位的作用。这倒不一定出于自私自利的心理，而是因为人都有具有不愿在分配中吃亏、不愿为他人牺牲自己利益的倾向。

我们在前面已经说到，罗尔斯把不关心他人利益看作人的本性。出于这种本性，人总是认为自己所处的优越地位应该给自己带来较大的利益。比如说，能力较强的人会强调按强食弱肉的原则来分配社会利益；而出身高贵的人会坚持以血统为分配的标准；富裕家庭的人却认为子女继承父母财产是理所当然的；而贫穷家庭的人却认为遗产不应该无条件地被继承；在一个不同种族混居的社会中，一个种族的成员要求享有比其他种族成员更多的利益，如此等等，不一而足。由于人们实际上处于不平等的地位，由于处于不平等地位的人们对社会权益分配的要求是不同的，甚至是互相冲突的，生活在日常环境中的人永远不会达成一个人人都可以接受的关于正义的原则。

很明显，为了使一个普遍的共同的分配权益的原则成为可能，我们必须对各种不同的要求加以限制，使之不再相互冲突。限制的方法有两种：一是取消人们不平等的地位；二是在不变动人们实际地位的前提下，取消人们不平等的意识。第一种方法是不现实的，罗尔斯于是选择了第二种方法，"无知的面纱"便是为了达到这样的目的而设计出来的。

在最初的状况中，人们仍然处于不平等的地位。然而，他们似乎都被蒙上一层面纱，对自己实际所处的地位一无所知。罗尔斯说，他们的知识处在这样一种状况：他们不知道或者根本不想知道一切与自己的能力、社会地位和身份相关的具体事实。这种假设的知识状况是最初的状况中的人所特有的。罗尔斯说：

> 这一状况的本质特征之一，是没有一个人知道他在社会中的位置、他的阶级地位或者社会身份，他也不知道自己在自然财富和能力的分配中的运气，他的智能、力量等等。我甚至设想各方都没有善的观念，不知道他们特有的心理倾向。正义的原则是在无知的面纱下被选择的。这保证了没有人会因为自然的机会或社会环境的偶然性而在选择这些原则的过程中得益或受损。既然大家都处在相同的状态，没有人能设计对他特有的条件有利的原则，正义的原则也就成了公平协议或交易的结果。（p. 12）

"无知的面纱"所遮掩的是决定人们能力和身份的自然事实和社会环境以及造成人们地位不平等的各种因素。"无知的面纱"剥夺了人们对自己所处的有利地位的优越感，促使人们能够在平等的基础上考虑问题、作出选择，从而满足了达成公正的分配权益原则的先决条件。

然而，"无知的面纱"并没有降低人们的理性。蒙着这一层面纱的人们所缺少的只是一些关于某些特殊事实的知识，也仅仅如此而已。这并不意味着最初状况中的人们缺乏健全的理性，正如我们不能把缺少某些方面的知识的人看作是没有理性的人一样。再者，我们也不能说，他们不具有任何知识。

罗尔斯说，我们可想当然地认为，最初状况中的人们了解关于人类社会的一般事实，他们理解政治事务和经济理论的原则，他们知道社会组织的基础和人类心理规律

(p. 137)。他们还懂得社会的基本权利是什么,并且明白他们必须保护他们的自由权利,扩展他们的机会,并为促进他们的目的而拥有的更多的手段(p. 143)。

总而言之,最初状况的人不是原始人,他们具备和现代人同样多的、为实现其利益所必需的知识。应该强调的是,这些知识是一般性的知识,它的特点是适用于任何人,而并非特别适用于具有特殊地位和能力的人。既然“无知的面纱”掩盖了关于每个人特殊地位的知识,这些一般性的知识可以满足人们独立地追求和保证他们利益的需要。

罗尔斯还肯定,最初状况中的人和现代人一样,能按照合理的计划尽可能地实现自己的利益。在同样的条件下,他们会选择较多的基本利益作为其努力的目标。但是这并不意味着他们必然会选择损害他人利益的行为,因为以损人为目标的行为并不符合理性。比如说,妒忌是一种损人而不利己的感情,妒忌伤害了被妒忌者,也不能给妒忌者带来任何利益。在一个人人都精明透顶的环境中,没有人能指望损害他人而不遭到报复。因此,促进并保护自己利益的最理智的方法就是照顾好自己的利益,不要过问或干涉他人,用中国的俗语说:各人自扫门前雪,休管他人瓦上霜。

当然,具有理性的人也意识到合作的必要性,如前所述,最初状况中的人们并不缺乏关于人类社会一般事实的知识,他们对政治、经济和社会组织活动的实质和功能,乃至人类的普遍需求及心理倾向均有所了解,他们愿意并准备彼此合作以谋求更大的利益。但是理性也告诉他们,只有按照公平的方式分配合作所创造的利益,合作才能比单干给每个人都带来更大的利益。因此,在建立合作的体制之前,人们必须首先确立一个分配基本社会权益的原则。如果参加协商的各方都对自己实际所处的地位和具有的能力有自知之明,他们就会要求分配原则能够保护并且扩大他们的既得利益。

既然各方都处于不平等的地位,具有不同的利益,他们的要求必然互相冲突,无法达成协议,也就不能建立一个各方都可接受的原则。即使多数人取得了协议并且强迫持不同意见的少数人接受协议,少数人在以后的合作实践中将没有义务忠于他们所不情愿接受的原则。而且在实施这一原则的过程中,将会产生一些预料不到的后果,最初状况中的少数也许将会发展成多数。因此,按照少数服从多数的方式建立起来的原则,将不会是有效的和稳定的。罗尔斯想象的“无知的面纱”就是为了克服这些困难而设计的。当蒙上这层“无知的面纱”后,最初状况中的人们不再知道自己所处的特殊地位和具有的特殊能力,然而他们仍然具有合作的愿望和“互不关心的理性"。换言之,最初状况就是人人都在一个未知的立场上,自由而理智地为自己谋取最大利益的状况。现在,我们进一步分析,在这种状况中人们会按照怎样的原则来谋求自己的利益。

### 3. 最低的最大限度原则

罗尔斯认为,理性的人在任何环境中都会追求最大限度的利益。他解释说:"'最大限度'这个词意味着'最低限度下的最大限度'(maximum minimorum)。这一规则引导我们关注在实施计划的过程中可能发生的最坏情况,并且要我们基于这样的考虑而作出决定。"(p. 154)罗尔斯把"maximum"(最大限度)和"minimum"(最小限度)合成为一个新词"maximin",表示至少所能达到的最大限度的量。优先考虑最坏的环境,并且考虑如何在此环境中最大限度地实现自己利益的理性被称作"最低的最大限度原则"(maximin rule)。下面是运用这一原则的两个事例。

1) 得失表

下图表示三种决策在不同的环境中可能造成的不同后果。我们用 $d_1$、$d_2$、$d_3$ 来表示这三种决策,用 $C_1$、$C_2$、$C_3$ 表示不同环境。决策在环境中产生的结果则用数字表示,正值表示获得的利益,负值表示损失的利益。

| 决　　策 | 环　　境 | | |
| --- | --- | --- | --- |
| | $C_1$ | $C_2$ | $C_3$ |
| $d_1$ | $-7$ | 8 | 12 |
| $d_2$ | $-8$ | 7 | 14 |
| $d_2$ | 5 | 6 | 8 |

比较这三种决策的后果,最佳选择应是什么呢？选择前两种决策都得冒一定的风险,因为采用这些决策在一定的环境中(如 $C_1$)都会造成损失。唯有第三种决策在任何环境中都会带来利益。然而,如果第一种环境碰巧不会出现,那么采用前两种决策将会带来比采用第三种决策更大的利益。权衡得失之后,人们将会选择第三种决策,而不是前两种决策。因为具有理性的人不愿把自己的前途和命运建立在偶然性的基础之上,他们的理性要求一种在任何情况下都能保障自己利益的必然性。他们所关心的头等大事是在最差的环境中取得最好的结果,而不是在最好的环境中取得更好的结果。在上述三种决策中作出选择,实际上是优先考虑最差的环境($C_1$)还是最好的环境($C_3$)的问题,或者更通俗地说,是把"雪中送炭"还是把"锦上添花"看得更

为重要、更有价值的问题。

必须说明的是,"最低的最大限度规则"不一定总是符合概率论中所阐述的规则。如果人们计算上述得失表中利益的获得和损失在各种环境中发生的概率,并且以获得利益的最大概率作为选择的依据,他们将不一定选择第三种决策。

面对这样的诘难,罗尔斯说,概率论不适用于最初状况。在最初状况中,人们没有关于自身地位和能力的知识,因此对自己的特殊利益也无从了解。他们并没有罗列自己利益得失的各种可能性的得失表,当然也无从计算利益得失的概率。得失表只是用来说明在正常条件下,人们是如何按照"最低的最大限度原则"来思考问题的,它并不暗示在最初状况中,人们对自己的利益都有一本清楚账。如果说,人们在选择关于社会权益原则的过程中具有概率的概念的话,那么他们首先认识到,无论他们是否同意授予处在某一特定地位的人以更多的利益,他们获得或丧失这种权益的概率各为 50%。由于"无知的面纱"的遮掩,他们对自己实际所处的地位一无所知。他们是否处于这种地位的概率各为 50%。这种得失相同的概率剥夺了以自己的基本权益为赌注的冒险行为的任何理性根据,迫使他们同意,不同地位的人应该享有平等的社会基本权利。

2) 囚徒的两难推理

设想有两个同案犯被分别囚禁,并被分别审判;一方不知道另一方在审判时将说些什么。其中一个囚徒知道,如果他们两人都不坦白罪行,据目前警方掌握的证据,只能各判他们 1 年的徒刑。但是如果其中一人坦白,而另一人没有坦白,坦白的一方将从宽发落,不判徒刑,而不坦白的一方将从重判处 10 年徒刑。如果两人都坦白,每人会各判 5 年的徒刑。试问,在坦白或不坦白这两种选择中,哪一种对他更为有利?这个囚徒的利益得失可用下图表示。

| 同　伙 | 该　犯 | |
|---|---|---|
| | 不坦白 | 坦白 |
| 不坦白 | 1,1(年) | 10,0(年) |
| 坦　白 | 0,10(年) | 5,5(年) |

注:逗号前面的数字为同伙服刑年限,后面的数字为该犯服刑年限。

由上表可以看出,对一个囚犯来说,不坦白所造成的最坏后果是被判处 10 年徒刑,而坦白所造成的最坏后果是被判 5 年徒刑。根据"最低的最大限度原则",该囚犯应当优先考虑最坏的情况,并在最坏的情况下寻求最好的结果,因此坦白他们的罪行才是明智之举。虽然,不坦白也许会侥幸地获得更多的利益.但是理性告诉他不应优先考虑最好的情况(即对方也不坦白)下的结果,而应首先避免最坏情况下的最坏结果(即对方坦白而他不坦白)。"囚徒的两难推理"是在得失的概率相同的条件下,运用"最低的最大限度原则"的一个例子。正因为囚徒心理符合这一原则,"坦白从宽,抗拒从严"的政策可以促使罪犯坦白交代罪行。可以说,这个政策是运用(或者不自觉地运用)"最低的最大限度原则"来思考问题的结果。

当罗尔斯肯定处在最初状况中的人们知道"人类心理规则"(p. 137)的时候,他的实际意思是,他们知道如何按照"最低的最大限度原则"来作决定。优先考虑到最坏的情况,他们不会选择这样一种原则:它赋予一些具有特殊地位的人以较多的社会权利。因为在最坏的情况下,他们将因不处于这一特殊地位而会丧失一定的社会权利。即使在最好的情况下,他们会恰巧处于这一地位而享有较多的利益,但是他们作出决定的理性基础还是应当落实在对最坏的情况的考虑上面。

### 4. 正义原则的证明

现在的问题是,在最初状况中,有理性的人笼罩在"无知的面纱"之中,将会就公平分配的原则达成什么样的协议呢? 给定这些条件,正义原则不难推理出来。

首先,参加协商的各方将会同意,每人均应享有平等的基本的社会权益,包括平等的自由权利、平等的机会和平等的收入和财富。罗尔斯说:"对他们来说,期待在社会利益的分配中得到大于平均份额的利益是不理智的,而要其同意得到小于平均份额的利益,同样也是不理智的;其所能做出的明智之举便是将平均分配认作正义的第一原则。的确,这个原则是显而易见的,我们可以指望每一个人都会立即想到它。"(pp. 150—151)但是,这个原则的合理性却不是仅靠直观就可以证明的。处于最初状况中的各方是在审察了各种可能的分配原则并权衡了它们的利弊得失之后,才选择了这样的原则。

为了追溯人们在最初状况中所依据的充足理由,让我们先来设想,他们选择了另外一些原则。按照这些原则,社会中一部分成员将享有比另一部分成员更多的利益。现在假定,他们都同意聪明的人应该享有更多的原则。但是我们不要忘记,他们是在"无知的面纱"背后作出这样选择的。也就是说,在对智者的特权表示首肯之际,他们对自己的智力标准一无所知,他们不知道自己是否属于智者之列。一旦"无知的面纱"被揭开,他们也许会被证明是聪明人,因而享有特权,并为自己当初所作的选择而庆幸；但是也存在另一种可能性，他们也许不会被认为是聪明人，因此只能取得较少份额的权益。这两种可能性发生的概率是相等的。而且，社会的基本权益，特别是自由的权利、工作的权利对人的生活是如此之重要，有理性的人是不会以这些权利为赌注来冒险的。

以上推理证明，参与协商的各方认识到期待在分配中获得大于平均份额的社会利益是不明智的。这种期待是优先考虑最好情况下的结果，它违反了"最低的最大限度原则"。但是各方都不愿意在分配中获得少于平均份额的社会利益的原因何在呢？这还得从最初状况中的人们的"互不关心的理性"的特点谈起。

在前面我们已经说到，这种理性要求人们尽力实现符合自己生活目的的利益，既不让别人来损害自己利益，也不要因为伤害别人的利益而使自己的利益蒙受损失。如果人们同意自己在分配中得到少于平均份额的社会利益，那么他们这样做的原因只能是：他们在由妒忌而产生的内耗中浪费了自己的一部分利益，而只能得到少于平均份额的社会利益。显然，妒忌是一种违反"互不关心的理性"的损人而不利己的行为。既然人们认为在分配中获得多于或少于平均份额的社会利益都是不明智的，那么他们只能选择能够保证每人在分配中获得平等的社会利益的原则作为正义的原则。因此正义的第一原则就是平等的原则。

如此说来，难道只有一个绝对平均主义的社会才是正义的社会吗？但是最初状况中人们的协议并不限于平等的原则，罗尔斯所宣扬的"正义即公平"的观念也不是绝对平均主义。他说，平等的原则仅仅是协商的起点，而不表示协商的终止。因此，罗尔斯说：

> 没有理由说对平等原则的认可应当是终极的。如果社会基本结构中的某些不平等与最初的平等的水准基点相比可以给每个人都带来更多的好处，为什么不批准它们呢？我们可以允许某些不平等，并把由此而产生出来的直接利益看作是将来可以偿还的明智的投资。例如，如果这些不平等产生出各种刺激因素，这些因素成功地诱发出更为丰饶的成果。最初状况中的人们将会认为，为了补偿训练所付出的代价和为了鼓励有效率的行动，这种不平等是必要的。(p. 151)

也就是说，最初状况中的人们似乎已经预见到，用绝对平均主义的方法来分配基本的社会利益会产生"吃大锅饭"的弊病。为了克服这一弊病，他们必须容忍某些方面和某些程度上的不平等，并以此来刺激人们的积极性，提高生产和工作效率。

我们还应当记住,最初状况中的人们是在"无知的面纱"背后来决定社会利益分配中的不平等的作用和限度的,他们不知道自己实际所处的地位和所具有的能力。因此,他们不能肯定在不平等的分配中自己可以享有较多的还是较少的利益。为了避免不平等可能给自己带来的最坏结果,他们会同意对不平等的条件和范围作适当的限制。合乎理性的限制的公正性也是可以证明的。

首先,不平等所产生的后果必须对每个社会成员,包括在不平等关系中处于劣势的人们都有利,并且不平等的分配会比平等的分配给每个人都带来更大的利益。这是各方都能允许的不平等的先决条件。这一条件保证了即使任何一方在将来不平等的分配中只能得到较少的利益,但这些数量的利益仍然大于每个人在平等分配中得到的平均份额。"较少"只是相对其他社会成员的利益而言,而不是意味着少于最初设定的平均分配的份额。否则,人们将不会赞成这种不平等。用罗尔斯的话来说,在不平等关系中处于劣势的一方如同投资,他们把自己的一部分利益转让给别人,并且得到在不久的将来获得更大利益的许诺和保证。

其次,并非任何基本的社会利益均是可以转让的。罗尔斯用"投资"和"利息"等字眼似乎暗示着这样的意思:只有数量上可以进行比较的社会利益才可以转让,而那些具有质的规定性,并且不能用数量来衡量的社会权利则是不可转让的。罗尔斯说:"大体说来,如果各方都认为他们能够有效地行使基本的自由权利的话,他们将不以享有较少的自由权为代价来换取经济福利方面的改善。"(pp. 151-152)

罗尔斯把社会的基本利益大体分为三类:自由权、竞争机会和财产,其中只有最后一类利益才是可以转让的。这就是说,最初状况中的人们只能容忍财产上的不平等而不允许自由权和竞争机会的不平等。一个正义的社会将使所有的成员均有平等的公民权(它保证了平等的自由权)和平等的社会身份(它保证了平等的竞争机会),但仍然存在着经济上的不平等以及由此而产生的某些社会不平等。

通过以上推理,罗尔斯得到两条正义原则:

第一,每个人都在最大程度上平等地享有和其他人相当的基本的自由权利。
第二,社会和经济的不平等被调解,使得(1)人们有理由指望它们对每个人都有利;并且(2)它们所附属的职务和岗位对所有人开放。(p. 60)

第一条原则是平等的原则,它保证了人们平等的自由权利;第二条原则是差别的原则,它规定了经济和社会福利领域的不平等权利的适用范围和条件。

在这里必须加以说明的是,平等原则所保证的基本的自由权主要指政治权利,包括:选举和被选举的权利,言论和集会自由,信仰自由和思想自由,个人自由和拥有私人财产的权利,受法律条款所规定的免遭任意逮捕和劫持的权利(p. 61)。这些权利是不可侵犯、不可转让的。不能为了经济繁荣和社会福利而取消或削减这些政治权利。不能拿这些基本的自由权利作交易。简言之,政治权利比财产占有权更为基本、更为重要。罗尔斯把这种观点表达为关于正义两原则的次序的不可颠倒性。平等的原则是第一的、首要的原则,差别原则则是从属的;并且,只有在无条件地执行了第一原则的基础上才能贯彻第二原则,却不能以牺牲第一原则的代价去满足第二原则。也就是这两个原则不可颠倒前后次序。罗尔斯的出发点似乎具有美国人的典型观念:自由是最重要的人生价值,机会比财富更为可贵。他对平等的自由权利和竞争机会的强调和对财富占有的不平等的认可也是以这些观念为前提的。

正义原则是《正义论》的核心。罗尔斯在论证了正义原则的合理性之后,又分别对这些原则的理论意义和实际应用进行了充分阐述。

第四节

## 平等原则及其应用

我们已经说明,平等的原则是罗尔斯提出的正义的第一原则,它的适应范围是公民的政治权利,包括信仰自由,思想、言论自由,结社自由的权利,以及平等的选举权和其他参与政治事务的权利。在《正义论》的第二部分,罗尔斯对这些自由权利的内容、范围和行使它们的条件作了进一步的论述。

首先,罗尔斯指出:自由权可以从三个方面来解释:它的主体、它所豁免的限制和约束以及它所容纳的活动的范围和限度。后面两个方面的解释将揭示:自由权不是绝对的和无限度的,相反,任何自由权都在质和量两个方面受到其他自由权的制约和规定。罗尔斯说:

> 基本的自由权必须被当作一个整体来估价,就是说,一个自由权的价值,在正常情况下依赖于对其他自由权的说明,认识到这些是很重要的。(p. 203)
>
> 很明显,当自由权不受限制的时候,它们是互相冲突的。(同上)

例如,言论自由的价值存在于理智的和有益的讨论和争辩之中。如果言论自由意味着每个人都可以说自己想说的话,那么正常的讨论和争辩将不能继续下去。言论自由的权利也就失去了应有的价值。因此,言论自由必须受关于讨论和争论的规则限制。这些规则限制了言论的次序,将不符合讨论次序的内容排除在外。

既然自由权是可以限制的,那么任何法律和政治制度所面临着的一个关键问题是:以什么标准和为何目的来限制自由权?对这个问题的不同答复和处理表明了一个法律和政治制度的性质。不正义的制度用种种方法限制乃至取消公民的平等的自由权,正义的制度则对平等的自由权进行自我限制。罗尔斯从两个方面表达了"自我限制"的概念:

第一,对自由权进行限制的标准是由"平等的自由权的意义和正义的两原则的顺序"决定的(p. 203)。公民的平等的自由权不能为了经济和福利的原因而被牺牲,也不能用来当作政治交易的筹码。对自由权进行限制的标准只能是正义的原则,或者说,对某些自由权进行限制是为了更有效、更全面地推行正义的原则。

第二,对自由权进行限制的目的只能是维护自由权本身。罗尔斯说:"第一原则所适用的基本的自由权只能为了自由权自身的目的而被限制,就是说,只能为了恰当地保护这一个或另一个基本的自由权;并且以更好的方式对自由权的体系进行调整。"(p. 204)总之,对自由权的"自我限制"就是以正义原则为准绳,在自由权利的整体中对某些自由权所作的限制。下面我们以两种最重要的自由权利——信仰自由的权利和参与政治事务的平等权利为例证,来说明这种自我限制的意义和条件。

信仰自由是在最初状况中协商决定正义原则的各方所一致同意的。信仰的内容不但包括宗教教义,也包括道德准则和哲学学说。每一个人都有自由地选择自己信仰的平等权利,这是理性的人在最初状况中唯一可行的选择。在"无知的面纱"所保证的公平的条件下,人们不知道自己的信仰,也不知道人们将对自己的信仰作何解释,更不知道和自己具有同样信仰的人是社会中的多数人还是少数人。

如果他们把信仰看作是自己生活中所必须固守的目标,如果他们不情愿轻易地放弃已经选择了的信仰,那么他们是不会轻率地选择一个只允许信仰某种教条和主义的原则,相反,他们将会选择一个规定人人都有平等的信仰自由权利的原则。这样,不管将来他们会选择什么样的信仰,也不管他们的信仰是否为大多数人所认可,他们都可以理直气壮地坚持自己的信仰。按照大家业已同意的原则,任何干涉和阻碍他人信仰的行为都是不正义的。

按照正义原则建立起来的法律和政治制度,应当义无反顾地维护和保障公民信仰自由的平等权利。罗尔斯列举了保护信仰自由的权利的措施:

> 国家不能赞同任何一种宗教,不能对归属或不归属宗教的行为加以惩罚和阻止。关于宗教国家的观念应被否决。事实上,各个团体都可以按照其成员所乐意的方式组成。只要这些成员真正同意继续归属于这一团体,他们就可以有自己的内部生活和纪律。法律保护宗教的圣所、圣地所具有的权利,并不把宗教变节者视为法律上应当惩罚的罪犯,正如无宗教信仰者也不应受惩罚一样。以这些方式,国家坚持了道德和宗教自由的权利。(p. 212)

信仰自由的权利不是无限的。为了公共秩序和安全的缘故,国家和政府可以在某些时候或在某些方面限制信仰自由的权利。但是只是在因某种信仰狂热所造成的后果已威胁了其他人信仰自由的权利的时候,只有在不遏制这种狂热便不能避免非正义的后果的时候,国家和政府对信仰自由的权利的限制才是正义的。规定这些限制条件是符合信仰特别是宗教信仰的特点的。每一种宗教都要求其信徒绝对相信并服从教义,并和其他宗教处于不相容的状态。宗教教义在要求对所有人的精神生活进行绝对统治的同时,都包含着对信仰其他教义的自由权利的否定。在正常情况下,宗教绝对化的要求主要是通过宗教组织内部生活来传播和实施的,并不一定和异教徒或无神论者发生直接的冲突。但是历史一再证明,在某种环境中,由原教旨主义煽动起来的狂热会扩散到社会,造成迫害异教徒,甚至推翻不符合该教教义的合法政权的暴力的行为。国家和政府在这种形势下只有采取果断措施,阻止这种教义的传播和实践,甚至取缔这类宗教组织,才能保护信仰自由和其他公民权利。这些措施和行为无疑是正义的。

罗尔斯明确指出,限制信仰自由的原因是实际需要,它是基于对现实环境和形势的考虑,而不出自任何神学的或哲学的论证。前者是对公民权利的得失进行权衡比较的实际问题,后者是对各种信仰的内容之间进行优劣高下的比较的理论问题。罗尔斯说,国家和政府不能出自理论上的原因而限制某一种信仰,因为政府没有权利压制任何一种和现状相冲突的哲学信念。

> 正如政府没有决定艺术和科学的权力一样,它没有决定团体是否合法的权力。……相反,按照正义的原则,国家必须被理解为由平等的公民们组成的团体,它所关心的不是哲学的和宗教的学说,而是引导人们按照正义原则去追求自

己道德上的和精神上的利益。(p.212)

同样，

全权的世俗国家的观念也要被否定，因为根据正义的原则，政府既没有权利也没有义务在道德和宗教问题上去做它或者大多数人想做的事情(同上)。

罗尔斯把不宽容他人信仰的立场视为不正义的，因这违反了正义原则所规定的信仰自由。他的立场是，不论一种教义和学说的内容如何，只要它在实际上还没有造成威胁他人信仰自由的权利和其他公共利益，国家和政府都要允许公民有信仰或不信仰它的自由。我们可以把问题提得更尖锐一些，如果有些宗教或学说规定不能宽容不相信这种宗教或学说的人，公民是否有信仰这些宗教或学说的自由？或者说，一个正义的社会是否能宽容不宽容者？罗尔斯的回答是肯定的。

从理论上说，如果人们即以其人之道还治其人之身，以不宽容的手段对付不宽容者，不宽容者是没有申辩的理由的。但是不宽容者拿不出一个公正的理论来抵御对他们的压迫是一回事，社会是否要对他们采取压迫措施又是另一回事。一种宗教或学说的不正义性本身并不构成压迫这种信仰的正义的理由。限制信仰这种宗教或学说自由的正义性并非由理论上的批判，而是由维护正义原则的实际需要来证明。因此，只要这种信仰还没有付诸有害的实践，公民信仰它的自由就不应该受到限制。也就是说，正义的社会只能为了保护公民的信仰自由和其他平等权利而限制信仰自由，而不能以其他任何理由(如因为信仰本身的不正义性)而限制公民信仰某种宗教或学说的自由。

公民平等参与政治事务的权利也是平等原则所规定的。和信仰自由权利一样，平等参政的权利也可能被滥用而不得不加以限制。罗尔斯认识到，经济上的不平等，不可能不影响到人们行使政治权利的机会和程度。他区别了"自由权"和"自由权的价值"这两个概念。宪法可以规定每个公民在政治上具有平等的权利，却不能决定每个公民的权利都有同等的价值。很清楚，当政党和选举是由私人捐款而不是由公共基金资助的时候，穷人和富有的捐款人在政党中和选举过程中不会拥有同样的发言权。不能充分实现其政治权利价值的人的意见，在很大程度上不可避免地受到他人的影响和支配。

公民的平等的政治权利在一定程度上是由一人一票的选举来体现的，但是由于选举人的政治权利的价值不同，选举中的多数人的意见不一定总是公民平等地行使政治权利的结果,它也许只是表示了具有足够权势、金钱和手段来实现自己政治权利价值的人的影响力和支配力量。因此,不能认为,在决定政治事务中采取了"一人一票""少数服从多数"的程序,公民的平等的政治权利便得到保证;相反,由于上述原因,多数人的意见可能是与正义的原则相悖的。因此,在一定情况下,公民参政的平等权利可以而且应当受到一定限制,使得多数人的意见也要在参照正义的原则之后来决定其取舍。

罗尔斯认为,西方民主宪政中的传统做法,如议会中采用两院制,立法机构和行政机关分离的原则,司法机构的独立性以及它拥有的对某些权利法案的批准权等,可以防止滥用多数人的权利来违反正义原则。因为即使一定机构中的多数代表通过了某些法律条文,另一机构中的代表或首脑也可以搁置或否决它们。这些相互牵制、彼此制约的机构表面上限制了公民平等参政的权利,但它们的分立又是为了从实质上保障他们平等的政治权利,这是为了自由权的平等而对某些自由权进行自我限制的又一例证。

罗尔斯因此得出了这样的结论:

> 前面所有的例子说明,自由权的优先地位意味着自由权只能为着自由权自身的目的才能被限制。这里有两种情况。或者基本的自由权的范围缩小,但仍然平等,或者它们变得不平等。如果自由权的范围缩小,具有代表资格的公民将会发现,他们获得了自由权相平衡的益处;如果自由权变得不平等,那么那些享有较少自由权的人的自由将有更多的保障。参照平等的自由权的整体系统,这两种情况均被证明为合法的。(p.244)

正义社会对信仰自由和平等参政的权利进行自我限制分别说明了上述两种情形。罗尔斯把在实施正义原则的过程中对某些自由权进行自我限制的条件称为"优先规则":

> 正义的原则被排列成前后次序,使得自由权只能为自由权的缘故而受限制。这里有两种情况:(1)较小范围的自由权必须有利于强化全体人员享有的自由权体系;(2)享有较少自由权的公民必须能够接受不平等的自由权。(p.250)

我们可以说,在一个正义的社会中,法律和政治制度不仅是按照正义原则,而且也是按照优先规则建立起来的,正义原则在整体上和程序上保障了公民的平等的自由权;优先规则则规定了在具体条件下,对自由权可进行必要的自我限制,以利于自由权体系的推广和实行。

在一个正义的社会中，人们不但享受正义原则所保障的基本权益，而且负有维护正义原则的责任(duty)。在任何社会中都不存在不承担任何责任的权利，在正义的社会中尤其如此。罗尔斯提出了一个关于责任的"公平原则"。它的内容包括：人们不能只从社会合作中获得利益而不作出相应的努力；在社会中处于较好地位的人应该比处于较差地位的人承担起更大的责任，特别是那些担负重要职务的人，除了担负维护正义原则的自然责任之外，还有义务不遗余力地推行社会正义。罗尔斯说："'义务'这个词将专门用来表示从公平原则中衍生出来的道德要求，而其他方面的要求则被称作'自然责任。'"(p. 344)由此可见，义务是包含着某种道德上的强制性的政治职责，而"自然责任"则是出于正义感而自觉自愿履行的责任。根据这样的区分，只有少数担负政治要职的人才对正义原则的实行负有义务，而大多数人，特别是那些社会地位较低的人，只承担自然责任而无义务。

罗尔斯对"自然责任"的定义提出了一个严肃的问题：人们是否有正当理由可以不再履行自己对正义原则所负的自然责任？这个问题之所以被提出，是因为自然责任不具有道德上的约束力和法律上的强制性。人们只是出自某种发自内心的自然感情和理智才能承担起这种责任。当他们看到别人不再按正义原则行事的时候，他们可能会受到影响而终止自己的自然责任。

因此，当一个人找到一个借口来推卸自己责任的时候，他人也会效仿，找到其他一些不履行责任的借口。罗尔斯说："在这种相互顾虑的环境中，即使是正义的人也会被宣判为处于永久敌意的状态。"(p. 336)

更为重要的是，在现实社会中，人们总是可以找到借口来逃避自然责任的。如前所述，正义原则不可能在现实社会中被完满地贯彻、执行。某种程度的不正义和不完美正是人类社会必然要承受的负担，是人类生活的正常条件。即使是在一个接近理想中的正义性的秩序良好的社会中，总有某些不平等现象存在，人人（包括那些处于优越地位的人）都有可能发现自己在某些方面受到不公平的对待。根据"以牙还牙、以眼还眼"的常理，人们总可以找到诸如"以毒攻毒""以恐怖对恐怖"的借口，用不正义的手段来反抗不正义的待遇。

的确，人们有理由问道：在一个善无善报、恶无恶报的社会里，为什么安分守己而不当土匪强盗呢？罗尔斯没有笼统地提出和回答这类问题。他特别关心如何在一个秩序良好的社会中反对不正义的法律、政策、措施或组织的问题。他所指的不正义现象并不等同于不平等现象,因为按照两个正义原则和执行它们的两个优先规则,某些不平等现象应当被允许存在。否则便会导致更严重的不平等或更为严重地损害已经处于不利地位的人的利益,在此条件下,它们的存在甚至应当被看作在不完善条件下运用平等原则的不可避免的后果。因此,不能笼统地说,社会的不平等绝对属于不正义的范畴。

但是,即使在秩序良好的社会中,确实存在不正义的事物和现象,这种不平等对处于不利地位的人有害而无益,对他们的利益有损而无补,它们的存在完全违背了正义原则和优先规则。现在的问题是:当人们深受不正义待遇之害的时候,是以此终止自己对正义原则所负的自然责任而用不正义的手段来报复社会,还是继续承担自然责任,按照正义原则为实现自己正当权益而抗争呢? 罗尔斯劝诫人们选择后者,他把在秩序良好社会中履行自然责任而反对不正义现象的手段归纳为两种:公民的违抗(civil disobedience)和出自良心的抵制(conscientious refusal)。

罗尔斯说,一个关于公民的违抗的理论包括三部分:第一,它限定了公民违抗宪法的活动方式和范围;其次,它为公民违抗行为提供了理论基础,并对其合理性进行了论证;最后,它说明了公民违抗行为在宪政体制内的作用。

自近代以来,大多数政治理论都承认公民反抗政府的权利,反抗的活动包括合法的示威游行、拒绝上法庭作证,直至军事行动和有组织的抵抗。但是罗尔斯所论及的公民违抗行为是在秩序良好的社会中进行的,因此,它不包括暴力的抵抗。他对“公民违抗”的定义是:“一种公开的、非暴力的、出自良心却是政治性的与法律相悖的行动,它的一般目的是要改变法律或政府的政策。”(p. 364)公民之所以有权利甚至有自然的责任去违抗某些法律,是因为在一个以正义原则为指导的宪政制度中,多数人的意志是制定法律的基础和依据。然而,由于我们在第二节中已经解释的种种原因,多数人的意见并不能保证每一项法律的正义性。

当一部分人认识到已通过的法律或已采取的政策损害了社会成员(即使是少数成员)的基本权益,他们便有责任采取违抗不正义的法律的行为。这是一种诉诸大多数人的正义感的行为。他们知道,在秩序良好的社会中,人们具有大致相同的正义感,因此没有必要使用暴力或阴谋手段。非暴力行为还表示这种违抗是在法律允许的范围内进行的,其目的是促使宪政制度朝着正义方向发展,而不是摧毁这一制度。罗尔斯还规定了公民违抗行为的几个条件。

其一,违抗的主要对象应该是侵犯平等的自由权和公平的机会的法律和政策。

因为自由权和就业机会的平等是关于正义原则和优先规则首先保障了的；然而关于正义的差别原则却在一定条件下允许社会和经济的不平等。判断一条法律是否符合差别原则十分困难，并通常引起激烈争论。因此，罗尔斯主张，公民违抗行为的主要目的应当是平均。

其二，公民违抗应该是在其他手段都行不通的情况下所采取的最后行动。只是在正常法律程序不足以阻碍不正义的法律通过和实施的时候，公民才采取违抗法律的行动。

其三，为了防止混乱，采取违抗行为的个人和组织应该联合起来，采取一致行动。虽然公民违抗具有造成无政府状态的危险，但罗尔斯认为，公民公开地违抗法律是现代宪政制度中特有的现象，它表明了只有选民才具有批准和否决法律的最后权利。它不但可以有效地抵御不平等法律，减少社会不平等现象，而且可以保持社会政治生活中的活力，提高公民参与政务的意识和责任感。

出自良心的抵制也是一种违抗法律和行政命令的行为。和公民的违抗不同的是，出自良心的抵抗并不一定是直接诉诸公众正义感的公开抗议；抵制的理由也不一定是政治性的，在多数场合中，它是一种宗教上的或道德上的抵制，其目的也不是为了改变法律。即使没有成功的希望，抵制者出于良心也要不顾一切地抗争。出自良心的抵制行为的典型例证有：早期基督教教徒抵制罗马帝国的敬神仪式，美国的"耶和华的见证"教派（Jehovah's witness）拒绝向国旗敬礼，美国自然主义者梭罗（Henry David Thoreau）出于对社会现实的不满而拒付税款，以及和平主义者拒服兵役，等等。

罗尔斯著述之时，正值越南战争之际，美国反战青年拒绝或逃避兵役之风正炽。罗尔斯因此在"对出于良心的抵制的论证"一节（第58节）中专门讨论了和平主义者的反战行为。他首先根据正义原则，区分正义战争和非正义战争，并继而得出这样的结论：和平主义不足以成为拒服兵役的充足理由，为反对非正义战争而拒服兵役和为了支持正义战争而参军都是履行对正义原则的责任，都是值得赞赏和提倡的。因此，对出自良心的抵制的论证的关键在于根据正义原则分清是非，而不是笼统地提倡或反对这种抵制行为。然而，对"良心"是非的判断总是有争议的、难以确定的，出自良心的抵制不如以争取政治权利为目的的公民违抗行为那样和正义原则有直接联系。总之，罗尔斯给公民违抗行为以更高的评价。

# 正义先于效率和福利的原则及其应用

如第三节所说,关于正义的第二原则包括了两个不可分割的部分,即 2a:社会和经济的不平等必须对所有人都有利;2b:体现社会和经济不平等的职务和岗位必须平等地对所有人都开放。原则 2a 可被概括为:正义优先于效率和福利,原则 2b 可被概括为机会均等原则。本节与下节分别予以解说。

罗尔斯把基本的自由权分为两部分:政治权利和参与经济活动的权利。正义的第一原则规定,每一个社会成员都应享有平等的政治权利,正义的第二原则又特别规定了每人都享有平等的参与经济竞争的权利和从事经济活动的自由。

为什么要作这样的区分呢? 因为承认经济竞争的自由权和承认政治权利的平等不同,前者会造成人们财富的收入的贫富不均。在自由竞争中,由于知识能力、社会关系、文化背景以及机遇的差异,平等地参与经济竞争的机会并不能使人们获得平等的成果、取得平等的职务、创造平等数量的财富和得到平等份额的收入。相反,经济竞争活动中有强者和弱者,富者和贫者,得志者和失意者,成功者和失败者。即使在一个所有人都享有平等的基本的自由权利的社会中,实行机会平等的原则也会造成经济和社会的不平等。社会的不平等在这里应当理解为,在经济活动的社会分工中,人们具有不同的地位,这不同于非正义社会存在的社会等级的不平等。

但是正义原则所能允许的差别,是对"所有人都有利"的有差别的分配。原则 2a对经济领域的不平等作出的这一限制可以有多种不同解释:"对所有人都有利的"分配可以被理解为"最有效率的"分配,"维持贫富差距的"分配,或"对不利者最有利的"分配。罗尔斯赞同后者,而拒绝其他解释。他从对"效率原则"的分析入手区别了自己的立场和其他立场的差别。

"效率原则"(the principle of efficiency)由意大利政治理论家帕累托(Vilfredo Pareto)于 1909 年首次提出。这一原则宣称,如果群体的任何变动使得构成它的一部分个体的状况改善,而另一部分的个体的状况却相应恶化,那么这一群体的活动便缺乏效率。因为发生了这样的变化之后,群体必然会消耗一部分内能去排除个体之间由于这种不平衡而造成的摩擦,因而达不到最佳效率。根据效率原则,只有群体内部的个体状况都处于平衡状态,并且群体不是通过自身变化来提高一部分个体的现状的水平,并同时降低另一部分(哪怕仅是一个)个体的现状的水平,这个群体才是有效率的。

"效率原则"适用于一切能量守恒的封闭系统,也适用于社会群体。因为在某一时期,社会包含着固定数量的成员和财富,每人所分得的财富的份额决定了他的经济状况,如果一个社会不是通过对财产进行再分配来提高一部分社会成员的经济状况水平并同时降低另一部分社会成员的经济状况水平,那么这个社会便是有效率的。

根据这个原则,提高社会成员的经济状况水平的措施不能基于对现有的固定的社会财富的再分配。只有维持现存的分配方式的平衡,才能最有效率地运用社会的力量去创造出更多的财富,并以此提高每个人的分配份额的数量(虽然份额之间仍然保持着相同的比例)。这个原则要求增加社会财富的绝对量,而并非通过改变社会财富的相对份额的比例来改善社会成员的经济状况。毫无疑问,"效率原则"和由其延伸出来的措施有着一定的合理性,某些经济学家甚至称它为"最优原则"(principle of optimality)。

然而,罗尔斯指出,"效率"和"最优"是两个概念。"效率原则"没有对社会财富的分配额的比例作出任何规定和限制,它不能作为公正的分配制度的基础。只有与正义的原则结合在一起,它才能容纳于合理的社会体制中。如果我们运用数学的坐标法来表示"效率原则"的内容,我们或许可以更清楚地看出它的实质和局限性。

由于在社会分配中获得不同份额的财富,社会成员被分为不同的阶级。为了简便的缘故,我们来观察阶级差别中的极端情况,对比分配中处于最有利地位的阶级(即最富有的阶级)和处于最不利地位的阶级(即最贫困的阶级)的经济状况。为此,我们设定一个平面坐标,其中数轴 $X_1$ 上的值表示富人的经济利益,数轴 $X_2$ 上的值表示穷人的经济利益,效率坐标如图一所示:

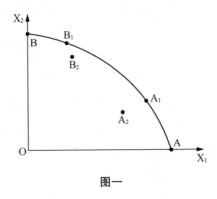

图一

很明显,曲线 AB 上的任意一点都符合"效率原则"所规定的条件。每一点都有其对应的 $X_1$ 和 $X_2$ 的值,离开这一点,$X_1$ 和 $X_2$ 的值都会发生相应的增加或减少。例如,$B_1$ 点决定的 $X_2$ 的值大于 $X_1$ 的值,如果移至 $A_1$ 点,则 $X_1$ 的值大于 $X_2$ 的值。$A_1$ 点和 $B_1$ 点都决定了符合"效率原则"的分配关系,即不能通过再分配来增加 $X_1$(或 $X_2$)的值,并同时减少 $X_2$(或 $X_1$)的值。因此罗尔斯得出结论:

> 很明显,这里存在着众多的有效率的点,事实上 AB 线上所有的点都是有效率的点。效率原则本身并没有选择某一特殊的分配商品的方式作为有效率的方式。为了在有效率的分配方式中作出选择,其他的原则,如一个正义的原则是必要的。(p. 68)

虽然曲线 AB 上的各点都符合"效率原则",它们之间却不能进行优劣比较。比如,我们不能说 $A_1$ 所规定的分配比 $B_1$ 所规定的分配更有效率。可以和它们相比较的是曲线内侧的一些点。比如,在图一中,$A_1$ 比 $A_2$,$B_1$ 比 $B_2$ 更为优越。因为在确定的 $X_1$ 和 $X_2$ 的值的比例情况下,$A_2$ 所对应的 $X_1$ 和 $X_2$ 的值小于 $A_1$ 所对应的 $X_1$ 和 $X_2$ 的值。同样 $B_2$ 的坐标值也比 $B_1$ 的坐标值要小。这种对比是两个系统之间的对比,曲线 AB 和通过 $A_2$ 和 $B_2$ 分别作出的两个曲线代表了三个系统,其中 AB 所包含的社会财富最多,因此在不改变分配比例的前提下,各阶级的人们在这一系统中都可以分得多于从另外两个系统中的财富。

这种比较表示了通过增加社会财富的绝对量来改变社会成员经济状况的合理性。同一曲线上各点的不可比较性则表明了"效率原则"的局限性,它不能对同一社会中可能采取的不同分配方式的优劣进行对比。针对这种局限性,罗尔斯说:

> "效率原则"自身不能当作一个正义的观念来运用。(p. 71)
>
> 我们的问题是要找到一个正义的观念,并由这个观念在基本结构中众多的有效率的分配布局中挑选出一个同时也是正义的分配方式。如果我们能够成功地做到这一点,我们将超越单纯的效率观念,同时在某些方面也和效率观念相符合。(pp. 70 - 71)

为了找到有效率的同时又是正义的分配原则,让我们首先假设只有平均分配社会财富才是正义的。那么这种分配在表示"效率原则"在坐标上可以用一条与数轴成 45°角的直线来表示,如图二所示:

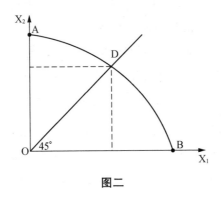

图二

在直线 OD 上的任何一点都对应着相等的 $X_1$ 的值和 $X_2$ 的值,每一个点都表示着在某一个拥有一定数量的财富的社会中,在两个阶级中间平均分配财富的有效方式。但是在讨论关于正义原则的内容的时候,罗尔斯已经肯定,最初状况中的人们没有必要接受绝对平均地分配经济利益的方式。人们可以在一定条件下允许社会和经济上的不平等。我们业已以 $X_1$ 和 $X_2$ 的值分别表示在这种不平等关系中处于最有利地位和最不利地位的两方的经济利益。因为 $X_1$ 的值总是大于 $X_2$ 的值,表示这种不平等的分配的全部有效率的点都在直线 OD 下方。现在的任务是要在这些有效率的点中选择一点,这一点表示了既符合"效率原则"又符合正义原则的分配方式。我们用曲线 OP 表示一条差别曲线,如图三所示:

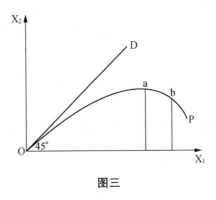

图三

在差别曲线 OP 上,$X_1$ 的值总是处于增长状态之中,这说明了这种分配方式对富有阶级总是有利的,要使这种分配方式满足"对所有人都有利"这样的先决条件,我们只要在 OP 上选择那个表示 $X_2$ 的最大值点,这个点表示了这种分配方式保障了贫困阶级所能达到的最大利益。这一点便是曲线 OP 上的顶点 a，a 点表示了对所有人都有利的分配方式，它满足了正义的第二原则，同时又满足了"效率原则"，它正是罗尔斯所需要的。

正义的分配社会财富的方式是以处于最不利地位的最大利益为基本出发点的。在图三中，a 点右侧的 b 点表示 $X_1$ 的值还可增长，但 $X_2$ 的值却在下降，尽管它所表示的 $X_1$ 和 $X_2$ 的总量可能大于 a 点所表示的 $X_1$ 和 $X_2$ 的值的总量，它所表示的分配关系不符合正义原则。因为与 a 点相比，b 点不利于处于最不利地位的一方（以 $X_2$ 表示）。功利主义者的原则是"为了最大多数人的最大利益"，他们会作出不同的选择的。

如果处于有利地位的一方的人数多于处于不利地位的另一方的人数（在效率坐标上表示为：$X_1$ 的单位大于 $X_2$ 的单位，如在 $X_1$ 轴上每一单位表示 100 人，而 $X_2$ 轴上每一单位只表示 90 人）那么他们会选择 b 点而不是 a 点，因为在 b 点，$X_1$ 达到了较大的值，同时 $X_2$ 的值又没有大幅度下降。因此，b 点的坐标值表示了最大多数人的最大利益。在罗尔斯看来，即使牺牲少数人的利益来增加大多数人的利益，也不符合正义原则。因为处在最初状况中的人们是在"无知的面纱"后面选择正义原则的，他们不知道自己在未来的分配制度中是处于有利的还是不利的地位，是属于多数人还是少数人的行列，因此，他们会一致同意对经济利益的分配必须对所有人都有利（当然如前所述，这并不意味着绝对平均的分配）。

在满足这一条件的前提下，如果再进一步考虑到效率原则的要求，一个正义的合理的分配制度将不能以牺牲一部分人的利益来增加另一部分人的利益，在社会竞争中的弱者和贫者的利益首先应该得到保护。一个分配制度以他们的最大利益为起点，不但满足了"对所有人都有利"的要求，而且排除了以削减富者和强者利益为代价来进一步改善弱者和贫者经济状况的可能性，因此这个制度不仅是正义的，而且是有效率的。

在前面讨论最初状况关于人的理性选择的根据的时候，我们提到了"最低的最大限度规则"，这是优先考虑最不利的环境，并力图在这种环境中取得最大限度的利益的原则。在社会财富分配中，优先考虑处于最不利地位的阶级并首先保证他们最大利益的原则与"最低的最大限度规则"具有同样的理性基础。人们因此把罗尔斯制定的社会财富分配的正义原则称为"最低的最大限度论证"。

根据这种论证，罗尔斯明确了正义的第二原则中所宣称的"对所有人都有利"的含义是"对处于最不利的地位的人最有利"。因此原则 2a 可以改写为"社会和经济的不平等要被调解,使它们对处于最不利地位的人最有利"(p. 83)。

关于正义的第二原则首先要求经济和社会福利的不平等分配对处于最不利地位的人最有利,这具有什么样的实际意义呢?

首先,必须实行"补偿原则"。"补偿"意味着富人和强者对于社会的贡献应当大于社会给予他们的报酬,他们必须贡献出一部分财富或智慧用来改善穷人和弱者的地位。因为社会合作为他们的成功提供了条件、环境和背景,他们有义务报答这个社会,有责任去改善其他社会成员的地位。这种义务和责任说明了提倡"仁爱"和"慈善"品德的必要性和合理性。

在一个家庭中,只有当所有家庭成员都处在满意状态的时候,这个家庭才是幸福的,因此这个家庭会格外保护成员中的弱小者。同样,在一个社会中,只有当所有的社会成员都享受到充分的权益的时候,这个社会才是正义的。出于同样的理由,社会应当优先考虑和特别照顾处于不利地位、易于遭到伤害或缺乏正常能力的成员。

其次,应该从分配制度上保障处于最不利地位的人获得尽可能多的分配。仅有社会福利的补偿是不够的,不能把穷人弱者仅仅当作受保护和怜悯的对象,而应该把他们应享有的经济利益赋予他们。

在自由市场的条件下,罗尔斯设计了一个能够确保经济利益公正分配的制度。这个制度的核心是把政府分为四个职能部门:调拨部门、稳定部门、传递部门和分配部门。调拨部门的功能是保证价格体系的竞争性,并防止市场的盲目性。它主要通过税收和补贴等财政手段以及修正和改变财产权的定义和范围等法律手段来引导投资方向,以此促进生产的发展和经济的繁荣。稳定部门则负责劳动力和财政贷款的调动和安排,它根据价格浮动所表现出来的商品供求关系,用经济利益(如高工资和高利息贷款)作为刺激手段,把人力和财力稳定在能创造出高于平均利润的生产项目。

这两个部门的目的是保持市场经济的效率、促进市场经济发展,创造出更多的可供分配的财富,但它们本身却不负责分配中的事项。传递部门的主要职责是确定社会最低贫困线的水平。

在分配中,各个阶级和阶层都会提出不同的要求,但根据关于正义的差别原则,政府必须优先考虑并满足处于最贫困地位的人们所能获得的最大利益。社会最低贫困线就是参照这种最大利益而制定的。政府负责把一部分社会财富传递到福利、教育和救济部门,保证所有社会成员都能享受到平等的教育、医疗待遇,并尽可能地满足穷人家庭的物质需要。分配部门的职责是确定一个大致符合正义标准的分配份额的比例,它的目的是防止贫富悬殊,尤其防止贫者越来越贫、富者越来越富的趋势,它可以采取累进的收入税,调整财产权的归属,征收继承税和礼品税,限制馈赠的金额或范围等等。

通过这些措施,政府可以向富有阶级收敛一部分财富,用于公共福利事业。传递部门和分配部门的功能都是履行关于正义的差别原则,它们对社会和经济的不平等进行了适当的限制,使得在这种不平等关系中处于最不利地位的人能够得到尽可能多的经济收入,并保证了他们接受教育的平等权利和获得社会职务的平等机会。

不难看出,罗尔斯的理想是"均富"。"均富"并不意味着人们平均地拥有财产权和生产资料,而是指人们在经济利益的分配过程中能够获得差别不致悬殊的份额。他对自己的理想进行了这样的描绘:

> 政府各部门的目的是建立一个民主政体,在其中土地和资本被广泛地,但不是想象中的被平均地占有。社会不致分化为由一个相当小的社会单位来控制大部分生产资源的地步。当达到了这一目的,分配份额也符合正义原则的时候,社会主义者对市场经济的批评大多可被回绝。但同样明显的是,从理论上说,一个自由社会主义政体也可以满足关于正义的两原则。(p. 280)

由此可见,判断一个经济制度的准绳只能是正义原则。罗尔斯提出的政府的四个职能部门并不完全是为资本主义政体所设计的。

在讨论正义的分配份额的过程中,罗尔斯特别提出了关于公正的储蓄利息率的问题,因为这一问题直接关系到家庭财产对后代的社会和经济地位的影响。如果利息率太高,一个富有家庭将会给后代遗留下过多的财富,而贫困家庭由于储蓄量小,并不能从高利率中得到益处。如果利息率太低,将不足以刺激人们储蓄乃至投资的欲望,并由此导致经济发展速度下降。因此,储蓄利率高低实际上涉及社会财富在后代是否能公平地分配的问题。罗尔斯的方案是:"当人民贫困、储蓄有困难的时候,低储蓄利率必须坚持,而在一个较富裕社会中,较高的储蓄利率的期望是合理的。"(p. 287)但是即使在富裕社会中,储蓄利率也不能过高,以至于造成公共福利和教育资金的短缺。总之,政府应当合理地确定家庭收入由于储蓄利率高而增加和用于社会公共利益的资金,与由于储蓄利率低而相应增加的比例。因为前者给富裕家庭后代带来较大利益,而后者则可以最大限度地满足贫困家庭后代的利益(主要通过教育和医疗方面的福利措施)。

根据正义原则,后者应当被优先考虑。因此,罗尔斯说:"对差别原则的全面表述包括对储蓄原则这样的一个限制。关于正义的第一原则和机会公平的原则把差别原则的运用限制在同时代人之中,而储蓄原则把这一运用的范围限制在隔代人之间。"(p. 292)

经过对差别原则种种限制之后,罗尔斯得到了把它运用于现实社会的规则。这个规则宣称:正义优先于效率和福利。用罗尔斯的话来表达:"关于正义的第二原则在顺序上先于效率原则和最大限度地增加利益的原则;并且公正的机会先于差别原则,这里有两种情况:(1) 机会的不平等必须能够增加拥有较少机会的人的机会;(2) 储蓄的高利率必须被平衡,以减少因此而受损害的人的负担。"(pp. 302 - 303)

"正义优先于效率和福利的规则"的中心精神和前面所说的"自由权优先规则"一样,承认在不完善的条件下正义原则不可能完全实现;公民享有的自由权和就业机会不可能完全平等,社会和经济的不平等不可能总是能够促进处于不利地位的人的最大利益;但是两个优先规则同时规定,维持不平等和不完善的状况只有在不如此便不能保障在不平等关系中处于不利地位人的权利、改善他们的地位、增加他们的机会的环境中,才是正义的。如果说两个正义原则是人们在理想环境中作出的选择的话,那么两个优先规则则规定了正义原则在现实社会中运用的条件。这就是:"所有社会的基本利益——自由权和机会、收入和财富,以及自尊的基础——将被平均分配,除非对任何或者所有这些利益的不平均分配将对处于最不利地位的人有利。"(p. 303)

由此可见,正义原则和优先原则的基本出发点都是把保障贫者、弱者和失利者的权益当作正义社会的先决条件,这也是罗尔斯批判功利主义的主要依据。对这一基本点的阐述、论证和发挥构成了罗尔斯正义理论中最引人注目的篇章。

第六节

## 机会均等原则及其应用

关于正义的第二原则,即差别原则,要求所有社会职位和岗位对所有人都平等地开放。

罗尔斯在《正义论》一书中总是不加解释地运用"机会"这个概念。他后来在答复批评者的意见时,才对这一概念的外延作了简要的说明:它包括"迁移的自由和以不同的机会为背景来选择职业的自由"[1]。显然,这里所提及的机会,主要指参与经济竞争活动的机会,包括获得学习和训练的机会、在社会分工中获得一定职务和职位的机会和移居他地的机会。这些机会的大小决定了人们经济活动的质量的高低和范围的大小,从而决定了人们所能获得的财富和收入的多少。要求平等的社会机会实际上就是要求参加经济竞争活动的平等机会,这种平等权利也属于公民的基本的自由权。

正如对原则 2a 的"对所有人都有利"有不同的解释一样,"社会职务对所有人都平等地开放"这句话可以被理解为:(1) 具有才能的人应该担任重要的职务;(2) 每人都具有担任重要职务的公平机会。罗尔斯说,他是依纯粹的程序上的意义来理解所有社会职位和岗位对所有人都平等地开放的原则的,并说:纯粹的程序正义,其概念可以与完善的和不完善的程序正义相对比,从而得到最好的理解(p. 85)。

完善的程序正义(perfect procedural justice)有两个特点:第一,在公平分配之前就已经存在着一个独立的标准,这个标准决定了公平分配的程序;第二,根据预先规定的那个标准,人们可以设计一个程序去达到预期的结果。因为这种实现正义的过程完全在人们的设想与计划的控制之下,所以称之为"完善的程序正义"。

我们可以用一个简单的例子来说明这种正义的特点。把一块蛋糕分成若干份,使每人得到一份。为了保证分配的公平性,我们推选一个人来分蛋糕,并且只许他拿最后一块蛋糕,他能拿到的最大份额也就是平均份额,所以他必须把蛋糕分得平均。如果说每人平均分得一份蛋糕体现了正义的观念,那么实现这种正义的过程由预定的标准(平均份额)和程序(分蛋糕的人最后拿蛋糕)决定的,它是完善的程序正义。

不完善的程序正义(imperfect procedural justice)的一个明显的例证是在司法审判上体现出来的正义。司法审判有着预先规定的法律标准,但是司法部门却不能够设计一个程序,使审判的结果完全符合法律规定,这便是司法审判不能完全避免错判的原因。人们不能完全排除环境中的客观因素对人为规定的程序的干扰,司法程序本身并不能完全实现预先规定的关于正义的标准。罗尔斯把这种现象称为"不完善的程序正义"。

无论完善的还是不完善的程序正义都有一个共同的特点,这就是实现正义的程

---

1 K. Popper,"Kantian Constructivism in Moral Theory", in *Journal of Philosophy*, 1980(77), p. 526.

序是根据独立于程序之外的、事先存在的一个标准设计出来的。这一特点把它们同纯粹的程序正义（pure procedural justice）区别开来。罗尔斯说："相比之下，纯粹的程序正义是在不存在关于正确结果的独立标准的情况下实现的。存在的只是一个正确的或公正的程序，只要这一程序被恰当地遵循，我们就会得到同样正确或公正的结果，而不论这是什么样的结果。"(p. 86)

纯粹的程序正义的一个例子是赌博，赌博具有我们前面所说到的形式上的正义性，它要求每人都毫无例外地遵守一定的规则，不准欺骗和舞弊。赌博的规则规定了赌博的程序，但并非按照一个特定的标准来设计赌博的程序，因此，赌博的结果是不可预料的。它不能保证参加赌博的人所赢钱的数量是平均的；既不能保证具有一定能力的人总会是赢家，也不会规定没有某一特殊才能的人总是输家。赌博的结果是由赌博的程序本身而不是由独立于程序之外的标准来规定的。公正的程序保证了结果的公正性。

对社会职务和岗位的分配体现出来的正义是程序正义。所谓社会职务和岗位，指的是在经济活动的社会分工中产生出来的具有不同重要性的位置，对他们的占据决定了人们在生产和经济活动中的作用、地位以及相应的财产收入。这些职务、岗位和由公民选举出来的职位不同，它们可以在社会成员之间进行分配。公民选举的自由权利是由正义的第一原则规定的，而对社会职务和岗位的公平分配则是原则 2b 的内容。对于"社会职务和岗位对所有人都平等地开放"这句话，之所以会有不同的解释，其根源在于这种程序正义可以由不同方式来实现；它既可以被设计为完善的或不完善的程序正义，也可以在实践中表现为纯粹的程序正义。与程序正义的三种可能方式相对应，存在着三种不同的观点和制度。

把对社会职务和岗位的公正分配看作完善的或不完善的程序正义，意味着社会职务和岗位应该按照事先规定的标准来分配。这种分配的公正性体现在执行标准的平等性；人人在这一标准面前是平等的；只要达到这一标准，任何人均应被委以重任或被遴选上重要岗位。

人们会自然地想到，才能应当是分配社会职务和岗位的公平标准。"选贤任能""唯才是举""不拘一格降人才"这些观念在古今中外是如此普及，所有被认为是合理、公平的人事制度似乎都要服从于这些观念。即使历史上按照出身和门第为标准来选用人才的制度，也是基于某些家庭出身的人一般都具有某些方面的才能这样的事实而制定出来的。这种制度突出并鼓励了这些方面的才能的培养。只是在这些才能为越来越多的人所掌握的时候,出身、门第的标准才被强调考试的标准所替代。

但是罗尔斯却对以才能为标准来分配社会职位的正义性提出了挑战。他指出,这仅仅是表面上的公正、形式上的平等。无疑,人们具有相似或相近的天赋能力,但这仅仅是潜在能力,它的实现有赖于自然的、社会的和家庭的环境,包括营养状况、生活方式、文化气氛和受教育的机会。出身于富有阶级的人比出身于贫穷阶级的人有更多的机会来培养和造就社会职务所需要的才能。因此,以才能为标准来分配社会职位并没有给所有的社会成员提供公平的机会。

更为严重的是,按照才能来分配社会职位实质上是一种不公平的分配社会财富的方式,并且它所造成的社会和经济的不平等不是对所有人都有利,而是以牺牲弱者的利益为代价来尽可能地满足强者的利益,因此违反了正义原则。罗尔斯指出,崇尚按照人的才能和功绩而分配社会职务和财富的制度,可以采取两种形式:天赋的权利体制和天赋的贵族制。前者是以自然才能为标准选择一个符合效率原则的分配制度,后者也是以才能为标准,却在差别原则指导下选择分配制度。

前者着眼于效率,强调能力上的强者和弱者是不同程度地体现人的天赋权利和自然能力的必然结果。后者则强调差别,认为能力上的强弱差别是自然地产生贵者和贱者的差别,两者在利益上的悬殊是天然合理的。不仅如此,以能力为标准的分配制度只能导致一个精英社会,即以少数精英为核心、视大众为草芥的社会。这种社会的缺陷在于它的不稳定性。

前面我们已经说过,不完善的程序正义其特点是以某一人的标准为正义的准绳,但由于客观环境中种种不为人所控制的因素干扰,人为设计的程序不能达到预期的标准。同样,才能的形式、培养和造就的过程受环境的偶然因素影响太大,它不能达到预期的目的。即使才能的标准对所有人都是平等的、公正的,按这一标准建立起来的分配程序也不能达到公正的结果。因此,无论天赋的权利体制还是天赋的贵族制对自然权利和自然能力的崇尚都属于不完善的程序正义的范畴。

有些自由主义者为排除上述偶然因素的影响作出了努力,他们要求机会平等必须是实质上的平等。为了实现平等的理想,自由主义者要求改善下层社会的文化和教育条件,使得贫困阶级的子女也有培养和表现自己才能和抱负的同等机会。以才能为标准来分配社会职务的实质性不仅体现在这种标准对所有具有同等才能的人都是平等的,而且体现在不同阶级的人应该有受教育的平等权利和实现自己潜在能力的平等机会。

自由主义者要求用这些开明和进步的措施来克服天赋的权利体制和天赋的贵族制所依赖的偶然性,要求克服按才能为标准来分配社会职位和财富的程序上的不完善性。他们企图设计出一个完善的程序,这是一个能够给予具有相同的自然能力的人以实现这一能力的平等机会的程序。由这一程序实现的正义真正符合了预定的标准。因为它保证了所有具有相同能力的人可以不受其社会地位和其他偶然因素的束缚,具有获得适当的职务的平等机会。罗尔斯把自由主义者在这一问题上的立场称为"自由主义的平等"。这一立场强调每人自由地、不受环境约束地实现人们的天赋能力的平等机会,属于完善的程序正义的范畴。

自由主义的平等虽然比天赋的平等(即天赋的权利体制和天赋的贵族制)含有更多的合理与正义的成分,但仍没有达到罗尔斯所要求的理想境界。罗尔斯指出:

> 自由主义的观念似乎明显地比天赋权利的体制更可取,但另一方面它仍然是有缺陷的。首先,即使这一观念在实行中可以完善地排除社会偶然性的影响,它们仍然允许对财富和收入的分配要由对能力和才干的自然分配来决定。(pp. 73－74)

处在最初状况的人们是不会选择这一原则的。因为他们在"无知的面纱"背后,不知道自然赋予他们何等才能。如果他们有些人所具有的自然能力在将来的社会中被证明低于其他人,即使社会提供了培养和发挥自己才能的平等的条件和机会,他们还是竞争不过其他人。为了确保自己在最不利环境中的利益,他们将不会同意以才能为标准分配社会职务和财富的原则。由此可见,把"社会职务和岗位对所有人都开放"这一原则解释为自然的平等或自由主义的平等都是错误的。它们的错误在于把公平机会的正义性当作由一个预定的标准(才能)所规定的正义,这正是完善的或不完善的程序正义所具备的特征。

罗尔斯所坚持的"民主主义的平等"只具备了纯粹的程序正义的特征:正义的标准和实现正义的过程是互为表里、合而为一的。民主主义的平等要求所有社会职务是对所有人敞开的,不管他们的社会地位、阶级出身、种族和能力如何。但是并非意味着能力强的人和能力弱的人都应该担任同样的社会职务,并接受同样的报酬。关于正义的差别原则承认了人们由于能力上的差别所造成的经济和社会不平等,却不承认能力上的差别所造成的机会上的不平等。它要求具有不同的自然能力的人都有取得社会职务的平等机会,这比自由主义者提出的具有相同的天赋能力的人有着平等地实现自己能力和抱负的机会的要求更为激进。

"民主主义的平等"不仅包括受教育权利的平等；它不但要求消除约束人们能力的社会环境和条件，而且要求消除造成人们能力上差别的根源和条件，包括缩小贫富差别，改善贫穷阶级的生活条件，增加社会福利等。但是，即使在消灭了贫困之后，由于遗传学上的因素，天赋能力上的差别总是存在的。

如前所述，正义的原则在承认差别的同时，要求适用于对天赋能力上的弱者的保护和照顾。社会不仅要保证他们享有同等于自然能力上的强者所受教育的权利，而且要为他们提供更为良好和有效的学习条件和教育手段，用后天教育上的优势来弥补先天能力上的不足。因此，社会应禁止第一流的教育机构只对智能高的受教育者开放，并应对以分数为唯一标准的考试制度作适当限制和补充。显然，为了实现"社会职务对所有人都平等地开放"，那些有利于自然能力上的强者的标准应当取消。机会公平的正义性强调的将不是自然能力的优越性，而是能力在社会中培养和造就的重要性。机会平等首先意味着人人都有培养和提高自己能力的平等机会，即便各人的自然能力有所差异。

培养和提高人的能力的过程和实现社会正义的全过程是分不开的，它所要求的措施包括：

> 法律和政府有效地保持市场竞争力，资源的充分利用、财产和福利（特别是在生产资料私人占有制被允许的情况下）以适当的税收形式或者其他形式被广泛地分配，并且保证了合理的最低社会贫困线。(p. 87)

也包括：

> 以全民教育为基础的公正、平等的机会和其他确保了的自由权利。(p. 87)

如果社会职务的分配是以能力为前提的话，那么能力将不是游离在实现社会正义过程之外的预先存在的标准，而是在这一过程中实现了的产物。我们可以由此得出这样的结论："社会职位对所有人都平等地开放"应当理解为一种纯粹的程序正义。纯粹的程序正义消除了阻碍和干扰实现正义的过程中一切偶然因素，使得每个人都能够在实际中而不是在表面上获得具有竞争力的能力和机会，使机会平等的原则在实质上而不只是在形式上得到贯彻。根据民主主义的平等的要求，罗尔斯把原则 2b 作了如下修改："社会和经济不平等所附属的职务和岗位在公正的均等机会的条件下向所有人开放。"(p. 83)在这里"公正的均等机会的条件"应被理解为纯粹的程序正义，具有我们上面所论及的"民主主义的平等"的特征。

罗尔斯说，他的一个任务是将正义原则当作政治经济学的观念来研究。政治经济学的一个中心问题是生产资料所有制问题。罗尔斯由正义的原则切入关于所有制问题的讨论。这一问题可谓是当时东西方意识形态斗争的一个焦点。社会主义阵营的马克思主义者以生产资料私有制为由揭露市场经济的弊病，哈耶克等西方自由主义者则反过来以自由市场的活力为由攻击社会主义公有制的僵化。罗尔斯力图站在超越意识形态的公允立场，找出社会主义和资本主义的共同点。

针对社会主义阵营的观点，所有制和分配制度并不是一回事。所有制是由国有企业和私有企业的比例来决定的，而经济利益的分配则是由运用在公共利益上的和运用在私人利益上的社会资源的比例来决定的。罗尔斯说，这两种比例不能混为一谈："一个私有制的经济可以把大部分国民收入分派在公共目标上，而一个社会主义的社会则可以分派小部分，反之亦然。公共利益有多种形式，包括从军事设施到卫生服务这样的范围。"(p. 270)

在罗尔斯看来，一个正义社会的特征不是由生产资料的分配，而是由这些生产资料所产生出来的财富的分配反映出来的。但是按照社会主义国家的学者们的理解，谁占有生产资料，谁也就能拥有这些生产资料所产生的财富；因此，似乎只有在生产资料公有制的条件下，社会生产才能促进公共利益。根据罗尔斯提出的关于正义的差别原则，社会和经济的不平等，包括对生产资料占有的不平等，应该而且可以对所有人都有利，并且首先最大限度地促进了在这种不平等关系中处于最不利地位的人的利益。因此，生产资料私有制并不妨碍正义原则的实行。

另一方面，正义原则要求人们享有平等的基本自由权，但并不要求人们平等地占有生产资料。因此，生产资料公有制也不是实行正义原则的必要条件。罗尔斯意欲说明，只有按照正义原则来分配社会利益的政治经济制度才是正义的；至于这样的制度是社会主义还是资本主义，要由具体的社会历史条件来决定，而不是应用正义原则的必然结果。罗尔斯说，他的理论的要点是"正义原则适用于不同类型的政体"(p. 282)。

罗尔斯认为，市场经济是合理地使用资源和价格的手段，"我们必须认识到市场制度对于私有制和社会主义制度都是相同的"。当时的社会主义者和自由主义者都认为公有制与市场经济格格不入，罗尔斯则集中论证了市场经济与社会主义所有制的相容性。

首先,他指出了市场经济的优越性在于符合效率原则和正义原则。市场经济的效率指的是一个厂家不能在降低其他厂家利润的基础上增加自己的利润。市场对价格调节的总趋势是引导大家分享平均利润。为了追求更大利润,厂家只有开发社会需要的新产品或增加老产品的生产批量。在市场经济的系统中,效率原则指引各厂家在互不损害对方利益的基础上,用发展生产的方法来追求自己的利益。另外,市场经济符合平等自由权和机会均等的要求,人们能够根据市场需求关系来选择自己的职业,追求自己的前途。在市场经济的调节作用的支配下,社会可以自主地制定发展规划,最大限度地实现公众的利益。

其次,针对自由主义者认为只有资本主义制度才能体现市场经济的优越性的看法,罗尔斯指出:"很明显,自由市场的运用和生产资料私有制之间并无本质联系,在正常条件下有竞争力的价格是正义的或公平的价格这种观念至少可以追溯到中世纪。把市场经济看作一定意义上的最好体制的观念已被所谓的资产阶级经济学家作了最精心的考察,但这种联系只是历史的偶然,因为一个社会主义体制至少可以在理论上利用市场体系的益处。"(p. 271)

虽然社会主义体制依靠计划者或集体来决定生产方向,但它在一般情况下允许选择职业和工作地点的自由。只是在一个独裁的体制中,这种自由才会丧失。但是社会主义体制和独裁体制不是等同的,资本主义制度在某些条件下也会采用独裁体制。再者,无论是公有制或私有制的企业,都可以根据价格浮动来制定自己的生产计划。不顾价格的反馈信息是垄断、独占市场的特征,但是垄断也不是社会主义必然具有的特征,资本主义也可以是垄断的。

再次,针对社会主义者认为市场经济是盲目的、会给社会带来混乱和破坏的观点,罗尔斯说:"一个竞争的体制当然是不具有人格的,它的运转在细节上是无意识的;它的具体结果并不表达了个人有意识的决定。但在很多方面,这都出自调节。市场体系的运用并不意味着缺乏人为的合理的自主性。一个民主的社会可以鉴于利益而依赖价格,并且坚持以正义所要求的制度为背景。这一政治决策以及围绕它进行的规划安排,可以完全是合理的和自由的。"(p. 281)

他相信,人们可以按照正义的原则,合理地有计划地利用无意识的市场力量。市场经济虽然不采用广泛的、直接的计划,但毕竟是有计划的。市场经济的计划性表现为:"不管公司的内部性质是什么,是私有的还是公有的,是由企业家还是由工人选举的经理来管理,它们都把投入和产出的价格当作固定的,并相应地制定其计划。……

在遵守以民主方式作出的政治决定时,政府通过调整由它控制的因素,如投资总额、利息率和货币数额,来调节经济环境。"(pp. 272 – 273)

罗尔斯说,社会主义制度和资本主义制度同样可以采用自由市场的体制。他把推行正义原则所需要的自由市场体系称为"财产所有民主制"(property owing democracy),这是一个通过自由市场的竞争来决定人们的财产权的体系,它具有自由的(而不是垄断的)资本主义的基本特征,一个自由的社会主义社会也可以采用这种经济上的民主制。

罗尔斯关于所有制和市场经济关系的分析是具有历史性意义的。《正义论》出版20年之后,中国经济改革的总设计师邓小平得出相同的结论:"计划多一点还是市场多一点,不是社会主义与资本主义的本质区别。计划经济不等于社会主义,资本主义也有计划;市场经济不等于资本主义,社会主义也有市场。计划和市场都是经济手段。"[1]理论分析的结论与实践总结的道理是如此吻合,正验证了"真理不会反对真理"的格言。

---

1 《邓小平文选》第三卷,人民出版社 1993 年版,第 373 页。

# 第十三讲

# 罗尔斯的道德哲学

第一节────────────────────────────
## 正义原则的伦理意义

在西方哲学中,政治哲学一般都是以伦理学(道德哲学)为基础的。罗尔斯却颠倒了这一顺序,把伦理学建立在政治哲学的基础之上。他所提出的正义原则并不是从任何道德观念中演绎出来的。处在最初状况中的人们选择正义原则的出发点是他们自身的利益,而不是任何善良的观念。

罗尔斯经过论证和说明,把正义原则表述如下:

正义存在于下面两个先后排列的原则之中:

(1)自由权平等的原则:每个人都在最大限度上享有和其他人相等的自由权利。

(2)差别原则:社会和经济的不平等被调解,以满足下列两个条件:(a)它们对处于最不利地位的人最有利;(b)它们所附属的职务和岗位在公正的均等机会的条件下向所有人开放。

这两个原则的建立虽然不依赖于任何道德观念和准则,却产生了重要的伦理结果。为了理解正义原则的伦理意义,我们可以把罗尔斯的正义论与他的主要对手——功利主义者的理论作一对比。

人们通常批评功利主义者见利而忘义,只追求功利而不顾道义。或者谴责功利主义的快乐观是追求享乐的个人主义的"猪的哲学"。罗尔斯却反其道而行之,指出古典的功利主义的缺陷在于坚持一种不切合实际和不符合人的个性的道德原则。古典的功利主义的道德理想是牺牲小我,成全大我;牺牲少数,成全多数;牺牲眼前利益,成全长远利益。但是问题的关键在于,谁来决定被牺牲的对象和成全的对象?作出这样决定的标准和依据是什么?

最早的功利主义者,如大卫·休谟和亚当·斯密都是经验主义者,他们认为经验能够解决这些问题。他们设想,一个公正的、有健全理性判断能力的"理想的观察者"(ideal observer)可以站在超然的立场上观察人类的经验,告诉人们谁属少数,谁属多数,什么是眼前利益,什么是长远利益。古典的功利主义的理论基础是个人经验。

每个人都会有这样的经验:当不能得到一种利益的全部的时候,他会弃卒保车;在不能在任何时候都获益的情况下,他会舍近求远。但是社会利益的分配不能以处理个人利益的经验为根据,因为社会利益不仅仅是个人利益的数量上的集合,两者有着质的差别。罗尔斯说:"古典的功利主义未能认真地对待人与人之间的区别。关于一个人的理性选择的原则也被当成关于社会选择的原则。"(p. 187)个人选择原则与社会选择原则的区别在于,当一个人牺牲他自己的一部分利益的时候,他会指望得到另一部分利益作为补偿。但是当社会需要(或者那个理想的观察者决定)一个人牺牲自己利益的时候,这个人不能期待社会还会补偿他的损失。罗尔斯说,按照功利主义的要求:"我们将要以其他人的更大利益为充足理由而对整个人生抱有较低的期待。这确是一个极端的要求。事实上,当社会被看作是一个为促进其成员利益而设计出的合作体系的时候,说一些公民将会在政治原则的指导下为了其他人去接受较差的人生前程似乎是不大可信。"(p. 178)

古典功利主义的错误在于它以严格的利他主义道德观为基础。它假定,每个人在社会需要的时候都会心甘情愿地为别人的利益而牺牲自己的利益,为集体利益(大我)而牺牲个人价值(小我)。在现实中,人们一般并不是按照功利主义的道德观来处理个人、集体和社会的关系的。

当社会权威机构或大多数人的意志强迫一部分人放弃他们的利益的时候,社会就会处于矛盾激化、动荡不安的状态。罗尔斯指出了这样的后果:"当功利原则被遵循的时候,这里没有人人都获利的保证。忠于这种社会制度的人会要求,为了整体的更大利益,一部分人必须摒绝他们自己的利益,那些作出牺牲的人必须坚定地把他们的利益和他们之外的长远利益等同起来。但这不是容易做到的。这不是在社会危急关头,在所有人必须投身于公共利益的时候所要作出的那种牺牲。"(pp. 177-178)

罗尔斯并不否定,在特殊时期和特殊状态,有些人会作出英雄主义的自我牺牲。但是,这种利他主义不能作为社会合作的基础。人们是为了更大的利益,而不是为了牺牲自己的利益而参加社会合作的。

社会政治哲学所寻求的原则正是社会合作的基础,它必须具有一般性和普遍性,不能建立在一种特殊的道德思想的基础上。功利主义企图按照一种特殊的伦理观建立社会合作和分配的一般原则。罗尔斯证明,古典功利主义的伦理基础是一种行不通的利他主义。

并非所有功利主义都主张利他主义。功利主义具有两种形式:古典的功利主义者把社会功利的绝对数量作为衡量政治、道德以及其他社会行为的标准;另一些功利主义者则坚持平均功利的原则(the principle of average utility)。功利主义者都坚持,正确的或正义的社会行为应当能够最大限度地产生功利。他们之间的分歧在于,古典功利主义者把最大限度的功利当作功利的总量,而坚持平均功利的人则把最大限度的功利解释为功利的人均值。古典的功利主义没有考虑人口增长的因素。虽然有这些差别,两者都以伦理观念和原则为社会合作与分配的基础;只不过古典功利主义以利他主义为基础,平均功利主义以利己主义为基础。

罗尔斯接着指出,平均功利主义的利己主义也是不可靠的基础。在一个人口增长了一倍的社会中,即使社会功利的总值增加了一倍,功利的人均值并未增加。在这样的变化之中,如果一个社会行为所能达到的最大限度的功利是社会功利总值的一倍,它并不能改变社会成员的个人状况;按照平均功利的原则来衡量,它仍然不是正确的或正义的行为。平均功利的原则要求最大限度地增加功利的人均量,并在某种意义上也会同意,处于不同地位的人的利益应该同时并以同等幅度增加。我们加上了"在某种意义上"这样的限制条件,是因为功利的人均值的增长并不一定引起个人利益的共同增长。例如,在有些国家,人均产值(per capita)增长了,贫富不均的程度却加深了。平均功利的原则只有和某些原则结合起来,才能和共同富裕、机会均等的观念相符合。也就是说,只有与社会正义的观念相结合,才能实现平均功利主义的目标。

平均功利主义者赞同的社会正义观念,是从实际状况中个人权衡自己的利益所使用的不充足理由律推导出来的。

所谓不充足理由律,是在估计了各种利害出现的概率之后,以概率的平均值为基础,作出权宜之计。例如,一个生活在奴隶社会中的不占有奴隶的自由民面临着两种选择:或者成为奴隶主,或者成为奴隶。如果这两种可能性出现的概率相同,他宁可不作选择而保持现状。亚里士多德的中道原理(the principle of mean)认为,两个极端的折中状态是最适宜的、最接近幸福的状态,其依据就是不充足理由律。在实际生活中,当我们缺乏应有的信息而只能估计概率平均值的时候,平均功利的原则可以发挥作用,不充足理由律可以引导人们选择两个极端的折中状态,平均功利原则也可能起到调和对立的阶级的利益的作用,但这是由于各种概率的平均值恰巧是两个极端的中值。但是不充足理由律却不能引导人们达到一个必然的、普遍有效的正义原则。这一原则只有在原初状况中而不是在实际状况中,在"无知的面纱"之中而不是在利己主义的算计过程中,运用"最小的最大限度原则"而不是"中道原则",才能达到。因此,平均功利主义的利己主义的权衡,并不能成为正义社会的基础。

罗尔斯最后就功利主义的伦理观作了这样的比较:"平均功利的原则是单个的理性的人的道德,他不反对冒险,为自己的前程而尽最大限度的努力,而古典功利主义的理论是完全的利他主义者的道德。这真是一个令人惊讶的对比!"(p. 189)

罗尔斯本人的学说却避免了利他主义和利己主义的两难选择。他在论证正义原则时也设定原初状况中的人具有的理性是"互不关心理性"。但是有这样的理性的人在"无知的面纱"的条件下并不能只谋求自己的利益。他们为了保障自己的利益,必然会赞同大家都能认可的普遍原则,或者说,有理性的人"主观为自己,客观为大家",他既不是利己主义者,也不是利他主义者。大家都只关心自己的利益;既不为他人而牺牲自己的利益,也不靠损害他人来谋求自己的利益。这种理性不具有伦理的色彩:它既不是利他主义,也不是利己主义。正义原则的基础不是任何伦理观念。

当罗尔斯指出功利主义的缺陷在于它是以某种伦理观为基础的时候,我们不要产生这样的误解:罗尔斯宣扬的正义原则是没有伦理意义而超然于人们道德常识之外的。事实远非如此,罗尔斯的真实意图是要说明:虽然他的政治哲学不以伦理学为基础,但它却能导致比功利主义的理论更高明、更深刻的伦理观。可以说,正义的原则继承了西方启蒙时期以来的"自由、平等、博爱"的理想,它是理性主义的伦理学的复活和发展。

为了体会正义原则的这一意义,我们有必要把罗尔斯的理论与康德的伦理思想作一比较。罗尔斯认为,康德的伦理学留给后人的最宝贵的遗产是伦理原则的自律的思想,而不是对伦理原则一般性和普遍性的强调。自律的思想其核心是自己立法、自己遵守。康德认为,伦理原则是理性选择的产物。人们不折不扣地遵从"纯粹理性"的指示,并且摒弃了在官能享受诱惑之下出现的感性利益,这就是遵从对每个人的行为都有约束作用的"绝对命令"。道德上的"绝对命令"不是外部力量强加给人们的,而是潜存于所固有的理性之中。它在经验世界中被感性现象所蒙蔽,只有在纯粹的理性生活中才会显示出绝对至上的威力。

罗尔斯之所以提出"最初状况"的假设,设计出"无知的面纱",就是因为他想要创造出一个产生自律的环境。在此环境中，人们不再以个人的特殊利益为标准，而是站在不偏不倚的立场上，以理性规则来确立可以创造和保护自己利益的原则。"最初状况"可以说与康德哲学中理性世界具有同样的意义。"无知的面纱"所掩盖的是一己私利，它起到了康德所要求的排除感性对理性的干扰的作用。至于正义的原则，罗尔斯说得更清楚，它们是"康德意义上的绝对命令"，二者都是"适用于以自由和平等的理性为其属性的、人的行为的原则"（p. 253）。

　　罗尔斯特别突出了康德关于每一个人都是目的本身的思想。康德把理性的人的社会称作"目的王国"（the kingdom of end），这是一个人人都有人的尊严、都不损失人格也不成为他人手段的理想社会。罗尔斯认为，他关于正义的原则也在同样的意义上奠定了正义的社会的基础。正义的第一原则保证了公民享有平等的政治权利，没有什么"二等公民"，人人都有同等的尊严是人的自尊心的基础，它也要求人们必须尊重他人的权利和人格。再者，正义的两个原则的前后不可颠倒的顺序说明了自由权和物质利益的不同程度的重要性，规定了人们不可以牺牲一部分人的政治权利和人格尊严来换取经济福利方面的改善。这不啻是说，一个人不是达到其他人目的的手段，他自身的目的不屈从于其他人乃至整个社会的目的。

　　正义的原则所体现出来的伦理观念比功利主义的伦理观念高出一筹。因为功利主义不可能把人看作是目的本身，相反，功利主义者把道德行为的目的看作是功利，为了达到这一目的，人的权利和尊严是可以牺牲的。为了多数人的利益，少数人也必须牺牲自己的前途和利益，他们是多数人的手段。罗尔斯说："在一个功利主义的公共社会中，人们很难对他们自身的价值具有信心。"（p. 181）因为按照功利主义的原则，一个人的权利、利益和尊严随时可能在为了其他人或社会整体的利益的名义下被践踏和损害，人们甚至没有保护自己的基本权益不受侵犯的根据。

　　再者，功利主义的原则和"自由、平等、博爱"的理想相距甚远，它不是保护而是鼓励剥夺少数人和弱者的利益。相比之下，正义的原则显示出它的优越性。且不说第一原则保障了公民平等的自由权，即使是承认社会和经济不平等的第二原则的基本精神也是博爱。差别原则把是否最大可能地促进贫困阶级的利益作为衡量社会和经济不平等是否对所有人都有利的标准；还要求机会均等必须是纯粹的程序上的正义。为了使自然能力上的弱者具有和强者同等的竞争机会，先天的弱者应当从后天教育过程中享受更多的优惠。所有这些不都体现出"博爱"的精神吗？

　　具有讽刺意味的是，古典功利主义从利他主义的前提出发，却得到了以牺牲人的价值来谋求功利的冷酷结论。与之相反,罗尔斯从冷静的"互不关心"的理性出发,却通过正义的原则宣扬了"仁爱"和"慈善"的精神。罗尔斯在对比了这两种不同的思维途径和结果之后说"爱和仁慈是第二位的观念","我们必须区别博爱和正义感"(p. 191)。正义的观念是第一位的、基础的观念,它是有理性的人在冷静地审视了社会环境和人的本性之后,为了合理地调和各种利益和要求的冲突而建立起来的。

只是在有了正义的观念之后,人们才能进一步发扬博爱和仁慈的精神,按照正义的原则来促进人的幸福和人性的发展。因此,罗尔斯说:"对在最初状况中参与协议的各方的'互不关心的理性'的假设,并不阻止在正义即公平的结构中对仁慈和博爱作出合理的解释。"(p. 192)

事实上,正义的原则和自启蒙时代以来便在西方社会中占主导地位的社会理想和道德观念是一致的,用罗尔斯的话来说:"我们可以把关于自由、平等、博爱的传统观念和对正义的原则的民主主义的解释作以下联结:自由和第一原则相对应,平等和第一原则的平等观念和机会公平的平等相对应,博爱和差别原则相对应。"(p. 106)

根据我们对罗尔斯的正义原则的解释,我们认为,这种对应关系确实存在,并且我们也可以说,人们把"自由、平等、博爱"的口号喊了几百年,但罗尔斯却是用一个社会正义的理论来论证这一口号的合理性的第一人。

## 第二节

# 理性伦理学

罗尔斯在《正义论》第三篇中说明,一旦正义原则实施在社会制度之中,并成为人们的行动准则之后,人们对于自身利益的关切可以发展成为善良观念和道德原则。

罗尔斯在说明"利益"和"善良"观念的联系时,利用了在英语中"good"(好处)这个词既有"利益"又有"善良"的含义。罗尔斯说,《正义论》第一部分中对于基本利益的论述是关于好处的"浅薄理论"(thin theory of the good),它缺乏伦理学的意义。"浅薄理论"只是作为正义原则的一个前提而被设立的。为了阐明最初状况中的人们选择正义原则的动机,我们必须假定,他们具有关于社会基本利益的观念;并且了解这些基本权益包括自由权和机会、财产和福利。没有这些浅薄的知识,也就没有正义的观念和原则,因为只有在分配这些基本利益的过程中才会产生正义或不正义的问题。

虽然"浅薄理论"并没有伦理学意义,并不要求人们出于善良动机而舍己为人,但是,以它为前提而建立起来的正义原则却蕴含着伦理意义。例如,正义原则规定,社会应该首先考虑并优先照顾贫者和弱者的利益;不能把平等的自由权和机会作为交换经济利益和福利的筹码;每人都有拥护正义社会的责任,等等,都是符合自由、平等和博爱的道德精神的。

正义原则所导致的伦理观念,需要由一个关于道德的理论来解释、发挥和论证。罗尔斯把这一理论称作关于好处的"完全理论"(full theory of the good),或者更精确地说,这是一个关于人们善良观念和行为的理论。当关于好处的"浅薄理论"过渡到"完全理论"的时候,理论研究的好处(good)的意义也由"利益"变成了"善良"。相应地,正义理论由政治领域进入道德领域。

在西方哲学史上,人们的认识功能和实践功能分属于两个领域。亚里士多德把两者的特征概括为智慧和谨慎,康德把它们称为理论理性和实践理性。罗尔斯则把这两者看作是一致的,力求证明"理性即善"的命题。这一命题沟通了他的政治哲学和道德哲学,这是"浅薄理论"发展成为"完全理论"的结果。

关于好处的"浅薄理论"将社会基本利益分为四种:自由权、机会、财富和福利。人们在追求这些基本利益的过程中所运用的理性的特点是互不关心,这是因为:人们争取自己的自由和机会的行为,不需要推己及人的善良意志或对他人的同情心,至于人们追求财富和福利的活动,更具有不顾感情的冷酷特征。当人们以"互不关心的理性"去追求权利和财富的时候,他们的理性所遵循的是工具主义和经济理论,而不是道德学说和准则。

"完全理论"对"浅薄理论"作了两点重大补充。第一,社会基本利益的范围被扩大到人的自尊,并且人的自尊在所有社会利益中是"最重要的基本利益"(p. 440)。第二,与人的自尊心相联系的理性不再是"互不关心理性",而是充满了社会合作精神的"互相尊重理性"。

罗尔斯证明"理性即善"的过程相当复杂。我们把这一证明简化为下列四个步骤:第一步骤对"好处"(good)下了一个定义。"好处"是一个含糊的概念,它既有"利益",又有"善"的意义。为了研究以利益为追求目标的理性如何过渡到以"善"的观念为特征的道德标准,罗尔斯首先从"好处"这一概念出发。社会基本利益是对人们有好处的人工创造出来的事物。"好处"依从人们的基本需要、特殊兴趣和能力以及所处的具体环境和条件而定。因此，我们得到这样一个定义："A 对 K（这里 K 是一个人）具有好处 X 的充要条件是：根据 K 的环境、能力和生活计划（他的目标系统），K 对 A 所具有的属性 X 的需要是合理的。"（p. 399）根据这个定义，一件事物的好处是由一个人合理的需要所规定的。然而，人的合理的需要又是由什么因素决定的呢？罗尔斯的回答是：人的生活计划的合理性。

他在证明的第二步骤中又接着说明了合理的生活计划的两个特征：合理的选择和审慎的理性。

合理的选择是根据理性原则来决定生活目标的过程。这些原则包括延期原则（要求人们延缓享受的时间），有效手段的原则（要求人们寻找适合一定目标的有效手段）和更大可能性的原则（要求人们估计目标实现的可能性）。

根据这三个原则，人们倾向于选择长远的而不是短期的生活计划，选择自己拥有的而不是缺乏的有效手段去实现的生活计划，选择实现的可能性较大而不是较小的生活计划。这样的计划才是合理的计划。如果说合理的选择是根据人们的一般需要、环境、能力和条件来决定生活计划的，那么审慎的理性（deliberative rationality）便是根据自己的特殊需要和兴趣来选择生活计划。人们必须理智地审察自己需求的等级和层次，把能够在高级的层次上满足自己需要和愿望的利益作为更大的生活目标。

其次，审慎的理性遵循包含原则。根据这一原则，高级的生活目标的范围涵盖低级的生活目标。比如，一个人的生活目标是成为音乐家，另一个人的生活目标是只求温饱，第一个生活目标包括第二个生活目标。因此，在其他条件都大致相同的情况下，人们应该选择第一个，而不是第二个目标。总而言之，使用审慎的理性，经过合理的选择，人们将会把长远的、能够充分发挥自己特长的、有利于自己充分发展的、能在高层次上满足了自己需要和理想的利益作为生活的目标来追求。

在第三步骤中，罗尔斯把判断人们需要和生活计划合理性的标准进一步理性化，得出了所谓的"亚里士多德原则"。这个原则宣称："在其他情况都相同的情况下，人们在实现自己的能力（他们天生的或训练出来的能力）的过程中享受乐趣；并且，这种乐趣随着更多或更复杂的能力被实现而增加。"（p. 426）

这条原则表达了一种心理趋向，解释了人们从事创造活动的动机。人不仅是享受动物，并且对简单的重复劳动也不感兴趣。一件工作越难完成，一件事物越难得到，就会对人们产生越大的吸引力。对人来说，乐趣不仅存在于物质的或肉体的享受之中，而且存在于为实现艰巨任务而发挥自己聪明才智的过程之中。马克思的名言

"斗争就是幸福"可以看作是"亚里士多德原则"的一个脚注。

罗尔斯所命名的"亚里士多德原则"实际上并不是亚里士多德本人提出的原则。但是亚里士多德在其《尼各马可伦理学》一书中指出,很多种快乐和乐趣都是在实现我们能力的过程中得来的,实现更大的能力的过程是更有乐趣的活动,并产生更为快乐的结果,因此,充分行使自然赋予人的力量符合人类最大的利益。(见第 vii 卷,第11—14 章;第 x 卷,第 1—5 章)

罗尔斯由这些思想提炼出一个原则,并说这个原则大概可以用进化论来证明:在进化的过程中,只有那些不满足坐享其成的安逸而不断向自然界索取的动物,才能增强自身的能力,经受自然的选择而生存、繁殖。在自然界进化中产生的人类具备在发挥自己的能力中获得满足的天性,这种天性是促进人类进行发明、创造的源泉,是人类培养、发展和提高自身能力的动机。

"亚里士多德原则"陈述的只是人类的一种自然属性,人们可以对人的自然属性作不同的解释。在伦理学中有一种号称"完善论"(perfectionalism)的学说。这种学说认为,善即存在于自我完善的过程中,自我完善是实现自我价值(包括实现自然所赋予人类的能力)的过程。"亚里士多德原则"可以被解释为"完善论"的一个特例,它说明了人类具有自我完善的倾向。但是罗尔斯坚持认为,伦理原则应该具有社会性,应该和关于社会权益分配的正义原则保持一致。

"完善论"的错误在于它把人们的道德活动看作是脱离社会的自我实现。罗尔斯也不同意从自我完善的角度来解释"亚里士多德原则"。他说,"亚里士多德原则"陈述的自然属性说明了人的价值观念的社会性,因为根据"亚里士多德原则":"个人情感和友谊,有意义的工作和社会协作,对知识的追求和对美好事物的塑造和关注,这些都具有我们所熟悉的价值,它们不仅在我们的合理的生活计划中占有重要位置,而且在大多数场合应该用正义的方式加以增强。"(p. 425)

所有这些价值都是社会的价值,都是培养、增强和发挥人的能力所必需的,并且和人的自尊心和自信心具有密不可分的关系。罗尔斯在证明"理性即善"的第四个步骤中,着重说明了自尊的社会价值。

人们的才能只有在得到社会的承认、公众的赞许之后,他们才会得到乐趣和满足。人们是在别人对自己的评价中认识到自己的价值,在别人的赞赏和鼓励中增强了自信心。社会合作、友谊和交际都是自尊的必要条件。同时,要想得到别人的尊重,首先必须尊重别人,善于发现他人的价值。模仿和欣赏他人的行为,也是培养和实现自我能力所必不可少的条件。人们在发挥自己才能的过程中获得的欢悦不是孤芳自赏的乐趣,而是一种互相欣赏、互相学习、互相促进的集体的欢乐。社会中的授奖授勋仪式、评比活动、纪念和庆祝的节日都洋溢着这种欢乐气氛。

综上所述,罗尔斯论证"理性即善"这一命题的过程是这样的:人们的理性体现在实现合理的生活计划和目标的过程之中。根据"亚里士多德原则",人们必然会以具有社会价值的自尊作为主要生活目标。并且,理性所追求的自尊是与尊重、同情他人的道德观念和促进社会合作的伦理原则互依共存的。如果把这些道德观念和伦理原则归属为"善"的观念,我们即可得出"理性即善"的结论。从这一结论出发,我们又可得到两个推论。

第一个推论适用于对个人品德的判断:一个善良的人就是追求合乎理性的目标和理想,自尊、自信、自爱,同时也尊重、相信、爱护别人的人;一个热爱理性的生活方式的人同时也是具有高尚道德情操的人。

第二个推论则适用于对人的感情的判断:自尊心和廉耻之心都是善良的感情,两者都是具有理性的人所具有的。人们用理性的标准来衡量自己的行为,他们为达到这样的标准而感到骄傲和自豪,或为达不到这样的标准而感到内疚和羞耻,两者都是理性生活中产生的道德感情。

罗尔斯证明"理性即善"这一命题的真实意图是为了沟通正义原则和道德准则。但是,在指出正义的观念和"善"的观念相一致的同时,他也强调了两者的差别。这种差别表现在三个方面。

首先,虽然两者都以理性为基础,但是正义观念的理性基础是追求自身利益的"互不关心的理性";而"善"的观念的理性基础是人的自尊心,是对人的价值的尊重。前者是片面的、初级的理性,后者是全面的、充分发展了的理性,这两类理性的特点分别由"浅薄理论"和"完全理论"来阐述。

其次,"善"的观念是从"好处"这一概念发展而来的,而"好处"概念是因人而异的。因此,在一个秩序良好的社会中,人们可以自由地选择和安排生活,他们同时也具有不同的"善"的观念,并由此产生了道德准则和伦理学说的多样性。这种多样性是人的丰富多彩的个性特征的折射,是人性的自由和全面发展所必需的。社会不应强求"善"的观念的一致性,相反,"善"的观念的多样性本身就是一种善。但是正义的观念却不应是形形色色、五花八门的,只有人们有着共同的正义观念,遵循共同的正义原则,一个稳定的、秩序良好的社会才会出现。

再次,正义原则可以在缺乏对自己特殊利益的知识的条件下被建立起来。关于最初状况和"无知的面纱"的假设,保证了正义原则的建立所要求的公正无私的条件。但是,"善"的观念是在人们合理的生活计划之中产生的;而生活计划的合理性取决于人的环境、能力、要求、兴趣。没有对自己特殊利益的了解,人们不可能制定出合理的生活计划。因此,每人关于"善"的观念都是和他的特殊利益相联系的,而关于正义的观念和原则却不能顾及个人的特殊利益。

以上三点说明了正义观念的简单性、一致性和普遍性以及"善"的观念的复杂性、多样性和特殊性的差异。强调这些差异的目的是要说明,正义的观念应该是政治——道德哲学的基础和出发点,"善"的观念是在正义的观念和原则的基础之上发展和衍生出来的。

## 第三节

# 道德心理学

任何政治哲学在证明一个社会的合理性的同时,都不能忽略它的稳定性。可以说,一个合理的社会必定同时也是稳定的社会。历史上的"社会契约论"者用契约的约束力来证明契约社会的稳定性。功利主义者则用多数人对少数人的权威来证明一个为最大多数人最大利益服务的政府的稳定性。

罗尔斯的正义理论的一个目标,是证明正义社会的稳定性。他指出,在所有维持社会稳定的因素中,"社会成员共同具有的正义感起了根本的作用"(p. 458)。为了证明正义社会的稳定性,罗尔斯面临着一个关键的问题:为什么社会成员会具有共同的正义感? 我们在介绍罗尔斯关于"秩序良好的社会"的概念时已经谈到,在秩序良好社会中,社会成员具有共同的正义观念,并且自觉遵循正义原则。现在的问题更加深入,涉及正义感在秩序良好的社会中的起源,并且归根结底,涉及道德意识的心理学基础。

罗尔斯注意到,有两种关于道德意识起源的学说。一种由休谟的经验主义哲学和西季威克的功利主义伦理学发展而来,并体现在最近的关于社会教育的理论之中。根据这些理论,道德的教育弥补了人在道德上的先天不足。人缺乏行善的本能,但在内心中却不乏作恶的动机,只有通过后天教育,才能抑制非道德的本能冲动并培养起道德的意识。弗洛伊德的精神分析学说也认为,社会道德意识是对人的下意识的性本能的压抑,只不过他更强调性本能的释放而不赞成强化道德约束。

和这种理论倾向相对立的是以卢梭、康德以及密尔关于道德的理论,皮亚杰的发生学理论也属于这一学说。这种学说认为,道德意识是人的天赋的理性和感情自由发展的必然结果。人的向善的倾向根植在人的本性之中,只要它不受外在因素的约束和阻碍,这种潜在的倾向自然会发展为道德意识。

罗尔斯结合了这两种学说的特点,提出了自己的道德心理学。他一方面同意,道德意识的培养需要一定的社会条件和环境,包括教育的手段;另一方面也赞成,道德意识不是从外部强加于人的,而是人们自身所具有的属性在和谐、公平和正义的环境中的自然流露。罗尔斯对道德意识起源的探讨也相应分为两部分:第一部分说明社会成员共同的正义感在秩序良好的社会中发生的过程;第二部分从心理学规律出发,阐述共同的正义感产生的必然性。

根据罗尔斯的分析,在秩序良好的社会中,正义感的产生经历了三个阶段。第一阶段是权威道德(morality of authority)。这主要是良好的家庭教育的结果。在一个和谐的家庭中,父母热爱孩子,孩子也热爱父母。父母对孩子的爱不仅表现在照顾他们的生活起居,满足他们的需要,也表现在尊重他们的人格,培养他们的自尊心。

孩子对父母的爱总是随父母的爱之后产生的,而不是如弗洛伊德所说,爱恋父或母是女孩或男孩的本能。孩子对父母的爱表现在对父母的信任、服从和对家庭的依附。有时孩子表现出不服从,经过教育之后,他们会产生出内疚和自责这样的道德情感。在以爱为感化力量的家庭教育的熏陶之中,孩子逐渐形成了服从、谦虚和忠诚的品德,并且视不服从、叛逆和轻率为不值得效法的不道德行为。

继权威道德之后而来的是合作道德(morality of association)。这是在社会合作团体与关系之中形成的道德。这种道德是在人们智力发展到一定阶段,可以独立生活之后才出现的。它要求人们能够从不同的观点来观察和理解问题,尤其是能够推己及人,将心比心,体谅和同情他人,关心公众利益。这种道德判断力受友谊、信任和合作的气氛熏陶而形成。在良好的师生和同学关系,和睦的邻居关系,健康的游戏,互相帮助的同事关系之中,人们易于培养起合作道德。合作道德包括正义和公平、忠实和信任、诚恳和正直。违背这种道德的品行是贪婪和偏袒、虚伪和欺骗、偏见和歧视。

合作道德进一步导致了原则道德。原则道德是道德的最高境界,它不再局限于在特殊环境和条件之下形成的观念和准则,而是将对熟悉的人(如父母、子女、朋友、师生、同事、邻居)的爱升华为对全人类的爱,把正义和公平的适用范围从自己周围环境扩展到整个社会,把对某一个人或机构的信任和忠诚转化为对正义原则的执著追求。对人类之爱和自我约束是原则道德的两个显著特征。

在秩序良好的社会中,人们的道德意识在他们生活的不同时期按照这三个阶段发展起来。道德意识发展的归宿是对正义原则的心悦诚服的认可和遵从。道德意识发展的三阶段也就是共同的正义感发生的过程。在《正义论》的第一部分,正义原则带有契约的特征。但随着正义理论的逐步展开,正义原则在秩序良好社会中被证明为人们在道德上自觉遵守的准则。这表明了正义论从政治哲学领域过渡到伦理学领域的演变。

道德发展的三阶段虽然是秩序良好的社会中的人的生活经历,却反映出人性发展的必然性。它表明了人的善良本性在适宜的环境中必然会发展成为道德感。从语义学的角度来分析,"道德感"(moral sentimerit)既不是一种态度(attitude),又不是一种感情(feeling)或情绪(emotion)。道德态度和感情在一定时间内产生、持续和消失,这一过程与具体环境和事物有关,并不一定是本性的自然流露。道德感则是一种人类共有的、长时期持续的自然倾向,不良的环境可以湮没这种倾向,良好的环境则会显扬这种倾向。既然道德感是一种自然倾向,那么它的起源和发展过程应该服从心理学的规律。罗尔斯根据道德意识发展的三个阶段,总结出关于道德感的三条规则,称之为"道德心理学原则"。这些原则被表述如下:

第一条规律,如果家庭的组织是正义的,如果父母热爱孩子,并且他们的爱明显地表达在对孩子利益的关心之中,那么孩子会辨认出父母之爱,并且热爱自己的父母。

第二条规律,如果一个人顾及自己同伙的感情与能力在服从第一规律的过程中得以发展,如果一个社会组织是正义的,并被所有人公认为正义的,那么当此人在该组织中着意履行责任和义务,实践自己工作理想的同时,也发展起对他人的友谊和信任。

第三条规律,如果一个人顾及自己同伙的感情和能力在服从前两个规律的过程中继续发展,如果一个社会制度是正义的,并被所有人公认为正义的,那么当此人认识到他以及他所顾及的人们都是这一制度的受惠者的时候,他会产生相应的正义感。(pp. 490 – 491)

这些规律的特点是以正义的社会环境为背景条件来规定人的道德意识和正义感的发展过程。它们既说明了正义感的产生所需要的社会条件，又揭示了正义感所依赖的自然属性和心理基础。罗尔斯认为，道德心理学的原则证明了，在适宜的条件下，人们具有自由地选择和自由地遵守正义原则的自然倾向。

道德心理学和最初状况的假设互相补充、彼此验证，共同提供了对正义原则的合理性的证明。事实上，罗尔斯建立一个伦理学理论的意图就是要对他在前面已经证明过的原则、命题和观念作些补充说明，使其完善化和系统化。

下面我们将对罗尔斯理论首尾一贯的特征作进一步的说明。

第四节

## 社会伦理学

《正义论》第七章证明了"理性即善"的命题，在第八章证明了道德心理学的三原则，接着在第九章即该书的最后一章中，用这些道德命题和原则验证了正义原则及其前提。罗尔斯虽然拒绝了以伦理学为前提来推导政治哲学原则的传统方法，但他承认，以理性为基础的政治哲学至少应该符合伦理学的原则。两者的一致性表现为相辅相成、互相说明的关系。他的关于正义的理论便是一个政治哲学和道德哲学相统一的理论体系，社会伦理学是联系两者的纽带。

如前所述，罗尔斯把人的自尊作为最主要的社会基本利益，这扩大了"社会基本利益"这一概念的外延，丰富了我们对正义原则的理解。充分估价人的自尊的作用可以解决一些以前悬而未决或没有得到充分论证的问题。我们可以把这些问题归结为三类。

第一，正义原则是分配社会基本利益的原则，它只是在人们进入社会合作之后才被提上议事日程。罗尔斯曾把社会合作作为正义的客观环境，并且论证说，人们之所以愿意组成社会，是因为社会合作能够创造出比个人单干更多的财富。这种论证未免失之薄弱。罗尔斯意识到了这一点，他说："人的社会性不应当以浮浅的方式被理解。它并不意味着社会对人类生活是必要的，也不意味着人们为着获利的目标和互利的理由，以社会制度所允许或鼓励的某种方式共同工作。"（p. 522）也就是说，互助互利并不是人们组成社会的必然原因，这种必然原因应当在人的本性中去寻找。当罗尔斯确信自尊是人的合理生活的主要目标之后,他找到了更为理想的答案。根据"亚里士多德原则",人在发挥自己才能的过程中获得自尊自信。然而,个人的才能的发挥、培养以及实现,离不开别人的承认和评价以及对别人表现出来的才能的欣赏和模仿。人们天赋能力只是潜在的,只是在历史传统所形成的知识、信仰和文化的体系中才被固定为科学、艺术、宗教、技术等具体才能。因此,人们追求自尊价值的过程不仅需要与同代人的横向联系,也需要置身于历史文化传统的纵向联系。即使是远离人间尘世的"隐士",如果他们身上还保留着为人称道或聊以自慰的智慧和品德,那也是由于他们没有脱离社会文化和历史的缘故。

当人们把自尊列为自己追求的首要利益之后,他们就离不开社会生活来实现这一利益。这就从根本上证明了人是社会动物,证明了正义原则是人所必需的。

第二,正义两原则的先后次序规定,人们不能牺牲自由权和机会均等的权利以换取更大的经济利益和社会福利。但是罗尔斯还没有证明:为什么平等的自由权和机会高于物质利益? 为什么较少的政治权利不能以较多的经济福利来补偿? 如果我们把人的食、衣、住、行当作基本需要,把自由权,特别是从事政治的平等的权利当作人们在取得丰裕生活水准之后继续要求的奢侈品,我们可以得出相反的结论:对民主、平等和自由的追求应以经济活动和物质利益为基础,以谋求经济利益为目标。罗尔斯承认,人们并不是一开始就意识到自由权的首要地位。在人类社会发展初期,人们也许更关心经济、物质利益。但他又指出:"当文明的条件得到改善,进一步促进经济和社会利益对我们的边际意义退居其次。相比之下,人们对自由权的兴趣变得越发强烈,因为平等地实施自由的条件已经完全变成现实。"(p. 542)按照这一说法,人对自由权的认识经历了一个历史的过程。只是在罗尔斯所说的秩序良好的社会中,当人们的基本物质利益已经得到满足,有条件充分地、自由地实现自己的才能和价值的时候,人们对平等的自由权和机会的需要才会高于改善物质利益的需要(在后面我们将看到,罗尔斯以后否认了这一观点)。正义原则虽然是所有正义社会的基础,但只是到了秩序良好的社会,它们才得到真正的贯彻和执行。由此可见,正义两原则的先后次序在一个政治或经济理论中并不能得到证实,只有揭示了人的价值和道德理想的伦理学说才能给平等的自由权的崇高地位以有力的支持。

第三,罗尔斯在论及最初状况中人的理性的特点时,把妒忌排除在理性之外。他的根据是:妒忌阻碍人们最大限度地追求自己的利益。然而,一旦"无知的面纱"被揭开,人们回到现实环境之后,他们发现了人际间不平等关系,处于不利地位的人难免有妒忌甚至怨恨之心。妒忌会蒙蔽人的正义感,动摇社会正义和稳定的基础。罗尔斯在他的伦理学中面临的一个问题,是对付生活在现实社会中的人不可避免的妒忌。

他首先探讨了妒忌发展到恶意的怨恨程度的心理条件。这包括:明显而悬殊的差别在被压抑者心中招致痛苦和耻辱的感觉;在不平等关系中处于劣势的人已经没有机会和手段来改变他们的地位;他们已经失去了对前途的希望和自信心。处于这些心理状态的人才会铤而走险,毫无顾忌地危害他人的利益,因为他们自己已经没有多少利益可以受损了。

罗尔斯认为,既然自尊是最大的社会利益,丧失了自尊的人是最不幸的。本着不应苛求不幸者的精神,因丧失自尊而妒忌实属情有可原。但是,他接着分析说,在秩序良好的社会中,正义原则的实现确保了人的尊严和价值,消除了产生恶意妒忌的心理条件。

首先,差别原则调整了社会和经济的不平等,使之不致过度悬殊,在穷者和弱者心目中产生屈辱的感觉。

其次,机会平等的原则使得暂时处于不利地位的人不致丧失开拓美好前途的希望。

最后,更重要的是,平等原则保证所有人都享有平等的自由权。穷人和富人、弱者和强者、平民和官吏的法律地位和社会身份是平等的。经济和社会不平等不致造成"二等公民"。总之,正义原则保证了人人都有平等地享用最重要的社会基本利益——人的尊严的权利,因社会和经济不平等而产生的妒忌不至于发展到威胁社会稳定的严重地步。

以上三条是罗尔斯根据"理性即善"的观点对正义原则的前提、论证以及运用条件所作的补充。他的道德心理学同样可以深化对正义原则的理解。首先,道德心理学解决了正义原则自主性和客观性的矛盾。这一矛盾隐藏在最初状况中人的理性选择之中。人们必须自由地、不受任何强制地选择正义原则,但是自由选择是受最大限度的最小限度规则所指导的。人们的理性选择实际上是自由地选择他们必然会同意的原则,这似乎是一个矛盾。因为人们至少可以从理论上把"自由"和"必然"看作一对矛盾的范畴。

罗尔斯曾经借用康德的"自己立法,自己遵守"的自律思想来消除这一矛盾。康德的伦理思想曾经被人指责为过分依赖理论的抽象而缺乏经验基础。罗尔斯的道德心理学可以显示自律的经验发生过程而避免这一批评。在秩序良好的社会中,共同的正义感是自然地形成的,这一自然过程同时也是善良的人性自由发展的必然结果。道德心理学的原则为正义原则的客观性提供了基础,正义原则的客观性同时也是共同的正义感发生的自然性和人们遵守它的自主性。

其次,道德心理学给罗尔斯提供了进一步批判功利主义的武器。他曾从各个不同角度对功利主义进行了批评。但只是在书的结尾处才触及了功利主义伦理观的核心——快乐原则。功利主义是一种目的论,它把快乐状态作为人的行为的目的,并且把能否达到这一目的作为评价人的行为的依据。罗尔斯否定了所有人都有一个共同的生活目的。在秩序良好的社会中,人们有着共同的正义观念和原则,符合正义原则的生活目标却是多种多样、丰富多彩的。生活目标是否合理要受正义原则而不是快乐原则的规定。

在罗尔斯看来,快乐也是一种在发挥自己才能过程中获得自尊的心理上的满足状态。人和动物不同之处在于,他们并不以肉体的满足为目的:"他们虽然不追求幸福,却可以在推进正义的目标和他人利益的过程中感到幸福。"(p. 551)正义原则是实现良善观念、达到快乐状态的基本保证和前提。与快乐原则相比,正义原则是首要的、基本的。合理的生活不应以快乐为目的。

综上所述,我们不难看出罗尔斯在《正义论》第三部分提出的伦理学理论的两个特点。其一,它始终保持与正义原则的一致性,它的内容是正义原则的补充、引申和验证。其二,它以秩序良好的社会的现实为立论根据,罗尔斯提出的伦理观念和原则只适用于这样一个特定的社会。

这两个特点同时也是罗尔斯伦理学的局限性。罗尔斯说,与他的正义原则相配套的伦理学并不是一个独立的、完整的体系,它只是关于正义理论的一个组成部分。他不无遗憾地提到,他没有涉及人在对待动物活动中的正义和道德问题。残酷地虐待动物和灭绝一个动物种类,不但是不道德,也是不公正地对待自然的行为,但这种判断必须以一个关于人和自然关系的形而上学理论为基础,它不是一个关于正义的理论可以包含得了的(见 p. 512)。

## 第十四讲

# 自由主义政治哲学批判

　　罗尔斯的《正义论》在西方世界和学术界引起强烈反响。在该书出版之后的十几年时间里,数以百计的评论家从各个角度和方位对这本书进行了研究、诠释、评说和批评。1982年编辑的有关《正义论》的文献目录就收集了2512个条目。在此之后,每年又有数以百计的文章出现。评论所涉及的范围不仅包括政治哲学、伦理学,也包括政治学、法律学、经济学、心理学、社会学、教育学、宗教学,不仅包括理论学科,也包括一些实用学科,如公共管理、公共政策、公共福利、环境管理及犯罪学。不仅专业性的学术刊物刊载这方面的文章,一些面向社会大众的著名刊物,如《纽约书评》(*New York Review of Books*)、《纽约时报书评》(*The New York Times Book Review*)、《经济学家》(*Economist*)、《国家》(*Nation*)、《新共和》(*New Republic*)、《听众》(*The Listener*)、《观察家》(*The Observers*)、《新政治家》(*The New Statesman*)和《华盛顿邮报》(*The Washington Post*)等,也纷纷载文对《正义论》进行介绍、评说。一本哲学理论书籍能引起如此长时期和广泛的轰动,这在西方社会是罕见的。难怪美国的政治哲学家布赖恩·巴赖(Brain Barry)把《正义论》所带来的理论界的繁荣现象称之为"罗尔斯产业"(Rawls Industry)。确实,这是一个以一本书为核心,由数以万计的文章、书籍组成的颇具规模的产业。这本书已被翻译成中文、德文、西班牙文、意大利文、葡萄牙文、法文、日文和朝鲜文等,并分别获得考耶夫·崔尼尔书奖(Coif Triennial Book Award)和菲·拜特·卡伯书奖(Phi Beta Kappa Book Award)。

　　《正义论》已有两个中译本,分别由中国社会科学出版社于1988年和上海译文出版社于1991年出版,后又出版了修订本。国内学术刊物上经常可见介绍和评述罗尔斯学说的文章,中国香港和台湾还出版了专门解说《正义论》的学术著作。中国学者和读者对《正义论》之所以产生强烈兴趣,不仅是因为这本书全面总结了历史上的自由主义政治哲学,由此提出了代表自由主义发展方向的系统理论,更重要的是,该书涉及的论题正是我国市场经济和法治建设的关键问题。我国学术界讨论的人权问题、公平与效益问题、社会主义市场经济性质与特征问题、社会公正问题、市场规范和伦理规范问题等，都与该书内容有关。为了能够全面理解和正确借鉴该书的一些观点，不但要了解这本书对西方社会和学术界所产生的正面影响，更重要的是，还应该知道对它的批判、修正和扬弃。为此目的，本章有选择地分析一些与《正义论》相左的批评性和建设性的观点，以及罗尔斯对此的回应。

第一节

## 批评与回应

巴赖把人们对《正义论》的反应分为三个阶段。《正义论》刚问世，便在普及性的周刊和月刊上博得热情洋溢的赞扬；随之而来的是学术理论刊物对它进行的冷静剖析和评价；最后，人们提出建设性的意见，对它进行修订、补充和改造。[1] 我们试以这三个阶段为线索来归纳和概述批评《正义论》的种种意见。

在第一阶段，评论家们对《正义论》的内容理解甚浅，但首先注意到它的现实意义。例如，《观察家评论》(Observer Review)刊登的一篇文章说："任何政治理论，任何关于正义的理论都表达了一种对政治和道德的特殊展望。罗尔斯令人瞩目的成就在于创立了一个关于正义的理论，一个关于自由主义的民主制度正义性的理论。"[2]

《国家》杂志则直截了当地说，罗尔斯的理论是为"西方文明中占统治地位的政治和道德意识形态服务的"。[3]

但是，也有人认为，罗尔斯的理论导致社会主义的平均主义，不值得提倡。《新政治家》中一篇文章批评说："罗尔斯的错误是严重的，但他完全扣住了论题。他使我们认识到，缺乏批判性的道德哲学的社会主义学说是可以理解的，但同时也是不可能正确的。"[4] 说罗尔斯的理论缺乏道德哲学的基础，代表了一些人的批评意见。他们认为，关于正义的观念在传统中体现在论功行赏、论资排辈、惩恶扬善、昭雪无辜、因果报应等观念之中。但罗尔斯却回避了对功劳、资格、惩罚、报应、道义等问题的探讨，

---

[1] 参见 *Canadian Journal of Philosophy*，1978，pp. 753－781。

[2] S. Luckes，"An Archimedean Point"，in *Observer Review*，June，4，1972.

[3] H. Adam Bedau，"Rawls：A Theory of Justice"，in *Nation*，Sept. 11，1972，p. 180.

[4] B. Crick，"On Justice"，in *New Statesman*，May 5，1972，p. 602.

只把分配问题作为关于正义的理论的主题,这是不完全的。

人们特别注意到,《正义论》对功利主义的批判具有现实意义,例如,柯亨(Marshall Cohen)在评论中说:"功利主义的态度和人们的道德判断以及我们的宪法所依据的原则格格不入。因此,道德和政治哲学的一个关键任务是说明功利主义观念的不足之处,还要提供一个可行的观念来代替它们。"[1]

然而,另一些人指出,罗尔斯关于正义的理论本身带有功利主义色彩。它和功利主义一样,把权益的获得作为社会合作的基础。只是在罗尔斯假设的条件之下,人们才会选择正义的原则;在现实社会中,人们对正义原则的解释和贯彻都出于功利上的考虑。这种批评指责罗尔斯没有把正义解释为行使权利和能力的过程,只是把它用来标记一种分配结果;而不管过程、只顾结果恰恰正是功利主义的显著特征。

评论家们仔细研究了《正义论》之后,针对罗尔斯对正义原则所作的论证提出了疑问。罗尔斯关于最初状况的假设成为批评的主要目标。围绕着这一问题,大致存在三种不同意见。

第一种意见否认最初状况的假设的有效性。德沃金(R. Dworkin)指出,假设性的命题不能成为有效论证的独立主题。比如,我有一幅珍贵的油画,但是直到今天才知道它的实际价值。如果昨天有人愿意出一百美元的价钱,我就会把它卖了。然而,关于昨天情况的假设不能证明今天我也会以一百美元的价格出售这幅油画。因为假设的结论取决于假设的条件。条件变了,结论也要随之变化。在假设的条件下论证的原则不能适用于现实社会。罗尔斯的证明以最初状况的假设为前提,因此是无效的。[2]

第二种意见责怪最初状况假设的主观性:它是为了达到预先规定了的目标而设计的,并不如罗尔斯所说,它为理性选择提供了公平的条件。纳戈尔(T. Nagel)说,最初状况假设包含了一个自由主义和个人主义的关于正义的观念,并且把可以导致其他类型的关于正义的观念的条件全部用"无知的面纱"罩起来。在这样的状况中,人们除了选择罗尔斯心目中的正义原则之外别无他路,因为选择的条件本身已经包含了选择的结果。[3]

海尔(P. M. Hare)指出,"无知的面纱"不可滥用。罗尔斯承认,蒙上了"无知的

1 *New York Times Book Review*,July,16,1972,p.1.

2 参见 *The University of Chicago Law Review*,1973,pp.500-513。

3 参见 *Philosophical Review*,1973,pp.220-234。

面纱"之后,人们仍然用关于一般事实的知识,但他却在这些知识中扣除了关于社会历史发展阶段和社会一般状况的知识。他未能说明,为什么有些一般事实应该被了解,有些却被蒙蔽?罗尔斯是按照一定的标准来筛选关于一般事实的知识的。经过筛选之后,人们将不知道自己属于多数人还是少数人的行列,因而不敢贸然选择有利于多数人利益的原则,因此可见,罗尔斯事先已经规定了一个有利于少数人的标准,然后再用这一标准来使用"无知的面纱"。[1] 巴赖在《关于正义的自由主义理论》一书中说:自由权平等在正义原则中占有优先的地位。但是只有当人们对政治权利和经济利益的关系有了充分认识之后,人们才不情愿以自由权为代价去换取经济利益。然而,在最初状况中,在正义原则尚未被贯彻到实际生活之前,人们不太可能对各种权益之间的关系有如此透彻的理解。

第三种意见接受了最初状况的假设,却从这一假设中推导出一些不同的原则。高塞尔(D. Gauthier)说,在最初状况中,人们依据理性将会选择"差别比例的原则"。按照这一原则,人们在分配中得到的利益应该和他们对社会作出的贡献成正比。没有理由认为人们将会特别照顾贡献最少的人。[2] 斯特巴(J. Sterba)说,即使设身处地为穷者和弱者着想,最初状况中的人只能同意这样一个原则,这个原则将保证穷者和弱者基本的生活需要,而不是无止境地促进他们的最大利益。因为有些人是由于好逸恶劳而在竞争中处于不利地位的。[3]

玛斯格莱乌(R. A. Musgrave)提出了一个具有代表性的批评意见,他说罗尔斯忘记了,闲暇也是一种社会利益。当有些人情愿过闲暇生活而不愿投入经济竞争追逐财富的时候,政府又何必越俎代庖,为他们谋取更大的经济利益呢?因此,罗尔斯的差别原则以在竞争中处于不利地位的人的利益为出发点,对于那些舍弃了闲暇生活的人来说是不公平的。[4]

在对《正义论》批评的第三阶段,评论家们的观点愈加全面、成熟,他们不再满足于简单的否定,而是力图提出建设性的意见。这些建设性的意见或者扩大了正义原则的应用范围,或者弥补了罗尔斯理论的缺陷之处,或者把原著中含糊的论点明朗化,或者追溯出《正义论》的历史渊源。我们试以两个问题为例,看一看人们是如何运

---

[1] 参见 *Philosophical Quarterly*,1973,pp. 144 – 155. pp. 241 – 252。

[2] 参见 *Social Theory and Philosophy*,1973,pp. 3 – 26。

[3] 参见 *The Demand of Justice*,Notre Dame,1980。

[4] 参见 *The Quarterly Journal of Economics*,1974,pp. 625 – 632。

用罗尔斯的理论来解决问题的。

第一个问题是国际中经济利益分配关系。贝茨(C. R. Beitz)认为,正义的分配不应限于一国之内。"最初状况"应该是一个国际性的概念,罗尔斯所建立的正义原则也应在全球范围内实行。根据差别原则,自然资源和经济利益的分配应该有助于最大限度地促进穷国的利益,发达国家的首要责任是最大限度地促进不发达国家的经济发展。发达国家的内部也有需要帮助的穷人,但在那里,穷人处境比不发达国家的穷人处境好得多。后者才是真正处于最不利地位的一方,他们的利益应该被首先照顾。并且,如果发达国家没有尽到帮助不发达国家的责任,它们可以从原则上被判为不正义国家。不正义发展为极端,不发达国家可以作出向不正义国家展开正义战争的选择。[1]

阿穆图(R. Amdur)也得出类似的结论,他认为罗尔斯理论的基本倾向是平均主义。将平均主义的原则运用于国际经济关系,可以得出这样的结论:为了经济利益的平等,穷国有理由向为富不仁的国家进行正义战争。[2]

如果说,正义原则的运用范围可以横向发展为对国际关系的研究,那么它也可以纵向发展为对隔代人之间的分配关系的研究。卡夫卡(G. Kavka)认为罗尔斯从财产的继承和转让入手,探讨适用于隔代人之间的正义的分配制度,这一过程过于繁琐,用一种简捷的方法可以达到相同的结论。他把最初状态中的人设想为一切可能存在的人,分配所涉及的经济利益不仅包括同时代人创造出的财富,也包括从上代人继承来的财富。既然一切可能存在的人都会选择正义原则,每一代人都会以正义的方式来分配财产,包括继承来的财产。[3]

胡宾(C. Hubin)也认为,处于最初状况中的人既然被蒙上了"无知的面纱",他们没有"同代人"这样的概念,他们理所当然地同意,他们选择的正义原则适用于生活在一切时代的人。每一代人都对下一代人的分配关系负有履行正义原则的责任,都应按照差别原则,在"理想的控制模式"中将财产转让给下一代人。[4]

针对潮水般涌来的批评意见,罗尔斯作了有选择的回应。他最敏感的批评也是触及要害的批评。因此,我们可以从他的答复中进一步了解他的理论的实质。

---

1 参见 *Philosophy and Public Affairs*,1975,pp. 360 – 389。

2 参见 *World Politics*,1977,pp. 438 – 461。

3 参见 *Philosophical Studies*,1975,pp. 237 – 253。

4 参见 *Philosophy and Public Affairs*,1976,pp. 70 – 83。

罗尔斯在《正义论》中始终站在和功利主义相对立的立场来论述他的理论。因此，当有人批评说：他的理论和功利主义并无本质差别，他迅速作出反应，力图澄清他的反功利主义的观点。《答里昂斯和梯也特尔曼》和《答亚历山大和玛斯格莱乌》等文向人们表明，把他的理论混同于功利主义是一种误解。里昂斯（D. Lyons）指出，罗尔斯理论的可靠性依赖于特定的社会环境，功利主义的可行性则取决于另一些社会环境。在罗尔斯设计的最初状况中，人们不敢冒险，只能按照最低限度的最大限度规则来选择正义原则。但是在现实环境中，人们估计了各种可能性之后，将会选择能够最大限度地满足最大多数人的利益的功利主义原则。罗尔斯却未能在同样的环境中来比较他的正义论和功利主义。[1]

面对这样的批评，罗尔斯重复最低限度的最大限度规则和概率理论的区别。在《关于最低限度的最大限度标准的几点理由》[2]一文中，罗尔斯区别了"最低限度的最大限度平等标准"和"最低限度的最大限度规则"两者的区别：后者指导人们在不确定的状态中作出正确的选择，前者则是人们在追求自由、平等理想时衡量是非的标准。罗尔斯假定，最初状况中的人都处在自由和平等状态之中，他们只有在保持自由和平等身份的条件下才能同意加入社会，就是说，他们都会选择正义的原则作为社会合作的基础。罗尔斯的区别降低了"互不关心的理性"在选择正义原则过程中的重要性，突出了人的自由和平等的本性。

亚历山大（S. Alexander）把罗尔斯的理论视为功利主义的变种，只不过罗尔斯用对最低限度的最大限度的利益的算计代替了功利的概念，用社会福利代替了快乐。其实，用不断增长的每人平均功利量的措施同样对处于最不利地位中的人最有利，没有理由认为差别原则和平均功利原则有本质区别。[3]

罗尔斯坚决拒绝了亚历山大的批评。他说，最初状况中的人选择的目标不是功利，而是公平；他们关心的是自由和平等的权利，而不是利益的满足。功利主义的错误在于把人的所有需求都归纳在一个体系之中，却没有把需求同权利结合在一起考虑。他的正义论属于契约理论，它的本质是论证人的自由和平等权利。另一方面，罗尔斯同意我们在前面所提到的玛斯格莱乌的意见，承认闲暇也属于社会基本利益范畴。他认为有必要对这一问题作进一步的探讨。

---

1 参见 *Journal of Philosophy*，1972，pp. 535－545。

2 参见 *American Economic Review*，1974，pp. 141－146。

3 参见 *The Quarterly Journal of Economics*，1974，pp. 597－624。

面对着人们对最初状况假设的批判，罗尔斯对他的论证作了一些修改和发展。他不再突出"无知的面纱"的作用，而是强调，自由、平等观念是选择正义原则的基础。在《正义论》中，自由、平等观念不是论证正义原则的出发点，相反，这些观念的合理性只是作为正义原则的推理才被确立。

这一论证过程符合罗尔斯在《正义论》中强调的政治理论先于伦理学的次序。但是，在后来发表的文章中他却逆向而行。他公开承认，他的关于正义的理论是建立在康德伦理学的基础之上的。在哥伦比亚大学 1980 年度的杜威讲座中，罗尔斯发表了"道德理论中的康德构造主义"的演讲。他说，正义即公平的观念和康德的构造主义的伦理学一脉相承。康德伦理学的要点是把每个人都看作自主、自由和平等的主体，道德原则不是从外部世界强加于人的，不是为了取得物质利益所采用的手段。这些原则是人们在平等条件下自由自主地作出的选择。罗尔斯把自由自主的选择说成是一个自我构造道德体系的行为，他因此称康德的伦理学为"构造主义"。构造主义的最终目的不是确定真理，而是实践一种社会生活。构造主义原则的过程同样是自由选择一种社会生活的过程。罗尔斯现在认为，只要康德关于人是自由和平等的主体这一论断是可信的，那么人们也可以相信，这些主体为了社会合作的需要必然会构造出正义原则。

"人"（person）这一概念取代了"无知的面纱"的假设，成为人们选择正义原则的基础。最初状况的假设仍然保留着，它假设了人们选择正义原则所需要的公平的环境。但处于最初状况中的人并不是对伦理观念一无所知，相反，他们具有两种基本能力，即按照正义感行动和按照善的观念行动的能力：具有正义感的能力体现在合理的判断之中，具有善的观念表现为人们对理性的追求。罗尔斯接着区别了合理的（reasonable）和理性的（rational）。在康德的构造主义的伦理体系中，合理性是权利的特征，理性是善的特征。权利先于善，因为权利规定了社会合作的公平条件，保证了社会合作的可行性。而只有在社会生活中，人们才能通过理性实现对善的追求。人们在选择正义原则的时候，按照正义感对社会合作的条件作出合理的判断，因此都会同意自由权平等的原则。差别原则是以互相尊重的平等协商为基础的，是按照善的观念对自己生活进行自我调节的产物。这样，从康德伦理学的基本观念出发，罗尔斯构造出《正义论》中论证了的正义原则。[1]

在 1981 年度的"关于人类价值的谭纳讲座"中，罗尔斯又发表了题为"基本自由权和它们的优先性"的讲演。这次讲演和 1980 年的讲演基本精神一致，但侧重于答

---

1 参见 *Journal of Philosophy*，1980，pp. 515 – 572。

复批评者的意见。哈特(H. L. Hart)曾经指出了《正义论》中两个重大缺陷：

第一，它没有给基本自由权的优先位置提供充足的基础，没有解释最初状况中的人为什么不同意牺牲某些基本自由权以换取更多的物质利益；

第二，当正义原则被运用于实际社会中，罗尔斯未能提出一个可以将基本自由权转化为公民政治权利的标准。

哈特说，罗尔斯关于"基本自由权"的概念是一个先入为主的观念，它反映了自由主义者的理想。根据这一理想，公共的政治活动高于经济活动，精神生活高于物质生活。这种未经证明的理想被悄悄地移植到最初状况中人们的理性之中，成为选择平等的自由权和规定其优先地位的依据。

罗尔斯承认，哈特的批评迫使他进一步发展和修改自己的理论，因为他确实未能充分地论证基本自由权的优先性。在《正义论》中，他曾从历史发展的角度，说明经济利益的边际意义逐渐缩小，自由权的重要性相应上升，并因此得出了自由权优于经济利益的结论。但他现在说，这一论证是错误的。他在康德关于"人"的概念中找到了赋予自由权以优先位置的新根据。他的新论证大致是这样的：最初状况中的人虽然有不同的生活目标和需要，但是他们都是自由和平等的主体。只有符合他们主体意识的原则才具有稳定性，被他们自觉遵守。并且，处于自由和平等地位的人们的自尊心也会使他们把平等的自由权放在首要地位；丧失了平等的自由权，一个人最重要的社会利益——自尊也将无法维持。

罗尔斯还认为，在康德伦理学基础上建立起来的正义原则并不一定适用于一切社会，但它们必然会在秩序良好的民主社会中得到认可和实现。最初状况中的人实际上不过是秩序良好的社会中的公民的化身。正义原则的稳定性、人的自尊和秩序良好的社会环境是平等的自由权高于其他社会利益的三点依据。这些依据是以理性思考和证明为基础的，它们可以避免哈特所指出的先入为主的自由主义的理想。[1]

从罗尔斯在《正义论》出版后发表的一系列文章中，我们可以看出，康德伦理学在他的思想中占据了越来越重要的位置。虽然他仍然坚持正义原则的内容，但他对这些原则的说明、解释和论证更加抽象化、理性化了。我们在前面已经指出，《正义论》是一个首尾重合的圆圈式的理论体系，无论从最初状况的假设，还是从伦理学的原则出发，罗尔斯都可以建造其正义原则。这也许就是为什么罗尔斯不再强调有争议的最初状况的理论假设，而是更加依赖康德的理性主义的伦理原则来论证他的正义原则的缘

---

1 参见 *The Tanner Lectures on Human Values*，vol. Ⅳ，University of Utah Press，1982，pp. 1–87。

故吧。

不管罗尔斯是否令人满意地回答了对他的批评,大量的批评意见并未损害《正义论》的价值。

在西方学术界,一部著作的知名度和它遭受到的批评一般成正比例关系。因此,毫不奇怪,《正义论》在七八十年代受到了来自各方面的批评。但是不论人们的批评激烈到何种程度,他们都从未否定《正义论》的重要性和深刻性。例如,诺齐克(Robert Nozick)在对罗尔斯理论进行批判之前认为:"《正义论》是一部有影响的、深刻的、精致的、内容广泛的系统性的著作。自约翰·斯图尔特·密尔的著作以来,政治和道德哲学领域中还没有出现过这样一本书。现在的政治哲学家们必须和罗尔斯的理论相配合,或者说明为什么不和它相配合的原因。"[1]

巴赖批评说:"罗尔斯的正义论行不通,他的很多具体论证是靠不住的",但同时他也承认,《正义论》是"在道德和政治理论中有着重要意义的著作,值得长时期的深入细致的研究",这是一部可以与霍布斯的《利维坦》相媲美的著作。[2]

在批评者的行列里,有两种值得注意的倾向:一种是自由主义的批评者,他们在自由主义的框架之内,对罗尔斯的正义论加以修改、改造,直到建立更加符合美国社会实际和现实要求的新的正义理论,诺齐克是这一类批评者的代表;另一种是非自由主义的批评者,他们的批评直指罗尔斯《正义论》所依赖的自由主义理论前提和历史传统,主张在不同于自由主义政治哲学的理论基础之上,建立新的社会政治和伦理学说。在这种批评者之中,我们将选择桑德尔和麦金太尔的著作加以评述。

第二节

## 诺齐克的极端自由主义

诺齐克是和罗尔斯具有同等影响力的政治哲学家。他也是哈佛大学的哲学教授,生于 1936 年。1974 年,即《正义论》出版后的第三天,诺齐克发表了《无政府、国家和乌托邦》一书。该书引起的轰动不亚于《正义论》。接着,诺齐克又涉足认识论领域,并于 1981 年出版了《哲学解释》(*Philosophical Explanations*)一书。这两部著作

---

1 R. Nozick, *Anarchy, State and Utopia*, New York, 1974, p. 183.

2 参见 B. Barry, *The Liberal Theory of Justice*, Oxford, 1973, p. ix。

使他得以跻身于著名哲学家行列。诺齐克和罗尔斯建立了美国政治哲学中并驾齐驱的两种模式。现在人们普遍认为，对这两种模式只知其一不知其二的了解是对美国政治哲学的片面认识，因此，我们有必要在这里对诺齐克的政治理论体系作一简略介绍。

和罗尔斯一样，诺齐克将权利的问题列为政治哲学的首要问题。但是两人的着眼点却有所不同：罗尔斯关心社会权利的分配，并用正义原则来保证社会权利分配的公正性。诺齐克关于"权利"的概念完全是个人主义的。他认为，任何权利都是个人的权利，个人权利不是对社会权利的分割，它是个人在发挥与生俱存的能力的过程中获得的。国家的功能只限于保护个人业已获得的权利，而不能对个人权利进行再分配。

诺齐克的理想是"最小政府"（minimal state）。他宣称："我们关于政府的主要结论是：只限于反对强力、盗窃、诈骗和强制实施契约的狭隘保护功能的最小政府被证明为是正当的。任何比这更为广泛的政府都将因为侵犯人们不得被迫做一些事情的权利而被证明是不正当的。最小政府不仅是正当的，而且是鼓舞人心的。"[1]

这种"最大的个人利益和最小政府"的理想反映了诺齐克理论的无政府主义的特征。他的著作从国家和政府的起源、作用的角度论证了乌托邦的合理性。

该书的第一部分是关于政府起源的学说。诺齐克和罗尔斯都是"社会契约论"者。但和罗尔斯不同，诺齐克没有把"自然状态"仅仅当作一种理论上的假设，他把这种状态描绘成与美国人开拓西部疆土类似的历史阶段。从理论渊源上来分析，他的理论和洛克关于财产权起源的学说有着密切的关系。

洛克认为，财产权起源于劳动。在没有法律规定的自然状态中，谁通过劳动直接或间接地改变了自然界中的事物，谁就在道义上具有占有这些事物的理由和权利。财产权是物化劳动铭刻在自然事物之上的标记。

诺齐克同意洛克关于政府起源于保护财产权的需要的观点，他具体地描述了自然的无政府状态向政府管理过渡的过程。在自然状态中，出于保护人们劳动成果和财产权的需要，一批代理机构应运而生。这些机构受人雇佣，负责保护雇主的财产不受他人侵占。这种类似保镖局的机构的生存受市场供需关系的支配。这些机构之间进行商业性的竞争，其结果导致一些机构发展，一些机构破产或被兼并，最终形成了

---

1　R. Nozick, *Anarchy, State and Utopia*, New York, 1974, p. ix.

在某一界域内占统治地位的权威性的保卫机构。这种机构代理个人行使保护自己财产权的权利,它不能并且也没有必要去干涉个人权利。

诺齐克并不否认个人权利之间的冲突。有时,一些人在行使个人权利的时候,被认为具有危害他人利益的意图或倾向。那些感到恐慌的人会要求保卫机构保护。但是,不管人们的真实意图如何,在他们的行动没有造成损害他人利益的后果之前,保卫机构无权终止他们做自己愿意做的事情的权利。然而,保护机构可以通过协商,在赔偿因终止某些行为而给当事人造成损失的条件之下,使一些人放弃可以引起他人恐慌的行为。因此,保卫机构也有调解和仲裁的功能,它在力所能及的范围内是类似政府的实体,这便是"最小政府"的雏形。保卫机构的作用反映出最小政府的两个特征:

第一,在政治实体的管辖之下,个人仍然有权利做任何不危及他人的事情;保卫机构在道义上没有合法理由不加赔偿地阻止这一权利的实现。

第二,保卫机构与雇佣它的人或得到它赔偿的人都处于纯粹的经济关系之中,它没有权利向不受它保护的人征税,更没有权利将个人劳动成果集中起来加以重新分配。

诺齐克认为,政府不过是放大了的保卫机构,最初的政府是自然状态中各个地区权威的保卫代理机构的联合体。他说:"在一个区域中占统治地位的保卫联合体满足了两个关键的必要条件而成为一个政府:它获得了在这一区域中使用权力的垄断权,它保护这一区域中每一个人的权利,即使这种普遍的保护可以采取一种'再分配'的方式。"[1]"再分配"的合法形式或是为了某种原因不得不限制一些人的权利,而对这些人作出赔偿,或是具有合法财产权的人们自愿地将自己财产转让给他人。公民向政府纳税犹如自然状态中的人付给保卫机构雇佣费,并不是为了拉平他们之间的收入和财产。总而言之,除了具有比最初的保卫代理机构更大的垄断性和管辖范围之外,政府不应具有比这些保卫机构更加广泛的权力。

诺齐克认为,20世纪以来,西方政治哲学的最显著特征是分配主义(distributivism)或再分配主义(redistributivism)。这种理论鼓吹运用政府权力对财产权进行重新规定,对个人财富进行再分配,以求达到限制贫富差别的目的。这种理论运用在政府的政策和措施中表现为福利主义和国有化经济。针对这种倾向,诺齐克提出,任何妨碍

1 R. Nozick, *Anarchy*, *State and Utopia*, New York, 1974, p. 113.

个人追求自己目标的权利的政治权力和社会秩序侵犯了人权，都是不正义、不合法的。因为按照他的"自然状态"理论，财产占有人的资格和个人权利的行使是同一的。那些更有效和更大限度地实现了个人权利的人也具有获得更多财产的资格。因此，财产私有和个人资产增殖与个人权利一样天然合理。鼓吹对私有财产的剥夺以及对个人资产增殖和转让的限制是再分配理论的要点。

这些做法是不正义的，因为判断一种政治权力和社会制度是否正义的标准不是看它们是否最大限度地满足了人们的需要，而是看它们是否尊重、保护每个人的权利。诺齐克把自己的理论称为"关于财产权的资格理论"（entitlement theory），并把按照一定的模式对财产和财产权进行再分配的理论叫做"模式化理论"（patterned theory）。

诺齐克对罗尔斯关于正义理论的批判是在资格理论和模式化理论相对立的格局中展开的。他认为，罗尔斯虽然不同意按照最大多数人的最大利益这一功利主义模式分配经济利益，但他对功利主义的批判不过是用一种模式代替另一种模式。罗尔斯以在分配关系中处于劣势的人们利益为重心建立了另一种分配模式。他为这一模式的合理性辩护的主要根据是："最初状况"和"无知的面纱"的假设。

诺齐克以讽刺的笔调写道，蒙上了"无知的面纱"之后，人们忘记了自己拥有财产的合法资格，"他们把任何东西都当作神赐的食物来分配"[1]。为了说明罗尔斯所设计的最初状况中的选择的特点，诺齐克举了一个例子。

一班学生在年终考试中分别得到从 0 分到 100 分的成绩。在成绩公布之前，他们聚在一起表达每人应该得到多少分的愿望。现在设想两种情况：第一，如果他们已经知道全班成绩的总分，他们可能会同意，每人应该得到总分的平均数；第二，如果他们并不知道总分，他们可能会同意，最低成绩应该达到尽可能高的分数。在第一种场合讨论谁有获得较高分数的资格将会挑起争端，避免争端的途径只能是同意每人得到平均分。在第二种场合，这些学生的意图更为复杂，他们不但要避免内部争端，而且希望他们这一班人能够比其他班的人具有更强的竞争力，因此，他们将尽量抬高最低成绩的档次，希望即使获得最低成绩的人也能和其他班上成绩好的学生相匹配。

不难看出，这些学生的理由和最初状况中的人的理性具有共同的特点：他们只把利益的获得当作分配的结果，而不把它当作一个取得资格的过程。如果上述学生在

---

[1] R. Nozick, *Anarchy, State and Utopia*, New York, 1974, p. 199.

学习过程中决定谁有获得高分的资格,他们将会以能力和勤奋程度为标准作出不同的判断。

诺齐克用上面的例子说明了两种原则的对立,他说:"关于分配中正义的资格理论是历史的:一种分配是否正义取决于它是如何发生的。与此相对,只顾最终结果的原则主张,分配中的正义视如何分配(谁占有什么)而定,并由一些关于正义分配的结构性原则来判定。"[1]他把这两种原则分别称为"历史的原则"和"最终状态的原则"。他坚持历史的原则,主张利益的分配应体现在实现个人权利的历史过程之中,谁在此过程中更充分地实现了自己的权利,谁就有占有更大的利益的资格。资格不是分配的产物,也不需要在某种人为的结构中被重新审定。为了达到某种结果而对个人资格进行限制,对私有财产进行再分配不可能是正义的。他的理由是:不管按照什么样的模式对财产进行分配,其结果都会在历史过程中发生变化:为了维持分配的最终结果,政府不得不经常干涉人们的活动,阻止这些变化发生。

为了证明这一论点,诺齐克举了一个例子。设想美国著名运动员维尔特·张伯伦在一个平均主义的社会中表演篮球。他和组织表演的单位达成协议,门票收入的25%归他所有。由于张伯伦的名望,一年当中有100万人观看了他的演出。如果每张门票售价1美元,张伯伦的年收入为25万美元,大大超过了这个社会中人的平均收入。

如果 $D_1$ 表示最初的平均分配,$D_2$ 表示张伯伦获得超额收入的不平均分配,诺齐克问道:"如果 $D_1$ 是一个正义的分配,并且人们自愿地从 $D_1$ 走向 $D_2$,转移他们在 $D_1$ 中所得到的部分份额,$D_2$ 也是正义的吗?"在他看来,$D_2$ 毫无疑问是正义的,因为 $D_2$ 表示的分配是观众和张伯伦之间的自愿交易,观众有花钱看表演的权利,张伯伦有凭本事赚钱的权利,他们之间的交易与第三方无关。但是政府为了维持平均分配的模式,会向张伯伦征收重税,使其只能得到相当于平均分配额的收入,张伯伦当然不再情愿表演,观众也丧失了一部分娱乐的权利。诺齐克说,这个例子说明,"关于正义的最终状态或者模式化的原则不可能在不干涉人们生活的情况下被不断地执行"[2]。这些侵犯了个人权利的原则实质上是不正义的。

诺齐克提出了一个和罗尔斯的理论不同的关于正义的原则:"一个关于分配中的正义的完整的原则只是认为,如果每个在分配中取得财产的人都拥有这样的资格,那

---

1 R. Nozick, *Anarchy*, *State and Utopia*, New York, 1974, p. 153.
2 同上书,第 163 页。

么这一分配便是正义的。"[1]简言之,合法的财产权就是占有财产的资格。如果肯资格不是通过人为分配,而是在历史过程中自然产生的,那么从何种意义上我们可以说,合法的财产权是由分配得来的呢? 诺齐克澄清了正义的分配的两种意义。

第一,自然赋予人们以不同的能力,人们运用这些能力创造财富,这是一个将生产能力分派于自然资源之中的过程。贡献出较大的生产能力的人有资格获得较多的财富。人们最初的财产权的合法性是由生产能力的发挥来定义的。每人发挥出的生产能力就是他在生产中分摊的贡献。从这种意义上说,他取得的财富是在一种特殊的分配过程中,在将自己的生产能力分配在自然资源的过程中取得的。

第二,财产的转让和继承也是一种分配。如果最初的财产是合法的,拥有这一财产的人自愿将它转让给另一个人,那么后者由于转让而获得的财产也是合法的。并且,财产转让的合法性具有连续传递的特征:如果 a 自愿将他的合法财产转让给 b,b 又自愿将其转让给 c,那么 c 对这一财产的拥有也是合法的。财产在转让和继承过程中可能被集中在少数人手中,但是只要被转让和继承的财产最初是合法地取得的,并且转让和继承的过程也是合法的,那么少数人占有大宗财产的合法性便是无可非议的。换而言之,拥有财产的资格是在历史过程中形成,并且不受这一过程的最终状态影响。

一种分配是否正义取决于转让和继承合法财产的过程是否合法,而不取决于这一过程所造成的财产集中的程度。诺齐克的理论为社会和经济不平等辩护,为产生出悬殊的贫富差别的社会制度辩护。他认为,经济上的不平等是不平等地行使个人权利的必然产物,消除或者限制经济不平等必然会侵犯个人权利,而侵犯了个人权利的制度都是不正义的。为了避免不正义的制度和政策,政府的权力应严格限制在保护合法的财产权和其他个人权利的范围之内。这种保护功能体现在承认并且保护人们拥有财产的资格,并且保证财产转让和继承的合法性。合法的转让和继承应当具有公开和自愿的特点,它是在有一定理解力和责任感的人们之间进行的。如果不符合这些条件,政府有权阻止。

政府干预的目的是防止财产在转让和继承过程中被强占或骗取,或被一些缺乏健全能力的人(如白痴和疯子)所占有。他要求政府不应限制个人拥有财产的数量。征收高累进的所得税和高额继承税在他看来都是滥用政治权力、干涉合法的财产权

---

1 R. Nozick, *Anarchy*, *State and Utopia*, New York, 1974, p. 151.

的不正义措施。

不难看出,诺齐克对罗尔斯理论的批评的主要目标是差别原则。因为差别原则正是缩小贫富差距的措施的理论根据。诺齐克和罗尔斯一样,继承了自由主义的传统,他们都把个人的自由权放在高于经济利益和社会福利的位置。他们都反对功利主义,因为功利主义赞成为了多数人的利益而牺牲少数人的权利,或者为了社会功利而牺牲个人自由权。

罗尔斯关于正义的平等原则规定了公民政治权利平等,关于正义的两个原则的不可颠倒的次序又规定了自由权高于经济利益。诺齐克提倡的个人权利是绝对不可侵犯的,这一立场虽然比罗尔斯的观点更为激进,但尚无明显不一致之处。但是当他们的理论涉及经济上的不平等,涉及各阶级不同的经济利益,分歧立即显现出来。

罗尔斯认为正义的社会应当限制经济不平等,并且推行福利政策保护贫困阶级的利益。诺齐克则认为,正义体现在过程而不在结果之中;只要个人权利能够充分实现,无论什么样的后果都必须承受。诺齐克虽然承认,经济和社会不平等本身并不具有正义的性质,但是他又争辩说,任何取消或限制经济不平等的制度必然要侵犯个人权利,因此承认和保护这种不平等对一个正义的社会是必要的。

罗尔斯和诺齐克的理论分属两种不同的体系,在各自体系之中,对方的理论是不合理的。诺齐克把罗尔斯的差别原则解释为平均主义的模式;这种模式毫不顾及财富创造的过程及在此过程中出现的占有财富的资格,却把财富比作是从天上掉下来的、待分配的无主的东西。根据罗尔斯的区别,诺齐克的观点属于天赋自由权体系;这一体系对天赋的能力不加任何限制,以至由于偶然因素造成的社会和经济差别越发悬殊,导致社会矛盾激化。

罗尔斯和诺齐克的理论代表了两种库恩所说的范式,这两者在理论上并无优劣高下之分。它们有着各自不同的中心问题,它们的用途是由这些问题在社会中所处的位置所决定的。罗尔斯关于正义理论的问题,是寻找他所处的社会的稳固基础,而诺齐克关于权利的理论的问题是保持他所处的社会的竞争活力,两者有着不同的时代和社会背景。

不难看出,罗尔斯关于正义理论的主要意图是论证西方民主制度的正义性和福利社会的合理性,它在实际中的用途是维持社会安全和稳定,缓和激化的社会矛盾。

诺齐克所面临的则是另一类问题。西方社会自 70 年代中叶之后逐渐转变为平稳发展时期,社会稳定问题已不再是政府和公众关注的焦点,经济发展中的效率和速度问题却被提到了重要地位。高福利政策在西欧社会中产生出均富倾向,拿取失业救济金的人也可带着全家坐飞机到国外旅游。舒适的生活环境得到保障之后,人们竞争意识下降。高税收政策又不足以刺激资本家投资和扩大再生产的意愿。在国营企业中也出现了官僚主义、人浮于事、生产效率低的通病。

西方经济经历了连续多年的衰退之后,人们开始对社会经济政策加以检讨。在经济学领域,弗里德曼(M. Friedman)鼓吹减少政府对经济干预的自由放任政策。在西欧,以撒切尔主义为代表的保守思潮逐渐得势,国营企业重新恢复私营,社会福利被削减,税收制度也改得对富有阶级有利。诺齐克把这些刺激经济竞争的理论和措施的基础归结为保护个人权利。我们曾说,他的"最小政府"的主张和乌托邦的理想具有无政府主义的色彩,但是必须看到,它们与传统的无政府主义有着重大的差别。传统的无政府主义者具有改变不平等的社会制度的强烈愿望,他们心目中的无政府社会是一个平等的大同世界。

诺齐克反对的是运用权力限制不平等的政府。在他心目中的乌托邦中,一个人可以做他愿意做的事;只要不妨碍他人,行使个人权利就不应受到干涉和阻挠,这样的乌托邦是一个不受限制的竞争社会。在这个社会中,人们除了赋有平等的个人权利之外,不可能享有平等的社会和经济权益。有人在比较罗尔斯和诺齐克的理论之后,曾经勾画出两人不同的形象:罗尔斯是社会慈善家,诺齐克则是冷酷精悍的商人。就理论本身而言,罗尔斯的理论适用于西欧式的福利型资本主义,诺齐克的理论适用于美国式的竞争型资本主义。两人都同属自由主义的阵营,但罗尔斯鼓吹的是"福利自由主义",诺齐克则主张"天赋自由主义"。

第三节

## 桑德尔关于自由主义局限性的理论分析

罗尔斯的另一位同事——哈佛大学政府系的桑德尔(Michael Sandel)于1982年出版的《自由主义和正义的局限》一书,对《正义论》加以深入细致的批判性分析。桑德尔力图揭示罗尔斯理论的不一致甚至矛盾之处,以此批判自由主义关于正义理论的局限性。桑德尔把罗尔斯的理论称为"义务论的自由主义",这种理论的特征是:认为社会的一切目标和利益都必须服从一个关于权利的原则,这一原则先于、独立于任何利益。也就是说，人们遵守关于权利分配的正义原则，不是出于任何个人利益或社会福利方面的考虑，而是把它作为义务来履行。桑德尔指出："我要论证正义的局限性，这也意味着自由主义的局限性。我心目中的这种局限性不是实践上的而是理论上的局限性。我并不是要指出，不管如何高尚的原则上的正义都不大可能在实践中完全实现，而是要指出，这种局限性存在于这种理念本身。"[1]桑德尔对自由主义的批判是理论分析，而不是针对其社会作用和意识形态特点的实践批评。

义务论的自由主义的理念充分表现在康德的实践哲学之中。康德不但把自由作为有理性的个人必须实现的道德义务，而且把政治自由当作每个公民必须履行的政治权利。这种义务论在伦理意义上与效果论相对立，在论证形式上与目的论相对立。它坚持把自由作为既不考虑效果也不为任何目的服务的最高义务。康德的义务论是其先验哲学的一部分，他所谓的义务承担者是先验主体。罗尔斯的任务是一方面坚持康德式的义务论的自由主义，另一方面把其理论基础由先验唯心论改造成为在英美思想界长期占统治地位的经验论。正如罗尔斯在 1977 年答复批评者时所宣称的那样："康德学说的力度和内容必须与其先验唯心论的背景相分离"，并"被移植于合理的经验主义的规范之中"。[2]

桑德尔指出，罗尔斯的企图并未成功。当罗尔斯力图证明正义原则的必然性和普遍性时，他需要避免个人愿望和利益的偶然性和个别性，因而不可避免地使用康德的某些先验观念来建构自己的学说。桑德尔说："罗尔斯理论的两个目标，既要避免现存欲望的偶然性，又要避免先验因素的任意和含糊性，归根结底是不可结合的，折中的观点产生出一系列矛盾。"[3]

桑德尔以罗尔斯与诺齐克的分歧为例，说明了康德式"先验主体"观念在罗尔斯学说中的隐蔽地位。我们看到，诺齐克的"资格理论"以承认个人天赋才能与后天成就的不平等为前提，这正是罗尔斯所反对的按照人的才能和功绩来分配社会利益的自然主义的自由观。按罗尔斯的想法，个人的才能以及实现才能所需要的机会，都不是脱离社会的自然产物，它们也应归属社会基本利益范畴，也应该服从公平的分配原则。罗尔斯与诺齐克的分歧涉及对个人主体的不同看法。诺齐克认为个人主体在参与社会分配之前便赋予才能，他们施展才能取得的功绩决定其拥有社会利益的资格，

---

1 M. J. Sandel, *Liberalism and the Limit of Justice*, Cambridge, 1982. p. 1.

2 同上书，第 13 页。

3 同上书，第 40 页。

才能、功绩和资格都是个人主体不可剥夺、不可再分配的权利。罗尔斯则认为，个人在参与社会分配之前没有任何权利，他们所拥有的天赋能力只有在被社会所重视、并在社会所提供的条件下发挥出来之后，才能成为权利。相比而言，诺齐克的"个人"是经验观念，包括现实中人的一切禀赋；罗尔斯的"个人"则是一个形而上学的观念，他是一个纯粹的主体，自然禀赋和经验特征只是主体的属性，主体不依赖于属性而存在。不难看出，纯粹的"个人主体"观念带有康德式"先验主体"的意蕴。

同样，当罗尔斯把古典的社会契约论转变成关于原初状况的假设时，他也把社会组织的现实条件转变成理想条件。桑德尔说，社会契约所要求的现实条件一是个人的自主选择，二是个人间的互利。但是罗尔斯所设计的原初状况却不具备这些现实条件，原初状况中人们所能达到的并不是真正意义上的社会契约，而是类似于康德道德自律的理性原则，即正义原则。自律和契约不同，自律是自己立法、自己守法的自主自觉的规则，契约却带有强制性，具有迫使那些不自主和不自觉的人遵守契约的力量。正义原则所缺乏的正是这种现实的强制性和约束力。再看原初状况的理想条件：一是关于好处的浅薄理论，即人们对自己的社会基本利益的认识；二是"无知的面纱"，即人们对自己能力、地位和身份的无知。罗尔斯论证说，人们在这种理想条件下必然会选择正义原则。桑德尔却抱怨说："关于好处的浅薄理论深厚到不公正的程度"，"无知的面纱模糊到不能作出决定的地步。"[1]他的意思是，这些理想条件缺乏经验事实的证据，是为了满足事先已经确定的正义原则的要求而刻意设计出来的。在这些理想条件下，实际上并无个人自主选择，人们只能看到允许他们所能看到的东西，就是说，只能认可那些已经为他们安排好的权利和利益。桑德尔说："原初状况的秘密以及它所拥有的证明力量的关键，不在于人们在那里做了什么，而在于人们在那里理解到什么。重要的不是他们选择什么，而是他们看到什么；不是他们决定了什么，而是他们发现了什么。在原初状况里产生的根本不是社会契约，而是相互交际的个人主体的自我意识。"[2]这是对先验论的主观任意性的揭露。桑德尔指出，正义原则不过是从个人主体的自我意识推演出来的，而这种推演的有效性是由一些任意规定的条件来保证的。由此看来，罗尔斯陷入了他想避免的先验唯心论的窠臼。

桑德尔在指出义务论的自由主义蕴含着一些自身不能证明的先决前提之后，又指出它们的局限性所在。他说，义务论的自由主义有两个先决前提：一是社会正义高

---

1 M. J. Sandel, *Liberalism and the Limit of Justice*, Cambridge, 1982. p. 28.

2 同上书，第132页。

于社会利益，二是个体多元性高于个体一元性。关于前者，桑德尔说，正义并不一定总能促进和改善社会道德，在一定环境中，正义可能不是美德而是邪恶。比如，坚持正义的权利标准，在一定环境下，可能会用报复代替和解，用公平交易代替和睦相处。正义的伦理价值受具体的社会环境制约，不能在一切环境下都把正义当作最高的价值标准。关于个体多元性高于一元性这一前提，桑德尔指出，这种个人主义的利益观包含着一种内在的社会观，即把社会当作实现多元化的个人利益的场所。这种社会观会导致对社会成员共同利益的忽视，削弱个人对社会整体的认同程序。与之相反的是功利主义观点，即由社会来决定个人的最大利益。功利主义忽视了社会成员利益的多样性，过分强调个人对社会的依赖和少数人为社会整体利益作出的牺牲。罗尔斯正确地指出功利主义的缺点，却走向另一个极端。桑德尔总结说："如果说功利主义没有重视我们的差别性，正义即公平的观点则未能重视我们的公共性。"1

## 第四节

## 麦金太尔关于自由主义意识形态的历史叙事

　　80 年代，从法国发端的后现代主义思潮在英美的影响日益兴盛。后现代主义的一个特征是向一切"主流""中心"或"正统"提出挑战。自由主义代表了启蒙运动以来西方政治和道德的一大主流，在英美政治界和学术界长期占有统治地位，自然成为后现代主义"解构"的一个目标。美国道德哲学家麦金太尔（Alasdair MacIntyre）对自由主义，特别是对罗尔斯为代表的正义学说的批判，正是在这种理论背景中发生的。

　　麦金太尔在《德性之后》（*After Virtue*）一书里提出了德性伦理学。他把近现代的伦理学的基本特征概括为规范伦理学，不论情感主义还是理性主义，目的论还是义务论，都企图为人类社会制定一套伦理规则，用以规范人们的行为。规范伦理学的差错在于，用非历史的理性设想并论证抽象的规则，并要求无条件地应用于一切具体环境。规范伦理学家没有看到，他们在一定的历史条件下，在一定的文化背景中提出问题和解决问题，他们提出的规范充其量只适用于产生这些问题的具体的社会环境。然而，各种以偏概全的规范必然相互矛盾和冲突，由此产生出无休止的攻讦和论争，

---

1 M. J. Sandel, *Liberalism and the Limit of Justice*, Cambridge, 1982. p. 174.

普通民众面对形形色色各不相容又都貌似有理的规范也感到无所适从。为了针砭规范伦理学，麦金太尔从亚里士多德《尼各马可伦理学》里总结出德性伦理学。德性与规则的不同之处在于，德性是具体的，是特定社会根据社会成员的不同状况而提出的不同要求，德性的规定性是社会和历史的规定性；其次，德性是实践的，拥有德性是实现德性的全过程，不被践履的德性不成其为德性，德性的规定性是在人的道德实践中展现出来的个人品质。

　　规范伦理学与德性伦理学的分歧，可从美国当代正义学说与亚里士多德关于正义这一德性的论述的比较中显示出来。麦金太尔说，罗尔斯与诺齐克虽然对正义的规则各持己见，但两者都认为"个人第一、社会第二，并且，个人利益的要求优先于、独立于人与人之间的道德与社会联系结构"[1]。与此相反，亚里士多德是在个人与社会的关系中阐述正义的，把正义规定为给予一个人应该得到的待遇，赏罚分明便是正义的范例。罗尔斯的正义学说适用于个人主义社会，其中的每一个人对个人权利和公共利益并无一致见解。亚里士多德的正义德性适用于城邦社会，这一社会的成员对个人与公共的善已有共识，因此也不难就某个人应该得到什么待遇达成共识。麦金太尔进一步指出，在个人主义社会里，正是因为对于利益和权利，各种人有不同的、相互冲突的要求，不可能产生出一个共同的正义学说。他在说明罗尔斯与诺齐克的理论分歧之前，"用两个并非想象的典型人物 A 和 B 的争论为例来说明问题"。试想 A 是靠劳动所得为生的店主、警察或工人，他们不赞成对劳动所得征税，B 是靠社会福利、遗产或不固定收入为生的自由职业者，他们要求扩大社会福利和补贴。A 和 B 的愿望显然不能同时实现，他们也不会就"什么是正义"的问题达成共识。麦金太尔说，罗尔斯的理论代表了 B 的意见，而诺齐克代表了 A 的意见，这是两者分歧的社会根源，这也决定了两者的分歧也超出理论上的争论，不可能在理论范围内获得解决。[2]

　　麦金太尔的上述分析表明，任何关于正义的学说都属于意识形态，自由主义也不例外。然而，自由主义者却用"意识形态的终结"的说法来掩盖其意识形态特征。这一说法首先由施尔斯（Edward Shils）在 1954 年的世界"文化自由大会"上提出，后被贝尔（Daniel Bell）和利普塞特（Seymour Martin Lipset）等人所论证和发挥。麦金太尔敏锐地指出，在这种社会和理论形势下提出的这种观点，首先是针对马克思主义的："当这些作者在发达西方社会谈论意识形态终结时，他们心目中很清楚指的是最

---

1　A. MacIntyre, *After Virtue*, Notre Dame, 1984, p. 250.
2　参见上书，第244—246页。

终消除了马克思主义的社会影响。"[1] 他接着指出,"意识形态终结"来自自由主义的意识形态,因而是自我否证的说法。他论证说,意识形态既是哲学又是社会学,因此,哲学、社会学领域的争论正是"意识形态并没有消亡,而是仍然活着的一个标记"。[2]

在另一篇文章里,麦金太尔还指出,哲学与政治之间有两重关系:哲学可以阐明政治的理论和实践,在这种情况下,不理解哲学便不明了政治的实质与要害;哲学也可以掩盖政治的意识形态特征,在这种情况下,沉湎于抽象的哲学概念和原则,反而使人看不出政治的实质与要害。自由主义的政治哲学也有这样两重功能,它曾经阐明、论证了自由主义政治、经济制度的合理性、合法性,但在"意识形态终结"的文化氛围里,它现在更多地被用来掩盖自由主义的意识形态特征。为了揭开当代自由主义政治哲学的帷幕,麦金太尔在《谁之正义? 何种理性?》一书中,用历史叙事方法,说明了自由主义的历史来源、文化背景和社会功能。

麦金太尔在这部长篇著作中从西方思想史的角度考察了西方政治学说的种种不同传统,说明自由主义只是其中的一个传统,并没有高于其他传统的优越性。他把自由主义看作现代主义的一个重要方面,自由主义把启蒙主义纲领付诸政治实践,以普遍的理性的名义要求适用于一切社会的普遍正义。麦金太尔争辩说,不同的文化传统有不同的理性标准,不同的社会有不同的正义观。自由主义企图凌驾于其他传统的正义观之上,但如果人们用"谁之正义? 何种理性?"的问题考验自由主义的正义观和理性标准,便可以发现自由主义的局限性。麦金太尔并不是一个反自由主义者,他只是提醒人们不要囿于自由主义传统,按照自由主义的理性标准和个人主义价值观判断其他社会是否正义;即使在西方社会内部,也有不同于自由主义传统的历史遗产;学会充分利用不同传统的长处解决一个社会或全人类面临的问题,这才是一个成熟了的文明的标志。我们可以把麦金太尔对西方以正义为中心的政治传统所作的历史性分析称作"非自由主义的正义理论",因为这一理论的目的和作用在于超越自由主义的局限性,在各种不同的政治传统中发掘新的文化资源。

麦金太尔指出,现代各种正义理论的局限性在于只在自由主义的基本框架中讨论问题,"提出关于态度和政策的这一类或那一类的具体问题,但不对自由主义关于个人及其选择方式的基本信条提出问题。当代场景中所谓的保守主义和激进主义不

---

1 A. MacIntyre, *Against the Self-Images of the Ages*, Notre Dame, 1978, p. 4.
2 同上书,第 7 页。

过是自由主义的掩体,现代政治体系中的当代争论几乎全在保守的自由主义者、自由的自由主义者和激进的自由主义者之间进行。在这样的政治体系内部很少有对体系自身进行自我批评的余地,很少对自由主义提出疑问。"[1]为了能够站在自由主义的框架之外看待自由主义,麦金太尔对西方政治传统进行了历史叙事。他发现了四种不同的政治传统:古希腊的亚里士多德传统、中世纪的奥古斯丁传统、近代苏格兰的加尔文教传统和现代的自由主义传统。每一种政治传统都是特定社会生活和思想环境的产物。亚里士多德传统是在吕克昂学园中对希腊城邦政治进行思辨的结果;奥古斯丁传统是修道院中的僧侣和大学中的经院学者对封建制度的认识;苏格兰传统在公理会、长老会以及法院、大学的生活环境中形成;自由主义是在启蒙运动的形势下把抽象、普遍的理性原则转变为具体的政治力量的产物。从形式上说,这些传统都以社会正义为政治活动的目标,以实践理性为达到目标的手段。就"正义""实践理性"这些概念而言,这些传统之间存在着"逻辑上的不可比性"(logical incompatibility),因为在不同的传统中这些概念有不同的意义。亚里士多德的"实践理性"不同于托马斯在"良心"(synderesis/conscientia)这一意义上所说的实践理性,奥古斯丁要求的基督教的正义不同于休谟所说的出于正义感的政治原则。不仅如此,各传统之间还存在着"不可公度性"(incommensurability),就是说,不能用一个传统的标准来衡量另一传统是否正义和合理。因为每一传统在各自的环境中都能够有效地应付和解决社会、政治问题。在环境改变之后,它不能解决新环境中出现的问题,才被另一种适应于新环境的传统所取代。但是,后起的传统不能因为老传统不适应新环境而否认它在过去环境中的合理性与有效性,不能用解决一个社会问题的正义与理性标准来衡量解决另一个社会问题的标准是否正义与理性。因为正义与理性的不可比性和不可公度性,"不能诉诸理性来强迫所有理性的人都效忠于一个理性自身、一个正义自身。相反,只有这个或那个传统的实践理性、这个或那个传统的正义"[2]。

自由主义的错误恰恰在于运用游离于传统之外的普遍理性把自由主义、个人主义的正义性说成全人类的共同理想和所有社会的统一原则。麦金太尔说明,所谓普遍理性不过是个人主义社会中自我抉择和追求利益的手段;所谓共同正义不过是自由社会对个人选择的范围和价值所作的评估,它们只是自由主义传统的理性和正义。

麦金太尔在现代社会环境中分析自由主义理性和正义观所要解决的问题,他指

---

1 A. MacIntyre, *Whose Justice? Which Rationality?* Notre Dame, 1988, p. 392.
2 同上书,第346页。

出现代社会的基本特征是利益多样性：政治、经济、家庭、艺术、体育、科学等方面的利益都是人们追求的目标，没有一种利益可以压倒其他利益而成为一切人共同追求的目标。利益多样化意味着自我选择的多样性。合理的、有效的选择对于个人的生活至关重要，"这种效率因此成为自由主义现代性的中心价值"[1]。自由社会所需要的实践理性以自我选择、自我实现的效率为特征，罗尔斯所说的"互不关心理性""最大的最小值原理"恰当地描述了这些特征，只不过罗尔斯把这些特征普遍化为一切有理性的人的特征，"这样，罗尔斯把人类自我等同于自由主义的自我"[2]。麦金太尔指出，只是在现代个人主义社会中，个人才会以自由的自我的身份，而不是以一个公民或某个群体一分子的身份运用实践理性。与其他传统的实践理性相比，自由主义传统的实践理性有下列独特作用：(1) 安排个人选择在公共领域中的秩序，使每个人的选择不致相互冲突；(2) 用可信的论证把个人选择的意向转变为决策和行动；(3) 最大限度地获取所选择的利益。

在自由主义传统中，个人的实践理性关心的是利益的选择和满足。麦金太尔说："按照这种文化的标准，一个人可以充满理性却不正义。理性具有优先性，因此，正义的规则要用理性来证明。"[3]正因为自由主义传统的正义观依靠理性证明，自由主义阵营内的各种正义理论不可避免地相互攻讦、自我辩解。然而，围绕正义观念的争论绝不是无谓的消耗，它把自由主义社会中个人活动安排在四个层次的规范之中。在最基础的层次上，各种正义观念表达了人们对不同利益的不同态度和情感；在第二层次上，以政治、伦理学说表达价值判断；在更高一级层次上，用哲学理论论证正义原则的普遍性、合法性；在最高层次上，把被论证的自由主义正义观固定在法律制度之中。自由主义的正义理论归根到底是为自由主义的政体与法统服务的，如麦金太尔所言："自由主义的祭司是律师，而不是哲学家。"[4]

回到"谁之正义？何种理性？"的问题，麦金太尔让人看到：自由主义的正义是政治精英规定的正义，自由主义的理性是自由的自我的实践理性。他说："消费者、选举人和一般意义上的个人有权在可供选择的东西中表达他们的意愿，然而，选择可能性的范围受一个精英集团控制，提出这些可能的选择的方式也就是控制它们的方

---

1 A. MacIntyre, *Whose Justice? Which Rationality?* Notre Dame, 1988, p. 337.

2 同上书，第 337 页。

3 同上书，第 342 页。

4 同上书，第 344 页。

式。"[1]麦金太尔并不是自由主义的政治上的反对者,他没有像 70 年代的激进左派那样否定自由主义的合法性和合理性。他的批判是一种文化批判,即通过对西方文化的历史传统的审视,揭示自由主义的意识形态特征。但他通常对这种意识形态并不作价值判断,并不要求用另一种意识形态来取代它。只是在为一本反对自由主义著作《自由主义的贫困》所作的书评里,他对自由主义的优缺点作了如下评论:

> 其优点在于对宽容的价值以及言论自由的肯定……自由主义的缺点在于,自由主义者拒绝承认自由主义的负面和不全面的特征。自由主义的规范给予我们的政治活动以一定限制,但它没有为我们树立一个追求的目的,也没有为政治活动赋予理想或视野。它从不告诉人们做些什么。因此,没有一种社会机构和社会活动仅仅或主要靠自由主义便能唤起;当任何社会机构和活动宣称是如此唤起时,如"自由"大学或"自由"国家那样,这总是一种欺骗。

关于自由主义为什么缺乏行动的号召力和动力的原因,麦金太尔继续写道:

> 这首先是一种抽象的道德主义,在任何具体问题上都诉诸一般原则。自由主义缺乏经院学者所说的"中间公理",即缺乏解释和思考运用第一原则的方法。……与此相联系的是这样一种观点:个人被视为一切价值的源泉和驻所。[2]

麦金太尔不满意自由主义的根源在于不满意少数技术官僚和政治精英控制公众舆论、决策过程和文化倾向,要求给个人创造更广阔的空间。麦金太尔的正义理论反映了超越现代主义政治的要求。应该看到,麦金太尔不赞成弥漫于后现代主义文化中的相对主义精神。他说传统的"不可公度性"不应成为闭关自守、排斥外来传统的理由。从不同传统在不同社会环境中有不同价值的正确前提出发,得不出在相同的社会环境中一个传统与另一传统同等有效的结论。他相信,两个传统的结合或干脆用外来传统取代过时的本地传统或许可以成功地解决现代文化危机。对传统价值的评定标准在于成功和效用。在这里我们可以看出麦金太尔的后现代主义所表现的美国实用主义态度和欧洲式后现代主义的游戏精神之间的明显差别。

---

1 A. McIntyre, *Whose Justice? Which Rationality?* Notre Dame, 1988, p. 345.
2 A. MacIntyre, *After Virtue*, Notre Dame, 1984, p. 283.

第十五讲

# 政治自由主义与哈贝马斯—罗尔斯之争

第一节

## 政治自由主义

面对来自各方面的批评,罗尔斯在 1996 年出版的《政治自由主义》中力图用自由主义包容社群主义在内的其他政治学说。他承认,"在我对《正义论》一书目的之概述中,社会契约论传统被看作是道德哲学的一部分,没有区分道德哲学和政治哲学。在《正义论》中,一种普遍范围的道德正义学说没有与一种严格的政治正义观念区别开来",致使不少批评者以为《正义论》"所依赖的是一种抽象的个人观念,所运用的是一种个人主义的、非社会的人性理念;或曰,它对公共与私人领域作了一种无效的区分"[1]。他认为,只要把"正义即公平"当作一般的政治观念,而不是与其他完备的宗教学说、哲学学说和道德学说相抗衡的完备学说,那么这些指责是可以避免和克服的。

罗尔斯看到,西方现代政治观念是在宗教改革之后形形色色的宗教学说、哲学学说和道德学说的争论中发展起来的。他深知,民主社会的特点是合理的多元化,没有一种完备学说拥有限定的优越性,可以指导社会的走向。合理多样性不是民主制度的缺点,而是在自由和宪政的条件下规范人类理性而产生的不容否定的事实。罗尔斯说:"政治自由主义的问题是:一个由自由而平等的公民——他们因各种合乎理性的宗教学说、哲学学说和道德学说而产生了深刻的分化——所组成的稳定而公正的社会之长治久安如何可能? 这是一个政治的正义问题,而不是一个关于至善的问题。"[2]

---

1 罗尔斯:《政治自由主义》,万俊人译,译林出版社 2000 年版,第 3、17 页。
2 同上书,第 13 页。

　　罗尔斯为政治自由主义的适用范围作了三点限制：（1）有保障公民自由而平等的宪法；（2）公民相信的不同的宗教学说、哲学学说和道德学说不是"一般多元性的事实，而是理性多元性的事实"，不允许非理性的、疯狂的和侵略性的学说存在[1]；（3）有稳定和公平的社会秩序，或者说，《正义论》中的"有序社会"是政治自由主义的背景。在这三个条件的限制下，政治自由主义的任务是把"正义即公正"的政治观念运用于新出现的社会问题，以维护正义社会的稳定。

　　为了达到政治自由主义的目标，罗尔斯提倡用公共理性促进宪法共识，使各种学说趋向重叠共识（overlapping consensus）。"公共理性"指"各政治集团必须进入政治讨论的公共论坛，并吁求其他不分享其完备性学说的那些集团，超出自己观点的狭小圈子，面对更广阔的公共世界来解释和证明其所偏好的政策，以此为依托争取多数。"[2]"宪法共识"规定了合适地履行政治权利以取得政治实践合法性的基本原则。而"重叠共识"指各种不同的合理和完备的学说运用公共理性、在宪法共识的前提下所能达到的政治实践的共识，它有足以维持正义社会稳定的宽度和广度。

## 第二节
# 哈贝马斯—罗尔斯之争

　　面对来自各方面的批评，罗尔斯于1996年出版了《政治自由主义》一书。他在书的前言中说，该书与《正义论》的精神和内容相统一，但同时也说明了两书的主要差别。《正义论》所发扬的社会契约论传统属于道德哲学范畴，罗尔斯当时并未区分道德哲学与政治哲学，政治观念被置于广义的哲学与道德的框架里才得到说明。然而，罗尔斯现在却说："政治自由主义不是广义的自由主义"，"道德哲学的一般问题与政治自由主义不相关"。[3] 他为什么要强调政治学说与一般的道德和哲学学说之间的差别呢？这要从他现在所承认的《正义论》的一个缺陷谈起。

　　我们知道，《正义论》的理论对象和适用范围是"良好秩序社会"，这是一个稳定、和谐的社会，其成员对于社会基本利益和道德规范有着大致相同的看法。但罗尔斯

---

1 参见罗尔斯《政治自由主义》，万俊人译，译林出版社2000年版，第153页。

2 同上书，第175页。

3 J. Rawls, *Political Liberalism*, Columbia, 1993, pp. xxvii - xxviii.

现在却说，这是一个"不现实"的设定。民主社会的特点是"合理的多元化"，各种宗教的、哲学的和道德的普遍学说互不相容，但都并存于民主社会中，没有一种普遍学说拥有先定的优越性，可以主宰全社会的走向。这种合理的多元主义不仅不与民主社会的制度相抵触，相反，它是在自由和法制的条件下规范地运用人类理性所产生的结果。现实的民主社会并不是罗尔斯原来设想的"良好的秩序社会"，但民主社会同时又是稳定的社会，这样便产生出这样的问题："自由、平等的公民们被不相容的宗教的、哲学的和道德的学说所分裂，一个稳定的正义社会何以能够一直存在？或者说，各种深刻对立着的合理的普遍学说何以能够共存并都认同一个法治的政治观念？"[1]罗尔斯说，这些问题是政治自由主义试图解决的关键问题。很明显，政治自由主义不能诉诸任何一种普遍的学说来解决这一问题。因为不管一种普遍学说如何合理，它都有自己的对立面，把民主社会的政治理念统一于某一种普遍学说，势必会招致另一些普遍学说的反对。各种普遍学说共享的政治理念的依据只能在这些学说之外去寻求。罗尔斯因此认为，作为体现民主社会共同的政治理念的政治自由主义必须与民主社会里的各种普遍学说区别开来。

罗尔斯使用"重叠共识"的概念来说明各种普遍学说共享一些政治理念的可能性。各种普遍学说虽然互不相容，但它们之间有一定的重叠点，在这里汇集出现一些中心观念，这就是它们在政治问题上达成的共识。罗尔斯在《政治自由主义》演讲Ⅳ中详细讨论了"重叠共识"的作用、性质和意义，以及达成"重叠共识"的步骤。就是说，一个公民既可以信奉一种普遍学说，同时也可以与信奉其他普遍学说的公民达到"重叠共识"。在罗尔斯看来，民主社会公民所能达到的"重叠共识"即是政治自由主义的中心观念，其中"正义即公平"的观念尤为重要。他的《正义论》对这一观念的论述仍然有效。在《政治自由主义》这部新著中，他一方面继续阐述以前的一些观念，如权利优先、构造主义、正义原则等，另一方面着重探讨一些新问题与新观念，如政治稳定性问题，合理多元主义与简单多元主义的区分，关于善的政治观念，关于自由平等个体的政治观念，等等。罗尔斯此时注意在政治学说范围内讨论问题，而不依靠哲学的思辨论证和伦理学或知识论的原则。与《正义论》相比，这本书与其说是政治哲学著作，不如说是一般政治学理论的论文集，理论深度、系统性和广泛性远不及《正义论》。我们认为，不能说罗尔斯在这本书中达到了一个思想发展的新阶段，但可以把

---

1 J. Rawls, *Political Liberalism*, Columbia, 1993, p. xviii.

它作为《正义论》的补充和修订。

《政治自由主义》一书出版后不久，首先招致哈贝马斯的批评。哈贝马斯和罗尔斯可谓是西方政治哲学界的当代双雄，在各自领域，两者分别在欧陆和英美处执牛耳之地位。两者有不少共同相似之处，比如，他们都自觉地运用自己的学说为西方民主制度服务，都自称继承了康德的伦理学基本原则，在非理性主义、怀疑主义和相对主义泛滥的氛围里坚持理性主义的立场。但是哈贝马斯与罗尔斯的差异也是十分明显的。哈贝马斯不属于自由主义阵营，他继承的是欧洲自启蒙运动以来的理性主义传统；作为法兰克福学派的传人，他一方面磨平了法兰克福学派社会批判理论的激进的棱角，另一方面集思广益、多采博收，把学派的思想改造成改良理论。哈贝马斯的社会交往理论涉及哲学、社会学和政治学等社会科学诸领域，但其核心是交往伦理学或言谈伦理学。哈贝马斯设想，按照理想的交往行为规则，在不同利益的社会阶层之间进行自由、平等的对话，使对话各方面充分沟通，相互理解，每一方都不能凌驾于其他各方之上，但也不受任何一方的干涉和控制，只有通过这种没有控制的交往，才能实现人类的解放，打破工具理性和利益集团设置的文化樊篱，使人类各种利益都能够和谐地实现于生活世界。毫无疑问，合法的民主制度的基础正是社会各阶层广泛参与的交往行为，哈贝马斯综合分析哲学的语言行为说、实用主义的普遍语用学、康德的实践哲学以及启蒙理性的解放纲领，力图说明社会交往行为既是生活世界的语言行为，也是人类解放的伦理和政治行为。

哈贝马斯的社会交往理论与罗尔斯的正义论在旨趣、来源、内容乃至方法和风格上迥然有别。哈贝马斯利用评论《政治自由主义》的机会，对罗尔斯的理论提出全面批评；罗尔斯在其答复中也对哈贝马斯的理论提出反批评。1995 年《哲学杂志》(*Journal of Philosophy*)第 3 期刊载了哈贝马斯的书评和罗尔斯的答复。我们以此为材料，对哈贝马斯—罗尔斯之争的要点作一综述。

在哈贝马斯看来，《正义论》本来在理论论证方面存在一些不足之处，有待于从哲学认识论和伦理学方面进一步深化。但《政治自由主义》却采取相反方向，宣布政治理论与哲学和伦理学脱钩，结果出现了论证方面的新问题，缺乏坚实的理论基础。此外，他还指出了罗尔斯学说未能避免的自由主义的通病。他的批评包括这样三个部分：(1) 关于《正义论》的不足之处，他着重分析了罗尔斯关于"原初状况"观点需要进一步深化之处；(2) 关于《政治自由主义》的新问题，他指出了"重叠共识"概念的缺陷；(3) 针对自由主义者的共同失误，他提出，应该注重古典自由权与现代自由权这两种形态的区别和联系。

（1）哈贝马斯指出，原初状况不足以为正义原则提供充分的证明条件。在原初状况中，人们还不具备道德上的自主性和正义感，缺乏普遍准则所要求的自律的理性形式。他指出："罗尔斯不能够自圆其说地认定，缺乏完全自主性的参与者能够代表完全自主的公民。"[1] 就是说，原初状况既然是达到正义原则的理想状况，它就不能没有正义社会所需要的伦理基础，参与社会契约的各方不能没有正义原则所需要的公平、自主和协商的观念。因此，罗尔斯首先需要论证一个关于"道德主体"的概念，如康德论证"绝对命令"的普遍必然性时所做的那样，但是罗尔斯却只设定互不关心理性和无知的面纱，这两者都无伦理意义，而且不具有理性的普遍形式，因而不足以达到普遍有效的正义原则。当罗尔斯将个人权利也当作可分配的社会基本利益时，他混淆了权利与利益。一个人只有在运用权利时才拥有权利，权利不是供消费用的现成利益。如果原初状况里的人不是自由、平等的道德主体，他们不能运用个人权利，何以能够具有权利的观念，又遑谈达成关于权利的协定呢？

（2）罗尔斯的"重叠共识"概念同样需要首先论证政治主体的自主性，但是罗尔斯非但没有提出这样的证明，反而说政治上的正义观念要与形而上的正义观念相脱离。这样，"重叠共识"只是作为政治上的工具来使用，缺乏知识论所要求的真理性。在政治参与者能够达到共识之前，他们起码需要有关于正义的共同观念；但是关于正义的共同观念不能仅仅局限于政治领域之内，它必须具有真理和伦理的内涵，才能说服人，才能有实践效力。罗尔斯把知识论和伦理学的标准划归"合理的普遍学说"范围存而不论，但又没有深究"合理"的意义所在，因此不能回答为什么各种合理的普遍学说能够在政治领域达到"重叠共识"的问题。哈贝马斯指出，罗尔斯之所以不能或不愿意回答这样的问题，可能是因为他认为一个世俗的、自立的道德是不可靠的，道德信念肯定要落入形而上或宗教的窠臼。罗尔斯以近代以来保障信仰和良心自由的政治制度为样板，正是这种制度使西方社会摆脱了因宗教冲突而引起的内战。对此，哈贝马斯提出这样一个问题："如果宽容原则以及信仰和良心自由不诉诸一种道德有效性，这种道德有效性不依靠形而上学和宗教，宗教冲突还会结束吗？"[2]

（3）哈贝马斯在1992年出版的《事实与规范》（*Faktizität und Geltung*）一书里发现，自由主义者强调的是个人权利，比如生命权、私人财产权和自由权等，然而，在历

---

1 *Journal of Philosophy*，1995，p. 112.

2 同上书，第126页。

史上,自古希腊民主制以来的传统强调的是公共权利,即由民主宪法表达出来的大众意志或主权。在近代,洛克和康德等人的学说表达出现代自由权的观念,卢梭的学说表达的是古典自由权的主张。但自 19 世纪以来的政治哲学混淆了这两种自由权的观念。共和主义者以多数人的名义,把某种特定的价值观写进法律,以此限制个人权利的范围及其行使;自由主义者相反,他们以道德自主性的名义,要求对法律的权威加以限制。哈贝马斯认为,应该正确处理个人权利和公共权利的辩证关系;应该把民主当作一种合法的程序,而不是权利的要求或法律的规定,但依靠民主的程序,可以达到权利和法律的平衡,实现个人权利和公共权利的内在联结。

按照上述观点,哈贝斯批评罗尔斯和其他自由主义者一样,混淆了现代的(个人)权利和古典的(公共)权利的观念。罗尔斯在原初状况的条件下达到的正义原则规定的只是个人权利的关系,但他却把这些原则作为国家法律和社会福利制度的基础,这样就把个人权利置于公共权利之上。罗尔斯以现代权利观念为前提解决社会公正问题,不仅与共和主义的法治和宪政精神相违背,而且不符合历史事实。在历史上,个人权利和公共权利的范围和重要性不时转化,正义的政策在某些条件下要求以公共权利限制个人权利;在另一些条件下则要限制公共权利的运用以保障个人权利。一种政治理论不能一劳永逸地制定出不变的正义原则,用以保障个人权利对于公共权利的优先地位。哈贝马斯说,罗尔斯的正义论正是这样的实质性学说,也就是说,对正义社会和民主制度的内容作了过多的实质性规定,而没有对其程序的合法性作更多的论述。当然,哈贝马斯所说的正义和民主的程序指的是社会交往行为的合法化。他的言谈伦理学关心的是如何用合法的程序来保证个人权利和法律制度的合理与公正,而罗尔斯的正义论却要用普遍原则来规定正义社会的权利和法律的具体内容。他俩的理论出发点、目标和旨趣明显不一致。

罗尔斯写了双倍于哈贝马斯书评文字的答复,他不但对哈贝马斯所提出的各条批评逐次予以回答,而且联系哈贝马斯的言谈伦理学和最近发表的政治哲学观点,提出反批评。他所针对的问题主要有:(1)他是否需要首先提出一个关于道德主体的形而上理论来作为政治学说的基础?(2)他是否没有解决各种普遍学说何以能够达到政治上的重叠共识问题?(3)正确的政治哲学理论是否只是程序性的,而不能是实质性的?

(1)罗尔斯说:"我认为政治自由主义是属于政治范畴的学说,它完全在此领域之内,而不依靠任何外在的东西。"与一般的政治哲学不同,政治自由主义不是宗教的、形而上学的和伦理的普遍学说的应用结果,它"主要由一些不同的、自立的关于权利和正义的政治观念所构成"[1]。哈贝马斯的社会交往理论却是比政治哲学更加广泛的普遍学说,它要对理论和实践和意义、对象、真理性和有效性作广泛的探讨。正因为两者的性质和范围不同,一些分歧也表现出来。比如,政治自由主义承认其他一些自立的政治哲学的合理性,而哈贝马斯却按照自己学说制定的普遍标准,否定比之更高或更深的学说缺乏逻辑力量,但哈贝马斯所说的逻辑是"广义的黑格尔式的逻辑,是对理性言谈(理论和实践理性)所作的哲学分析,于自身之中包含宗教的和形而上学的学说的一切自认为本质的要素"[2]。再比如,哈贝马斯认为,罗尔斯的正义论需要超出政治哲学范围,对个人主体作出哲学分析,并要涉及理性和真理的认识论问题,还要像康德那样诉诸先验的形而上的理性。但罗尔斯否定这些都是他要做的工作,他认为自己的正义观念在政治哲学领域是自立的,不需要依赖外在的普遍学说。他在原初状况条件下对正义原则所作的证明是在政治哲学领域的自立的证明,其有效性不依赖形而上学、宗教和伦理的基础。

(2)罗尔斯认为,他已为"重叠共识"的合理性提出论证,这一论证也是政治哲学领域内部的自立的证明,并不诉诸认识论领域的真理问题。他认为,各种不同的普遍学说所能够达到的"重叠共识",已在政治领域得到充分证明。事实上,这些学说赖以生存的社会的基本结构被一个合理的正义观念所指导,这个社会容忍那些不承认这一正义观念的学说,政治上的公开讨论在这一观念以及与之相关的其他观念指导下进行,都是"重叠共识"的明证。换句话说,民主制度之所以能够有效地、稳定地运行,一不能没有普遍学说的多元化,二不能缺乏多元化的统一性。民主政治的事既是多元化的普遍学说的"重叠共识"的产物,又是它的自立的证明。罗尔斯反驳哈贝马斯说,要求为人们共同的政治信念提供政治领域之外的普遍理性的证明,这是传统人道主义的要求,即认为只有在政治活动中才能充分实现人性,达到最大的善。但政治自由主义不把"重叠共识"的可能性建立在普遍人性、真理和善的基础之上,当然不能满足哈贝马斯的要求。

(3)针对哈贝马斯对自由主义者混淆现代自由权和经典自由权所作的指责,罗尔斯指出,自由主义同样注意到两者的内在联系,承认两者同等重要。他在原初状况条件下论证的正义原则不仅基于个人权利的要求,而且考虑到公共权利的作用。再说,

---

1 *Journal of Philosophy*, p. 133.
2 同上书,第 139 页。

从原初状况到现实的正义社会的推论过程，并不意味着以个人自由权为前提来规定公共权利，因为不管在理想的还是在现实的环境中，个人权利和公共权利都不可分割地联系在一起。在这一点上，罗尔斯的原初状况与哈贝马斯的理想的交往环境所起的作用是相同的。

罗尔斯强调，所不同的是，他的重心是正义观念，而哈贝马斯强调的重点是合法性问题。罗尔斯说，合法不同于正义，君主专制可能是合法的，却不是正义的，"与正义相比，合法性是一个较弱的观念，对我们所能做的事情的限制也较弱"。比如，哈贝马斯涉及的言谈交往的过程不管多么合法，最后也要靠投票来决定商谈的结果。并且，人们的决定也要接受正义观念的指导和衡量。罗尔斯说："考虑到人类政治程序的不完整性，不可能有政治上公正的完善程序，程序也不能决定自身的实质性内容。因此，我们总要依靠对正义的实质性判断。"[1]也就是说，正如政治哲学不能只讨论合法性问题而不关心正义问题，政治哲学的理论也不会只停留于程序的形式而不深入实质性内容。任何政治学都是实质性的理论，即使哈贝马斯的言谈伦理学也是如此，只不过他过分看重合法程序，反而看不清自己理论的实质性内容。

罗尔斯和哈贝马斯都宣称他们的批评和反批评是建设性的、家庭内部的争论，但是，"费厄泼赖"的风格并不能掩盖两者分歧的深刻性。他俩一个要扩展到广泛的理论性和实践领域，另一个要后退到单纯的政治学领域；一个要为现代社会的文化建构一个理性框架，另一个则专注于解决西方民主制度提出的现实问题；一个以发扬理性主义和人道主义的传统为己任，另一个则自以为是政治哲学专业学者。不过，应该看到，《正义论》的内容和意义比《政治自由主义》更为广泛、深刻、系统。罗尔斯为什么最后只谈当代政治学，不再过问哲学和伦理的根本问题？这里有理论上和实践上的原因，值得我们玩味思索。

第三节
## 《万民法》

罗尔斯在他的最后一部著作《万民法：公共理性观念新论》中，不再局限于"有序

---

1　见 *Journal of Philosophy*，pp. 176 - 177。

社会"或西方民主社会的正义问题,而表达了他对"合理的公民与人民如何能在正义世界里和平共存这一问题思索的最后结论"[1]。他把《正义论》中讨论的"作为公平的正义"推广到全世界不同政体的社会。他把这些社会分为五类:(1) 合理的"自由人民";(2) 正派的(decent)协商等级制人民(即通过共同体和集团之间的协商满足公正的权利);(3) 法外国家;(4) 承担不利条件的社会;(5) 仁慈专制主义。

虽然社会制度不同,罗尔斯根据"原初状态"式的论证,要求所有社会的人民都有遵守八项权利和义务:(1) 独立自由;(2) 遵守条约与承诺;(3) 契约平等;(4) 互不干涉;(5) 自卫的权利;(6) 尊重人权;(7) 在战争中遵守一些特定限制;(8) 帮助其他生活于不利社会条件下人民的义务 。[2]

罗尔斯承认,把这些"万民法"当作国际法,在现实中很难做到,难免有乌托邦之嫌。但他说,至少前两种社会能够接受这些普遍原则,因而"宪政民主社会不会相互作战"[3]。在后三种社会中,人民"自卫的权利"包含人民用战争手段推翻政府的合法性,而"帮助其他生活于不利社会条件下的人民的义务"使得前两种国家(即宪政民主社会)具有介入后三种社会内政的合法性。不难看出,罗尔斯的"万民法"的目的是把"人权高于主权"当作国际法准则提供理论依据,他似乎在未卜先知地论证美国"9·11事件"之后发动"反恐战争"的合法性。但是罗尔斯维护自由正义的"万民法"在政治哲学和政治、文化学说领域有诸多反对者,英美各种不同政治哲学和政治、文化学说在西方学术界各行其道,很难达到"重叠共识"。自由主义有没有普适的学理依据和实践作用,这仍是一个问题。

---

1 罗尔斯:《万民法:公共理性观念新论》,张晓辉等译,吉林人民出版社2001年版,第2页。
2 参见同上书,第40页。
3 同上书,第8页。